AF238210

DESAFÍOS DE LA JUSTICIA CIVIL Y PENAL DIGITAL

Consejo Editorial

D. LUIS MARÍA CAZORLA PRIETO
Presidente

VOCALES

D. ALBERTO BERCOVITZ RODRÍGUEZ-CANO
D.ª ANA BELÉN CAMPUZANO LAGUILLO
D. ÁNGEL CARRASCO PERERA
D.ª CARMEN CHINCHILLA MARÍN
D. FAUSTINO CORDÓN MORENO
D. ANTONIO FERNÁNDEZ DE BUJÁN Y FERNÁNDEZ
D.ª ANA FERNÁNDEZ-TRESGUERRES GARCÍA
D. MARIO GARCÉS SANAGUSTÍN
D. JOSÉ LUIS GARCÍA DELGADO
D. EUGENIO GAY MONTALVO
D. JACOBO BARJA DE QUIROGA
D. LUIS MARTÍN REBOLLO
D. ALFREDO MONTOYA MELGAR
D. JULIO MUERZA ESPARZA
D. ALFONSO MUÑOZ PAREDES
D. ALBERTO PALOMAR OLMEDA
D. GONZALO QUINTERO OLIVARES
D. TOMÁS RAMÓN FERNÁNDEZ
D. GONZALO RODRÍGUEZ MOURULLO
D. ÁNGEL ROJO FERNÁNDEZ-RÍO
D. JUAN SÁNCHEZ-CALERO GUILARTE
D.ª M.ª LUISA SEGOVIANO ASTABURUAGA
D. ANTONIO V. SEMPERE NAVARRO
D. EUGENIO SIMÓN ACOSTA

ALEJANDRO MANZORRO REYES
Juez sustituto de los Juzgados de Ibiza

DESAFÍOS DE LA JUSTICIA CIVIL Y PENAL DIGITAL

Primera edición, 2023

El editor no se hace responsable de las opiniones recogidas, comentarios y manifestaciones vertidas por los autores. La presente obra recoge exclusivamente la opinión de su autor como manifestación de su derecho de libertad de expresión.

La Editorial se opone expresamente a que cualquiera de las páginas de esta obra o partes de ella sean utilizadas para la realización de resúmenes de prensa.

Cualquier forma de reproducción, distribución, comunicación pública o transformación de esta obra solo puede ser realizada con la autorización de sus titulares, salvo excepción prevista por la ley. Diríjase a CEDRO (Centro Español de Derechos Reprográficos) si necesita fotocopiar o escanear algún fragmento de esta obra (www.conlicencia.com; 91 702 19 70 / 93 272 04 45).

Por tanto, este libro no podrá ser reproducido total o parcialmente, ni transmitirse por procedimientos electrónicos, mecánicos, magnéticos o por sistemas de almacenamiento y recuperación informáticos o cualquier otro medio, quedando prohibidos su préstamo, alquiler o cualquier otra forma de cesión de uso del ejemplar, sin el permiso previo, por escrito, del titular o titulares del copyright.

© 2023 [Editorial Aranzadi, S.A.U. / Alejandro Manzorro Reyes]
© Portada: Editorial Aranzadi, S.A.U.

Editorial Aranzadi, S.A.U.
Camino de Galar, 15
31190 Cizur Menor (Navarra)
ISBN versión impresa: 978-84-1163-391-8
DL NA 2640-2023
Printed in Spain. Impreso en España
Fotocomposición: Editorial Aranzadi, S.A.U.
Impresión: Rodona Industria Gráfica, SL
Polígono Agustinos, Calle A, Nave D-11
31013 – Pamplona

Este libro no sería posible sin vosotros, más de una vida para agradecéroslo.

La perseverancia es lu clave, el secreto de todos los triunfos.

Índice General

Abreviaturas

ATS	Auto del Tribunal Supremo
BOE	Boletín Oficial del Estado
CC	Código Civil
CE	Constitución Española
Cfr.	«Compárese con»
CGPJ	Consejo General del Poder Judicial
Coord.	Coordinador
CP	Código Penal
Dir.	Director
ECHR	Tribunal Europeo de Derechos Humanos
Ed.	Editorial
EJE	Expediente judicial electrónico
FJ	Fundamento Jurídico
IA	Inteligencia Artificial
Ibidem.	Citado en la nota inmediatamente anterior, coincidiendo autor y título.
IMSI	*International Mobile Suscriber Identity*
JD	Jueces para la Democracia
LAJ	Letrado de la Administración de Justicia
LEC	Ley de Enjuiciamiento Civil
LECR	Ley de Enjuiciamiento Criminal
LO	Ley Orgánica
LOPJ	Ley Orgánica del Poder Judicial
LRSEC	Ley reguladora de determinados aspectos de los servicios electrónicos de confianza

Núm.	Número
NTI	Normas técnicas de interoperabilidad
Op. cit.	Obra previamente citada en una página diferente
PJ	Poder Judicial
RD	Real Decreto
RGPD	Reglamento General de Protección de Datos
RJ	Repertorio de Jurisprudencia
RO	Real Orden
Roj	Repertorio de Jurisprudencia CENDOJ
SAP	Sentencia de la Audiencia Provincial
STC	Sentencia del Tribunal Constitucional
STEDH	Sentencia del Tribunal Europeo de Derechos Humanos
STS	Sentencia del Tribunal Supremo
TSJ	Tribunal Superior de Justicia
UE	Unión Europea
Vid.	Videtur (véase)
Vol.	Volumen
VVAA	Varios autores

Introducción

El hilo conductor de la presente monografía es la justicia digital o la digitalización de la Justicia, temas no sólo actuales en España sino también en Europa, ya no sólo por la digitalización de la misma sino por las consecuencias que muchas de las actuaciones, vías de investigación, actuaciones procesales, tienen en un derecho fundamental esencial como es el ejercicio del derecho de defensa en una sociedad democrática. A nadie escapa que el avance tecnológico, especialmente en el ámbito informático, se está produciendo a un ritmo exponencial, lo que nos lleva a un examen pormenorizado de la doctrina y jurisprudencia —precisamente sobre las fuentes de prueba digital—, para así poder apreciar la necesidad de acomodar la legislación a las garantías constitucionales y europeas, afrontando paralelamente las dificultades que comportan unas técnicas digitales en constante evolución a la hora de adecuarse a las garantías probatorias, y además, todo ello en íntima conexión con la protección de datos.

Cuando hablamos de protección de datos no sólo se alude a la reserva con la que se han de tratar ciertas informaciones, sino que dicha protección viene fundamentalmente caracterizada por el reconocimiento a todos los ciudadanos de un poder de control sobre sus propios datos, en todo momento y dondequiera se encuentren. Ello permite hablar de un poder de control, que desde el punto de vista activo tiene un carácter individualizado, pero también difuso, y desde el punto de vista pasivo va dirigido frente a todos aquellos sujetos que disponen de datos de carácter personal[1].

El art. 18.4 de la Constitución Española[2] establece: «*La ley limitará el uso de la informática para garantizar el honor y la intimidad personal y familiar de los ciudadanos y el pleno ejercicio de sus derechos*». El Tribunal Constitucional, desde las primeras sentencias que dictó sobre esta cuestión, consideró que dicho precepto constitucional consagra tanto una institución de garantía de otros derechos, fundamentalmente el honor y la intimidad, como también un derecho o libertad fundamental, el derecho a la libertad frente a las potenciales agresiones a la dignidad y a la libertad de la persona provenientes de un uso ilegítimo del

---

1. PÉREZ GIL, J., «Investigación penal y nuevas tecnologías: algunos de los retos pendientes», *Revista jurídica de Castilla y León n.º 7*, octubre 2005, p. 228.
2. CONSTITUCIÓN ESPAÑOLA DE 1978, Boletín Oficial del Estado núm. 311, de 29 de diciembre de 1978.

tratamiento mecanizado de datos. La STC 292/2000, de 30 de noviembre[3], definió el derecho fundamental a la protección de datos de carácter personal como «un derecho o libertad fundamental [...] frente a las potenciales agresiones a la dignidad y a la libertad de las personas provenientes de un uso ilegítimo del tratamiento mecanizado de datos, lo que la Constitución llama la informática».

En la doctrina española, PÉREZ GIL sostiene que la fase de investigación del proceso penal constituye una continuada intromisión en el ámbito de tutela que propicia toda la normativa de protección de datos personales, y critica que el acceso a datos personales por parte de la policía y su tratamiento, sea una actividad que integra hoy habitualmente sus funciones, pues constituye una forma de actuación completamente al margen de la actividad jurisdiccional (y también al margen de la del Ministerio Fiscal)[4]. Defiende también que ni siquiera nuestro TS otorga la relevancia requerida a la materia que nos ocupa, tal y como acredita la copiosa jurisprudencia relativa a peticiones de registros y listados de llamadas, pues aun admitiendo que no afectan al secreto de las comunicaciones, tales listados pueden contener datos de carácter personal. Pero el Alto Tribunal suele considerar bastante una providencia sin motivación alguna para acordar su solicitud, o no delimita con la suficiente nitidez conceptos esenciales de la normativa de protección de datos que sin embargo entiende de aplicación[5]. Una cosa es que no nos hallemos en el ámbito del art. 18.4 CE, pero otra muy diferente es sostener que en absoluto estemos ante un derecho fundamental a fin de excluir del monopolio jurisdiccional la adopción y control de aquellas medidas que pudieran vulnerarlo o devaluarlo[6].

De este modo, la sociedad de la información nos plantea un gran reto: la oportunidad de conocer herramientas tecnológicas útiles y fiables, y la necesi-

---

3. PLENO del Tribunal Constitucional. Sentencia 292/2000, de 30 de noviembre de 2000. Recurso de inconstitucionalidad 1463/2000. Promovido por el Defensor del Pueblo respecto de los arts. 21.1 y 24.1 y 2 de la ya derogada Ley Orgánica 15/1999, de 13 de diciembre, de Protección de Datos de Carácter Personal por vulneración del derecho fundamental a la protección de datos personales. Se declaró la nulidad parcial de varios preceptos de la Ley Orgánica.
4. PÉREZ GIL, J., *op. cit*, p. 228.
5. STS 1219/2004, de 10 de diciembre [FJ 16]. Un dictamen de la Agencia de Protección de Datos fechado en 1999 vino a convalidar la idoneidad de las solicitudes de datos efectuadas por la Policía Judicial sin mandamiento judicial o requerimiento previo del Ministerio Fiscal, un fundamento al que todavía hoy se siguen aferrando los cuerpos policiales en sus requerimientos de aportación de datos.
6. PÉREZ GIL, J., *op. cit*, p. 229. La jurisprudencia de la Sala 2.ª sobre listados de llamadas es abundantísima en los últimos tiempos: STS 23/2005, de 21 de enero; STS 1219/2004, de 10 de diciembre; STS 1167/2004, de 22 de octubre; STS 889/2004, de 9 de julio; STS 1683/2003, de 11 de diciembre; STS 769/2003, de 31 de mayo. Acorde con el derecho fundamental a la intimidad en el supuesto de recabar listado de llamadas parece STS 769/2003, de 31 de mayo al hacer constar que «Lo cierto es que, por sus especiales características, afectaba al derecho a la intimidad del denunciante y ofendido por el delito, por lo que la actitud inicial, observada por el Juez de Instrucción, al solicitar la entrega voluntaria de los datos, fue absolutamente correcta y respetuosa con el derecho fundamental afectado».

dad de examinar un nuevo medio probatorio que en el argot del Derecho Digital se le conoce como prueba electrónica o digital, que nos impone una serie de desafíos:

1. Resulta indispensable saber cómo recogerla, trasladarla y custodiarla debidamente a fin de garantizar su autenticidad, inalterabilidad e indemnidad y, a la larga, su validez y eficacia procesal. Por ello, se analiza en la presente monografía la falta de autenticidad y de integridad de las conservaciones en dispositivos electrónicos y se ofrecen pautas concretas de actuación forense. Dado que la impugnación precisa, por lo general, una prueba pericial, también se aborda la prueba pericial prestando particular atención a los criterios de valoración.

2. Es necesario saber cómo afrontar la incorporación de la prueba electrónica al proceso judicial, independientemente de si nos encontramos en el orden jurisdiccional civil, penal, contencioso-administrativo o social.

3. Es recomendable saber cómo reaccionar cuando la parte contraria nos opone una prueba electrónica que puede perjudicar los intereses del cliente.

Desde un punto de vista procesal, resulta especialmente necesario analizar la participación de la tecnología en la investigación de hechos delictivos y su posible intromisión en la esfera de los derechos fundamentales de los ciudadanos. El estudio de la limitación de los mencionados derechos constitucionales obliga a una revisión doctrinal del estado de la cuestión. Y ello especialmente por el deficiente marco jurídico normativo existente que ha propiciado la aparición de polémicas excepciones jurisprudenciales a la utilización de medios de prueba indirectamente obtenidos con vulneración de derechos fundamentales.

Desde la perspectiva de los jueces y magistrados la prueba electrónica exige conocer las diversas formas en qué se manifiestan los medios probatorios de carácter electrónico y especialmente comprender cómo funcionan los mecanismos que permiten asegurar que los datos recogidos en tales medios probatorios no han sido modificados indebidamente por las partes con el fin de alterar la realidad para obtener una sentencia favorable a sus intereses.

Todas y cada una de las citadas cuestiones son objeto de estudio en la presente monografía desde un enfoque netamente procesal, circunscrito a la investigación de la institución de la prueba y, especialmente por lo que a la irrupción de las nuevas tecnologías hace referencia.

Con respecto a la estructura aquí seguida, la monografía queda dividida en cuatro partes, la primera dedicada al análisis de la investigación tecnológica y prueba digital; la segunda atiende a la digitalización de la justicia, los algoritmos y de qué forma pueden afectar a una serie de derechos fundamentales; la tercera está dedicada a hablar sobre la robotización e inteligencia artificial aplicadas a la Justicia; y, finalmente, la cuarta parte examina desde otra perspectiva, la dimensión internacional de la prueba digital.

Dado que las innovaciones tecnológicas han derivado en un nuevo paradigma en el ámbito jurídico, con una serie de repercusiones que están siendo cada vez más intensas y extensas, sobre todo cuando hablamos de Justicia penal digital y derecho de defensa, así, por ejemplo, en lo que se refiere al expediente digital, a la sistematización y digitalización de la información, a la obtención de copias digitales y transcripciones de documentos..., en la presente monografía serán objeto de tratamiento temas como la digitalización de la justicia, los algoritmos, las diligencias tecnológicas de investigación, la prueba ilícita, el «EncroChat», la desconexión de antijuridicidad, todo ello de una manera interdisciplinar, es decir, interconectándolo con los derechos fundamentales.

Dado los desafíos que esta materia presenta en el ámbito de la Administración de Justicia, se hará especial hincapié en el derecho de defensa del procesado, a la conexión por medios telemáticos en la audiencia de juicio, así como también será objeto de análisis la adaptación digital de la protección penal de la intimidad.

Las tecnologías son un elemento estratégico y fundamental cuya importancia se exacerba en estos momentos a raíz de los acontecimientos vividos, lo que impele al pensamiento jurídico a diseñar nuevos instrumentos de análisis y marcos conceptuales para adaptarse a las exigencias de una sociedad en transformación. Todo ello será visto y analizado desde mi trayectoria profesional como Juez de los Juzgados de Ibiza.

Investigación tecnológica y prueba digital

I. DELIMITACIÓN CONCEPTUAL DE LA PRUEBA DIGITAL

Las innovaciones tecnológicas han derivado en un nuevo paradigma en el ámbito jurídico. Repercusiones que están siendo cada vez más intensas y extensas, sobre todo cuando hablamos de Justicia penal digital y derecho de defensa. Internet ha revolucionado las estructuras tradicionales al aportar una infraestructura común mundial para la prestación de una amplia gama de servicios de comunicaciones electrónicas. Gran parte de la información electrónica generada por una persona, empresa o entidad tiene lugar a través de Internet, y en ella suceden muchos hechos que pueden resultar relevantes en el proceso jurisdiccional, por lo que puede afirmarse que se ha convertido en una gran fuente de prueba. Es preciso que nuestro sistema judicial se adapte a los nuevos sistemas de comunicación, introduciéndolos como prueba perfectamente válida, ya que hay que entender que el derecho no es algo inmutable, va cambiando, y las nuevas tecnologías están introduciendo muchos asuntos no contemplados.

El objeto de la prueba, necesariamente ha de referirse a las alegaciones tanto fácticas como jurídicas que fundamenten la pretensión[7]. Sin embargo, no todos los hechos son relevantes para este propósito, sino solo aquellos que guardan relación con la disputa legal en cuestión, es decir, «la prueba pertinente» y aquellos que contribuyen a esclarecer el asunto en litigio, la llamada «prueba útil». Algunos hechos no requieren prueba como los hechos notorios ampliamente conocidos, ni tampoco las normas jurídicas, a menos que sean normas locales, provinciales, autonómicas o de extranjería. En el proceso civil, no es necesario presentar prueba para los hechos que han sido admitidos por las partes, ya que su reconocimiento implica que son verdaderos y no necesitan ser probados, excepto en casos donde afecten a terceros o al interés general y sean indisponibles para las partes. Además, es importante distinguir entre la «fuente» y el «medio de prueba». La fuente abarca todos los elementos que existen en la realidad fuera del proceso y que aportan datos de hecho. Por otro lado, el medio de prueba es el conjunto de procedimientos legales que rigen la incorporación y práctica de esos elementos en el proceso judicial. Estos medios de prueba están sujetos a regulaciones legales estrictas y son limitados en su alcance[8].

Ahora bien, siguiendo el principio *iura novit curia* las decisiones judiciales se basan en una evaluación cuidadosa de las pruebas presentadas y recopiladas durante el proceso. El Juez ha de analizar estas pruebas en base al principio de libre convicción para determinar si respaldan las afirmaciones de los hechos

---

7.   MORENO CATENA y CORTÉS DOMÍNGUEZ definen el objeto de la prueba como las afirmaciones sobre los hechos que las partes procesales han presentado en sus escritos de calificaciones, en MORENO CATENA, V., CORTÉS DOMÍNGUEZ, V., *Derecho procesal penal*, Tirant Lo Blanch, Valencia, 2017, p. 417. Sobre la función y naturaleza de la prueba consúltese TARUFFO, M., «Ermeneutica, prova e decisione», *Revista Brasileira de Direito Processual Penal*, Vol. 4, núm. 1, 2018, pp. 129-148.

8.   En el ámbito civil, la LEC enumera los medios de prueba posibles en el artículo 299, si bien prevé, en el párrafo tercero, la inclusión en el proceso de hechos relevantes «por cualquier otro medio no expresamente previsto», en aras de permitir que el avance de la técnica admita nuevos métodos de corroboración de los hechos acaecidos en la realidad. Las disposiciones de la LEC son supletorias con respecto a las leyes que regulan los procesos penales, contencioso-administrativos, laborales y militares (artículo 4 Ley 1/2000, de 7 de enero, de Enjuiciamiento Civil). Ello, no obstante, la regulación de los distintos órdenes jurisdiccionales contiene determinadas especialidades. En el orden penal, la referencia a los medios de prueba está prevista en los artículos 688-731 bis. Las singularidades de los medios de prueba existentes en la jurisdicción laboral se recogen en los artículos 91-9 de la Ley 36/2011, reguladora de la Jurisdicción Social. Y, en la esfera del orden contencioso administrativo, la prueba se regula en los artículos 60-61 y 78 de la Ley 29/1998, de 13 de julio, reguladora de la Jurisdicción Contencioso-administrativa.

realizadas por las partes involucradas en el caso. Para hacer esto, utiliza su conocimiento y la experiencia generalmente aceptada para evaluar la credibilidad de las pruebas presentadas. También se guía por lo que establece la ley en cuanto a cómo se deben valorar las pruebas en cada caso, siendo que, en última instancia, el Juez emite una decisión fundamentada en esta evaluación y análisis de las pruebas presentadas[9].

Si el Juez no llega a estar completamente convencido por las pruebas presentadas, recurrirá a las reglas de la carga de la prueba. Estas normas establecen que corresponde al demandante probar los hechos que sustentan su reclamación, mientras que al demandado le corresponde demostrar hechos que puedan extinguir, impedir o excluir la eficacia legal de las afirmaciones hechas por la otra parte, *ex* artículo 217 de la Ley de Enjuiciamiento Civil (en adelante, LEC).

La prueba anticipada merece una atención especial, ya que puede tener un impacto significativo en el análisis de la prueba digital. En el derecho español, la prueba anticipada está contemplada en el artículo 299 de la LEC, que establece que las partes pueden solicitar al Tribunal la práctica anticipada de pruebas cuando existan razones justificadas para temer que, en el futuro, pueda resultar imposible o muy difícil obtener la prueba. Esta prueba se lleva a cabo antes del juicio oral debido a la dificultad o imposibilidad material de presentarla durante el juicio, como riesgo de que la fuente de la prueba desaparezca, se pierda, se destruya o se manipule, ya que, en muchos casos, la prueba digital puede ser volátil y su obtención o conservación inmediata es crucial para garantizar su autenticidad y veracidad. La prueba anticipada es una excepción a la regla general que establece que los únicos actos de prueba deben ocurrir durante el juicio oral, bajo la supervisión directa del Tribunal y con la participación de ambas partes. Es importante destacar que todo este proceso debe respetar los Derechos Fundamentales de los ciudadanos, lo que actúa como un límite absoluto para estos medios de prueba y los actos de investigación de las fuentes de prueba. Aunque la prueba anticipada puede ser una herramienta poderosa en casos que involucran pruebas digitales, también presenta algunos desafíos que deben abordarse de manera adecuada para asegurar su eficacia y validez:

a) **Autenticidad de la evidencia:** En el contexto digital, es fundamental garantizar la autenticidad de la evidencia presentada. Las partes deben poder demostrar que la prueba recopilada es genuina y no ha sido alterada. Para ello, es esencial contar con peritajes forenses digitales y certificaciones adecuadas que respalden la autenticidad de la prueba.

b) **Privacidad y protección de datos:** La obtención de pruebas digitales puede implicar el acceso a información sensible y protegida por leyes de privacidad y protección de datos. Es crucial asegurarse de que se

---

9. SEOANE SPIEGELBERG, J.L., en VV.AA., *Derecho Procesal Civil, Tomo I*, Andavira, Santiago de Compostela (A Coruña), 2013.

cumplan todas las regulaciones pertinentes al recopilar y presentar esta prueba.

c) **Competencia técnica:** En muchos casos, los abogados y jueces pueden no estar familiarizados con aspectos técnicos complejos relacionados con la prueba digital. Es importante contar con el apoyo de expertos en tecnología o peritos informáticos que puedan asesorar y explicar adecuadamente la prueba digital recopilada.

d) **Conservación adecuada de la prueba:** Para que la prueba digital sea válida, es fundamental que se conserve adecuadamente desde el momento de su obtención hasta el juicio. Esto incluye asegurar que la cadena de custodia se mantenga intacta y que no se realicen cambios o alteraciones en la prueba como veremos más adelante.

Los medios de prueba obtenidos o los actos de investigación realizados que vulneren los Derechos Fundamentales se consideran pruebas ilícitas y no pueden tener valoración en un proceso judicial (artículo 11 de la LOPJ). En otras palabras, la legalidad de los métodos utilizados es el único límite para la actividad probatoria. Si se ha llevado a cabo alguna prueba de manera ilícita, se debe impugnar para evitar que el Juez la considere o la tenga en cuenta al tomar su decisión[10]. La prueba es, por tanto, esencial en el proceso, ya que constituye el medio mediante el cual el juez puede formar su convicción acerca de los hechos en disputa y, en base a las leyes aplicables, decidir si acepta o rechaza las peticiones presentadas por las partes involucradas. Al aportar pruebas, las partes definen claramente el tema en litigio y participan en igualdad de armas en un juicio que se rige por los principios de publicidad y posibilidad de contradicción[11].

La admisión y práctica de las pruebas electrónicas o digitales responde a un régimen jurídico que requiere un esfuerzo de aproximación de los conceptos procesales a la realidad tecnológica habitual de la sociedad del primer cuarto del siglo XXI, y que en algunos aspectos se encuentra en proceso de

---

10. GIMENO SENDRA, V., *Derecho procesal penal*, segunda edición, Editorial Aranzadi, Cizur Menor, 2015, pp. 802-803. La STS 161/2015, de 17 de marzo afirma que el principio de inmediación proyecta su significado sobre tres sujetos distintos: el órgano jurisdiccional ante el que se practican las pruebas —a fin de eliminar toda interferencia entre el tribunal y la fuente de prueba—; las partes —porque la inmediación es presupuesto *sine qua non* para la contradicción— la opinión pública —que posibilita un control eficaz de la ciudadanía sobre la administración de justicia—.

11. PICÓ I JUNOY, J., *Nociones preliminares de Derecho Procesal Civil* (Coord. NIEVA FENOLL, J. y BUJOSA VADELL, L.), Atelier, Barcelona, 2015, pp. 71-72. Como señala TARUFFO, «evidence is the only means by which the trier of fact may reconstruct what happened in the reality. Private knowledge of such facts is not admissible as a basis of the decision. In a very general sense, evidence is any kind of information that is relevant (i.e.: useful) for the knowledge of any fact in issue», en TARUFFO, M., «Inferences in judicial decisions about facts», *Revista Ítalo-Española de Derecho Procesal*, Vol. 1, 2018.

construcción (ello, sin negar el efecto acelerante que ha tenido la pandemia). A pesar de la conjunción entre tecnología y Justicia ya se venía produciendo, se requiere, de una mayor apuesta y una mejor implementación. La Justicia del siglo XXI ha de ser eminentemente digital y telemática[12], de eso no cabe duda. En un mundo tecnológico, en el que se trabaja a todos los niveles, públicos y privados, en entornos electrónicos, la justicia no puede ir contracorriente por puras razones de adaptación a la sociedad en la que se enmarca, sostenibilidad y la propia exigencia de mejora y eficiencia que como servicio público para la ciudadanía han de exigirse de ella para dispensar una tutela judicial verdaderamente efectiva.

En cualquier caso, el garantismo ha de presidir la realización de cualquier actuación procesal mediante sistemas telemáticos, y de forma particular el derecho de defensa de acusados e investigados en los procedimientos penales, el derecho a la asistencia letrada efectiva, a la interpretación y traducción y a la información y acceso a los expedientes judiciales. Cualquier actuación conducida por medios tecnológicos, por decisión del juez o del letrado de la Administración de Justicia, podrá incorporar la asistencia presencial en la sede del juzgado o tribunal de los comparecientes que estime necesarios. Los tiempos actuales imperan innovar legislativamente, siendo necesario contar no sólo con profesionales del mundo del Derecho, sino también con profesionales de las nuevas tecnologías, dado que ésta y el Derecho, normalmente tienden a ir por senderos divergentes, siendo que la realidad social imperante les obliga a llegar al entendimiento, a que haya un replanteamiento en determinadas materias que dado su contenido, como si de una relación de íntima conexión de tratase, han de ir de la mano, sobre todo en temas como prueba digital, cadena de custodia digital y ciberdelincuencia.

1.1. CONCEPTO DE PRUEBA DIGITAL

Por prueba digital o electrónica[13] cabe entender toda información de valor probatorio contenida en un medio electrónico o transmitida por dicho medio. La doctrina utiliza diversas denominaciones para designar a este tipo de prueba. Aunque la terminología más común es la de prueba digital o electrónica, también se recurre a los conceptos de prueba informática, prueba tecnológica, prueba

---

12. Entendida según la segunda acepción de este término que refiere el Diccionario de la Lengua Española, Real Academia Española (del.rae.es) como «aplicación de las técnicas de la telecomunicación y de la informática a la transmisión de información computerizada».
13. DELGADO MARTÍN, J., «La prueba digital. Concepto, clases, aportación al proceso y valoración», *Diario la Ley, núm. 6*, Editorial Wolters Kluwer, Sección Ciberderecho, 11 de abril de 2017.

del hecho virtual, prueba cibernética[14] o prueba telemática[15]. Las pruebas obtenidas o presentadas a través de medios tecnológicos se distinguen de aquellas que no involucran tecnología debido a la presencia de lo que se conoce como «metadatos». Estos metadatos son datos adicionales que están ocultos en forma de códigos binarios y proporcionan información detallada sobre el contenido del elemento digital. Es decir, son datos que describen y complementan el archivo digital en el que se encuentran. La información contenida en formato digital o electrónica utiliza un «*lenguaje binario a través de un sistema que transforma impulsos o estímulos eléctricos o fotosensibles y, por cuya descomposición y recomposición informática grabada en un formato electrónico, genera y almacena la información. Dicho lenguaje es un código ininteligible para aquéllos que no son informáticos. La visualización del texto en pantalla es una traducción en lenguaje alfabético común, descodificado*» (GARCÍA TORRES[16]). Y añade esta autora que «*entonces, entre lo conservado y lo exteriorizado no existe identidad. El archivo se conserva en un sistema binario. En cambio, el texto exteriorizado es fruto de la transformación de ese sistema binario en forma de escritura, ahora sí, con letras de nuestro alfabeto*». Por tanto, los metadatos nos proporcionan información única que no se puede obtener de otras pruebas, como en un documento papel, ya que pueden revelar detalles como la fecha de creación o modificación del archivo. La existencia de metadatos es una característica específica de las pruebas tecnológicas, lo que implica que, en ciertos casos, sea necesario traducir la fuente de prueba, que está en forma de ceros y unos (lenguaje binario), a un lenguaje comprensible. En otras palabras, las pruebas tecnológicas a menudo consisten en datos binarios que requieren una «traducción» para que las partes y el tribunal puedan entender el alcance y el contenido de la prueba en sí. Esta traducción puede ser llevada a cabo por un perito informático o incluso por la entidad o empresa que generó el código fuente. Es importante tener en cuenta que la traducción de los datos binarios a un formato legible es crucial para que las pruebas tecnológicas sean utilizables y comprensibles en el proceso judicial.

---

14.   Aunque no se utiliza el término de prueba cibernética, sí se encuentran los vocablos ciber-crimen y ciberespacio.

15.   DE URBANO CASTRILLO utiliza esta nomeclatura, a modo de ejemplo: DE URBANO CASTRILLO, E.; MAGRO SERVET, V., *La prueba tecnológica en la Ley de Enjuiciamiento Civil*, Editorial Thomson Aranzadi, 2003; DE URBANO CASTRILLO, E., «La investigación tecnológica del delito», en VVAA., *Los nuevos medios de investigación en el proceso penal. Especial referencia a la tecnovigilancia*, Cuadernos de Derecho Judicial, 2007-II, CGPJ, Madrid; DE URBANO CASTRILLO, E., «La investigación tecnológica del delito», *Cuadernos de Derecho Judicial* (ejemplar dedicado a los nuevos medios de investigación en el proceso penal. Especial referencia a la tecnovigilancia), núm. 2, CGPJ, Madrid, 2007.

16.   GARCÍA TORRES, M.L., «La tramitación electrónica de los procedimientos judiciales, según Ley 18/2011, de 5 de julio (actualmente derogada por el RD Ley 6/2023) reguladora del uso de las tecnologías de la información y la comunicación en la administración de justicia. Especial referencia al proceso civil», *Revista Internacional de Estudios de Derecho Procesal y Arbitraje*, www.riedpa.com, núm. 3-2011. Disponible en: http://www.riedpa.com/ COMU/documentos/RIEDPA31102.pdf
Véase también PERALES CAÑETE, R., «Exiftool: ¿Los metadatos sirven de algo?», en *La prueba electrónica. Validez y eficacia procesal*, Juristas con futuro, 2016, p. 110.

En otras palabras, las pruebas tecnológicas contienen más información en comparación con las que no están relacionadas con la tecnología de la información y las comunicaciones. Los metadatos son una especie de «huella digital»[17] que puede ayudar a comprender mejor el contexto y los detalles de las pruebas digitales, lo que las hace más valiosas en el ámbito jurídico para el análisis y la toma de decisiones. Si bien es cierto que los metadatos pueden presentar ciertas vulnerabilidades y fragilidades, ya que debido a que son datos «ocultos», es posible que personas malintencionadas intenten modificarlos para distorsionar la información original o incluso crear pruebas falsas, así como en términos de conservación y preservación, toda vez que algunos formatos de archivo y sistemas de almacenamiento pueden hacer que estos metadatos se pierdan o se corrompan con el tiempo, lo que puede dificultar su análisis y uso como prueba en un proceso, pero también existen riesgos y vulnerabilidades en otros tipos de pruebas, piénsese por ejemplo, en las pruebas documentales, la falsedad documental, o el falso testimonio, e incluso en pruebas físicas como muestras de ADN, puede haber problemas de manipulación o contaminación. Por lo que, en todo tipo de pruebas, la vulnerabilidad y fragilidad existen, y será responsabilidad de los Juzgados y Tribunales, así como de las partes garantizar la integridad y la autenticidad de la prueba presentada haciendo uso de los mecanismos adecuados para preservarla adecuadamente.

Volviendo a la definición anterior de prueba digital cabe destacar de la misma los siguientes elementos:

- Se refiere a cualquier clase de información[18].

- Ha de ser producida, almacenada o transmitida por medios electrónicos[19].

---

17. DELGADO MARTÍN afirma que *«cuando una persona realiza una actividad utilizando tecnologías de la información y/o de la comunicación (TIC) hace surgir informaciones (huella o rastro digital) que pueden resultar útiles para la investigación por parte de los poderes públicos de actuaciones ilícitas»*, en DELGADO MARTÍN, J., «Investigación del entorno virtual: el registro de dispositivos digitales tras la reforma por LO 13/2015», *Diario La Ley*, núm. 8693, Sección Doctrina, 2 de febrero de 2016, Editorial Wolters Kluwer, p. 1.

18. Se tiene en cuenta la concepción amplia que se contiene en el Convenio de Budapest sobre Ciberdelincuencia de 23 de noviembre de 2001 (Instrumento de Ratificación por España en BOE de 17 de septiembre de 2010) que define «datos informáticos» de la siguiente forma: *se entenderá toda representación de hechos, información o conceptos expresados de cualquier forma que se preste a tratamiento informático, incluidos los programas diseñados para que un sistema informático ejecute una función.*

19. El Anexo de la Ley 18/2011, de 5 de julio, reguladora del uso de las tecnologías de la información y la comunicación en la Administración de Justicia (actualmente derogada por el RD Ley 6/2023), define «medio electrónico» como *«mecanismo, instalación, equipo o sistema que permite producir, almacenar o transmitir documentos, datos e informaciones; incluyendo cualesquiera redes de comunicación abiertas o restringidas como Internet, telefonía fija y móvil u otras».*

• Debe tener efectos para acreditar hechos en el proceso[20].

En la actual sociedad de la información, cada vez será más frecuente que el Juez haya de percibir por sus sentidos (prueba) una información creada y registrada en forma digital o electrónica, lo que aporta al proceso un elemento de complejidad. La prueba electrónica deviene esencial en los procesos penales por ciberdelitos como el *gossiping, happy slapping, sexting, sextorsión, child grooming, cyberbullying, stalking, cracking, phishing, carding, hacking*, el ciberterrorismo, la exaltación en internet del terrorismo, los delitos de odio, entre muchos otros.

La Justicia digital tiene, como expone acertada y detalladamente GARCÍA COSTA[21], fundamento constitucional. Este viene representado, según el autor de referencia, por la cláusula «sociedad democrática avanzada» del Preámbulo de la Constitución Española, como argumento que propicia la aplicación de las tecnologías de la información y la comunicación a los distintos ámbitos de acción estatal y que a su juicio *«habilita para el aprovechamiento de las posibilidades derivadas de las TICs en el ámbito de los poderes del Estado y, todavía más, para legitimar las transformaciones que estas operan en el ámbito del Estado constitucional. Transformaciones que..., son esenciales en la esfera del e-Gobierno, y muy importantes, aunque no esenciales, en la de la e-Justicia[22]»*. Disentimos en la precisión final, considerando que en la actualidad las transformaciones digitales en la Justicia son absolutamente esenciales en nuestra sociedad cuando se pretende ofrecer al ciudadano una eficaz tutela judicial efectiva. Y el derecho a la tutela judicial efectiva también demanda, actualmente, ofrecer al ciudadano una justicia digital, más accesible en muchos aspectos, más abierta y pública, más transparente, en definitiva, se trata de un avance digno y acorde con la sociedad tecnológica, global e interconectada en que vivimos[23]. La publicidad, la oralidad y la inmediación, como pilares básicos del procedimiento, y también de los medios extrajudiciales de resolución de litigios, están perfectamente respaldados en un entorno digital siempre y cuando se equilibren perfectamente con el contrapeso necesario de la seguridad jurídica, tecnológica y la protección de datos personales. La justicia digital requiere de confianza, usabilidad y accesi-

---

20. Afirma Lluis MUÑOZ SABATÉ que *«para la probática no hay en principio hechos civiles y hechos penales, sino simplemente hechos»*, en «La prueba», forma parte del libro *Curso superior de probática judicial. Cómo probar los hechos en el proceso*, 1.ª edición, Editorial LA LEY, Madrid, septiembre 2013.

21. GARCÍA COSTA, F.M., «Perfiles constitucionales de la justicia electrónica», *Modernización digital e innovación en la Administración de Justicia*, (coord. GÓMEZ MANRESA, M. F., y FERNÁNDEZ SALMERÓN, M.), Editorial Thomson Reuters Aranzadi, Cizur Menor, 2019, pp. 29 y ss.

22. BUENO DE MATA, F., «E-Justicia: hacia una nueva forma de entender la justicia», *Revista Internacional de Estudios de Derecho Procesal y Arbitraje*, núm., 1, 2010, pp. 5 y ss.

23. MARTÍN DIZ, F., «Justicia digital post-covid19: el desafío de las soluciones extrajudiciales electrónicas de litigios y la inteligencia artificial», *Revista de Estudios Jurídicos y Criminológicos*, núm. 2, Universidad de Cádiz, 2020, pp. 41-74.

bilidad, siendo ambas una piedra de toque que puede chocar con la brecha digital que representan las carencias de formación, de aprendizaje en la utilización de TICs o de posible disponibilidad de medios para ello, tanto en el propio entorno de la Justicia como para los ciudadanos que pretendan dirimir sus litigios a través de ella.

La prueba electrónica, a diferencia de la prueba tradicional, tiene cinco notas diferenciales específicas por su propia naturaleza, siguiendo a PINTO PALACIOS y PUJOL CAPILLA[24], estas son:

- **Intangibles**. Esto se debe a que, si bien, se encuentra almacenada en un soporte, en esencia, se encuentra en un formato electrónico que, no puede tocarse como sí ocurre con la prueba documental. Necesitaremos de un «paso previo» para acceder al contenido que en ella se encuentra, como los medios de reproducción de imagen y/o sonido. Además, dado que las pruebas electrónicas se encuentran en formato electrónico, se pueden crear tantas copias como se quiera pudiendo suponer un problema a la hora de hacer una distinción con el original, ya que las copias y el original pueden ser idénticos. Precisamente esta intangibilidad es lo que más problemas plantea en la práctica. DE PRADA RODRÍGUEZ[25] destaca que será fundamental acreditar que la prueba aportada al proceso es la original a través de garantías y protocolos procesales, a fin de evitar la impugnación de la prueba basada en su inexactitud y falsedad. No obstante, siguiendo un criterio cronológico y con ayuda de los «datos de tráfico», podría distinguirse el primer documento ya que estos suelen conservar datos relativos a su fecha de creación.

- **Volátiles**. Y esto es causa, inexcusablemente, de su carácter tecnológico. Pensemos, por ejemplo, en una información alojada en una página web y qué ocurriría cuando el dominio desaparece o se aloja en otra página distinta. En este caso, la información inicialmente señalada habría desaparecido, aunque también podría ocurrir que no se encontrara en el mismo estado que cuando fue descubierta (si, por ejemplo, se ha editado el contenido por los administradores de la web). En el mismo sentido, SANJURJO RÍOS[26] que, insiste en que precisamente esa volatilidad y mutabilidad de la información digital puede impedir su acceso al proceso.

---

24. PINTO PALACIOS, F., y PUJOL CAPILLA, P., «La prueba en la era digital», *La Ley Actualidad*, Madrid, 2017.
25. DE PRADA RODRÍGUEZ, M., *La prueba digital: Una realidad en el proceso civil. Nuevos horizontes del derecho procesal*, Editorial Bosch, 2016, pp. 341-357.
26. SANJURJO RÍOS, E. I., *Proceso penal y volatilidad/mutabilidad de las fuentes de pruebas electrónicas: sobre la conveniencia y el modo de asegurarlas eficazmente. Exclusiones probatorias en el entorno de la investigación y prueba electrónica*, Editorial Reus, 2020, pp. 195-224.

Asimismo, ha sido señalada la importancia de la cadena de custodia a efectos del valor probatorio de la prueba digital en la Sentencia de la Audiencia Nacional, Sala de lo Penal n.º 23/2019[27], donde la audiencia juzgadora determina que en la incorporación a un procedimiento penal de pruebas digitales deben observarse efectivamente unas garantías esenciales, como son la inmediatez (aportación en el plazo más breve posible), autenticidad (aportar el soporte original) e integridad (el soporte íntegro), y que además, todas las tareas de recogida, traslado, entrega para pericias, lugar de conservación (cadena de custodia) han de quedar debidamente reflejadas en las actuaciones, ello para disipar dudas de posible manipulación, y conseguir que aquello sobre lo que recae el examen y valoración de la sala sentenciadora es lo mismo que se intervino o se aportó (la mismidad de la prueba).

Como se menciona en la sentencia del Tribunal Supremo, Sala Segunda, de lo Penal, 300/2015 de 19 mayo de 2015[28], la posibilidad de una manipulación de los archivos digitales mediante los que se materializa ese intercambio de ideas, forma parte de la realidad de las cosas. El anonimato que autorizan tales sistemas y la libre creación de cuentas con una identidad fingida, hacen perfectamente posible aparentar una comunicación en la que un único usuario se relaciona consigo mismo. Es por ello que están sujetas a la posibilidad de que estas hayan sido modificadas. De hecho, la sentencia mencionada hace referencia a la posibilidad de que cualquier persona con conocimientos tecnológicos suficientes cree pruebas electrónicas falsas *ad hoc* para guiar a un fallo a su favor y exige prudencia ante la valoración de una prueba tecnológica[29]. Ello, no obstante, la importancia práctica de la prueba digital obliga a buscar un equilibrio entre su eficacia y el riesgo de alteración de su contenido.

- **Delebles**. Pueden ser eliminadas del soporte electrónico en que estén almacenadas y/o los soporte físicos en los que se almacenen destruidos.

- **Parciales**. Las pruebas electrónicas se pueden encontrar en una gran variedad de soportes, pudiendo ser estos físicos o virtuales, y estos podrán estar en poder nuestro, de la parte contraria o de un tercero.

---

27. SENTENCIA de la Audiencia Nacional, Sala de lo Penal número 23/2019, número de recurso 5/2016. Ponente Sra. María Fernanda García Pérez.
28. SENTENCIA de la Sala Segunda de lo Penal del Tribunal Supremo número 300/2015, de 19 de mayo de 2015 (Rec. 2387/2014). Ponente Sr. Manuel Marchena Gómez.
29. BUENO DE MATA, F., «La validez de los «screenshots» o «pantallazos» como prueba electrónica a tenor de la jurisprudencia del Tribunal Supremo», en *Los desafíos de la justicia en la era post crisis* (Dir. NEIRA PENA; Coords. BUENO DE MATA, PÉREZ GAIPO), Atelier, Barcelona, 2016, p. 4.

Piénsese, por ejemplo, en un sistema informático en la nube, lo que añade todavía más complejidad en su aprehensión y preservación.

- **Intrusivas.** En ocasiones, la obtención de pruebas digitales puede afectar a derechos y libertades fundamentales de las personas, por ejemplo, vulnerar el secreto de las comunicaciones del artículo 18.3 de la CE.

Desde un punto de vista general, que sirva a todos los órdenes jurisdiccionales, la prueba electrónica sigue las siguientes fases: una primera de obtención de los datos o información producidos, almacenados o transmitidos, mediante el acceso a las fuentes de la prueba electrónica o digital, antes de su incorporación al proceso; una segunda fase de incorporación al proceso de la información o datos obtenidos que sean relevantes para la acreditación de los hechos; y una tercera fase de valoración de la información por parte del Juez o Tribunal. Dicho esquema se repite en todos los órdenes jurisdiccionales, si bien en cada uno de ellos existen toda una serie de especificidades relevantes. Y en todas las fases mencionadas puede producirse algún problema conectado con la prueba prohibida y en definitiva con las exclusiones probatorias, pudiendo verse afectadas la totalidad de las actividades típicamente probatorias: el acceso a la prueba, la aportación al proceso, o, en su caso, su práctica; sin olvidar el relevante ámbito de la conservación de los datos o información, que no da lugar a una fase determinada por cuanto las garantías de conservación han de producirse en todo momento[30].

1.2. LA NATURALEZA JURÍDICA DE LA PRUEBA ELECTRÓNICA

Hay multitud de teorías y discrepancias en la doctrina científica acerca de la verdadera naturaleza jurídica de la prueba electrónica. De entre ellas se pueden dilucidar hasta tres tipos de teorías diferentes para vislumbrar su naturaleza:

1) **Teoría autónoma.** Los defensores de esta teoría entienden que la prueba electrónica documental es una categoría totalmente independiente de la prueba documental clásica de los artículos 317 a 334 de la LEC, argumentando para ello la diferencia de los requisitos de reproducción de la prueba, los cuáles son más rígidos para el caso del documento electrónico[31].

---

30. Particularmente relevante en este punto el tratamiento de la cadena de custodia de la prueba pericial, concepto éste jurisprudencial que puede definirse como *el procedimiento, oportunamente documentado, que permite constatar la identidad, integridad y autenticidad de los vestigios e indicios de un hecho relevante para el asunto, desde que son encontrados hasta que se aportan al proceso como pruebas.* Pueden consultarse, entre otros, los siguientes trabajos: GUTIÉRREZ SANZ, M.R., *La cadena de custodia en el proceso penal español*, Aranzadi, 2016. FIGUEROA NAVARRO, C., *La cadena de custodia en el proceso penal*, EDISOFER, 2015.
31. PINTO PALACIOS, F. y PUJOL CAPILLA, P., «La prueba en la era digital», en *La Ley Actualidad*, Madrid, 2017, pp. 130-131.

2) **Teoría analógica.** En este supuesto la doctrina entiende que la prueba electrónica en su modalidad documental no es nada más que una actualización de la prueba documental tradicional que se encontraba escrita en papel y ahora se encuentra en un soporte electrónico. Es por ello, que esta parte de la doctrina considera acertado aplicar de forma analógica el régimen normativo de la prueba documental, sin embargo, se ha encontrado con el obstáculo de la valoración conforme a la sana crítica aplicable a los nuevos medios de prueba que no recoge el sistema de prueba legal o tasada del documento dispuesto en los art. 319 y 326 LEC[32].

3) **Teoría de la equivalencia funcional.** Este sector de la doctrina considera que la prueba documental en soporte electrónico despliega los mismos efectos jurídicos que cuando está el documento recogido en papel siempre y cuando concurran las siguientes circunstancias o requisitos:

— Legible mediante sistemas de software y hardware;

— Identidad del contenido del documento tanto de una parte como de la otra parte;

— Posible conservación y recuperación;

— Posible traducción a lenguaje convencional;

— Posible identificación a los sujetos participantes mediante la presentación del documento;

— Posible atribución de autoría del documento a una persona determinada;

— Cumplimiento con las condiciones de autenticidad y fiabilidad[33].

Con respecto a las teorías autónoma y analógica en la Ley 1/2000, de 7 de enero de Enjuiciamiento Civil, el Magistrado ABEL LLUCH opina que se da cierta confusión entre ambas, esto se debe a que *se pretende crear una sección ex novo y ad hoc con los arts. 382 a 384 que regula la prueba electrónica mientras que en la Exposición de Motivos de la misma ley cita textualmente «la utilización de nuevos instrumentos probatorios, como soportes, hoy no convencionales, de datos, cifras y cuentas, a los que, en definitiva, haya de otorgárseles una consideración análoga a la de las pruebas documentales»*[34].

---

32. Ibidem, pp. 27-29.
33. Ibidem, pp. 131-132.
34. ABEL LLUCH, X., «Prueba electrónica», en ABEL LLUCH, X., y PICÓ I JUNOY, J. (directores), *La prueba electrónica, Colección de Formación Continua Facultad de Derecho ESADE*, J.M. Bosh editor, 2011, pp. 23.

En mi opinión, de acuerdo con lo expresado por CASTRO DURÁN[35], la prueba electrónica o digital, esto es, la contenida en soportes que almacenan, matemáticamente, información mediante ceros y unos (fuentes de prueba) y que necesitan de un software para su práctica en el juicio (medio de prueba), puede llegar a ser considerada una *modalidad de la prueba documental* o al menos, una subespecie de la misma, y así se reputa en todos los órdenes jurisdiccionales. Sin embargo, el legislador en el proceso civil circunscribió el concepto de prueba documental al más estricto o clásico de la misma, es decir, a la incorporación de un pensamiento o expresión humana de forma escrita a un soporte mueble que se puede trasladar al tribunal.

De esta manera, en el art. 299 LEC, incorporó como un medio de prueba diferente los medios de reproducción de la imagen y sonido, así como los soportes que permiten almacenar datos. A estos efectos, pues, la prueba electrónica en el proceso civil no es una subespecie de la prueba documental, sino de esta última. En cualquier caso, y a pesar de la vocación supletoria de la LEC, en el art. 4, con carácter general prevalece el concepto amplio de la prueba documental, que incluye todas las categorías enunciadas que resultan del avance de los medios tecnológicos. Y dentro de ella, como se ha señalado, una subcategoría, de la misma, se encuentra la prueba digital o electrónica.

1.3. MENCIÓN A LA MEDIA ELECTRÓNICA

El avance de las nuevas tecnologías de la comunicación y de la información es indiscutible que ha transformado significativamente la forma en que nos comunicamos y compartimos información. Estas tecnologías, como internet, redes sociales, mensajería instantánea y correo electrónico, han proporcionado un amplio abanico de posibilidades para la interacción y la transmisión de datos. Sin embargo, también han dado lugar a un fenómeno interesante y desafiante: el anonimato en línea.

El anonimato en línea se refiere a la capacidad de las personas de ocultar su identidad y preservar su privacidad mientras utilizan las tecnologías de la comunicación y la información. Aunque es posible identificar el dispositivo desde el cual se origina una determinada acción en línea, como enviar un mensaje o publicar un contenido, en la mayoría de los casos no es fácil determinar quién es el individuo o entidad detrás de ese dispositivo.

Este resguardo del anonimato ha generado una serie de implicaciones y consideraciones tanto en el ámbito social como en el legal. Por un lado, ha permitido que muchas personas se sientan más seguras al expresar sus opiniones y compartir información en línea sin temor a posibles represalias o consecuencias negativas en su vida cotidiana. Además, ha sido útil para proteger a denun-

---

35. CASTRO DURÁN, E., «La prueba electrónica en el proceso civil», *Diario la Ley, núm. 9964*, de 2 de diciembre de 2021, Editorial Wolters Kluwer.

ciantes, periodistas y activistas que desean comunicar información sensible o valiosa sin exponerse a riesgos significativos.

Sin embargo, el anonimato en línea también ha dado lugar a problemas y abusos. Al ocultar la identidad, algunas personas pueden sentirse libres para actuar de manera irresponsable, difamar, acosar o cometer delitos sin enfrentar las consecuencias directas de sus acciones. Esto conlleva una serie de desafíos jurídico legales no exentos de polémica. En muchos casos, es difícil rastrear a los perpetradores de delitos cibernéticos, ciberacoso o difamación en línea, lo que puede dificultar su enjuiciamiento y protección de las víctimas. Las autoridades y los tribunales enfrentan la tarea de equilibrar el derecho a la privacidad y al anonimato con la necesidad de garantizar la responsabilidad y el cumplimiento de la ley en el entorno digital.

En respuesta a estos desafíos, se han implementado diversas medidas y herramientas para abordar el anonimato en línea. Por ejemplo, en algunas jurisdicciones se han establecido regulaciones y leyes que buscan limitar o controlar el anonimato en ciertas situaciones, como en casos de acoso o difamación. Además, se han desarrollado tecnologías y métodos forenses para rastrear e identificar a los perpetradores de delitos en línea, aunque esto sigue siendo un desafío complejo. También existen plataformas y redes sociales que han implementado políticas y herramientas para combatir el anonimato abusivo y promover un entorno más seguro en línea. Entre estas medidas se incluye la verificación de identidad para ciertos usuarios, la posibilidad de reportar comportamientos abusivos y el uso de sistemas de moderación para filtrar contenido inapropiado.

El anonimato en línea puede brindar una sensación de falsa protección a quienes lo utilizan, degenerando en situaciones problemáticas, como la usurpación de identidades. En este contexto, la usurpación de identidad se refiere a la acción de un individuo que actúa en nombre de un tercero sin su consentimiento y con la intención de causar daño o perjudicar a esa persona. La facilidad de ocultar la verdadera identidad en línea ha abierto la puerta a prácticas fraudulentas y maliciosas, donde individuos sin escrúpulos pueden suplantar la identidad de otras personas para cometer actos delictivos o difamatorios. Esta usurpación puede manifestarse de diversas formas, como la creación de perfiles falsos en redes sociales, el envío de mensajes o correos electrónicos en nombre de alguien más, o la publicación de contenido dañino utilizando el nombre de otra persona.

Los motivos detrás de la usurpación de identidad pueden variar, pero en muchos casos, el objetivo es causar daño, perjudicar la reputación de la persona suplantada, o llevar a cabo actividades ilegales sin ser identificado. Esto puede tener graves consecuencias para la víctima, tanto en términos emocionales como en su vida personal, profesional y social. La naturaleza anónima de las actividades en línea puede dificultar la identificación del perpetrador, y es posible que se utilicen técnicas avanzadas para ocultar la pista digital y hacer que la usurpación sea más difícil de rastrear. Y dichas «ventajas» que ofrece el anonimato pueden ir en detrimento de la prueba digital, siendo que las acciones llevadas a cabo por medios tecnológicos podrían verse asociadas a una identidad digital que no siempre sería posible identificar.

Para prevenir y abordar la usurpación de identidad, es fundamental que las personas sean conscientes de los riesgos y tomen medidas para proteger su información personal en línea. Esto incluye mantener contraseñas seguras, utilizar autenticación de dos factores cuando sea posible, ser cauteloso con la información compartida en redes sociales y verificar la autenticidad de las comunicaciones recibidas antes de proporcionar información personal o sensible.

En términos legales, es importante que existan leyes y regulaciones que penalicen la usurpación de identidad en línea y que se proporcionen mecanismos efectivos para llevar a cabo investigaciones y enjuiciar a los responsables. Además, la cooperación entre las autoridades, las plataformas en línea y las víctimas puede ser crucial para identificar y detener a los usurpadores. En este punto, destaca FUENTES SORIANO la «asombrosa facilidad con la que las comunicaciones telemáticas pueden ser falseadas, inventadas o incluso efectivamente mantenidas pero realizadas con suplantación de la personalidad de alguno de los comunicantes»[36].

1.4. BREVE REFERENCIA A LAS PRINCIPALES MODALIDADES DE FUENTES DE PRUEBA DIGITAL

Debemos partir de la distinción entre lo que es la fuente de prueba digital y el medio de prueba digital. Recuerda, así, MAITE VALDECANTOS[37] que, «*en cuanto al medio de prueba, es un concepto procesal, que se refiere a la actividad desplegada para introducir una fuente de prueba al proceso. Por ende, los medios de prueba son tasados y limitados (numerus clausus) ... y en este acercamiento al concepto de prueba electrónica, cabe aclarar que la prueba electrónica puede constituir tanto el objeto de la prueba, como ser un medio de prueba, o simultáneamente objeto y medio de prueba*».

La fuente de prueba digital[38] se nos presenta como los instrumentos que reúnen o *soportan* el contenido de lo que el día del juicio oral la parte podrá aportar al juicio la prueba digital por el medio de prueba habilitado a tal efecto, y que, ahora, a falta de una autonomía de la prueba digital debe utilizarse el conducto del medio de prueba de la *documental*.

---

36. En ese sentido, FUENTES SORIANO, O., «Las comunicaciones telemáticas: aportación y valoración de la prueba», en *El proceso penal. Cuestiones fundamentales* (Coord. FUENTES SORIANO), Tirant Lo Blanch, Valencia, 2017, p. 279.
37. VALDECANTOS FLORES, M., «El derecho a la prueba y la prueba electrónica en el proceso civil». *Práctica de Tribunales, núm. 130, enero-febrero 2018*, Editorial Wolters Kluwer.
38. Así lo afirma Vicente MAGRO SERVET, Magistrado de la Sala de lo Penal del Tribunal Supremo, «¿Cómo aportar la prueba digital en el proceso penal?», *Diario la Ley, N.º 9824, de 7 de abril de 2021*, Editorial Wolters Kluwer.

En palabras del Alto Tribunal, medios de prueba son los instrumentos de intermediación requeridos por el proceso para la constancia material de los datos existentes en la realidad exterior; mientras que la fuente de prueba se refiere a la fuente de información del mundo exterior que está en capacidad de ofrecer el medio de prueba. Las fuentes de prueba que se incorporan al proceso a través de los medios de prueba son ilimitadas (artículo 299.3 de la LEC). La LEC sanciona el carácter de *numerus apertus* de las fuentes de prueba, pero los medios de prueba únicamente pueden ser los regulados en la LEC. La controversia radica en determinar si la concisa regulación de estos medios probatorios establecida en la LEC (artículos 299.2 y 382 a 384) configura unos medios de prueba autónomos, es decir, unos complejos normativos completos, o si dichas normas no constituyen medios de prueba independientes, sino que deben ponerse en relación con la prueba documental.

La LEC contiene preceptos favorables al concepto amplio de prueba documental: artículos 326.3, 327, 333 y 812.1.1.ª. Por lo que respecta al Tribunal Supremo, no hay una dicotomía respecto a los medios de prueba, sino únicamente unas fuentes de prueba. Los artículos 299.2, 382.1 y 384.1 de la LEC se limitan a enumerar los diferentes instrumentos y actividades, en una regulación muy breve, estableciendo las peculiaridades de estas fuentes de prueba, porque, a diferencias de los documentos escritos, no basta con dar traslado de estas pruebas a la parte contraria, sino que normalmente es preciso proceder al visionado del vídeo, a la escucha del audio o al examen del instrumento de archivo. Pero los medios de prueba son los enumerados en el artículo 299.1 de la LEC, los cuales constituyen un *numerus clausus*.

De esta manera, estas fuentes de prueba necesitan de un medio de prueba de los reconocidos en la ley procesal penal para que puedan tener su efectividad práctica procesal para hacerse valer como pruebas que puedan ser valoradas por el juez o tribunal a la hora de dictar sentencia. Pero la cuestión es que cuando el letrado/a disponga de una prueba digital incluida en una fuente de prueba, lo correcto sería buscar la fórmula por la que puede hacer llegar esa prueba al órgano judicial para su comprobación, primero, por el juez de instrucción, y, más tarde, en el juicio oral.

La cuestión que surge es que se deberá utilizar el instrumento donde está el contenido digital, que es lo que se constituirá como prueba digital, y para ello junto con el escrito en el que se le hace constar al juez que quiere llevar al proceso el contenido digital facilitará su aportación mediante el instrumento hábil, como medio de prueba, que haga posible que el juez de instrucción primero, y, luego, el de enjuiciamiento, puedan visionar ese contenido digital y valorarlo como prueba en sentencia, pero en la fase de instrucción constituirá un medio a añadir a la investigación judicial para que, más tarde, se pueda proponer como prueba en los respectivos escritos de acusación y defensa de cara a practicarla en el juicio oral, que es cuando adquirirá el valor de prueba hábil para su valoración por el juez o tribunal de enjuiciamiento y su reflejo en la sentencia que, al efecto, se dicte.

Al hilo de lo expuesto, hemos de traer a colación la definición de *medio electrónico* contenida en el Anexo del nuevo Real Decreto Ley 6/2023, de 19 de diciembre, por el que se aprueban medidas urgentes para la ejecución del Plan de Recuperación, Transformación y Resiliencia en materia de servicio público de justicia, función pública, régimen local y mecenazgo que viene a coincidir con la definición anteriormente dada por la Ley 18/2011, de 5 de julio, reguladora del uso de las tecnologías de la información y la comunicación en la Administración de Justicia, la cual lo define como *mecanismo, instalación, equipo o sistema que permite producir, almacenar o transmitir documentos, datos e informaciones; incluyendo cualesquiera redes de comunicación abiertas o restringidas como Internet, telefonía fija y móvil u otras.*

Por tanto, dentro del concepto de prueba electrónica cabrá distinguir dos modalidades básicas: en primer lugar, los datos o informaciones almacenados en un dispositivo electrónico; y, por otra parte, los que son transmitidos por cualesquiera redes de comunicación abiertas o restringidas como Internet, telefonía fija y móvil u otras.

La prueba digital puede ser incorporada al juicio por diferentes medios de prueba, bien en soporte papel, así como mediante la aportación del propio documento electrónico. Pero entonces, surge la cuestión de la delimitación de qué se entiende por documento electrónico. Hemos partir de la base del concepto amplio de documento, comprensivo de los electrónicos, es el que impera en el resto del ordenamiento jurídico, con el que tiene que resultar coherente la interpretación de la LEC. En ese sentido puede citarse el artículo 26 del CP, el artículo 230 de la LOPJ, el artículo 24.2 de la Ley 34/2002 de servicios de la sociedad de la información y de comercio electrónico, el artículo 17 bis de la Ley del Notariado, el artículo 49.1 de la Ley del Patrimonio Histórico Español, el artículo 76.3 *in fine* del RD 828/1995, de 29 de mayo, por el que se aprueba el Reglamento del Impuesto sobre Transmisiones Patrimoniales y Actos Jurídicos Documentados, y el artículo 41.1 del RD 1671/2009, de 6 de noviembre.

De completar por nuestra cuenta este muestrario legal habría que citar indefectiblemente el Reglamento (UE) número 910/2014 del Parlamento Europeo y del Consejo[39] de 23 de julio de 2014 relativo a la identificación electrónica y los servicios de confianza para las transacciones electrónicas en el mercado interior, que, en su artículo 3. 35) define el *documento electrónico*, como todo

---

39. REGLAMENTO (UE) n.º 910/2014 del Parlamento Europeo y del Consejo, de 23 de julio de 2014, relativo a la identificación electrónica y los servicios de confianza para las transacciones electrónicas en el mercado interior y por la que se deroga la Directiva 1999/93/CE. Publicado en DOUEL número 257 de 28 de agosto de 2014, vigencia desde 17 de septiembre de 2014.

contenido almacenado en formato electrónico, en particular, texto o registro sonoro, visual o audiovisual; y la Ley 6/2020, de 11 de noviembre, reguladora de determinados aspectos de los servicios electrónicos de confianza. Adviértase que como resalta la exposición de motivos de la Ley 6/2020, de 11 de noviembre, reguladora de determinados aspectos de los servicios electrónicos de confianza la Ley 59/2003, de 19 de diciembre, de firma electrónica, que supuso la transposición al ordenamiento jurídico español de la derogada Directiva 1999/93/CE del Parlamento Europeo y del Consejo, de 13 de diciembre de 1999, por la que se establece un marco comunitario para la firma electrónica, se encuentra desde entonces jurídicamente desplazada en todo aquello regulado por el citado Reglamento; Ley 6/2020 modifica el contenido del artículo 326 de la LEC, tanto en lo referente al modo de impugnación y autenticación, así como según se hayan utilizado servicio electrónico de confianza cualificado o no cualificado. El nuevo RD Ley 6/2023 entiende por documento electrónico, la información de cualquier naturaleza, en forma electrónica, archivada en un soporte electrónico según un formato determinado y susceptible de identificación y tratamiento diferenciado.

El magistrado ABEL LLUCH propone tres concepciones referentes al documento electrónico. Una primera, sería una concepción amplia del mismo que concibe como documento electrónico aquel en cuya elaboración haya intervenido cualquier forma informática, siendo estos por ejemplo las pruebas creadas a través de la informática como un email o cualquiera procedente de un medio de reproducción o almacenamiento. La segunda entiende como documento electrónico aquel en el que ha intervenido en cualquiera de sus fases un equipo informático. Mientras que la tercera, sería la concepción más estricta que considera documento electrónico los documentos contenidos en un equipo o soporte informático. Al documento electrónico, le resulta de aplicación el régimen jurídico de la prueba de instrumentos electrónicos del artículo 299.2 de la LEC que se contiene en ellos artículos 383 a 384 de la LEC y en el artículo 3 de la Ley 6/2020. Podemos destacar una serie de notas características de los documentos electrónicos como son las siguientes:

- **Soporte**: vendría a ser el objeto que se puede llevar al Juzgado en el que está contenido, para que pudiese ser examinado en un proceso.

- **Contenido**: la información real grabada es en realidad un código binario que requiere de una intermediación para que pueda ser inteligible. Esto supone que para su exteriorización son necesarios medios reproductivos que son un programa de *software*, que a su vez requieren un elemento auxiliar que sería el dispositivo físico que se esté usando para que se pueda mostrar el contenido y que este pueda surtir efecto en el proceso correspondiente.

- **Autor**: conocer la autoría real de un documento electrónico puede ser una tarea complicada en muchas ocasiones, esto se debe al hecho de que en ciertas situaciones lo único que se puede conocer con certeza es que el archivo ha sido creado en un ordenador concreto, sin poder esclarecer la autoría de dicho archivo.

En el caso de los documentos electrónicos una de las maneras más efectivas de aportar certeza sobre su autoría es con la firma electrónica, ya que, mediante esta, se añade al documento una información específica que sirve como autenticación de que la persona que aparece como firmante, es efectivamente la persona que está suscribiendo el texto. Pero para que esto sea así y la firma electrónica adquiera el mismo valor que la manuscrita es necesario que cumpla una serie de requisitos establecidos en la Ley 6/2020, de 11 de noviembre[40], reguladora de determinados aspectos de los servicios electrónicos de confianza.

- **Fecha**: por lo general la fecha en los documentos electrónicos, es añadida automáticamente por el programa utilizado para la creación de este, pero ha de tenerse en cuenta que esta no es directamente fiable, ya que esta puede ser modificada por el usuario.

El imparable avance tecnológico y su impacto en los modos de comunicación interpersonal ocasionan no pocos problemas de índole probatorio que obligan a buscar en nuestro ordenamiento jurídico el tratamiento adecuado. Consciente de esa realidad, el Pleno de la Sala de lo Social del Tribunal Supremo en su Sentencia de 23 de julio de 2020[41] concede a los correos electrónicos aportados en juicio el valor de prueba documental a fin de sustentar la pretensión revisora casacional. La Sala llega a esta conclusión tras abordar la diferencia entre fuente y medio de prueba con base en la Ley de Enjuiciamiento Civil, declarando que los medios probatorios están tasados por Ley y se corresponden con la enumeración prevista en el artículo 299.1, mientras que las fuentes de prueba son ilimitadas y se hallan en constante evolución. Hasta la fecha, la doctrina jurisprudencial era discrepante considerando en unos casos que el correo electrónico era un medio de prueba autónomo sustentado en soportes e instrumentos electrónicos (art. 299.2) y, en otros casos, tenía la consideración de prueba documental con valor para la revisión fáctica en suplicación o casación (art. 299.1).

En este contexto, el pronunciamiento de la Sala Cuarta rompe con esa duplicidad de regímenes al tiempo que consolida un concepto amplio de documento en la jurisdicción social integrando los documentos electrónicos, como ya se imponía en el resto del ordenamiento jurídico. Este planteamiento está refrendado por la Ley 6/2020, de 11 de noviembre, reguladora de determinados aspec-

---

40.   LEY 6/2020, de 11 de noviembre, reguladora de determinados aspectos de los servicios electrónicos de confianza, publicada en BOE núm. 298 de 12 de noviembre de 2020, vigencia desde 13 de noviembre de 2020.

41.   SENTENCIA de la Sala de lo Social del Tribunal Supremo número 706/2020, de 23 de julio de 2020, número de recurso de casación 239/2018. Ponente Sr. Juan Molins García-Atance.

tos de los servicios electrónicos de confianza, que modifica el artículo 326 de la Ley de Enjuiciamiento Civil e integra en la regulación legal de la prueba documental toda la problemática relativa a la impugnación en juicio del valor probatorio de un documento electrónico privado. La nueva redacción de la citada norma establece además una distribución de la carga de la prueba que atiende a la acreditación de la utilización de un servicio electrónico de confianza cualificado para establecer ventajas probatorias para la parte que haya aportado el documento.

El análisis del documento electrónico puede hacerse también desde esta misma clasificación como se desprende de los artículos 318 y 320.2 de la LEC que recogen el régimen jurídico de los documentos públicos en soportes electrónicos, y del artículo 326.3 y 4 que hace lo propio con el documento electrónico privado. Lo determinante de la naturaleza jurídica del documento electrónico no es el soporte físico en el que se encuentra alojada la información relevante a efectos de su aportación al proceso judicial, sino el sujeto que ha intervenido en su elaboración. Esta cuestión está relacionada además con la LRSEC que, pese a derogar la Ley 59/2003 de Firma Electrónica[42], en lo que nos interesa mantiene sus mismos términos al admitir que el documento electrónico puede ser un documento público, administrativo o privado y que tendrá el valor y la eficacia jurídica que corresponda a su respectiva naturaleza, de conformidad con la legislación que les resulte aplicable (art. 3.1). Por consiguiente, lo determinante de la naturaleza jurídica del documento electrónico no es el soporte físico en el que se contiene o se encuentra alojada la información relevante a efectos de su aportación al proceso judicial, sino el sujeto que ha intervenido o participado en su elaboración, lo que resultará clave en los casos en los que se planteen dudas acerca de la autenticidad del documento aportado. Ello, no obstante, no todas las firmas tienen el mismo nivel de seguridad y, en este sentido, hemos de hacer referencia a la Ley 6/2020, de 11 de noviembre, reguladora de determinados aspectos de los servicios electrónicos de confianza, ya que no puede obviarse que la firma estampada en un documento, cualquiera que sea su naturaleza —manuscrita o electrónica—, tiene la eficacia de asumir su contenido. En otros términos, evidenciada la suscripción de un documento ha de presumirse el conocimiento y la conformidad del firmante con la totalidad de su contenido. La ausencia de firma electrónica, simple, avanzada o cualificada, puede llegar a impedir atribuir fuerza probatoria al documento, toda vez que puede llegar a ser *prius* lógico y ontológico de su propia existencia. Es importante tener en cuenta que el uso de cada tipo de firma electrónica depende del contexto y la naturaleza de la transacción electrónica. La elección del tipo adecuado de firma electrónica

---

42. Disposición derogatoria a) de la nueva Ley 6/2020. El objetivo de esta Ley es complementar el Reglamento (UE) 910/2014, del Parlamento Europeo y del Consejo, de 23 de julio de 2014, relativo a la identificación electrónica y los servicios de confianza para las transacciones electrónicas en el mercado interior y por el que se deroga la Directiva 1999/93/CE.

puede tener implicaciones legales y de seguridad, por lo que es esencial estar familiarizado con los requisitos y regulaciones establecidos en la Ley 6/2020.

Seguidamente esta monografía se centrará en aquellos medios electrónicos aportados como prueba con mayor frecuencia en los Juzgados que son el correo electrónico y el WhatsApp. En supuestos de impugnación, su valor probatorio obedece a los criterios de sana crítica (art. 384 LEC) y ostentará la carga probatoria la parte quién lo aportó.

1.4.1. Correo electrónico

Asumiendo la era tecnológica en la que la sociedad está inmersa, siendo que la forma de relacionarnos se ha transformado radicalmente, cada vez es más frecuente la aportación en los procesos judiciales de medios probatorios relacionados con los modernos sistemas electrónicos y telemáticos, con la finalidad de que sirvan para acreditar determinados hechos y, por ende, apoyar las tesis jurídicas que sostienen las partes. Correos electrónicos; comunicaciones en foros, chats y redes sociales (Facebook, Twitter...); mensajes en programas de mensajería instantánea (WhatsApp, Skype, Messenger...), todos estos sistemas de comunicación electrónica están presentes en nuestras vidas y lógicamente acceden al proceso para acreditar hechos y conductas con trascendencia procesal.

Para no limitarnos a realizar una exposición dogmática o doctrinal, creo más conveniente y ejemplificativo, a los efectos de entender la fundamental fuerza y carga probatoria de los medios electrónicos, realizar un breve análisis de la Sentencia de la Sala Cuarta, de lo Social, del Tribunal Supremo número 706/2020. El avance tecnológico ha hecho que muchos documentos se materialicen y presenten a juicio a través de los nuevos soportes electrónicos, lo que no debe excluir su naturaleza de prueba documental, con las necesarias adaptaciones (por ejemplo, respecto de la prueba de autenticación). Como ha puesto de manifiesto el Alto Tribunal, si no se postula un concepto amplio de prueba documental, llegará un momento en que la revisión fáctica casacional quedará vaciada de contenido si se limita a los documentos escritos, cuyo uso será exiguo. Ello no supone que todo correo electrónico acredite el error fáctico de instancia, al igual que sucede con los documentos privados. Para ello será necesario valorar si se ha impugnado su autenticidad por la parte a quien perjudique; si ha sido autenticado, en su caso; y si goza de literosuficiencia[43].

---

43.   DICCIONARIO panhispánico del español jurídico. *Proc. Documento que basta para llegar a la conclusión acreditativa que se pretende, evidenciando el objeto de prueba sin necesidad de acudir a otras fuentes probatorias o a complejos desarrollos argumentales.*
Y así, no cualquier documento, en sentido amplio, puede servir de base al Recurso, sino que el mismo ha de ser «literosuficiente», es decir, que haga prueba, por sí mismo, de su contenido, sin necesidad de otro aporte acreditativo ni valoración posterior (STS, 2.ª, 21-VI-2006, rec. 534/2005).

La sentencia que se analiza contiene en cinco párrafos una síntesis de conceptos procesales en materia probatoria. Es impecable la metodología seguida para responder a la cuestión sobre si los correos electrónicos son medios de prueba, y a su vez como catalogable como prueba documental, y por ende, instrumento hábil para la revisión de hechos probados en el recurso de casación ordinario (y también a efectos suplicacionales). Aunque las sentencias de órganos colegiados constituyen en su decisión la expresión de una sola voluntad (la colegiada) y no una suma de individualidades, es evidenciable que la impronta derivada de la formación jurídica del ponente en esta materia deja huella en la misma[44].

El valor probatorio de los correos electrónicos (también WhatsApp y otros mensajes en redes sociales) ha sido objeto de especial atención por la doctrina de una manera transversal. penalistas, laboralistas, civilistas y, sobre todo, procesalistas[45], se han ocupado de esta cuestión, incluso ha habido incursiones desde el ámbito de la Administración tributaria[46].

La sentencia no se detiene en el concepto de correo electrónico, lo deja como valor entendido. No obstante, conviene dejar claro que el correo electrónico está *compuesto del contenido del mensaje junto a sus anexos (texto, imagen, vídeo) y de los datos de tráfico (fecha, hora, duración, origen y destino),* una definición adecuada es la contenida en el artículo 2 h) de la Directiva 58/2002/CE, de 12 de julio. La acreditación de un email puede efectuarse mediante cualquiera de los dispositivos electrónicos de remisión o recepción, y/o en cualquiera de los servidores implicados, si bien la facilidad de acceso, según la empresa operadora tenga su sede o no en España y la eficacia probatoria de cada uno varía[47]. Hecha

---

44.　MOLINS GARCÍA-ATANCE, J., *El recurso de suplicación. La revisión de hechos probados*, Editorial Thomson-Aranzadi, 2005; y recientemente *La técnica del recurso de suplicación*, Editorial Thomson-Reuter, 2019.

45.　MARCHENA GÓMEZ, M., «Dimensión jurídico-penal del correo electrónico», *Estudios Jurídicos, Ministerio de Justicia, núm. 2007*; BARRIOS BAUDOR, G., *La integridad y/o autenticidad de los medios de prueba digital en el proceso laboral: una aproximación al tema de los correos electrónicos;* GONZALEZ GONZÁLEZ, C., «Valor probatorio de los correos electrónicos», *Revista Aranzadi Doctrinal, núm. 10/2019*; LÓPEZ PICÓ, R., «La prueba electrónica en el proceso penal: el correo electrónico y el WhatsApp», *La Ley Penal, núm. 140, septiembre-octubre 2019*; ARMENTA DEU, T., «Regulación legal y valoración probatoria de fuentes de prueba digital (correos electrónicos, WhatsApp, redes sociales): entre la insuficiencia y la incertidumbre», *Revista de Internet, Derecho y Política, Universitat Oberta de Catalunya, núm. 27,* septiembre 2018.

46.　BUSTOS, G., «5 apuntes sobre el valor documental del correo electrónico», portal jurídico de Thomson Reuters, el 12 de septiembre de 2016.

47.　ARMENTA DEU, T., «Regulación legal y valoración probatoria de fuentes de prueba digital (correos electrónicos, WhatsApp, redes sociales): entre la insuficiencia y la incertidumbre», *en Revista de Internet, Derecho y Política, Universitat Oberta de Catalunya, núm. 27,* septiembre 2018. *op. cit. p. 71.* Lo que debe ser concordado —añadimos ahora— con lo dispuesto en la Ley 6/2020, de 11 de noviembre, reguladora de determinados aspectos de los servicios electrónicos de confianza.

esa precisión, la sentencia sí que extrema su rigor cuando hace las siguientes consideraciones:

1.ª) La primera operación intelectual en el terreno probatorio, una vez que se ha considerado el correo electrónico como prueba, lleva a plantear el problema de la distinción entre fuentes y medios de prueba. Fuente de prueba es un concepto extrajurídico; una realidad anterior al proceso y existe independientemente de él; y medio de prueba alude a conceptos jurídicos, y sólo existen en el proceso, en cuanto en él nacen y se desarrollan, y son actividades que es preciso desplegar para incorporar a las fuentes del proceso. La fuente es lo sustancial y material; el medio, lo adjetivo y formal[48].

2.ª) El segundo paso nos dirige, guiados por el principio de legalidad, al espacio de la Ley procesal reguladora para conocer la previsión codificada. Debemos ceñirnos el esquema trazado por la LEC, como ley supletoria de la LRJS (art. 4 LEC y Disp. Final cuarta LRJS). La concisa regulación de estos medios probatorios establecida en la LEC (arts. 299.2 y 382 a 384) obliga a responder a la cuestión sobre si el código procesal civil está configurando unos medios de prueba autónomos, o si dichas normas no constituyen medios de prueba independientes, sino que deben ponerse en relación con la prueba documental.

3.ª) En el tercer escalón entra en juego la hermenéutica del Código Civil (art. 3.1), precepto de los denominados *mediales* en cuanto que no son directamente aplicables al pleito pero que sirven de guía para interpretar las leyes, de ahí que no tenga por qué explicitarse. La finalidad es desvelar si un correo puede calificarse como medio probatorio, y de serlo si entra dentro del concepto de prueba documental.

En efecto, sentada la premisa general de que los medios de prueba en la LEC (art. 299.1) son taxativos o númerus clausus art. 299.1 de la LEC, para llegar a calificar el correo electrónico como prueba documental[49], la sentencia del TS lleva a cabo esta operación interpretativa y lo hace sin caer en la *tentación* de zanjar la cuestión de manera dogmática o apodíctica. Acude a cánones interpretativos clásicos contenidos en el art. 3.1 del Código Civil (aunque no cita el precepto), y en particular, *al contexto* y *a la realidad social del tiempo en que han de ser aplicadas, atendiendo fundamentalmente al espíritu y finalidad de aquellas*, pero sin dejar de lado, *el sentido propio de sus palabras*.

---

48. MONTERO AROCA, J., *Derecho Jurisdiccional II, Proceso Civil*, Editorial Tirant lo Blanch. 25.ª edición, 2017, pp. 234 y ss.
49. MARTÍNEZ MOYA, J., «El correo electrónico como medio probatorio: su naturaleza de prueba documental a los efectos de los recursos de casación y suplicación», en *revista de jurisprudencia laboral n.º 9*, 2020.

Con relación al criterio gramatical, precisa que *la concisión de los términos de la LEC y las precisiones que hace cuando establece determinadas peculiaridades de las fuentes de prueba porque, a diferencia de los documentos escritos, no basta con dar traslado de estas pruebas a la parte contraria, sino que normalmente es preciso proceder al visionado del vídeo, a la escucha del audio o al examen del instrumento de archivo.*

La interpretación de las normas conforme a la realidad social se refleja cuando la sentencia apela al avance tecnológico (que) ha hecho que muchos documentos se materialicen y presenten a juicio a través de los nuevos soportes electrónicos, lo que no debe excluir su naturaleza de prueba documental, con las necesarias adaptaciones (por ejemplo, respecto de la prueba de autenticación). Lo que da pie a realizar un juicio pronóstico de futuro: *Si no se postula un concepto amplio de prueba documental, llegará un momento en que la revisión fáctica casacional quedará vaciada de contenido si se limita a los documentos escritos, cuyo uso será exiguo.*

El interés y la necesidad de este pronunciamiento ya han quedado constatados con el inmediato eco que ha tenido en la doctrina de suplicación. La STSJ de Asturias, Sala Social, de 13 de octubre de 2020 se ha apresurado a acoger favorablemente esta doctrina con referencia a una grabación de audio y unas fotografías, considerando que esta fuente de prueba lleva a que sea necesario recordar que la doctrina de la Sala IV, recogida en las SSTS de 16 de junio de 2011 (rec. 3983/2010) y 26 de noviembre de 2012 (rec. 786/2012), en el sentido de que los medios probatorios enumerados en el art. 299.2 de la LRJS (medios audiovisuales y soportes electrónicos) no tenían naturaleza de prueba documental, a efectos de fundar una revisión de hechos probados, al amparo del artículo 193.b) de la LRJS, ha resultado rectificada por la reciente sentencia del Pleno de la Sala de lo Social, de 23 de julio 2020 (rec. 239/2018), adoptando un concepto amplio de documento, comprensivo de los electrónicos.

1.4.2. WhatsApp y otras redes sociales

El correo electrónico ha sido durante mucho tiempo una de las herramientas hegemónicas de comunicación digital, pero el fenómeno de la digitalización y el desarrollo de aplicaciones comunicativas cada vez mejores ha conseguido que la mensajería instantánea lo desplace a un segundo lugar. WhatsApp, creado en 2009, se ha convertido en uno de los principales servicios de este tipo de comunicación, con un activo mensual de 2 billones de usuarios a nivel mundial, y se ha posicionado como plataforma líder en España durante el pasado año 2022[50]. A este respecto y con independencia de que la persona tenga la consideración

---

50. KEMP, S., «Digital 2021. Global overview report». *Nueva York: We are social Hootsuite,* 2021. https://bit.ly/2NM5VvL

de nativo o inmigrante digital[51], es una circunstancia obvia que la interacción entre unos y otros cada vez se realiza en mayor medida por intermediación de la tecnología.

En este contexto, la tecnología está también, inevitablemente, presente en los conflictos derivados de la convivencia social, toda vez que los dispositivos electrónicos y la información enviada a través de ellos, son indispensables en la era de la comunicación. Por consiguiente, cuando es tal la naturaleza de la disputa que requiere de una solución judicial, la tecnología ocupa total o parcialmente el eje del sistema probatorio. A modo de ejemplo, mientras en el pasado la comisión de un delito de amenazas o de injurias tenía lugar oralmente, por correo postal o por pintadas en el mobiliario particular o urbano, a día de hoy, son las redes sociales o los correos electrónicos enviados desde el anonimato el modo habitual de la materialización de dichos tipo delictivos. En este caso queremos hacer referencia a aquel material que una de las partes voluntariamente aporta al procedimiento como prueba, normalmente en estos casos suelen ser fotografías, conversaciones de WhatsApp/mensajería instantánea o emails. La pregunta sería ¿cómo asegurarse de que dichos documentos son ciertos?

Esto se hará a través del examen por parte del Letrado de la Administración de Justicia del Juzgado instructor del procedimiento. De tal forma que deberá entregarse el terminar donde conste las conversaciones, o la cuenta de correo electrónico donde estén los emails, para que el LAJ compruebe su autenticidad y de ahí se puedan trascribir los datos. También esta transcripción se puede hacer a través de un Notario, que dará fe de la credibilidad de los mismos, recogiéndose en un acta notarial, que podrá aportarse al procedimiento como documental. Pero ello no asegura que los mismos no hayan sido manipulados. Para ello sólo servirá una pericial informática. Como expone la STS 355/2019, de 10 de julio[52] *recordemos, a estos efectos, que en el análisis de la prueba pericial esta Sala en sentencia de fecha 23 de mayo de 2006 señala que si el juez no posee los conocimientos técnicos necesarios, como ocurre con los de carácter médico, para fijar los hechos y para extraer las debidas consecuencias jurídicas en relación con la posible existencia de responsabilidad, la prueba pericial debe cumplir la función de proporcionárselos, puesto que la función del perito es la de auxiliar al juez, ilustrándolo sobre las circunstancias del caso, pero sin privar al juzgador de la facultad de valorar el informe pericial.*

51.   A este respecto, resulta de interés la lectura de PRENSKY, M., «Digital Natives, Digital Immigrants», *On the Horizon*, MCB University Press, Vol. 9, núm. 5, October 2001, que puede consultarse en http://www.marcprensky.com/writing/Prensky%20-%20Digital %20Natives,%20Digital%20Immigrants%20-%20Part1.pdf

52.   SENTENCIA de la Sala Segunda de lo Penal del Tribunal Supremo número 355/2019, de 10 de julio de 2019 (Rec. 10681/2018). Ponente Sra. Susana Polo García.

Lo cierto es que los WhatsApp u otros medios de mensajería instantánea (*messenger*, redes sociales, etc.) como medio de prueba se han tenido en cuenta en numerosas sentencias, siempre y cuando no hayan sido impugnados o bien, se haya practicado pericial sobre ellos[53]. Así algunos ejemplos como la SAP de Madrid, Secc. 3.ª, núm. 120/2019, de 9 de julio: *Esta explicación no es creíble, pues el que una red social exija que sus usuarios sean mayores de edad no supone necesariamente que todos los que se registran en ella realmente lo sean, y que Gustavo no era mayor de edad lo supo el acusado, según resulta de la transcripción de los mensajes intercambiados entre aquél y el menor que obran incorporadas como prueba documental —anexos I y VI— ya desde el primer contacto vía WhatsApp que tuvo lugar el 9 de mayo de 2017.* La SAP de Palencia, Secc. 1.ª, núm. 25/2019, de 9 de julio con respecto a la autoría establece: *La impugnación se centra en la consideración de que la condena del recurrente se ha basado en la idea incierta de que fue él quien envió los mensajes de WhatsApp con contenido amenazante, afirmando que fueron remitidos por otra persona. En el supuesto que nos ocupa, sin embargo, el examen de las actuaciones no revela infracción del indicado principio de presunción de inocencia ni error alguno en la valoración de las pruebas practicadas en el acto del juicio por parte de la Juez de lo Penal… lo cierto es que los mensajes se enviaron desde su teléfono, no existiendo prueba alguna, directa o indirecta, fuera de su manifestación, de que los hubiera realizado otra persona (su madre o «la chica con la que iba»)… Ha de tenerse en cuenta que los mensajes, por su propio contenido, se refieren a hechos y datos propios de la relación personal entre los implicados en el incidente, sin que tenga lógica o razón que justifique que puedan ser enviados por persona distinta a quienes mantuvieron la relación personal.* En este caso, al haber sido los impugnados los mismos por defender el recurrente la idea de que los había escrito y enviado otra persona desde su teléfono, para apoyar dicha idea debía haber presentado una pericial o cualquier otra prueba de cargo que sostuviera sus tesis. Cosa que no hizo y por ello, se admitieron los mensajes como prueba de cargo.

La STS 291/2019, de 31 de mayo (Pte. D. Vicente Magro Servet) señaló: «*…Pero es que además de la convicción que alcanza el Tribunal a raíz de esta declaración contó con la corroboración de los mensajes de Whatsapp que no fueron impugnados para restarles validez, o para motivar que la acusación hubiera tenido que acudir a una pericial informática, lo que no hace falta por cuanto no se hace mención a una impugnación que les restara validez*». Con respecto a este asunto la STS 300/2015, de 19 de mayo (Pte. D. Manuel Marchena Gómez) ya sentó la doctrina jurisprudencial correspondiente de la siguiente manera: «*La prueba de una comunicación bidireccional mediante cualquiera de los múltiples sistemas de mensajería instantánea debe ser abordada con todas las cautelas. La posibilidad de una manipulación de los archivos digitales mediante los que se materializa ese*

---

53.   Véase: STS 355/2019, de 10 de julio (Pte. D.ª Susana Polo García), STS 266/2019, de 28 de mayo (Pte. D.ª Susana Polo García), STS 348/2019, de 4 de julio (Pte. D. Vicente Magro Servet), STS 291/2019, de 31 de mayo (Pte. D. Vicente Magro Servet).

intercambio de ideas forma parte de la realidad de las cosas. El anonimato que autorizan tales sistemas y la libre creación de cuentas con una identidad fingida, hacen perfectamente posible aparentar una comunicación en la que un único usuario se relaciona consigo mismo. De ahí que la impugnación de la autenticidad de cualquiera de esas conversaciones, cuando son aportadas a la causa mediante archivos de impresión, desplaza la carga de la prueba hacia quien pretende aprovechar su idoneidad probatoria. Será indispensable en tal caso la práctica de una prueba pericial que identifique el verdadero origen de esa comunicación, la identidad de los interlocutores y, en resumen, la integridad de su contenido» (FJ 4.º).

Hace alusión a esta sentencia del Alto Tribunal la SAP de Madrid, Secc. 27, núm. 469/2019, de 28 de junio: *«F.J.6ª: Indicar, a mayor abundamiento y en sustento de la correcta y adecuada valoración probatoria por la Juzgadora de Instancia, por una parte, que los «pantallazos» de comunicaciones por vía de Facebook y de WhatsApp obrantes en autos (folios 458 a 536), aportados por la Acusación Particular, carecen de la subconsciente corroboración periférica en relación a los hechos objeto del presente recurso. Recordar, a este respecto que la doctrina (STS núm. 13/2015, de 19 de mayo de 2015, y SAP Sección 27ª Madrid de 12/11/2015) … hicieron que se le denegase valor de integridad y de autenticidad, por la sola y mera aportación por tales «pantallazos», los cuales, no fueron objeto del oportuno cotejo».* En la misma línea, la SAP de Alicante, Sección 1.ª, núm. 431/2019, de 28 de junio: *«F.J.2.º: …En efecto la condena se ha basado únicamente en las declaraciones de la denunciante y del referido testigo, lo que resulta insuficiente para sustentar el veredicto de condena que hoy se apela, ya que la carga de la prueba sobre la existencia de las llamadas y de los mensajes telefónicos y la autoría de los mismos se desplaza a la acusación, que tan solo ha propuesto como prueba de los hechos enjuiciados las citadas declaraciones testificales, pero no existe ninguna otra prueba o dato objetivo que corrobore las llamadas y los mensajes denunciados, ya que los mismos no han sido incorporados al procedimiento ni han sido debidamente cotejados ni transcritos por el Letrado de la Administración de Justicia. La falta de constatación de la existencia de las llamadas y de la transcripción y cotejo de los mensajes de los teléfonos de ambos testigos impide que se pueda tener por probado la existencia de las llamadas, de los mensajes y la autoría de los mismos».* La misma doctrina habrá de aplicarse al texto de pruebas que sean aportadas de forma voluntaria por las partes. Este tipo de presentación de la prueba se puede dar tanto en procedimientos civiles como penales, puesto que se trata de una forma voluntaria de aportación de la prueba. Por tanto, lógicamente podrá estar relacionado con cualquier tipo de procedimiento en ambas jurisdicciones.

El órgano juzgador tendrá en consideración este medio probatorio siempre que no sea impugnado por vulneración de garantías de autenticidad, integridad o ilicitud, pues se atenderá a lo regulado en el art. 326 LEC exigiendo un peritaje informático. Hay determinados autores que ofrecían una idea alternativa consistente en solicitar directamente a los prestadores de servicios la acreditación de autenticidad de los mensajes, sin embargo, no es posible desempeñar dicha tarea ya que los servidores externos no ostentan el derecho a conservar la información transmitida, sino que se almacena en los mismos dispositivos electrónicos de los comunicantes. De hecho, en abril de 2016, la compañía introdujo un sistema de «cifrado de extremo a extremo» *(end-to-end)* para asegurar la confidencialidad de las interlocuciones manifestadas por los usuarios por el cual cada mensaje contiene una llave privada y un código único que solo posee el emisor y receptor del mensaje. Es cierto que se ha endurecido las políticas de seguridad y privacidad en beneficio a los interlocutores, pero también se está abriendo tácitamente las puertas a la ciberdelincuencia pues prevé un proceso de interceptación momentáneo durante el instante de intercambio de información[54].

En resumen, las conversaciones de WhatsApp pueden aportarse de múltiples maneras: a) documental, bien en soporte papel o electrónico, b) el mismo *smartphone* acompañado de la transcripción literal cotejado por el Letrado de la Administración de Justicia, c) reconocimiento judicial, d) acta notarial en alusión específica del contenido que quisiera probar en juicio[55].

La jurisprudencia realza que los «pantallazos» aportados deben ser considerados documentos privados, pues de ser impugnados y no probados lo suficientemente, apreciarán una valoración conjunta con demás pruebas (SAP de Barcelona, de 17 de junio de 2014[56] razona así *«El conocido popularmente como «pantallazo» no es más que la impresión de un apunte contable realizado en soporte informático... como mínimo, debe tener el valor de un documento privado a valorar según las reglas de la sana crítica (art. 326.2 LEC), no siendo suficiente con que se impugne genéricamente, deben explicarse las razones por un elemental principio de buena fe procesal (art. 7 CC y 247 LEC) para que la adversa puede proponer cotejo o acreditarlo por otros medios».*

Además, no solamente puede ser relevante el contenido sino también el estado del WhatsApp como puede verse en la sentencia del Juez de Primera Instancia e Instrucción de Moncada de 30 de diciembre de 2015[57] que consideró haber intromisión del derecho de honor por parte del demandado al publicar en su estado de WhatsApp *«No te fíes de Juan Francisco»* condenado al pago de una indemnización de 2.000 euros motivándose de la siguiente manera *«Se trata de una mera descalificación, alojada durante varios meses en un espacio de acceso público, que afecta negativamente a la reputación del afectado, la cual es especialmente importante en el espacio de su profesión médica y en el ámbito de la industria*

---

54. J.M.S., «WhatsApp: qué es el cifrado «end to end» y por qué es importante», *ABC*, 12 de enero de 2017 (disponible en http://www.abc.es/tecnologia/consultorio/abci-whatsapp-whatsapp-cifrado-201604060948_noticia.html; última consulta 12/04/2018).

55. DELGADO MARTÍN, J., *Investigación tecnológica y prueba digital en todas las jurisdicciones*, editorial Wolters Kluwers, 2.ª edición, 2018, pp. 181, 184.

56. SAP, Sección 1.ª, de 17 de junio de 2014. *Vid.* SAP 522/2016, de 22 de septiembre, FJ 6.º.

57. SENTENCIA del Juzgado de Primera Instancia e Instrucción 348/2015, de 20 de diciembre, FJ 3.º.

de servicios de sanidad. Debemos remarcar que la jurisprudencia ha establecido que la crítica no puede consistir en expresar elementos vejatorios o que afecten negativamente a la reputación de otra persona».

Finalmente, mencionar una sentencia apelada hasta el Tribunal Superior de Justicia de Cataluña (Sala de lo Social) de 10 de junio de 2015[58] sobre la validez del mensaje enviado en WhatsApp de un comunicado de la cesión de funciones laborales en la empresa del cual el tribunal consideró válido en conjunción con demás pruebas practicadas (testifical y pericial médico por la de depresión que sufría) pudiendo apreciar una manifestación de voluntad «clara, concreta, consciente, firme y terminante» de la empleada por resolver el vínculo laboral. Por lo tanto, no hay lugar a dudas de la admisibilidad de este nuevo medio probatorio al igual que ser valorado positivamente por nuestros tribunales. En efecto, numerosos juristas como ALONSO-CUEVILLAS SAYROL opinan que no es necesario proponer reformas legislativas ni aludir a terminologías *«novedosos medios probatorios»* pues estos medios ya se encuentran regulados. Se trata simplemente de una alteración en los formatos empleados (antes era en papel y ahora electrónicamente), el juez efectuará una valoración conjunta para declarar la eficacia probatoria del mensaje emitido por un medio electrónico[59].

1.5. ACCESO A DATOS CONTENIDOS EN DISPOSITIVOS ELECTRÓNICOS

Al margen de toda exposición doctrinal, a veces necesaria, en la presente monografía se pretende ofrecer herramientas necesarias para que los aspirantes a juristas puedan obtener un conocimiento actualizado de materias que se encuentran constantemente ya no sólo en los titulares periodísticos, sino en la palestra del debate jurídico. TOMÁS VIVES ANTÓN señala que el proceso penal construido en torno a la presunción de inocencia no es compatible con las *investigaciones prospectivas*, que se proyectan de forma indiscriminada sobre la generalidad de los ciudadanos, lo que es propio, alecciona el profesor de la Facultad de Derecho de Valencia y vicepresidente del Tribunal Constitucional español, de los llamados *delitos de sospecha*[60]. Invoca el magistrado los términos de una resolución del Tribunal Constitucional español para señalar: *En la medida en que las diligencias acordadas en el curso de una investigación criminal se inmiscuyan o coarten los derechos fundamentales y libertades públicas de una persona habrán de estar debidamente motivados en la resolución judicial que así las acuerden, se necesarias y adecuadas al fin que con las mismas se persigue y*

---

58. STSJ 2455/2015, de 10 de junio.
59. ALONSO-CUEVILLAS SAYROL, A., «La prueba del WhatsApp y mensajes remitidos a través de redes sociales», Picó i Junoy, J. (coord.), *La prueba civil: aspectos problemáticos*, Aranzadi, Cataluña, 2017, pp. 255-270.
60. VIVES ANTÓN, T., «El proceso penal de la presunción de inocencia», en M. F. PALMA (coord.) Jornadas de Direito Processual Penal e Direitos Fundamentais. Coimbra: Almedina, 2004, p. 37.

practicarse con todas las garantías constitucionales, pues de lo contrario se estaría legitimando, con la excusa de seguirse una instrucción criminal, una suerte de inquisición general incompatible con los principios que inspiran el proceso penal en un Estado de Derecho[61].

Debemos recordar que por lo que se refiere al registro de dispositivos de almacenamiento masivo de información, que incluyen los instrumentos de comunicación telefónica y, en consecuencia, los terminales de telefonía móvil, el nuevo capítulo VIII del Título VIII de la LECrim, establece una regulación específica presidida por el principio de la necesidad de autorización judicial. Como se establece en la exposición de motivos, la reforma «descarta cualquier duda acerca de que esos instrumentos de comunicación y, en su caso, almacenamiento de información son algo más que simples piezas de convicción. De ahí la exigente regulación respecto del acceso a su contenido».

Esta autorización será precisa tanto en los supuestos en los que los dispositivos se ocupen durante un registro domiciliario, como en los incautados fuera del domicilio del investigado. Así lo establecen los nuevos artículos 588 sexies a) y b), de la Lecrim, tras la reforma operada por la LO 13/2015. Cuando con ocasión de la práctica de un registro domiciliario sea previsible la aprehensión de ordenadores, instrumentos de comunicación telefónica o telemática o dispositivos de almacenamiento masivo de información digital o el acceso a repositorios telemáticos de datos, la resolución del juez de instrucción habrá de extender su razonamiento a la justificación, en su caso, de las razones que legitiman el acceso de los agentes facultados a la información contenida en tales dispositivos. Pero, ahora bien, la simple incautación de cualquiera de los dispositivos a los que se refiere el apartado anterior, practicada durante el transcurso de la diligencia de registro domiciliario, no legitima el acceso a su contenido, sin perjuicio de que dicho acceso pueda ser autorizado ulteriormente por el juez competente.

Esta exigencia es también aplicable a aquellos casos en los que los ordenadores, instrumentos de comunicación o dispositivos de almacenamiento masivo de datos, o el acceso a repositorios telemáticos de datos, sean aprehendidos con independencia de un registro domiciliario. En tales casos, los agentes pondrán en conocimiento del Juez la incautación de tales efectos. Si éste considera indispensable el acceso a la información albergada en su contenido, otorgará la correspondiente autorización.

La razón de ser de la necesidad de esta autorización con carácter generalizado es la consideración de estos instrumentos como lugar de almacenamiento de una serie compleja de datos que afectan de modo muy variado a la inviolabilidad de las comunicaciones (comunicaciones a través de sistemas de mensajería, por ejemplo, tuteladas por el art. 18.3 de la CE, contactos o fotografías, por

---

61.   *Op. cit.* pp. 37-38.

ejemplo, tuteladas por el art. 18.1 CE que garantiza el derecho a la intimidad, datos personales y de geolocalización, que pueden estar tutelados por el derecho a la protección de datos, art. 18.4 CE). La consideración de cada uno de estos datos de forma separada y con un régimen de protección diferenciado es insuficiente para garantizar una protección eficaz, pues resulta muy difícil asegurar que una vez permitido, por ejemplo, el acceso directo de los agentes policiales a estos instrumentos para investigar datos únicamente protegidos por el derecho a la intimidad (por ejemplo, los contactos incluidos en la agenda), no se pueda acceder o consultar también otros datos tutelados por el derecho a la inviolabilidad de las comunicaciones albergados en el mismo dispositivo. Es por ello por lo que el legislador otorga un tratamiento unitario a los datos contenidos en los ordenadores y teléfonos móviles, reveladores del perfil personal del investigado, configurando un derecho constitucional de nueva generación que es «el derecho a la protección del propio entorno virtual».

Este criterio ya puede apreciarse en la doctrina jurisprudencial del Alto Tribunal, por ejemplo, en las SSTS 204/2016, de 10 de marzo[62] y 342/2013, de 17 de abril[63], que justifica que el acceso de los poderes públicos al contenido del ordenador de un investigado, no queda legitimado a través de un acto unilateral de las fuerzas y cuerpos de seguridad del Estado. El ordenador y, con carácter general, los dispositivos de almacenamiento masivo, son algo más que una pieza de convicción que, una vez aprehendida, queda expuesta en su integridad al control de los investigadores. El contenido de esta clase de dispositivos no puede degradarse a la simple condición de instrumento recipiendario de una serie de datos con mayor o menor relación con el derecho a la intimidad de su usuario. En el ordenador coexisten, es cierto, datos técnicos y datos personales susceptibles de protección constitucional en el ámbito del derecho a la intimidad y la protección de datos (art. 18.4 de la CE), pero su contenido también puede albergar —de hecho, normalmente albergará— información esencialmente ligada al derecho a la inviolabilidad de las comunicaciones. El correo electrónico y los programas de gestión de mensajería instantánea no son sino instrumentos tecnológicos para hacer realidad, en formato telemático, el derecho a la libre comunicación entre dos o más personas. Es opinión generalizada que los mensajes de correo electrónico, una vez descargados desde el servidor, leídos por su destinatario y almacenados en alguna de las bandejas del programa de gestión, dejan de integrarse en el ámbito que sería propio de la inviolabilidad de las comunicaciones. La comunicación ha visto ya culminado su ciclo y la información contenida en el mensaje es, a partir de entonces, susceptible de protección por su relación con el ámbito reservado al derecho a la intimidad, cuya tutela constitucional es evi-

---

62. SENTENCIA de la Sala Segunda de lo Penal del Tribunal Supremo número 204/2016, de 10 de marzo de 2016. Ponente D. Candido Conde-Pumpido Touron.
63. SENTENCIA de la Sala Segunda de lo Penal del Tribunal Supremo número 342/2013, de 17 de abril de 2013. Ponente D. Manuel Marchena Gómez.

dente, aunque de una intensidad distinta a la reservada para el derecho a la inviolabilidad de las comunicaciones.

En consecuencia, el acceso a los contenidos de cualquier ordenador por los agentes de policía, ha de contar con el presupuesto habilitante de una autorización judicial. Esta resolución ha de dispensar una protección al investigado frente al acto de injerencia de los poderes públicos. Son muchos los espacios de exclusión que han de ser garantizados. No todos ellos gozan del mismo nivel de salvaguarda desde la perspectiva constitucional. De ahí la importancia de que la garantía de aquellos derechos se haga efectiva siempre y en todo caso, con carácter anticipado, actuando como verdadero presupuesto habilitante de naturaleza formal.

La ponderación judicial de las razones que justifican, en el marco de una investigación penal, el sacrificio de los derechos de los que es titular el usuario del ordenador, ha de hacerse sin perder de vista la multifuncionalidad de los datos que se almacenan en aquel dispositivo. Incluso su tratamiento jurídico puede llegar a ser más adecuado si los mensajes, las imágenes, los documentos y, en general, todos los datos reveladores del perfil personal, reservado o íntimo de cualquier encausado, se contemplan de forma unitaria. Y es que, más allá del tratamiento constitucional fragmentado de todos y cada uno de los derechos que convergen en el momento del sacrificio, existe un derecho al propio entorno virtual. En él se integraría, sin perder su genuina sustantividad como manifestación de derechos constitucionales de *nomen iuris* propio, toda la información en formato electrónico que, a través del uso de las nuevas tecnologías, ya sea de forma consciente o inconsciente, con voluntariedad o sin ella, va generando el usuario, hasta el punto de dejar un rastro susceptible de seguimiento por los poderes públicos. Surge entonces la necesidad de dispensar una protección jurisdiccional frente a la necesidad del Estado de invadir, en las tareas de investigación y castigo de los delitos, ese entorno digital.

Sea como fuere, lo cierto es que tanto desde la perspectiva del derecho de exclusión del propio entorno virtual, como de las garantías constitucionales exigidas para el sacrificio de los derechos a la inviolabilidad de las comunicaciones y a la intimidad, la intervención de un ordenador para acceder a su contenido exige un acto jurisdiccional habilitante. Y esa autorización no está incluida en la resolución judicial previa para acceder al domicilio en el que aquellos dispositivos se encuentran instalados. De ahí que, ya sea en la misma resolución, ya en otra formalmente diferenciada, el órgano jurisdiccional ha de exteriorizar en su razonamiento que ha tomado en consideración la necesidad de sacrificar, además del domicilio como sede física en el que se ejercen los derechos individuales más elementales, aquellos otros derechos que convergen en el momento de la utilización de las nuevas tecnologías.

La STC 173/2011, 7 de noviembre[64], recuerda la importancia de dispensar protección constitucional al cúmulo de información personal derivada del uso de los instrumentos tecnológicos de nueva generación. Si no hay duda de que los datos personales relativos a una persona individualmente considerados, a que se ha hecho referencia anteriormente, están dentro del ámbito de la intimidad constitucionalmente protegido, menos aún pueda haberla de que el cúmulo de la información que se almacena por su titular en un ordenador personal, entre otros datos sobre su vida privada y profesional (en forma de documentos, carpetas, fotografías, vídeos, etc.), por lo que sus funciones podrían equipararse a los de una agenda electrónica, no sólo forma parte de este mismo ámbito, sino que además a través de su observación por los demás pueden descubrirse aspectos de la esfera más íntima del ser humano. Es evidente que cuando su titular navega por Internet, participa en foros de conversación o redes sociales, descarga archivos o documentos, realiza operaciones de comercio electrónico, forma parte de grupos de noticias, entre otras posibilidades, está revelando datos acerca de su personalidad, que pueden afectar al núcleo más profundo de su intimidad por referirse a ideologías, creencias religiosas, aficiones personales, información sobre la salud, orientaciones sexuales, etc.

Quizás, estos datos que se reflejan en un ordenador personal puedan tacharse de irrelevantes o livianos si se consideran aisladamente, pero si se analizan en su conjunto, una vez convenientemente entremezclados, no cabe duda que configuran todos ellos un perfil altamente descriptivo de la personalidad de su titular, que es preciso proteger frente a la intromisión de terceros o de los poderes públicos, por cuanto atañen, en definitiva, a la misma peculiaridad o individualidad de la persona. A esto debe añadirse que el ordenador es un instrumento útil para la emisión o recepción de correos electrónicos, pudiendo quedar afectado en tal caso, no sólo el derecho al secreto de las comunicaciones del art. 18.3 CE (por cuanto es indudable que la utilización de este procedimiento supone un acto de comunicación), sino también el derecho a la intimidad personal (art. 18.1 CE), en la medida en que estos correos o email, escritos o ya leídos por su destinatario, quedan almacenados en la memoria del terminal informático utilizado. Por ello deviene necesario establecer una serie de garantías frente a los riesgos que existen para los derechos y libertades públicas, en particular la intimidad personal, a causa del uso indebido de la informática así como de las nuevas tecnologías de la información.

---

64. SENTENCIA de la Sala Segunda del Tribunal Constitucional 173/2011, de 7 de noviembre de 2011, recurso de amparo 5928/2009, promovido por D. Carlos Trabajo Rueda frente a las Sentencias de la Sala de lo Penal del Tribunal Supremo y de la Audiencia Provincial de Sevilla que le condenaron por un delito de corrupción de menores. Supuesta vulneración de los derechos a un proceso con todas las garantías, a la presunción de inocencia y a la intimidad: acceso constitucionalmente justificado a los archivos informáticos sin contar con el consentimiento de su titular. Voto particular.

En resumen, es importante distinguir entre el contenido de una conversación y los datos de tráfico asociados a ella. Los datos de tráfico son la información que identifica los medios de comunicación emisores y receptores utilizados durante la comunicación[65]. Estos datos incluyen detalles como el número de teléfono del remitente, el número de teléfono del receptor, la dirección postal, datos de identificación en comunicaciones electrónicas, nombre y dirección del usuario registrado en Internet, el IMSI (International Mobile Subscriber Identity), la identificación de un usuario en una cuenta de correo electrónico y su número de teléfono, nombre, dirección y demás datos necesarios para identificar el destino de la comunicación, etc.

En relación a estos datos de tráfico, no es clara la protección constitucional que la regulación les brinda o la jurisprudencia les reconoce. Por un lado, parece que los datos de tráfico se ubican en el ámbito del derecho fundamental al secreto de las comunicaciones, lo que conlleva preceptiva autorización judicial para conocerlos; por otro, se considera que estos datos no afecten al derecho fundamental al secreto de las comunicaciones, si bien sí pueden quedar amparados por el derecho fundamental a la intimidad, por lo que la policía judicial puede solicitarlos sin intervención judicial. La tendencia legislativa parece encaminarse hacia la no exigencia de autorización judicial para la cesión de datos de tráfico[66].

En este sentido, la solicitud al operador para conocer la identidad del titular de un número de teléfono debe provenir del juez ordinario, tal y como establece la Ley 25/2007, de 18 de octubre, de conservación de datos relativos a las comunicaciones electrónicas y a las redes públicas de comunicaciones o por un Magistrado del TS cuando sea el Centro Nacional de Inteligencia quien solicite la intervención de comunicaciones, de acuerdo con la LO 2/2002, de 6 de mayo. Sobre el acceso al listado de llamadas sin previa autorización judicial, un sector de la jurisprudencia entiende que vulnera el artículo 18.3, *vid.* SSTS 1231/2003, de 25 de septiembre; 156/2008, de 8 de abril; 51/2009, de 29 de enero; 13 de mayo de 2010; SSTC 123/2002, de 20 de mayo; 230/2007, de 5 de septiembre.

Sobre la naturaleza de las comunicaciones que se llevan a cabo *peer to peer* (P2P), LLORIA GARCÍA considera que el TS erra al establecer que no se necesita autorización judicial para rastrear los números IP porque considera que sí es un dato de tráfico que identifica al sujeto que realiza la comunicación[67]. En el

---

65. GIMENO SENDRA, V., «La prueba preconstituida de la policía judicial», en VVAA., *Problemas actuales de la justicia penal (Dir.* GONZÁLEZ-CUELLAR SERRANO, N.), Colex, Madrid, 2013, p. 203.

66. Así la STEDH Malone; STC 114/1984, de 29 de noviembre; 281/22006, de 9 de octubre; STJUE de 29 de enero de 2008 y SSTS 1219/2004, de 10 de diciembre; 130/2007, de 19 de febrero y 20 de mayo 2008.

67. LLORIA GARCÍA, P., «El secreto de las comunicaciones: su interpretación en el ámbito de los delitos cometidos a través de Internet. Algunas consideraciones», en *La protección jurídica de la intimidad* (Dir. BOIX REIG; Coord. JAREÑO LEAL), Iustel, Madrid, 2010, p. 198.

mismo sentido, FRÍGOLS I BRINES advierte que los teléfonos móviles, los ordenadores o los *pen drive* —en definitiva, los dispositivos tecnológicos— contienen información muy cuantiosa y sensible, cuyo acceso debiese protegerse con resolución judicial habilitante previa, pese a la errática evolución jurisprudencial sobre la materia y a que la CE no la prevea con respecto a la restricción del derecho a la intimidad[68].

Aunque la cuestión no es pacífica, algunas sentencias consideran que conocer el listado de las llamadas efectuadas o recibidas y registradas en el interior de un determinado teléfono celular sin previa autorización judicial no vulnera el artículo 18.3 CE, *v. gr.* SSTS 316/2000, de 3 de marzo; 1235/2002, de 27 de junio; SSTC 70/2002, de; 142/2012, de 2 de julio; 115/2013, de 9 de mayo. GIMENO SENDRA considera que la intervención de los programas que no necesitan de servidor, como los P2P no afecta al derecho fundamental al secreto de las comunicaciones[69]. Con respecto a la captación del IMSI (el acrónimo de International Mobile Subscriber Identity, un código de identificación único para cada dispositivo de telefonía móvil, representado por una serie de algoritmos, que se integra en la tarjeta SIM y que permite su identificación a través de las redes GSM y UMTS), la STS 249/2008, de 20 de mayo considera que no vulnera el derecho al secreto de las comunicaciones.

El Tribunal Supremo ha afirmado que el conocimiento de dichos datos identificadores de un determinado teléfono móvil no permite conocer ninguno de los citados elementos externos de las comunicaciones mantenidas a través del mismo, por lo que, en principio, dicho conocimiento no afecta propiamente al derecho al secreto de las comunicaciones telefónicas. De hecho, rechaza su consideración como «datos de tráfico» y estima que su obtención no debe sujetarse a la normativa actual referida a la obtención de datos de tráfico producidos con ocasión de una comunicación electrónica, sino como datos de carácter personal relacionados con el art. 18.4 CE.

En cualquier caso, la nueva Ley también autoriza excepcionalmente el acceso directo de los agentes policiales en casos de urgencia, conforme al art. 588 sexies, párrafo cuarto, en los casos en que se aprecie un interés constitucional legítimo que haga imprescindible la medida prevista en los apartados anteriores de este artículo, la Policía Judicial podrá llevar a cabo el examen directo de los datos contenidos en el dispositivo incautado, comunicándolo inmediatamente, y en todo caso dentro del plazo máximo de veinticuatro horas, por escrito motivado al juez competente, haciendo constar las razones que jus-

---

68. FRÍGOLS I BRINES, E., «La protección constitucional de los datos de las comunicaciones: delimitación de los ámbitos de protección del secreto de las comunicaciones y del derecho a la intimidad a la luz del uso de las nuevas tecnologías», en *La protección jurídica de la intimidad* (Dir. BOIX REIG; Coord. JAREÑO LEAL), Iustel, Madrid, 2010, pp. 66, 87.

69. GIMENO SENDRA, V., «Las intervenciones electrónicas y la policía judicial», en *Diario la Ley n.º 7298*, 2009.

tificaron la adopción de la medida, la actuación realizada, la forma en que se ha efectuado y su resultado. El juez competente, también de forma motivada, revocará o confirmará tal actuación en un plazo máximo de 72 horas desde que fue ordenada la medida.

En esta norma, cabe distinguir un aspecto procedimental y otro sustancial. El primero (la regulación de la comunicación inmediata, o en todo caso dentro del plazo máximo de veinticuatro horas, por escrito motivado al juez competente, haciendo constar las razones que justificaron la adopción de la medida, la actuación realizada, la forma en que se ha efectuado y su resultado), evidentemente no puede ser tomado en absoluto en consideración para intervenciones realizadas con anterioridad a la entrada en vigor de la reforma.

Y el segundo es un aspecto sustancial o de fondo (la exigencia de que el examen directo de los datos contenidos en el dispositivo incautado por la Policía Judicial solo puede realizarse en los casos de urgencia en que se aprecie un interés constitucional legítimo que haga imprescindible la medida). Este último, en la medida en que constituye la proclamación normativa de unos principios generales que el Tribunal Constitucional y esta misma Sala ya habían definido previamente como determinantes de la validez de los actos de injerencia en la privacidad de los investigados en un proceso penal, puede tomarse en consideración como criterio general de interpretación aun cuando se analicen supuestos anteriores a la entrada en vigor de la reforma.

La Sala entiende que la prohibición de valorar pruebas obtenidas con vulneración de derechos fundamentales cobra su genuino sentido como mecanismo de contención de los excesos policiales en la búsqueda de la verdad oculta en la comisión de cualquier delito. No persigue sobreproteger al delincuente que se ve encausado con el respaldo de pruebas que le han sido arrebatadas por un particular que cuando actuaba no pensaba directamente en prefabricar elementos de cargo utilizables en un proceso penal ulterior.

La regla prohibitiva no excluye entre sus destinatarios, siempre y en todo caso, al particular que despliega una actividad recopiladora de fuentes de prueba que van a ser utilizadas con posterioridad en un proceso penal. También el ciudadano que busca acopiar datos probatorios para su incorporación a una causa penal tiene que percibir el mensaje de que no podrá valerse de aquello que ha obtenido mediante la consciente y deliberada infracción de derechos fundamentales de un tercero. Lo que allí se apunta sólo adquiere sentido si se interpreta como una llamada a la necesidad de ponderar las circunstancias de cada caso concreto. La vulneración de la intimidad de las personas —si éste es el derecho afectado por el particular— no puede provocar como obligada reacción, en todo caso, la declaración de ilicitud. Entre el núcleo duro de la intimidad y otros contenidos del círculo de exclusión que cada persona dibuja frente a los poderes públicos y frente a los demás ciudadanos, existen diferencias que no pueden ser orilladas en el momento de la decisión acerca de la validez probatoria.

Lo determinante es que nunca, de forma directa o indirecta, haya actuado como una pieza camuflada del Estado al servicio de la investigación penal. La prohibición de valorar esos documentos en un proceso penal se apoyaría en las mismas razones que ya hemos señalado para la prueba ilícita obtenida por agentes de policía. Y es que, en este caso, los funcionarios del Estado que investigan el delito han de estar convencidos de que tampoco su trabajo podrá ser valorado si las pruebas obtenidas lo han sido mediante el subterfugio de la utilización de un activo particular que, sabiéndolo o no, actúa a su servicio[70].

1.6. LA PRUEBA DIGITAL Y EL DERECHO FUNDAMENTAL A LA PROTECCIÓN DE DATOS

El art. 18.4 de la Constitución española[71] establece: «*La ley limitará el uso de la informática para garantizar el honor y la intimidad personal y familiar de los ciudadanos y el pleno ejercicio de sus derechos*». El Tribunal Constitucional, desde las primeras sentencias que dictó sobre esta cuestión, consideró que dicho precepto constitucional consagra tanto una institución de garantía de otros derechos, fundamentalmente el honor y la intimidad, como también un derecho o libertad fundamental, el derecho a la libertad frente a las potenciales agresiones a la dignidad y a la libertad de la persona provenientes de un uso ilegítimo del tratamiento mecanizado de datos. La STC 292/2000, de 30 de noviembre[72], definió el derecho fundamental a la protección de datos de carácter personal como «un derecho o libertad fundamental [...] frente a las potenciales agresiones a la dignidad y a la libertad de las personas provenientes de un uso ilegítimo del tratamiento mecanizado de datos lo que la Constitución llama la informática».

El derecho a la protección de datos, también conocido como derecho a la autodeterminación informativa[73] o *habeas data*, ha sido definido como la garantía

---

70. SENTENCIA de la Sala de lo Penal del Tribunal Supremo 597/2022, de 15 de junio de 2022. Recurso de casación penal 10705/2021. Ponente Sr. JUAN RAMON BERDUGO GÓMEZ DE LA TORRE.

71. CONSTITUCIÓN ESPAÑOLA. Boletín Oficial del Estado núm. 311, de 29 de diciembre de 1978.

72. SENTENCIA del Tribunal Constitucional 292/2000, de 30 de noviembre de 2000. Recurso de inconstitucionalidad 1.463/2000. Promovido por el Defensor del Pueblo respecto de los arts. 21.1 y 24.1 y 2 de la hoy derogada Ley Orgánica 15/1999, de 13 de diciembre, de Protección de Datos de Carácter Personal. Vulneración del derecho fundamental a la protección de datos personales. Nulidad parcial de varios preceptos de la Ley Orgánica.

73. GUDÍN RODRÍGUEZ-MAGARIÑOS, F., «Legalidad de los mecanismos de barrido policial que permiten obtener los números IMEI/IMSI de las tarjetas de telefonía móvil», *Revista General de Derecho Procesal*, núm. 18, Iustel, www.iustel.com, 2009, p. 11. Se afirma que el origen de esta expresión tiene su origen en la jurisprudencia alemana, *vid.* GUERRERO PICÓ, M.C., *El impacto de Internet en el Derecho Fundamental a la Protección de Datos de Carácter Personal*, Thomson Civitas-Aranzadi, Cizur Menor, 2006, p. 187.

que tiene toda persona física —no se reconoce para las personas jurídicas[74]— de control y disposición sobre sus datos personales frente a terceros y a los poderes públicos[75]. En palabras de PÉREZ GIL, el derecho a la protección de datos es «la facultad de un sujeto de decidir qué es lo que los demás conocen de él»[76].

En relación al derecho fundamental a la protección de datos, este fue reconocido por primera vez en la sentencia del Tribunal Constitucional 254/1993, de 20 de julio[77]. En dicha sentencia, se concedió protección al demandante que solicitaba ser informado sobre la existencia, propósito e identidad del responsable de sus datos en la Administración del Estado o en organismos dependientes de esta.

El intérprete constitucional considera el artículo 18.4 como una respuesta a una nueva forma de amenaza específica a la dignidad y derechos de las personas, de manera similar a cómo se originaron e incorporaron históricamente otros derechos fundamentales.

Aunque en estos primeros pronunciamientos jurisprudenciales se confundía el derecho a la autodeterminación informativa con la intimidad, ubicamos esta garantía constitucional dentro de la protección de la privacidad, en un marco más amplio que el concepto de intimidad.

---

74. GUERRERO PICÓ, M.C., *El impacto de Internet...*, *op. cit.*, pp. 222-223.
75. ORTEGA GIMÉNEZ, A.; HEREDIA SÁNCHEZ, L.S., «Los archivos históricos y la protección de datos de carácter personal», Canelobre: *Revista del Instituto Alicantino de Cultura «Juan Gil-Albert»* (ejemplar dedicado al cuidado de la memoria. Archivos de la provincia de Alicante), núm. 58, 2011; p. 1.
76. *Vid.* PÉREZ GIL, J., «Investigación penal y nuevas tecnologías: algunos de los retos pendientes», *Revista Jurídica de Castilla y León, núm. 7*, 2005, p. 227. En un sentido similar, LUCENA CID lo refiere a «la facultad de toda persona para ejercer control sobre la información personal almacenada en medios informáticos tanto por las administraciones públicas como entidades u organizaciones privadas», en LUCENA CID, I.V., «La protección de la intimidad en la era tecnológica: hacia una reconceptualización», *Revista internacional de pensamiento político*, I época, volumen 7, 2012, p. 135; y GÓMEZ DE LIAÑO FONSECA-HERRERO formula el derecho a la autodeterminación informativa como «el derecho de los ciudadanos a saber quién, cómo y cuándo se tiene información sobre uno mismo; dicho de otro modo, consiste en el derecho a elegir libremente al destinatario de la conversación y al testigo de la esfera privada, con especial cuidado de no incurrir en confusión alguna con el derecho al secreto de las comunicaciones, protector de la comunicación de interferencias de terceros ajenas a ella», en GÓMEZ DE LIAÑO FONSECA-HERRERO, M., «La prohibición constitucional del uso de cámaras ocultas en el marco del denominado periodismo de investigación», *Derecom*, núm. 10, Nueva Época, 2012, pp. 10-11.
77. SENTENCIA de la Sala Primera del Tribunal Constitucional 254/1993, de 20 de julio de 1993. Recurso de amparo 1827/1990. Contra denegación presunta por parte del Gobernador Civil de Guipúzcoa y del Ministro del Interior de solicitud de información de los datos de carácter personal existentes en ficheros automatizados de la Administración del Estado, confirmada en la vía contencioso-administrativa. Vulneración del derecho a la intimidad personal. Voto particular.

Para entender mejor este derecho fundamental, la Ley Orgánica de Protección de Datos (LOPD) definía su contenido esencial, que es el control de su información personal por parte del titular del dato. Además, establecía dos condiciones que permiten restringir este derecho: la información previa y detallada al titular sobre la recopilación y destino de los datos, y el consentimiento explícito del titular respecto al tratamiento de sus datos personales.

En primer lugar, la obligación de informar al titular del derecho a la protección de datos implica proporcionarle detalles sobre qué datos personales se están tratando o se tratarán, con qué propósito y reconocer sus derechos de acceso, rectificación o cancelación, conocidos como «derechos ARCO».

En segundo lugar, el consentimiento del titular es necesario para limitar este derecho, y debe ser una manifestación libre e informada sobre el tratamiento de sus datos personales. Sin embargo, en ciertas áreas como lo laboral, el consentimiento puede entenderse implícito según la legislación.

El análisis de este derecho en relación a la informática plantea muchas cuestiones de interés debido a la gran cantidad de datos e imágenes de la vida privada que las personas voluntariamente comparten en redes sociales, asociados a correos electrónicos o generados mediante el uso de Internet[78]. La jurisprudencia considera, por ejemplo, que la dirección IP es un dato personal que identifica un ordenador o terminal, y para conocer la titularidad del usuario propietario se requiere autorización judicial[79].

La enorme cantidad de información personal almacenada en Internet ha llevado a muchos ciudadanos a exigir, incluso a través de procedimientos judiciales, el derecho al olvido, es decir, la eliminación de sus datos personales de fuentes públicas en línea o sitios web. Pero no debemos olvidar, que el respeto a los derechos fundamentales en la obtención de la prueba digital resulta aplicable no solamente en las relaciones del Estado con los ciudadanos (por ejemplo, los órganos que ejercitan el *ius puniendi* del Estado frente a un investigado), sino también en las relaciones entre particulares y/o empresas (por ejemplo, las relaciones laborales).

---

78.   GUERRERO PICÓ, M.C., *El impacto de Internet...*, *op. cit.*, pp. 416-519. Sobre la especial relevancia de los datos personales, es especialmente ilustrativo el titular y el contenido del artículo periodístico «El recurso más valioso del mundo ya no es el petróleo, sino los datos», publicado en la edición inglesa del diario *Economist*, disponible en https://www.economist.com/leaders/2017/05/06/the-worlds-most-valuable-resource-is-no-longer-oil-but-data.

79.   SSTS 249/2008, de 20 de mayo; 236/2008, de 9 de mayo; 292/2008, de 28 de mayo; 680/2010, de 4 de julio; 16/2014, de 30 de enero.

1.7. LAS PRUEBAS PERICIALES EN LAS PRINCIPALES REDES SOCIALES

El medio de prueba pericial consiste en la emisión de una declaración de ciencia realizada por una persona ajena al proceso —el perito— de acuerdo con su conocimiento especializado de carácter científico, artístico o técnico[80]. Las redes sociales[81], como Faceebook, Twitter, Instagram, Linkedin, Youtube, y otras, almacenan una gran cantidad de datos generados por sus usuarios, como mensajes, publicaciones, fotos, vídeos y otros detalles personales. Es importante tener en cuenta en un primer momento que obtener dichas pruebas periciales no siempre es una tarea sencilla, ya que las plataformas suelen tener políticas de privacidad y términos de servicio que restringen el acceso a los datos personales de los usuarios. La prueba pericial sobre las conversaciones mantenidas a través de una red social exigirá su práctica, preferentemente, por un perito titular que esté en posesión de un título oficial (arts. 457 y 458 LECrim). El perito, a diferencia del testigo, posee conocimientos técnicos, científicos, artísticos o prácticos, anteriores e indiferentes al proceso, siendo por ello sustituible por otros miembros del equipo para la ratificación del informe, *vid.* STS 2084/2001, de 13 de diciembre. La ley diferencia entre los peritos titulares —aquellos que ostentan título oficial de una ciencia o arte cuyo ejercicio esté reglamentado por la Administración— y los no titulares —aquellos que, careciendo de título oficial, tienen, sin embargo, conocimiento o prácticas especiales en alguna ciencia o arte— y da preferencia a los primeros sobre los segundos (*vid.* Artículos 457 y 458 LECrim). Lo cierto es que, pese a esta distinción, no existe regulación alguna que especifique el título necesario para ser considerado como perito titular. Así, pueden tener consideración de peritos titulares los graduados tanto en química, como en ingeniería química y, en el ámbito informático, tanto los graduados en ingeniería informática, como los Máster en ingeniería informática, con las diferencias existentes entre ellas.

En el caso concreto, un ingeniero informático parece ser la persona adecuada para llevar a cabo este tipo de pericias. WhatsApp es una aplicación de mensa-

---

80.   La STS 2084/2001, de 13 de diciembre define la prueba pericial como una prueba de naturaleza personal que constituye una declaración de conocimiento del perito tendente a suministrar al Juzgador una serie de conocimientos técnicos, artísticos o prácticos, cuya finalidad es fijar una realidad no constatable directamente por el Juez. Las SSTS 480/2009, de 22 de mayo; 1097/2011, de 25 de octubre; 974/2012, de 5 de diciembre resaltan que la prueba pericial es un medio probatorio personal —en tanto en cuanto se integra por la opinión o dictamen de una persona— e indirecto —en tanto que proporciona conocimientos técnicos para valorar los hechos controvertidos, pero no un conocimiento directo sobre cómo ocurrieron los hechos—.

81.   Información generada en las web horizontal (con carácter generalista) y vertical (dirigida a usuarios con perfil específico y predefinido); redes de difusión de conocimiento (aquellas en cuyos servicios a través de internet cuenta con personas con intereses comunes que interactúan en igualdad de condiciones); o redes sociales: directas, que suelen carecer de usuarios con perfil visible para todos, existiendo alguien que controla y dirige las discusiones en un tema concreto (foros, blogs, etc.) (DAVARA FERNÁNDEZ DE MARCOS, 2015, passim).

jería instantánea para teléfonos inteligentes, que envía y recibe mensajes mediante Internet, complementando servicios de correo electrónico, mensajería instantánea, servicio de mensajes cortos o sistema de mensajería multimedia. Además de utilizar la mensajería en modo texto, los usuarios de la libreta de contacto pueden crear grupos y enviarse mutuamente, imágenes, vídeos y grabaciones de audio. Según datos de 2016 supera los 1000 millones de usuarios superando en 100 millones a Facebook Messenger.

Desde febrero de 2014 la aplicación es propiedad de Facebook. En cuanto a los mensajes intercambiados en la red social WhatsApp, y siguiendo al perito informático RUBIO ALAMILLO, Javier para la práctica de esta pericia se han de tener en cuenta varias consideraciones. Según WhatsApp Inc., empresa que explota la aplicación WhatsApp, ésta no almacena en sus servidores el contenido de las conversaciones entre los usuarios de la aplicación (https://www.whatsapp.com/security/). Esto quiere decir que el perito informático no podrá apoyarse en que el juez, en caso de que quiera cerciorarse de la autenticidad de los mensajes enviados y recibidos, pueda solicitar, mediante la Policía Judicial, a la empresa WhatsApp Inc., que ésta certifique que, efectivamente, los mensajes fueron enviados y recibidos.

En segundo lugar, también se ha de tener en cuenta que una vez los mensajes han sido enviados, el usuario que los envió puede eliminar la conversación y no dejar rastro de los mismos (salvo que, en un examen informático forense, previa incautación del teléfono móvil, el perito informático encargado de la investigación los recuperase, en un procedimiento cuya complejidad es muy elevada).

Y por último, existe el problema de que pueden existir dos tipos de suplantaciones de identidad: a) extravío o robo del terminal, por lo que cualquier persona puede hacerse pasar por el propietario para escribir mensajes a cualquiera de los contactos de la agenda del teléfono móvil o a otros contactos; y b) utilizando un sistema informático especializado, se suplanta un número telefónico y se envían mensajes haciéndose pasar por el teléfono móvil suplantado. Si se tratase de autentificar mensajes recibidos y el examen informático forense en el teléfono receptor arrojase como resultado que no hubo manipulación en el mismo, sería necesario verificar que el teléfono que envió el mensaje no se extravió ni fue sustraído y que, por tanto, fue su propietario el que envió los mensajes, además de que nadie, usando una aplicación informática especializada, pudiera haber enviado los mensajes haciéndose pasar por el teléfono emisor. Por otra parte, un examen del teléfono emisor no podría garantizar que, aunque los mensajes fuesen enviados desde el mismo, fuera el propietario en persona quien los envió, ya que el teléfono podría haberse extraviado o haber sido sustraído.

La única forma de garantizar parcialmente el envío de los mensajes por parte del propietario, sería verificando si el teléfono, durante la franja de tiempo en la que se enviaron los mensajes, estaba protegido mediante alguna contraseña de tipo código o patrón y, aun así, tampoco se podría estar cien por cien seguro ya que algún familiar, amigo o persona cercana, pudiera haberle visto, en algún momento, introducir el código o patrón, para después sustraerle momentáneamente el teléfono y enviar los mensajes (de ahí el adjetivo «parcialmente»). En caso de que el examen del teléfono emisor de los mensajes no se pudiera realizar, sólo se tendría el examen pericial del teléfono receptor y, el juez, tendría que valorar dicho informe pericial informático en relación al resto de las pruebas. Si, por el contrario, se tratase de autentificar mensajes enviados, se tendría que ofrecer como resultado para certificar la autenticidad del envío, así como que el teléfono receptor verdaderamente recibió los mensajes, que dichos mensajes no fueron manipulados y, por tanto, «colocados» en el emisor. El perito informático, cuya misión es verdaderamente complicada, tiene la misión de obtener las denominadas evidencias electrónicas, que son las pruebas físicas (intangibles) de los rastros registrados en el equipo informático. Para ello puede utilizar herramientas de investigación tecnológica. Durante la captación de estas evidencias electrónicas el perito puede encontrarse con dificultades derivadas del borrado o dañado de los datos, pero puede intentar recuperar estos datos a través de algún laboratorio de recuperación de datos.

En definitiva, la posibilidad de manipulación del contenido e integridad de los mensajes enviados por las redes sociales es una cuestión que forma parte de la realidad de las cosas, siendo necesario en tales casos la realización de una prueba pericial que determine la autenticidad e integridad de los mensajes. Ante la aportación por una de las partes de un medio de prueba consistente en una captura de imagen de conversación WhatsApp o de estados del mismo, los tribunales actúan de la siguiente manera: a) postura procesal de la parte afectada por el contenido de los mensajes: b.1) Si el investigado/acusado no niega su contenido ni formula impugnación al respecto, el Juez valorará libremente la misma, llegando a la conclusión que considere oportuna, no sin dejar de lado que tal ausencia de impugnación expresa puede devenir en un reconocimiento implícito del contenido (STS 362/2011, de 6 de mayo[82]); b.2) Si el investigado/acusado ha formulado expresa impugnación del contenido de los mensajes con carácter delictivo, pueden ocurrir dos cosas: b.2.1) que la impugnación sea meramente general y poco fundada, en cuyo caso se permite que no se atiendan tales impugnaciones por parte del Juez en supuestos de nula o escasa seriedad argumentativa; b.2.2) que la impugnación sea razonablemente sostenible mediante una argumentación que pueda llevar a la conclusión al Juez de que puede encontrarse ante una eventual manipulación. En tal caso, los órganos judiciales exigirán la práctica de una prueba pericial para acreditar a) origen de la comunicación; b)

---

82. SENTENCIA de la Sala Segunda de lo Penal del Tribunal Supremo número 362/2011, de 6 de mayo. Ponente Sr. Juan Ramón Berdugo Gómez de la Torre.

identidad de los interlocutores; e c) integridad de su contenido (STS 300/2015, de 19 de mayo[83]).

Por tanto, la información obtenida se orientará a analizar el rastro digital, tanto para investigar un ilícito cometido en la red como fuera de ellas. Para localizar el usuario que es objeto de investigación, normalmente se averiguará mediante la dirección IP utilizada para colgar el contenido ilícito y, a partir de ahí, la cesión de datos de identificación y localización del dispositivo, identificación que precisará de autorización judicial. Otro medio de aportación es a través de la información almacenada en un servidor, aspecto este que como frecuentemente ocurre, se trata de servidores que tienen su sede fuera del territorio español, lo que suele generar problemas cuya eventual solución discurre a través de la cooperación judicial internacional, ya sea mediante la aplicación del Convenio de Budapest, para países fuera de la UE, y en el marco comunitario, el Convenio de 29 de mayo, de asistencia judicial en materia penal entre los miembros de la Unión Europea, la Directiva 2014/41/CE, Orden Europea de Investigación penal, y en aquello no comprendido por la Ley 23/2014, de 20 de noviembre, de reconocimiento mutuo de resoluciones penales en la UE.

Las complejidades de la prueba digital no pueden empañar que, a la postre, la valoración probatoria se proyectará en primer lugar sobre la calificación de la validez y licitud de la fuente correspondiente, y en segundo lugar, sobre la ponderación de la eficacia o fuerza convincente del conjunto de medios, según las reglas de la sana crítica; de manera que solo la garantía de ambos extremos enerva válidamente la presunción de inocencia. Y en cualquier caso, la pericial informática exige del respeto a la cadena de custodia, que garantice que la información analizada proviene de la fuente original, sin que hayan existido modificaciones. Se han de obtener los códigos llamados *hash* del tipo SHA-256 que determinan que el disco duro original no se ha modificado, a la vez que comprueban que el disco duro clon es una copia exacta del otro. Para ejecutar dichos códigos de comprobación, primero se calcula sobre el disco duro original y, posteriormente, se realiza el proceso de copia y se comprueba el código sobre el disco duro original y sobre el disco duro clon, para obtener tres códigos de comprobación que deben ser exactamente iguales[84]. En este sentido, la prueba pericial informática es útil en aquellos casos en los que exista un gran volumen de datos e información a analizar[85].

---

83. *Op. cit.*
84. Véase *El proceso de clonación*, disponible en el link: http://www.ondataforensic.com/proceso-de-clonacion.php
85. ROJAS ROSCO, R., «La prueba digital en el ámbito laboral ¿son válidos los pantallazos?», en *La prueba electrónica. Validez y eficacia probatoria*, colección desafíos legales, juristas con futuro, p. 95.

1.8. PRUEBA IRREGULAR, PRUEBA PROHIBIDA Y PRUEBA ILÍCITA

El contenido de la prueba está constituido por aquella actividad que han de desarrollar las partes en colaboración con el Juzgador a fin de desvirtuar la presunción de inocencia, derecho constitucional reconocido en el artículo 24.2 de la Constitución Española. Poniendo el punto de mira en el proceso penal y siguiendo a la doctrina jurisprudencial, el concepto de prueba no será otro que la actividad de los sujetos procesales, dirigida a obtener la convicción del Juez o Tribunal (el Juzgador) sobre la preexistencia de los hechos afirmados por las partes, intervenida por el órgano jurisdiccional bajo la vigencia del principio de contradicción y de las garantías constitucionales tendentes a asegurar su espontaneidad, e introducida al proceso a través de medios lícitos de prueba[86].

En la era digital, como hemos mencionado anteriormente, la tecnología ha transformado la forma en que se generan, almacenan y presentan las pruebas en el ámbito judicial. La prueba electrónica o digital se ha vuelto cada vez más relevante en los procedimientos judiciales, y su uso plantea nuevos desafíos legales y técnicos. En el ordenamiento jurídico español, la admisión y valoración de la prueba electrónica están sujetas a ciertos criterios y garantías para asegurar su validez y autenticidad. Es indispensable dispensar un tratamiento singularizado a aquellos casos en los que la alegada ilicitud probatoria está originada por la actuación de un particular que no persigue —ni es utilizado por los poderes públicos como instrumento para esa finalidad— burlar las garantías de nuestro sistema constitucional en la investigación de los delitos. De lo que se trata es de limitar el afán del Estado en la persecución de los ilícitos penales, de apartar a los agentes de la autoridad de la tentación de valerse de medios de prueba que, por su alto grado de injerencia en el círculo de los derechos fundamentales, están sometidos a unas garantías constitucionales concebidas para la salvaguardia de aquéllos. Se ha dicho con acierto que la proscripción de la prueba ilícita se explica

---

86. Para GIMENO SENDRA, «El objeto del proceso penal está constituido por el «thema decidendi» es decir, por las *acciones u omisiones delictivas sometidas a juicio* o lo que es lo mismo, sobre *los hechos enjuiciados en cuanto son delictivos y sobre las consecuencias penales que de estos derivan para los sujetos inculpados.* simplicadamente, se puede hablar del «hecho penal» como objeto del proceso penal...» *Cfr.* GIMENO SENDRA, V., *Derecho Procesal. Proceso Penal*, Valencia: Tirant Lo Blanch, 1993. pp. 190-191. O lo que es lo mismo, el «hecho penal» o hecho de relevancia jurídico-penal, es lo que constituye el objeto del proceso penaL Tal hecho punible es el único capaz de desencadenar, por parte del Estado, una reacción en términos punitivos y más aún, una probable consecuencia jurídica que sería aplicada al hallado responsable de la autoría o participación (en grado de comisión u omisión) en tal hecho punible. Es de aclarar también que, como lo afirma el mismo GIMENO SENDRA, tal noción de «objeto del proceso penal» es fruto, en España, de reflexiones doctrinales y no de una regulación legislativa en sentido específico. *Cfr.* GIMENO SENDRA, V., *op. cit.*, p. 189. Una visión complementaria, respecto de lo qué es el objeto de la prueba nos lo aporta PRIETO-CASTRO Y FERRÁNDIZ y GUTIÉRREZ DE CABIEDES, señalando que objetos de la prueba son los hechos de la causa, la participación en ellos de los acusados y la materia civil del proceso penal *(Cfr.* PRIETO-CASTRO Y FERRÁNDIZ, L., y GUTIÉRREZ DE CABIEDES Y FERNÁNDEZ HEREDIA, E., *Derecho Procesal Penal.* Madrid: Tecnos, 1987, p. 233).

por el efecto disuasorio que para el aparato oficial del Estado representa tener plena conciencia de que nunca podrá valerse de pruebas obtenidas con vulneración de las reglas constitucionales en juego.

En este contexto, es necesario abordar tres conceptos fundamentales relacionados con la prueba digital: la prueba irregular, prueba prohibida y prueba ilícita. Estos conceptos se refieren a situaciones específicas en las cuales la obtención, presentación o valoración de la prueba electrónica puede generar problemas jurídicos y tener consecuencias en la validez del proceso judicial.

La **prueba irregular**, en el ámbito de la prueba electrónica, se refiere a aquella prueba que, aunque haya sido obtenida y presentada de acuerdo con las formalidades y procedimientos establecidos en la ley, adolece de defectos que afectan su credibilidad o fiabilidad. En otras palabras, es una prueba que, a pesar de haber sido obtenida de forma legítima, puede considerarse poco confiable o poco sólida para sustentar una decisión judicial.

Los defectos que pueden afectar a una prueba electrónica y convertirla en irregular pueden ser diversos. Algunos ejemplos de pruebas electrónicas irregulares incluyen:

1. Alteraciones o manipulaciones de la prueba: Cuando una prueba electrónica ha sido alterada, manipulada o editada de alguna manera, puede perder su valor probatorio. Estas alteraciones pueden ser intencionadas o accidentales, pero, en cualquier caso, afectan la integridad de la prueba y su credibilidad como medio de prueba válido.

2. Errores en la cadena de custodia: La cadena de custodia, como después veremos, se refiere a la trazabilidad y control del manejo de la prueba desde su obtención hasta su presentación en el tribunal. Si durante el proceso de recolección, almacenamiento o transmisión de la prueba electrónica se cometen errores o hay fallos en la cadena de custodia, esto puede cuestionar su autenticidad y fiabilidad.

3. Falta de autenticidad: Es importante que las pruebas electrónicas presentadas en un juicio sean auténticas, es decir, que sean realmente lo que se pretende demostrar. Si no se puede demostrar la autenticidad de una prueba electrónica, esta puede ser considerada irregular y no ser admisible como evidencia.

4. Incapacidad para acreditar la fuente o el origen de la prueba: En algunos casos, puede resultar difícil o imposible determinar el origen o fuente de una prueba electrónica. Si no se puede probar de manera adecuada la autenticidad de la fuente, la prueba puede ser considerada irregular y su valor probatorio puede ser cuestionado.

En el ámbito de la prueba electrónica, la irregularidad puede surgir con mayor frecuencia debido a la facilidad con la que los documentos electrónicos pueden ser manipulados o alterados sin dejar rastros evidentes. Por lo tanto, es esencial que las partes y el tribunal tomen las medidas adecuadas para asegurar que la prueba electrónica presentada sea confiable y cumpla con los requisitos legales.

La **prueba prohibida**, en el contexto de la prueba electrónica, se refiere a aquellas pruebas que, aunque puedan ser relevantes para el caso, no pueden ser admitidas como evidencia en el juicio debido a su naturaleza ilícita o contraria a los derechos fundamentales de las personas. Es decir, es una prueba que, aunque haya sido obtenida legítimamente, no puede ser utilizada en el proceso judicial debido a su ilegalidad o a la violación de derechos protegidos por la ley. Aplicando analógicamente la prueba prohibida, pero en el terreno digital, siguiendo a ASENCIO MELLADO podemos considerar que éstas, en sí mismas consideradas implican una limitación tanto de los datos que pueden ser susceptibles de investigación, como los medios que pueden ser utilizados a los fines de obtener la convicción judicial requerida para la formación de la sentencia[87].

En el ámbito de la prueba electrónica, algunas situaciones que pueden dar lugar a pruebas prohibidas incluyen:

1. Obtención de pruebas a través de métodos ilegales o invasivos: Esto es, si una prueba electrónica ha sido obtenida mediante la violación de la privacidad de una persona o a través de medios ilegales, su presentación en el juicio puede ser prohibida debido a la vulneración de los derechos fundamentales del individuo afectado.

2. Interceptación de comunicaciones privadas: La interceptación o monitorización de comunicaciones electrónicas privadas, como correos electrónicos o mensajes de texto, sin el consentimiento de las partes involucradas puede dar lugar a pruebas prohibidas.

3. Violación de derechos de propiedad intelectual: Si una prueba electrónica es una copia no autorizada de un trabajo protegido por derechos de autor o propiedad intelectual, su presentación puede ser prohibida.

4. Obtención de pruebas mediante *hacking* o acceso no autorizado: Si una prueba electrónica ha sido obtenida a través de métodos de *hacking* o acceso no autorizado a sistemas informáticos, su presentación puede ser considerada ilegal y, por lo tanto, prohibida.

En el ordenamiento jurídico español, la admisión de pruebas prohibidas está estrictamente regulada para proteger los derechos fundamentales de las per-

---

87.   ASENCIO MELLADO, J.M., *Prueba • Prohibida y Prueba Preconstituida*, Madrid: Trivium, 1989, p. 75.

sonas y asegurar un juicio justo. En general, se prohíbe la admisión de pruebas que hayan sido obtenidas de manera ilícita o que violen derechos protegidos por la ley. Sin embargo, existen excepciones en ciertos casos, como en situaciones de legítima defensa o en la protección de derechos fundamentales de terceros.

La **prueba ilícita** se refiere a aquella prueba que ha sido obtenida o presentada de forma contraria a las normas y garantías establecidas en la ley. Es decir, es una prueba que ha sido recabada o presentada de manera ilegal o no conforme a los procedimientos legales establecidos. La prueba ilícita se diferencia de la prueba prohibida en que, mientras que la prueba prohibida puede ser relevante pero no puede ser admitida debido a su ilegalidad, la prueba ilícita simplemente carece de validez probatoria por su forma de obtención o presentación. En toda clase de procesos las pruebas de origen ilícito han de ser descartadas, de modo que no pueden las autoridades fiscales españolas, ni la Abogacía del Estado, ni el Ministerio Fiscal ni, por supuesto, el Tribunal de enjuiciamiento, receptar documentación e información obtenida ilícitamente, aunque el lugar de origen de la prueba ilícita sea un Estado extranjero.

En el ámbito de la prueba electrónica, algunas situaciones que pueden dar lugar a pruebas ilícitas incluyen:

1. Obtención de pruebas mediante acceso no autorizado a sistemas informáticos: Si una prueba electrónica ha sido obtenida a través de acceso no autorizado a sistemas informáticos, su presentación puede ser considerada ilícita y su valor probatorio puede ser cuestionado.

2. Pruebas obtenidas mediante *hacking* o ataques informáticos: Si una prueba electrónica ha sido obtenida mediante técnicas de *hacking* o ataques informáticos, su presentación puede ser considerada ilícita.

3. Violación de la cadena de custodia de la prueba electrónica: Si durante el proceso de recolección, almacenamiento o transmisión de la prueba electrónica se cometen errores o hay fallos en la cadena de custodia, esto puede dar lugar a pruebas ilícitas.

4. Obtención de pruebas mediante vulnerabilidades de seguridad: Si una prueba electrónica ha sido obtenida explotando vulnerabilidades de seguridad de sistemas informáticos, su presentación puede ser considerada ilícita.

La prohibición de pruebas ilícitas tiene como objetivo garantizar la integridad del proceso judicial y proteger los derechos fundamentales de las personas. Ni la doctrina de la ponderación de intereses, ni el principio de no injerencia, pueden sanar de raíz la ilegal intromisión en los derechos fundamentales sufrida por quien ha sido sometido a un proceso penal en virtud de documentos sustraídos.

La tecnología también ha permitido el desarrollo de herramientas forenses digitales que pueden ayudar a verificar la autenticidad e integridad de la prueba electrónica, así como a detectar posibles alteraciones o manipulaciones. Sin embargo, también es importante reconocer los desafíos que la tecnología plantea en relación a la prueba electrónica. Por un lado, la tecnología puede facilitar la alteración y manipulación de pruebas electrónicas, lo que aumenta el riesgo de irregularidades o pruebas ilícitas. Por otro lado, el uso de tecnología avanzada puede requerir una mayor comprensión técnica y experiencia por parte de los operadores jurídicos para asegurar una correcta presentación y valoración de la prueba electrónica.

El poder del Estado para la persecución y enjuiciamiento de hechos ilícitos no puede valerse de atajos. El ejercicio de la función jurisdiccional sólo se ajusta al modelo constitucional cuando se asienta sobre los principios que definen el derecho a un proceso con todas las garantías. Estos principios, a los que no falta una verdadera dimensión ética, actúan como una fuente de limitación de la actividad estatal. La vulneración de derechos del acusado, ya sea mediante un acto de carácter delictivo, ya mediante la vulneración de sus derechos y libertades fundamentales, abre una grieta en la estructura misma del proceso penal. Sus efectos contaminantes alcanzan a otros actos procesales conectados a la antijuridicidad originaria y que pueden resultar afectados en su aparente validez.

Todo ello se deriva del significado mismo de la prueba ilícita y de los radicales efectos que su declaración lleva asociada. La determinación del alcance del art. 11 de la LOPJ ha sido objeto de numerosas aportaciones dogmáticas y de una jurisprudencia constitucional que ha evolucionado sensiblemente desde los primeros precedentes sobre la materia (cfr. SSTC 9/1984, 30 de enero, 114/1984, 29 de noviembre y 60/1988, 8 de abril), hasta la formulación del principio de la conexión de antijuridicidad (STC 81/1998, 2 de abril; 121/1998, 15 de junio y 49/1999, 5 de abril).

Que la prueba obtenida con vulneración de un derecho fundamental ha de ser excluida de la apreciación probatoria forma parte de las garantías del sistema constitucional. Más allá de su proclamación expresa en un enunciado normativo, su vigencia es nota definitoria del derecho a un proceso con todas las garantías. La exclusión de prueba ilícita del material valorable por el órgano decisorio forma parte del patrimonio jurídico de los sistemas democráticos. Y es que la verdad real no puede obtenerse a cualquier precio (cfr. ATS 18 de junio de 1992 —rec.610/1990—).

La necesidad de hacer eficaz esa regla de exclusión viene impuesta incluso por una exigencia ética ligada a la fuente legitimante de la función jurisdiccional. La incorporación de un acto lesivo de los derechos fundamentales al conjunto probatorio que ha de ser apreciado por el órgano sentenciador acarrea el riesgo de lo que la STS 195/2014, 3 de marzo, ha denominado una metástasis procesal. De ahí la importancia de que con anterioridad al proceso valorativo se proceda a un verdadero saneamiento del proceso, excluyendo aquellos elementos de prueba con virtualidad contaminante.

Está fuera de discusión la necesidad de excluir el valor probatorio de aquellas diligencias que vulneren el mandato prohibitivo del art. 11 de la LOPJ. Pero más allá del fecundo debate dogmático acerca de lo que se ha llamado la eficacia horizontal de los derechos fundamentales, es evidente que la acción vulneradora del agente de la autoridad que personifica el interés del Estado en el castigo de las infracciones criminales nunca puede ser artificialmente equiparada a la acción del particular que, sin vinculación alguna con el ejercicio del «*ius puniendi*», se hace con documentos que más tarde se convierten en fuentes de prueba que llegan a resultar, por una u otra circunstancia, determinantes para la formulación del juicio de autoría. El particular que por propia iniciativa desborda el marco jurídico que define la legitimidad del acceso a datos bancarios, ya actúe con el propósito de lograr un provecho económico, ya con el de fomentar el debate sobre los límites del secreto bancario, no lo hace en nombre del Estado. No rebasa el cuadro de garantías que define los límites constitucionales al acopio estatal de fuentes de pruebas incriminatorias. Nada tiene que ver esa actuación con la de un agente al servicio del Estado. Lo que proscribe el art. 11 de la LOPJ no es otra cosa que la obtención de pruebas («no surtirán efecto las pruebas obtenidas...»). Es el desarrollo de la actividad probatoria en el marco de un proceso penal —entendido éste en su acepción más flexible— lo que queda afectado por la regla de exclusión cuando se erosiona el contenido material de derechos o libertades fundamentales.

Cuando se trata de fijar los límites de la licitud probatoria y de definir las reglas de exclusión, no puede operarse con soluciones miméticas, pese a que el supuesto de hecho enjuiciado por otras jurisdicciones presente notas de extraordinaria similitud con el que es ahora objeto de nuestra atención. Los sistemas procesales europeos, por más que estén construidos a partir de principios estructurales compartidos, no siempre convergen en la definición de lo que por ilicitud probatoria deba entenderse. De ahí la necesidad de atender a las singularidades de cada sistema. Se da la circunstancia de que, como hemos apuntado, la doctrina sobre la prueba obtenida con vulneración de derechos fundamentales no responde a una fotografía estática, antes al contrario, ha experimentado una más que apreciable evolución desde su formulación inicial por la jurisprudencia del Tribunal Constitucional español.

Esta doctrina, con enunciado normativo propio en el art. 11 de la LOPJ («... no surtirán efectos las pruebas obtenidas, directa o indirectamente, violentando los derechos o libertades fundamentales») aconseja huir de interpretaciones rígidas, sujetas a reglas estereotipadas que impidan la indispensable adaptación al caso concreto. Y esa rigidez despliega similar efecto pernicioso, tanto cuando se erige en injustificada regla de exclusión, como cuando se convierte en una tolerante fórmula para incorporar al arsenal probatorio lo que debió haber sido excluido.

La necesidad de un tratamiento singularizado de la prueba obtenida por un particular cometiendo un delito o vulnerando derechos fundamentales no es, desde luego, una originalidad sugerida por la jurisprudencia del Tribunal Supremo. En el ámbito del derecho comparado, por ejemplo, el Tribunal Supremo americano, en acusado contraste con los orígenes históricos de la regla de exclusión, ha admitido las pruebas obtenidas por particulares (*«Burdeau vs. McDowel»*, 256, US, 465, 1921), ampliando de forma considerable el ámbito de las excepciones valorables.

De manera expresa el proyecto de Código Procesal Penal de 2013 matizaba el alcance de la regla de exclusión cuando la violación del derecho fundamental tuviese su origen en la actuación exclusiva de un particular que hubiese actuado sin voluntad de obtener pruebas (art. 13). Y el anteproyecto de reforma de la Ley de Enjuiciamiento Criminal de 2011 admitía la validez de las pruebas derivadas o reflejas «...si no guardan una conexión jurídica relevante con la infracción originaria» (art. 129).

Por ello, la Sala entiende que la prohibición de valorar pruebas obtenidas con vulneración de derechos fundamentales cobra su genuino sentido como mecanismo de contención de los excesos policiales en la búsqueda de la verdad oculta en la comisión de cualquier delito. No persigue sobreproteger al delincuente que se ve encausado con el respaldo de pruebas que le han sido arrebatadas por un particular que cuando actuaba no pensaba directamente en prefabricar elementos de cargo utilizables en un proceso penal ulterior.

Este razonamiento no busca formular una regla con pretensión de validez general. Tampoco aspira a proclamar un principio dirigido a la incondicional aceptación de las fuentes de prueba ofrecidas por un particular y que luego son utilizadas en un proceso penal. La regla prohibitiva no excluye entre sus destinatarios, siempre y en todo caso, al particular que despliega una actividad recopiladora de fuentes de prueba que van a ser utilizadas con posterioridad en un proceso penal. También el ciudadano que busca acopiar datos probatorios para su incorporación a una causa penal tiene que percibir el mensaje de que no podrá valerse de aquello que ha obtenido mediante la consciente y deliberada infracción de derechos fundamentales de un tercero. Lo que allí se apunta sólo adquiere sentido si se interpreta como una llamada a la necesidad de ponderar las circunstancias de cada caso concreto. La vulneración de la intimidad de las personas —si éste es el derecho afectado por el particular— no puede provocar como obligada reacción, en todo caso, la declaración de ilicitud. Entre el núcleo duro de la intimidad y otros contenidos del círculo de exclusión que cada persona dibuja frente a los poderes públicos y frente a los demás ciudadanos, existen diferencias que no pueden ser orilladas en el momento de la decisión acerca de la validez probatoria.

Lo determinante es que nunca, de forma directa o indirecta, haya actuado como una pieza camuflada del Estado al servicio de la investigación penal. La prohibición de valorar esos documentos en un proceso penal se apoyaría en las mismas razones que ya hemos señalado para la prueba ilícita obtenida por agentes de policía. Y es que, en este caso, los funcionarios del Estado que investigan el delito han de estar convencidos de que tampoco su trabajo podrá ser valorado si las pruebas obtenidas lo han sido mediante el subterfugio de la utilización de un activo particular que, sabiéndolo o no, actúa a su servicio.

En todo caso, la fijación del fundamento de la exclusión de pruebas obtenidas con conculcación de derechos fundamentales no es baladí, pues ello va a predeterminar sus efectos, especialmente el reflejo de la ilicitud en las pruebas derivadas directa o indirectamente de la originariamente viciada[88].

II. DILIGENCIAS DE INVESTIGACIÓN PENAL

2.1. EFECTOS DE LA PRUEBA ILÍCITAMENTE OBTENIDA Y MECANISMOS PARA DECRETAR SU ILICITUD

La jurisprudencia constitucional ha reiterado que la vulneración del derecho a utilizar los medios de prueba pertinentes para la defensa exige, en primer lugar, que el recurrente haya instado a los órganos judiciales la práctica de una actividad probatoria, respetando las previsiones legales al respecto. En segundo lugar, que los órganos judiciales hayan rechazado su práctica sin motivación o con una motivación incongruente, arbitraria o irrazonable, de una manera tardía o que, habiendo admitido la prueba, finalmente no hubiera podido practicarse por causas imputables al propio órgano judicial. En tercer lugar, que la actividad probatoria que no fue admitida o practicada hubiera podido tener una influencia decisiva en la resolución del pleito, generando indefensión al actor. Y, por último, que el recurrente en la demanda de amparo alegue y fundamente los anteriores extremos (cfr. por todas, SSTC 142/2012, 2 de julio FJ 6 y 14/2001, de 28 de febrero, FJ 2).

La impugnación de pruebas que vulneren derechos fundamentales puede ser solicitada por una de las partes involucradas en el caso o incluso puede ser iniciada de oficio por el propio tribunal. Ha habido debates en torno a la validez de pruebas obtenidas ilícitamente por particulares. La jurisprudencia previa había extendido la protección de los derechos fundamentales a las pruebas obtenidas por particulares, exigiendo el debido respeto en su obtención. No obstante, la STS 116/2017, de 23 de febrero, planteó un enfoque diferente, cuestionando

---

88.   ASENCIO MELLADO, J.M., «Prueba ilícita: declaración y efectos», *Revista General de Derecho Procesal, núm. 26*, Iustel, www.iustel.com, 2012, p. 8.

la licitud de las pruebas obtenidas por particulares con el propósito de obtener beneficio económico, incluso si posteriormente se utilizan en un proceso judicial y sin el respaldo del Estado.

Es relevante señalar que la ley no hace distinción entre el sujeto que ha obtenido la prueba de manera ilícita, ya sea un particular o un funcionario. Una interpretación garantista debe proteger al proceso de cualquier práctica ilícita realizada por cualquier individuo, sin importar su intención. Limitar la protección de los derechos fundamentales únicamente a los poderes públicos se asemejaría al enfoque disuasorio norteamericano, donde no se considera ilícita la prueba obtenida por un particular.

En cualquier caso, la eficacia de los derechos fundamentales se refleja en que cualquier utilización directa o indirecta de pruebas ilícitas o derivadas de ellas no produce ningún efecto en el proceso judicial. Esta falta de efectos equivale a la inexistencia de la prueba, ya que su apreciación conduce a la exclusión material de lo obtenido de manera indebida. Esta ineficacia debe ser declarada por el Juez, independientemente de si la vulneración ha causado o no un perjuicio real a alguna de las partes o a terceros.

Para esclarecer el procedimiento que declara la ilicitud de la prueba, es necesario distinguir dos momentos importantes: la apreciación de la prueba ilícita en la instancia en la que se presenta o en una instancia posterior, en la fase de recursos.

En cuanto a la identificación de la ilicitud probatoria en la primera instancia, en muchos ordenamientos jurídicos no existe un procedimiento específico para denunciar y apreciar la prueba ilícita. En nuestra legislación, el artículo 287 de la LEC del año 2000 es un precepto referido a la ilicitud probatoria, siendo aplicable de manera supletoria en otros órdenes jurisdiccionales. Este artículo establece un procedimiento específico para denunciar y apreciar la prueba ilícita, ya sea por las partes o por el Tribunal de oficio, tan pronto como se tenga conocimiento de su existencia. El procedimiento incluye audiencia a las partes y la práctica de las pruebas pertinentes para determinar su ilicitud. Es importante que esta declaración de ilicitud se realice antes de la práctica de la prueba.

En el juicio, la decisión sobre la ilicitud de una prueba se toma en forma de auto durante la vista, antes de la presentación del resto de pruebas en un juicio verbal, o durante el acto del juicio en otros procedimientos. Contra esta resolución, se puede presentar un recurso de reposición, que se resolverá en el mismo acto del juicio o de la vista.

Cuando se aplica el artículo mencionado al proceso penal, es necesario tener en cuenta las distintas fases de este procedimiento. En la fase de investigación, el Juez podría declarar de oficio la nulidad de una prueba obtenida con infracción de derechos fundamentales según el artículo 240.2 LOPJ (ubicado en el Libro

III, Título III, Capítulo III, de la nulidad de los actos judiciales)[89]. La apreciación de una prueba ilícita en esta fase implica su eliminación completa del proceso y, si no hay otras pruebas válidas, el Juez instructor no puede adoptar medidas cautelares, formular imputaciones ni continuar con el procedimiento. Se puede presentar recurso contra las resoluciones judiciales que decreten una intromisión indebida en los derechos, y las partes pueden presentar recursos contra aquellas que decreten medidas cautelares, conclusión de la investigación, apertura de la siguiente fase, transformación del procedimiento o imputación basada en actos que vulneren derechos fundamentales (art. 779 LECrim).

En el proceso ordinario por delitos graves, el artículo 311 LECrim establece que el Juez instructor puede considerar ciertas diligencias como inútiles o perjudiciales, lo que puede utilizarse para decretar la ilicitud de una prueba.

En la fase intermedia del proceso penal ordinario por delitos graves, si las partes (o el Ministerio Fiscal) no lo han hecho anteriormente, pueden solicitar (y el órgano judicial puede acordar) el sobreseimiento si la única prueba existente es ilícita o derivada de una prueba ilícita, de acuerdo con el artículo 659 LECrim.

Por último, es posible denunciar una prueba ilícita si no ha sido anulada previamente, durante la fase del juicio oral. En el juicio ordinario por delitos graves del proceso penal, esta posibilidad se permite como artículo de previo pronunciamiento, y en el trámite judicial previsto en el artículo 785 LECrim, si se trata del procedimiento abreviado o de un juicio rápido, evitando así que se practique la prueba. Aunque no hay una norma específica que disponga un procedimiento para esto. Si la prueba es practicada a pesar de la denuncia, el órgano de enjuiciamiento puede decidir no valorarla si la considera ilícita y decretar su ilegitimidad en la sentencia (según los artículos 734 LECrim para el procedimiento ordinario y 788.3 LECrim para el procedimiento abreviado). Si la prueba es tomada en consideración, las partes pueden presentar recursos contra la sentencia mediante los mecanismos legalmente previstos.

Las disposiciones mencionadas representan una limitación al principio de libre valoración de pruebas, ya que las pruebas ilícitas no pueden considerarse válidas como pruebas reales. En este sentido, ASENCIO MELLADO advierte que, si se admite una prueba ilícita durante el juicio, aunque no forme parte de la sentencia final, puede influir en la percepción del Juez y dificultar su imparcialidad. Para evitar este efecto psicológico, el autor sugiere que otro Juez que no esté familiarizado con el caso se encargue de conocer y decidir sobre el

---

89. DEL MORAL GARCÍA matiza que, por tratarse de actuaciones previstas para actos judiciales, no es un incidente válido para las actuaciones policiales ilícitas, en la ponencia «La conexión de antijuridicidad como presupuesto de la nulidad de...», *op. cit.*, p. 61, en la que afirma que «si se trata de cimentar la exclusión de la prueba ilícita en postulados no conectados con el efecto disuasorio, se corre el riesgo, en mi opinión, de llegar a soluciones ininteligibles e inasumibles».

asunto. La idea es eliminar la prueba del expediente para evitar que tenga efectos en el proceso o que sea convalidada o subsanada[90].

Existen dos procedimientos especiales en los que el legislador sí ha querido abordar la cuestión de la prueba ilícita: el procedimiento ante el Tribunal del Jurado y el procedimiento de menores. En el caso de los juicios ante el Tribunal del Jurado, la ley establece tres momentos en los que las partes pueden alegar la vulneración de algún derecho fundamental: como cuestión previa, al personarse antes de la constitución del Tribunal por los ciudadanos, en la comparecencia de los investigados ante el Juez de instrucción, y en una audiencia preliminar para la práctica de las diligencias propuestas por las partes. Si la prueba ilícita llega a la fase de enjuiciamiento, se instruye al Magistrado-presidente para que informe a los jurados sobre su naturaleza ilícita y, en casos extremos, el jurado puede disolverse anticipadamente si no hay pruebas suficientes para una condena.

En el procedimiento de menores, además de las normas supletorias del procedimiento abreviado, se contemplan dos trámites en la fase de audiencia para valorar la licitud de una prueba, de acuerdo con los artículos 31 y 37 de la Ley Orgánica 5/2000, de 12 de enero, reguladora de la responsabilidad penal de los menores[91].

Como se mencionó anteriormente, la identificación de la prueba ilícita también puede ocurrir en la fase de recurso. Si una prueba ilícita ha sido utilizada para fundamentar una condena, es posible impugnar la sentencia a través de recursos de apelación o casación. El recurso de amparo solo se presenta después de agotar todas las posibilidades de protección por la vía ordinaria. Si el Tribunal Constitucional declara que una prueba de cargo es ilícita, hay dos posibilidades: si existen otras pruebas nuevas que necesitan valorarse, el caso puede retrotraerse al momento anterior a la sentencia; o si la sentencia impugnada ha realizado una valoración detallada y motivada de cada medio de prueba, se mantiene la sentencia eliminando las pruebas ilícitas sin necesidad de retrotraer el caso. Es objeto de debate la conveniencia de presentar un recurso de revisión basado en los motivos establecidos en el artículo 954 LECrim.

---

90.   ASENCIO MELLADO entiende, con respecto a este precepto, que «el legislador español no considera a la prueba ilícita como una simple prohibición de valoración, antes, al contrario, la entiende siempre como un supuesto de ineficacia que debe decretarse y denunciarse lo antes posible y que no debe equipararse con una mera cuestión valorativa», en ASENCIO MELLADO, J.M., «Prueba ilícita: declaración...», *op. cit.*, p. 42.

91.   DISPOSICIÓN FINAL PRIMERA de la Ley Orgánica 5/2000, de 12 de enero, reguladora de la responsabilidad penal de los menores: «*Derecho supletorio. Tendrán el carácter de normas supletorias, para lo no previsto expresamente en esta Ley Orgánica, en el ámbito sustantivo, el Código Penal y las leyes penales especiales, y, en el ámbito del procedimiento, la Ley de Enjuiciamiento Criminal, en particular lo dispuesto para los trámites del procedimiento abreviado regulado en el Título III del Libro IV de la misma*».

Otro aspecto relevante a considerar es quiénes tienen la legitimidad para impugnar la validez de las pruebas. Es claro que las partes, incluido el Ministerio Fiscal, pueden denunciar la ilegitimidad de las pruebas presentadas. Sin embargo, la jurisprudencia no es uniforme en cuanto a si se puede denunciar la vulneración de derechos fundamentales de terceros, ya que son derechos individuales, aunque puedan tener efectos indirectos.

También es motivo de controversia si se debe admitir la valoración de pruebas ilícitas cuando benefician al investigado o acusado, es decir, cuando son pruebas de descargo que demuestran la inocencia del acusado. La doctrina no llega a un consenso sobre este tema, aunque coincide en que ningún inocente debe ser condenado por pruebas ilícitas y que estas no deben limitar su derecho a la defensa.

El control de la legitimidad de las pruebas recae en el órgano jurisdiccional, aunque es poco común que lo detecten de oficio. Algunos argumentan que los derechos fundamentales son derechos subjetivos y, por lo tanto, deben ser invocados para ser reconocidos; si no se alega la vulneración, se asume tácitamente la actuación irregular.

Sin embargo, los terceros ajenos al proceso cuyos derechos fundamentales han sido vulnerados tienen un interés innegable en proteger sus derechos y participar en el proceso, especialmente si no cuentan con los derechos reconocidos a los acusados.

Por otro lado, hay una postura doctrinal que sostiene que no existe un derecho fundamental autónomo a la no recepción de pruebas de posible origen antijurídico, por lo que la falta de eficacia de la actuación no se deduce necesariamente y siempre de la vulneración de los derechos fundamentales.

Es importante distinguir entre la fuente y el medio de prueba para evitar que la ilegalidad de la fuente se subsane formalmente por la legalidad del medio, reduciendo la prueba ilícita a una mera afirmación retórica. Por ejemplo, en el caso de intervenciones de comunicaciones, si las conversaciones obtenidas se declaran nulas, no se pueden validar incorporándolas al proceso a través de la declaración de los funcionarios que las obtuvieron o mediante la transcripción de las grabaciones originales. Cuando la fuente obtenida es ilícita, el medio de prueba también debe ser calificado como tal, ya que es una expresión directa e inmediata de la fuente.

El momento procesal en el que se debe eliminar la prueba ilícita del proceso ha generado un extenso debate en la doctrina jurídica. Esta cuestión no es pacífica ni en la doctrina ni en los ordenamientos jurídicos comparados. La discusión principal se centra en determinar si la exclusión de pruebas obtenidas de manera ilícita debe llevarse a cabo antes del juicio oral o durante el mismo, y si esto debe ocurrir en la fase inicial o en la sentencia.

Quienes defienden la exclusión temprana de las pruebas ilícitas, preferentemente durante la fase de instrucción, argumentan principalmente seis motivos: en primer lugar, por razones de eficiencia procesal; en segundo lugar, para evitar que las partes adopten una defensa inadecuada o actúen de mala fe al no denunciar la ilicitud de las pruebas y presentarlas como válidas, lo que atentaría contra la igualdad de las partes y el derecho de defensa; en tercer lugar, para evitar el efecto psicológico que la presentación de pruebas ilícitas pueda tener en el juez, especialmente en el caso del Tribunal del Jurado[92]; también argumentan que se deben aplicar excepciones a la eficacia de las pruebas derivadas de manera indirecta de pruebas ilícitas, evitando así condenas basadas en pruebas materialmente relacionadas, pero jurídicamente desconectadas; en quinto lugar, para evitar la imposición de medidas cautelares, como la prisión provisional, que afecten a derechos fundamentales; y, por último, para evitar juicios paralelos basados en pruebas nulas e ineficaces.

De acuerdo con este enfoque, el juez instructor se encarga de asegurar que las pruebas presentadas por las acusaciones sean legales y, por tanto, no hayan sido obtenidas vulnerando derechos fundamentales. Solo se abrirá el juicio oral si la acusación se fundamenta en pruebas lícitas independientes.

Sin embargo, hay críticas a esta postura, ya que la declaración de la ilicitud durante la fase de instrucción limita el derecho de defensa, dado que, en esta etapa, dicho derecho es muy restringido y se puede impedir el conocimiento de hechos relevantes. Además, no permite que el juez instructor aplique el principio de proporcionalidad con la ayuda de otras fuentes o medios de prueba. ARMENTA DEU también hace referencia al fundamento del derecho probatorio, que sostiene que la prueba debe presentarse en el juicio siguiendo los prin-

---

92. ASENCIO MELLADO insiste, en varios trabajos, en la influencia de la prueba ilícita en la percepción interna de los juzgadores. Sobre el particular, FERNÁNDEZ ENTRALGO admite que «los especialistas han puesto de relieve la dificultad de que el órgano jurisdiccional pueda prescindir —consciente o inconscientemente— de tomar en consideración el material probatorio viciado, una vez que ha tenido conocimiento de él» y hace referencia a una propuesta de SENTÍS MELENDO, que defiende separar al Juez que ha intervenido hasta entonces para garantizar la imparcialidad de sus sucesores, de la misma manera que el artículo 219 LOPJ incluye como causa de abstención y recusación «*haber participado en la instrucción de la causa penal o haber resuelto el pleito o causa en anterior instancia*», en FERNÁNDEZ ENTRALGO, J., «Prueba ilegítimamente obtenida», en *La Ley: Revista jurídica española de doctrina, jurisprudencia y bibliografía*, p. 30. En sentido contrario, URBANO CASTRILLO, E. de, TORRES MORATO, M. A., URBANO CASTRILLO, E. de, TORRES MORATO, M. A., *La prueba ilícita penal...*, *op. cit.*, p. 53 admiten esta «inevitable influencia psicológica» que, en todo caso, consideran como «un riesgo que debe correrse pues en caso contrario, entendemos, puede afectarse seriamente al artículo 24 de la Constitución Española mutilando el juicio y privando a sus actores, partes y órganos jurisdiccionales, de la posibilidad de debatir y examinar su exacto alcance en sí y en relación al resto del material probatorio».

cipios de contradicción y publicidad, lo cual se contradice con la exclusión de la prueba ilícita en una etapa tan temprana[93].

Los críticos de que el juez decida sobre la licitud o ilicitud de la prueba durante esta fase también señalan que las competencias del juez instructor no abarcan esta cuestión y que el material resultante de la violación de derechos fundamentales no ha adquirido ni siquiera la categoría de prueba reconocida en la fase del juicio.

Además, para determinar cuándo se debe calificar una prueba (ya sea fuente o medio) como ilícita, es necesario alcanzar un grado de certeza suficiente para declarar su nulidad, y en muchos casos, se requiere la presencia de elementos que solo el proceso contradictorio puede proporcionar plenamente.

Para aquellos que defienden que la ilicitud probatoria sea tratada durante la fase del juicio, la controversia radica en si el examen debe llevarse a cabo por el Tribunal sentenciador al inicio del juicio o en la sentencia, después de la presentación de la prueba y sin valorarla.

Sin embargo, estas posturas no son mutuamente excluyentes, ya que también proponen que, si el examen de la ilicitud no se realizó durante la fase de investigación, se lleve a cabo posteriormente. Así, en la fase de juicio, el juez no deberá practicar la prueba ilícita, y si la llegara a practicar, no podrá tenerla en cuenta para fundamentar una condena. En otras palabras, si la prueba ilícita se aprecia al inicio del juicio, se debe excluir, y si se aprecia al dictar sentencia, no puede ser considerada en una posible condena.

En mi opinión, la solución adecuada sería establecer un procedimiento adaptado al proceso penal que excluya la prueba ilícita en la fase de instrucción. Si no está claro su carácter ilícito durante la fase de investigación y la prueba es apreciada en la fase del juicio, se debe declarar su ilicitud antes de dictar sentencia, para que las partes puedan adecuar su defensa.

Teniendo en cuenta el avance tecnológico y su impacto en nuestras vidas, es crucial analizar la posible afectación a los derechos fundamentales en relación con el uso de tecnologías de la información y la comunicación (TICs) en el derecho probatorio. En un mundo tecnológico, los derechos fundamentales de los ciudadanos son más vulnerables y requieren de una protección ante injerencias

---

93. ARMENTA DEU, T., *La prueba ilícita (un estudio comparado)*, editorial Marcial Pons, p. 133. La autora también cita un informe holandés de un comité asesor que rechaza la inclusión de un incidente previo para excluir una prueba ilícita con base en que el juez puede, no obstante, conocer de la ilicitud posteriormente —*ex officio* o planteada por la defensa— y produce efectos disuasorios.

externas más intrusivas por parte del Estado y de los ciudadanos[94]. La incidencia de la limitación de derechos fundamentales en la obtención de fuentes de prueba y de su incorporación al proceso por medio de los medios legalmente habilitados es una cuestión compleja que requiere de unos criterios claros en su determinación[95]. En ausencia de éstos, ha sido la doctrina y la jurisprudencia quienes han ido ponderando los distintos intereses —colectivos o particulares— en estos conflictos, que deben —quizás— actualizarse en el caso de las pruebas tecnológicas, tanto respecto de los derechos fundamentales afectados, cuanto en relación con la obtención de estas nuevas fuentes probatorias y el medio por el que se aportan y practican al proceso.

El mismo TC reconoce que «los teléfonos móviles actuales permiten múltiples funciones, tanto de recopilación y almacenamiento de datos como de comunicación con terceros (llamadas, grabación de voz, mensajes de texto, acceso a internet y comunicación con terceros a través de internet, archivos con fotos, videos, etc.), susceptibles, según los diferentes supuestos a considerar en cada caso, de afectar no sólo al derecho al secreto de las comunicaciones (art. 18.3 CE), sino también a los derechos al honor, a la intimidad personal y a la propia imagen (art. 18.1 CE), e incluso al derecho a la protección de datos personales (art. 18.4 CE)»[96].

2.2. ESPECIAL REFERENCIA AL CASO ENCROCHAT Y AL PRINCIPIO DE NO INDAGACIÓN

Hace un año, la policía europea se infiltró en EncroChat, el servicio de mensajería segura y el proveedor de servicios utilizado por el crimen organizado para asegurar negocios de drogas, intercambiar armas y planear asesinatos.

EncroChat se comercializó como el equivalente electrónico de una conversación normal entre dos personas en una *habitación vacía* y garantizaba el anonimato de quienes lo usaban. Desarrollado inicialmente para celebridades que temían que sus teléfonos móviles fueran pirateados, se informó que el servicio tenía alrededor de 60.000 suscriptores cuando cesó sus operaciones en junio de 2020.

La empresa vendió teléfonos a través de un modelo basado en suscripción. Cada teléfono costaba alrededor de 1.000 € y los suscriptores pagaban alrededor de 3.000 € al año por el servicio. Los teléfonos eran dispositivos Android modificados, con las funciones de cámara, micrófono y GPS deshabilitadas. Encro-

---

94. Sirva de ejemplo la advertencia que el gobierno chino ha realizado a sus ciudadanos en relación con el posible acceso remoto de hackers a cámaras privadas conectadas a Internet (piénsese cámaras de guarderías o de establecimientos públicos).
     http://www.elmundo.es/tecnologia/2017/06/20/5948e0df46163fb1298b4626.html
95. Véase STC 11/1981, de 8 de abril.
96. *Vid.* STC 115/2013, de 9 de mayo.

Chat instaló su propio programa de mensajería encriptada y presentaba dos sistemas operativos entre los que el usuario podía cambiar. Al ingresar un «PIN de pánico», todos los datos en el dispositivo podrían borrarse.

Durante el curso de una operación del Europol dirigida por Francia y los Países Bajos, los investigadores infiltraron en el sistema de mensajería un virus malicioso que podía interceptar y leer los mensajes antes de que fueran encriptados. Durante varios meses, la policía supervisó y registró las comunicaciones entre miles de delincuentes. El 13 de junio de 2020, EncroChat se dio cuenta de que su plataforma estaba comprometida y envió una advertencia a sus usuarios para que desecharan sus dispositivos. Para entonces, millones de mensajes ya habían sido interceptados por las Fuerzas y Cuerpos de Seguridad. En los Países Bajos, la policía cerró en los meses subsiguientes 19 laboratorios de drogas, incautó 8 toneladas de cocaína y millones de euros en efectivo.

Se ha realizado un gran número de detenciones en países que no participaron en la investigación conjunta. En Gran Bretaña, la policía arrestó a casi 800 personas y cree que se evitaron hasta 200 asesinatos planeados. Un Tribunal Británico sentenció recientemente a un narcotraficante que fue identificado por sus huellas dactilares tomadas de una fotografía compartida a través de EncroChat en la que se mostraba su mano sosteniendo un bloque de queso stilton.

La Audiencia Nacional se ha pronunciado en reiteradas y recientes ocasiones sobre este sistema de mensajería a la luz de los recursos presentados ante la sospecha de una dudosa legalidad en el modo en que se consiguió acceder a dicho sistema de encriptación, ya que actualmente se desconoce dicho modo de acceso, es decir, los detalles técnicos realizados para la interceptación de Encro-Chat y ante la ausencia de certificado de autenticidad de los datos incautados, se han presentado innumerable cantidad de recursos. No obstante, la Audiencia ha acudido al automatismo del reconocimiento mutuo para no tener que entrar a analizar ninguna cuestión al respecto. Así, a modo de ejemplo lo ha realizado en el Auto 3/2022 de 5 de enero de 2022, de la Sección 4.ª de la Sala de lo Penal de la Audiencia Nacional, o en el Auto de 1 de diciembre de 2021 del Juzgado Central de Instrucción, o en el Auto 439/2022 de la Sala de lo Penal de la Audiencia Nacional resolviendo el recurso número 395/2022.

En líneas generales, en todas las resoluciones dictada por la Audiencia se llega a las siguientes conclusiones; las actuaciones de acceso al sistema cifrado «EncroChat», desarrolladas en Francia y en las que aparece como implicado el recurrente, en todo momento gozaron de cobertura legal y homologación judicial, enmarcándose en el principio de reconocimiento mutuo que establece la Directiva 2014/41/CE, que lo califica de piedra angular de la cooperación judicial en materia penal en la Unión Europea y que figura trasladado a nuestra Ley interna 23/2014, de 20 de noviembre, de reconocimiento mutuo de resoluciones penales en la Unión Europea, cuyo artículo 1 párrafo 2.º establece que, en aplicación del referido principio, «las autoridades judiciales españolas competentes reconocerán y ejecutarán en España, dentro del plazo previsto, las órdenes europeas y resoluciones penales previstas en esta Ley cuando hayan sido transmitidas correctamente por la autoridad competente de otro Estado miembro y no concurra ningún motivo tasado de denegación del reconocimiento o la ejecución».

Esta confianza entre los Estados pertenecientes a una misma comunidad jurídica (en este caso, España y Francia), determina que lo actuado fuera de nuestras fronteras tenga visos de regularidad y licitud, salvo que otra cosa surja de las actuaciones remitidas, lo que no sucede en el supuesto examinado. El propio recurrente alude a las meras «sospechas».

En el ámbito de estas investigaciones figuran las actividades que fueron comunicadas a la Fiscalía Antidroga española, que se limitó a recibir la información obtenida desde el extranjero, sin ordenar nuevas diligencias de investigación, por lo que no puede sostenerse la existencia de una deleznable investigación prospectiva o genérica. Además, el que existan sentencias del Tribunal Supremo que hayan matizado los efectos del principio de no indagación, no impide que el mismo sea plenamente vigente en el caso que nos ocupa, al tratarse la controvertida de una actuación judicial efectuada en un Estado miembro de la Unión Europea. En tales actos procesales no cabe apreciar ni se detecta ninguna tacha de irregularidad o inobservancia de los principios constitucionales o procesales básicos, al tratarse de la materialización de normales transferencias de información interestatal.

Esta forma de actuar, cuando menos podemos calificarla de trasnochada, dado que ya la lejana en el tiempo y crucial respecto del contenido STJUE, Gran Sala, de 21 de diciembre de 2011 (asuntos acumulados C-411/2010 (LA LEY 239531/2011) y C-493/2010), llegaba a manifestar con contundencia que *«El derecho de la Unión se opone a la aplicación de una presunción irrefutable según la cual el Estado miembro designado como responsable (...) respeta los derechos fundamentales de la Unión Europea»* y también podemos calificarla de contraria a la jurisprudencia del TJUE que hemos expuesto en las líneas precedentes. Tal y como expone RODRÍGUEZ LAINZ refiriéndose al principio del reconocimiento mutuo que califica de *«(...) ciego, acrítico (...) se ha pasado a una posibilidad de alegación, sin duda fundada, de existencia de dudas de transgresión, no respeto de derechos fundamentales por parte de concretas instituciones de un estado miembro; que podría mostrarse por sí mismo como óbice para fundamentar el reconocimiento de una solicitud de cooperación judicial en un asunto concreto»* [97].

---

97. RODRÍGUEZ LAINZ, J.L, «La intervención de comunicaciones en la Directiva 2014/41/CE (LA LEY 6702/2014), relativa a la orden europea de investigación en materia penal», *Artículo Monográfico*, mayo 2015 SP/DOCT/19127.

El Tribunal Supremo en su sentencia 3844/2021, de 14 de octubre, y respecto del principio de no indagación establece que *«(…) la histórica vigencia del principio locus regit actum, de dimensión conceptual renovada a raíz de la consolidación de un patrimonio jurídico europeo, no puede convertirse en un trasnochado adagio al servicio de la indiferencia de los órganos judiciales españoles frente a flagrantes vulneraciones de derechos fundamentales»*, será por tanto necesario realizar una evaluación de la compatibilidad del método de obtención de la fuente de prueba o del objeto de ésta con los fundamentos esenciales del orden público constitucional como límites de la proyección del principio de confianza mutua. La utilización como escudo del principio de reconocimiento mutuo y el principio de no indagación de los Tribunales españoles tiene un límite claro establecido en la propia OEI y que se centra en la existencia de flagrantes vulneraciones de derechos fundamentales como los que se han dado en el caso EncroChat.

La Directiva en su artículo 31 y bajo la rúbrica *«Notificación al Estado miembro en el que se encuentre la persona que sea objeto de los procedimientos penales y cuya asistencia técnica no sea necesaria»* en su apartado 3 y para los casos en que la intervención no se autorizaría en un caso interno similar, la autoridad del Estado miembro podrá notificar sin demora a la autoridad del Estado miembro que realiza la intervención, y a más tardar en un plazo de 96 horas desde la recepción de la notificación contemplada en el apartado 1, que: *«no podrá efectuarse la intervención o que se ponga fin a la misma. También podrá comunicar que no podrá utilizarse el posible material intervenido mientras la persona se encontraba* (en España) *o que sólo podrá utilizarse en las condiciones que se especifiquen, lo cual tendrá que motivar a la autoridad del Estado que realiza la intervención»*. Si analizamos esta causa de denegación podemos afirmar siguiendo a TINOCO PASTRANA que nos encontramos con una causa de denegación obligatoria[98].

Si un Estado miembro desea interceptar el tráfico de telecomunicaciones de personas que se encuentran en territorio español, debe informar de ello a la autoridad española competente antes de que comience la medida (o/en cuanto tenga conocimiento del paradero de la persona) (Art. 31 apartado 1 Directiva 2014/41/UE (LA LEY 6702/2014)). El formulario previsto a tal efecto en el anexo C de la Directiva exige, entre otras cosas, *«toda la información necesaria, incluida una descripción del caso (…), para que la autoridad notificadora pueda evaluar si la interceptación estaría autorizada en un caso nacional similar y si el material obtenido en el curso de la interceptación puede utilizarse en un procedimiento judicial»*. Si, sobre la base de esta información, la autoridad española llega a la conclusión de que la medida no se autorizaría en un caso nacional similar,

---

98. TINOCO PASTRANA, A., «Las medidas de investigación tecnológica en la orden Europea de investigación», en *Revista La Ley Penal, núm. 132*, mayo-junio 2018, Wolters Kluwer. Añadiendo que *«las relevantes modificaciones del procedimiento que supone este tipo de intervención sin asistencia técnica, nos permite concluir que no estamos ante una OEI stricto sensu, aunque sí dentro del ámbito de aplicación de la Directiva»*.

debe oponerse a ella en un plazo de 96 horas. En ese caso, la medida extranjera no debía llevarse a cabo, ni continuarse; los datos ya recogidos no pueden ser utilizados por el Estado solicitante o sólo pueden utilizarse en determinadas condiciones.

Según la sentencia del Tribunal Regional de Berlín (525 KLs) 254 Js 592/20 (10/21) de 1 de julio de 2021, *«la copia de los datos de los usuarios del EncroChat en territorio alemán se llevó a cabo haciendo caso omiso de las normas de asistencia jurídica de protección individual y sin la sospecha concreta y necesaria de la existencia de un delito con arreglo a las normas pertinentes de la legislación alemana. Esto conduce a imposibilidad de utilizar los datos».*

En cuanto a la posibilidad de que se pudiera autorizar esta medida y siguiendo a RODRÍGUEZ LAINZ se debe *«(…) negar que mediante la autorización de un registro remoto se estuviera facultando por sí mismo el acceso al flujo de información que se comparte a través de la telefonía, aplicaciones de mensajería instantánea o compartición de información a través de redes sociales. Tal eventualidad exigiría un plus jurídico: una autorización judicial que así lo especificara. Debería darse forma a la exigencia de concreta definición del alcance de la medida impuesta en el art. 588 septies 2,b) de la LECrim. (LA LEY 1/1882); y adaptarla, además, a las exigencias concretas de cualquier orden de interceptación. Pero esa posición de búsqueda global con posibilidad de penetración en el tráfico de comunicaciones nos llevaría, de no ser factible disociar ambas técnicas (se intervienen las comunicaciones mediante el acceso remoto, independientemente de someter al dispositivo a un registro remoto completo), a la garantía del respeto de las exigencias previstas para ambas regulaciones»* [99].

De las solicitudes y órdenes judiciales francesas se desprende que la infiltración de los dispositivos terminales y la obtención de los datos, se produjeron como medida policial ante la sospecha de la formación de una organización delictiva y por diversos delitos relacionados con el uso de la tecnología de cifrado. No se menciona a investigados específicos en las solicitudes de la Fiscalía, ni en las órdenes judiciales.

El objetivo de la medida de vigilancia era *«identificar a los usuarios»*, *«revelar sus actividades delictivas»* y *«detenerlos»* (solicitud de la Fiscalía francesa de 29 de enero de 2020). A partir del 7 de abril de 2020, también se investigaron directamente los delitos cometidos por los usuarios (delitos de estupefacientes y de armas) (véase la solicitud de la Fiscalía francesa de 29 de abril de 2020).

En la legislación española no sería posible acordar esta medida por el mero uso de un teléfono móvil encriptado: sólo porque el servicio EncroChat, es más

---

99. RODRÍGUEZ LAINZ, J.L., «Intervención judicial de comunicaciones vs. registro remoto sobre equipos informáticos: los puntos de fricción» en *Diario La Ley, núm. 8896*, Sección Doctrinal, 9 de enero de 2017, Wolters Kluwer.

seguro que otros servicios que también están cifrados de extremo a extremo, como WhatsApp o Facebook Messenger, no puede convertirse en el punto de partida de medidas coercitivas de Derecho Penal.

Tampoco sería admisible justificar la adopción de la injerencia masiva por los precios de los teléfonos, esos precios no pueden dar lugar a ninguna sospecha de comportamiento delictivo, pues no difieren significativamente de los precios de los teléfonos móviles estándar de gama alta, que también pueden superar ampliamente los 1.000 euros, tampoco sería posible acordarla sin fijar persona determinadas, sin determinar comportamiento delictivos concreto que pudiera establecer la posible penalidad, etc., etc.

Para Binsard la actuación de la Gendarmería francesa fue, *«Simplemente (para captar) todo sin discriminación. Captan los datos de personas sin ningún vínculo en ninguna criminalidad, captan todo. Y esto no está permitido por la ley»* [100].

Como establece el Considerando 24 de la Propuesta de Reglamento deben fijarse *«medidas específicas contra los autores concretos, conocidos o aún desconocidos, de una infracción penal que ya haya tenido lugar, tras una evaluación individual de la proporcionalidad y la necesidad en cada caso concreto»*. Y todo ello porque esta intromisión masiva *«puede afectar al núcleo más profundo y reservado de la personalidad de su titular (ideologías políticas, creencias religiosas, actividades profesionales, relaciones personales, orientaciones sexuales, estado de salud, situaciones familiares...)»* (Tribunal Superior de Justicia de Navarra, Sala de lo Civil y Penal, Sentencia 14/2019 de 2 de julio de 2019).

La descripción de esta actuación nos llevaría a identificar el comportamiento realizado en EncroChat, las denominadas «investigaciones prospectivas» que son nulas tal y como ha establecido la jurisprudencia del Tribunal Supremo, Tribunal Constitucional y TEDH.

Aunque son muchos los países en los que se ha planteado la nulidad de la operación EncroChat y ya se han producido resoluciones decretando la misma, nos centraremos en Francia, país que generó la operación y en el que en este momento se encuentran pendientes del pronunciamiento del Tribunal Supremo y del *Conseil Constitutionnel* de Francia. Los letrados franceses que impugnaron la operación EncroChat ante el Tribunal Supremo plantearon los siguientes argumentos:

1. Falta de especificación de la duración de la interceptación autorizada por orden judicial: la orden judicial que autorizó a la Gendarmería francesa la intervención de EncroChat a través de un dispositivo de registro

---

100. «El secreto en torno al *hackeo* de criptófonos en EncroChat viola la constitución francesa, escucha la corte», disponible en: computerweekly.com.

remoto no especificaba la duración de la medida, infringiendo el artículo 706-102-3 del Código de Procedimiento Penal. Los abogados defensores piden que la orden sea declarada nula y sin efecto.

2. Cancelación de otras órdenes judiciales: la anulación de la primera orden judicial debe conducir a la cancelación de tres órdenes judiciales posteriores que otorgan prórrogas a la operación de intercepción. Se deben destruir los mensajes interceptados recopilados durante este período.

3. Las modificaciones de la red fueron ilegales: Las órdenes judiciales adoptadas para impedir que las dos empresas de servicios de nombres de dominio y la empresa francesa de *software* como servicio OVH llevaran a cabo cualquier operación que interfiriera con los nombres de dominio EncroChat.ch eran ilegales. El artículo 706-102-1 del Código de Procedimiento Penal permite a las fuerzas del orden interceptar datos, pero no permite órdenes de «bloqueo» contra los proveedores de servicios de nombres de dominio. Otras órdenes judiciales que requerían «modificación de las reglas de enrutamiento de la red» también quedaron fuera del Código de Procedimiento Penal. Deben cancelarse las seis órdenes judiciales que autorizan la operación contra EncroChat porque exceden las disposiciones del Código Procesal Penal.

4. La interceptación debería haberse limitado a teléfonos en uso en territorio francés: la interceptación de los teléfonos EncroChat fue «masiva e indiscriminada» y fue más allá de la investigación autorizada por el tribunal de Lille sobre la importación ilegal de dispositivos EncroChat encriptados a Francia. El método de captura debe considerarse «ilegal y nulo».

5. Secreto de defensa: la Gendarmería se ha negado a revelar los detalles técnicos de la operación de interceptación contra EncroChat, no se ha proporcionado un certificado de autenticidad de los datos incautados, no existe una cadena de custodia, la captura de datos fue, por lo tanto, ilegal y debe declararse nula[101].

Una vez que el Tribunal Supremo recibió las alegaciones de los abogados, y que serán vistas el próximo mes de marzo, entendió que algunas de las cuestiones iban más allá de su competencia, al afectar a los derechos y libertades

---

101. *French Supreme Court raises constitutional questions over EncroChat hacking secrecy Conseil Constitutionnel to decide whether «defence secrecy» over state EncroChat cryptophone hacking breaches French constitution.* Disponible en: https://www.computerweekly.com/news/252512850/French-Supreme-Court-raises-constitutional-questions-over-EncroChat-hacking-secrecy?_gl=1*obf8uu*_ga*MjQ4NjU2Mzk2LjE2NDU5NjUxMjQ.*_ga_TQKE4GS5P9*MTY0NTk2NTEyNC4xLjEuMTY0NTk2NjMzMS4w

garantizados por la constitución francesa. Las cuestiones que deberán ser examinadas por el Tribunal Constitucional francés se refieren a:

- Si «*el código penal utilizado por los fiscales no proporcionó «garantías legales suficientes y adecuadas» y si no ofreció «recursos [legales] adecuados» a los acusados de EncroChat*»;

- Si hubo una revisión previa adecuada de la decisión de recopilar mensajes no cifrados de la red telefónica EncroChat por parte de un tribunal independiente;

- Por último, si el código de procedimiento penal de Francia afectó los derechos de las personas investigadas de delitos relacionados con EncroChat, si afectó a una defensa legal, al principio de «igualdad de armas» en los procedimientos judiciales e impactó a su derecho a un recurso legal efectivo.

Estando pendiente el pronunciamiento sobre estas cuestiones de vulneración de derechos fundamentales y de legalidad ordinaria por parte del Tribunal Supremo y el «Conseil Constitutionnel» de Francia no puede más que sorprendernos que los Tribunales españoles se hayan lanzado a una carrera desenfrenada para obtener una serie de datos, justificando la legalidad de la OEI porque se han tenido en cuenta los derechos del investigado o acusado, supuesto que para el Tribunal Supremo Francés no estaría tan seguro, en principio, al plantear la cuestión al Tribunal Constitucional Francés. Será que nuestros jueces conocen perfectamente cómo se realizó la injerencia en los derechos fundamentales, a diferencia de lo que ha pasado con los Tribunales Ingleses, Alemanes, etc.

Por último, sorprende también que afirmen nuestros tribunales «que las medidas de investigación solicitadas podrían haberse ordenado en las mismas condiciones en un caso interno similar». Tal y como hemos expuesto esta afirmación no sería real. La única actuación posible es decretar la nulidad de todas las actuaciones de nuestros tribunales, la destrucción de los datos obtenidos por EncroChat y, yendo más allá, el planteamiento de una cuestión prejudicial al TJUE.

Cabe destacar la sentencia de fecha 15 de Julio de 2022 donde la Corte de Casación Italiana impide el uso de pruebas extraídas del pirateo de sistemas encriptados de comunicaciones (como Sky-ECC y EncroChat) si no se permite que los Tribunales italianos accedan a cómo los servicios secretos de Holanda y Francia «hackearon» esos sistemas encriptados. En la sentencia Penal Sez. 4 núm. 32915 Anno 2022, el Tribunal Supremo italiano considera necesario que los Tribunales italianos examinen si: «El método de obtención de estos mensajes no está en contradicción con las normas imperativas y los principios básicos de nuestro ordenamiento jurídico». Esto significa saber cómo obtener estos materiales: «Le modalità di acquisizione di tale messaggistica non siano in contrasto con norme inderogabili e principi fondamentali del nostro ordinamento. Ciò comporta la conoscenza delle modalità di acquisizione del detto materiale» (La forma en que se adquiere dicha mensajería no entra en conflicto con las normas imperativas y los principios fundamentales de nuestro ordenamiento jurídico. Esto implica el conocimiento de las modalidades de adquisición de dicho material).

La pretensión de que los Tribunales españoles se conviertan en custodios de la legalidad de actuaciones efectuadas en otro país la Unión Europea deviene inaceptable. Existe al respecto ya una consolidada doctrina de la Sala del Tribunal Supremo, que en general, y más en concreto, en relación a los países que integran la Unión Europea, tiene declarado que no procede tal facultad de «supervisión». Y en la STS 1521/2002 de 25 de septiembre [102], se apuntaba que «....en el marco de la Unión Europea, definido como un espacio de libertad, seguridad y justicia, en el que la acción común entre los Estados miembros en el ámbito de la cooperación policial y judicial en materia penal es pieza esencial (...), no cabe efectuar controles sobre el valor de los realizados ante las autoridades judiciales de los diversos países de la Unión, ni menos de su adecuación a la legislación española cuando aquellos se hayan efectuado en el marco de una Comisión Rogatoria y por tanto de acuerdo con el art. 3 del Convenio Europeo de Asistencia Judicial en materia Penal». En la misma línea, la STS 340/2000, 3 de marzo [103], precisaba que «... la incorporación a causa penal tramitada en España de pruebas practicadas en el extranjero en el marco del Convenio Europeo de Asistencia Judicial (...) no implica que dichas pruebas deban ser sometidas al tamiz de su conformidad con las normas españolas»; mientras que la STS 947/2001, 18 de mayo [104], concluía que «....no le corresponde a la autoridad judicial española verificar la cadena de legalidad por los funcionarios de los países indicados, y en concreto el cumplimiento por las autoridades holandesas de la legalidad de aquel país ni menos sometidos al contraste de la legislación española...». Esa no indagación por las autoridades jurisdiccionales españolas del grado de cumplimiento en otro Estado de las garantías propias de nuestro sistema, está también presente en la STS 556/2006, 31 de mayo [105]. En el apartado 2.º de su FJ 7.º puede leerse lo siguiente: «...la posible existencia de irregularidades en la detención y ejecución de la misma en el extranjero no tendría consecuencias respecto de la validez de las actuaciones policiales y procesales desarrolladas en España,

---

102. SENTENCIA de la Sala de lo Penal del Tribunal Supremo 1521/2002, de 25 de septiembre de 2002. Ponente Sr. Joaquín Giménez García.
103. SENTENCIA de la Sala de lo Penal del Tribunal Supremo 340/2000, de 3 de marzo de 2000. Ponente Sr. Carlos Granados Pérez.
104. SENTENCIA de la Sala de lo Penal del Tribunal Supremo 947/2001, de 18 de mayo de 2001.
105. SENTENCIA de la Sala de lo Penal del Tribunal Supremo 556/2006, de 31 de mayo de 2006. Ponente Sr. Francisco Monterde Ferrer.

pues el control de legalidad constitucional y ordinaria que efectúa este Tribunal ha de referirse a la actuación de las autoridades españolas dentro del marco del proceso penal, en sentido amplio, seguido en nuestro país. Y ello no supone la aplicación del principio *male captus bene detentus*, según el cual, cuando la detención está acordada en legal forma, las irregularidades en la ejecución de la misma no constituyen una excepción procesal que pueda afectar a la validez del proceso en su conjunto. Pues, aunque de alguna forma se alegue, no se ha acreditado ninguna infracción cometida en el apresamiento del recurrente. Y por otra parte, como se ha dicho, esta regla no exige una excepción cuando la infracción no ha sido cometida por las autoridades españolas».

Sin embargo, el principio de no indagación no puede convertirse en la pieza maestra con la que resolver las dudas de ilicitud cuando los documentos bancarios ofrecidos por las autoridades policiales de un Estado extranjero han podido obtenerse con vulneración de algún derecho fundamental. De entrada, porque las citas jurisprudenciales a que hemos hecho referencia tienen en común el venir referidas a sentencias dictadas cuando la queja sobre su validez constitucional se produce en el marco de un acto de cooperación jurídica internacional y lo que se cuestiona es la falta de semejanza entre los requisitos que en uno y otro sistema disciplinan la práctica de ese acto probatorio. Es lógico que la validez en el proceso penal español de actos procesales practicados en el extranjero no se condicione al grado de similitud entre las reglas formales que, en uno y otro Estado, singularizan la práctica de esa prueba. Al juez español no le incumbe verificar un previo proceso de validación de la prueba practicada conforme a normas procesales extranjeras. Pero la histórica vigencia del principio *locus regit actum*, de dimensión conceptual renovada a raíz de la consolidación de un patrimonio jurídico europeo, no puede convertirse en un trasnochado adagio al servicio de la indiferencia de los órganos judiciales españoles frente a flagrantes vulneraciones de derechos fundamentales. Incluso en el plano semántico la expresión principio de no indagación, si se interpreta desbordando el ámbito exclusivamente formal que le es propio, resulta incompatible con algunos de los valores constitucionales comprometidos en el ejercicio de la función jurisdiccional.

Esta idea tampoco es ajena a la jurisprudencia del Alto Tribunal. De hecho, en la STS 829/2006, 20 de julio[106], en una causa incoada por delito de terrorismo, se negaba la validez a la valoración de una «entrevista policial» de dos agentes españoles a un preso interno en la base militar de Guantánamo, cuyo testimonio fue recuperado como indicio probatorio de refuerzo de la declaración prestada por el acusado. Se decía entonces que «... la detención de cientos de personas, entre ellas el recurrente, sin cargos, sin garantías y por tanto sin control y sin límites, en la base de Guantánamo, custodiados por el ejército

---

106. SENTENCIA de la Sala de lo Penal del Tribunal Supremo 829/2006, de 20 de julio de 2006. Ponente Sr. Joaquín Giménez García.

de los Estados Unidos, constituye una situación de imposible explicación y menos justificación desde la realidad jurídica y política en la que se encuentra enclavada. Bien pudiera decirse que Guantánamo es un verdadero «limbo» en la Comunidad Jurídica». La cita de este fragmento sugiere una doble reflexión. De una parte, se opone de manera frontal a la proclamación del principio de no indagación como una regla de valor apodíctico en nuestra jurisprudencia. La Sala indagó y lo hizo para concluir la falta de virtualidad probatoria de un testimonio de referencia, por más que procedía de agentes de la autoridad españoles expresamente desplazados a territorio estadounidense para la práctica de un interrogatorio que fue ajeno a los principios estructurales de contradicción y defensa y que, por si fuera poco, se practicó en el entorno de coacción moral que es imaginable en un centro de reclusión concebido en los términos en los que aquél fue diseñado. De otra parte, la lectura de ese razonamiento es bien expresiva de la necesidad de no fijar reglas generales que en su inflexibilidad no tomen en consideración la rica variedad de supuestos que nos ofrece la práctica. La intensidad de la vulneración de derechos denunciada admite matices de los que no puede prescindirse en el momento de fijar el alcance de la regla de exclusión.

Que la legislación francesa permita la interceptación de datos no supone que dicha interceptación, en cualquier extensión, duración y medida, sea legal y no sea susceptible de nulidad por vulnerar el derecho al secreto de las comunicaciones y a la intimidad. Además, el que la interceptación de las comunicaciones haya sido avalada por un órgano judicial francés no significa que la medida no pueda ser reputada nula. Asimismo, indica que el principio de no indagación ha sufrido en los últimos años importantes matizaciones, especialmente cuando la interceptación masiva de las comunicaciones de todos los usuarios de Encro-Chat resulta a todas luces una medida prospectiva y desproporcionada en relación con cualquier fin legítimo.

La intervención no autorizada en la comunicación cifrada que se ha producido con el pirateo de EncroChat por los servicios franceses también ha supuesto la violación del secreto de las comunicaciones profesionales, aspecto especialmente controvertido, toda vez que se trata de la violación de la protección especial de comunicación entre el Abogado y su cliente, que entra en colisión frontal con los derechos fundamentales europeos. Cabe recordar que el hackeo de EncroChat fue masivo, total e indiscriminado, de todo un sistema de comunicaciones, sin diferenciar los ámbitos de especial protección de comunicación entre los abogados y sus clientes.

Ya el Tribunal Europeo de Derechos Humanos estableció el pasado 16 de junio de 2016, que la intervención de una conversación entre un cliente y su abogado sólo está permitida cuando el letrado sea sospechoso de un hecho delictivo, pero obviamente esta excepción se tiene que fijar *a priori* y motivadamente, y no como se ha hecho masivamente en el caso del pirateo de Encro-

Chat, donde todas las conversaciones, incluso las que están protegidas por el secreto profesional, han sido objeto de intercepción, almacenamiento y manipulación. Esto ha provocado una situación de alarma en el mundo de la abogacía y es evidente que de ahora en adelante se verán con ojos de recelo las comunicaciones con los clientes por medios encriptados, pues pueden ser objeto de hackeos masivos y lo que es aún mucho peor para ellos, de inclusión forzada en redes delictivas junto con sus clientes, como les ha pasado a los españoles que por vender legalmente teléfonos móviles en España han sido deportados en Francia, donde se les acusa de complicidad en todos los «presuntos» delitos cometidos por medio de dichos móviles en Francia.

Actualmente, el caso EncroChat ha entrado en su momento de máxima controversia judicial y política en Europa. Así, en Italia, ya ha dado el salto al escándalo político y mediático a la par que la Corte Suprema de ese país anuló hace meses el uso como prueba penal la proveniente del *hackeo* o pirateo de un sistema encriptado similar. Pero lo más alarmante es que allí ya se habla abiertamente de que el *software* pirata que desvela comunicaciones encriptadas en Italia está creando pruebas falsas por la vía de manipular los dispositivos móviles, por los problemas técnicos que llevan asociados en dicho software.

En Holanda, los penalistas holandeses resaltan como la Justicia holandesa ordenó ciertas limitaciones en el análisis de los datos transferidos por las autoridades francesas, para evitar así una investigación penal masiva prospectiva. Los penalistas holandeses señalan que «el derecho a un juicio justo» al que obliga el artículo 6 del Convenio Europeo de Derechos Humanos en lo que a las causas penales por EncroChat respecta, pasa necesariamente por tres requisitos:

1. Proporcionar transparencia sobre la operación de hackeo realizada;

2. Proporcionar una base legal para probar la confiabilidad de la evidencia obtenida; y finalmente

3. Proporcionar acceso a los datos utilizados como prueba contra los sospechosos en un caso penal.

En Dinamarca, la policía danesa ha desarrollado un manual para el uso de los datos pirateados de EncroChat en procedimientos penales, para dar garantías de integridad y transparencia a las causas que se tramitan en ese país a este respecto, así como el máximo tribunal jurisdiccional de esa nación ha dado luz verde a las pruebas de EncroChat, pero supeditándolas a la legalidad de dicho hackeo por parte de las autoridades francesas.

La Corte Suprema de Noruega ha legitimado el uso de las pruebas de EncroChat como evidencia en un juicio penal, pero como en el caso de Dinamarca, supeditándola a la legalidad del *hackeo* realizado en Francia, pirateo que ahora mismo está en el punto de mira de infinidad de controversias en dicho país y fuera de él.

En definitiva, si las evidencias de EncroChat han sido obtenidas lacerando derechos fundamentales, debe procederse a su exclusión probatoria, de conformidad con lo dispuesto en el artículo 11.1 de la Ley Orgánica del Poder Judicial, sin que tales infracciones puedan ser ignoradas y validadas por nuestros Tribunales. El principio de no indagación no puede interpretarse más allá de sus justos términos. Su invocación debería operar en el marco exclusivamente formal que afecta a la práctica de los actos de investigación en uno u otro espacio jurisdiccional. De tal forma que la flexibilidad admisible en los principios del procedimiento —adecuados por su propia naturaleza a cada sistema procesal— no se extienda a la obligada indagación de la vigencia de los principios estructurales del proceso, sin cuya realidad y constatación la tarea jurisdiccional se aparta de sus principios legitimadores.

2.3. ANTICIPACIÓN O PRECONSTITUCIÓN DE LA PRUEBA ELECTRÓNICA

Referidos los principios de contradicción, inmediación, concentración, oralidad y publicidad que deben guiar la práctica de medios de prueba, es posible encontrar actos de prueba que, si bien son incorporados en el juicio, son practicados o asegurados en un momento procesal anterior a través de la prueba anticipada o de la prueba preconstituida[107].

La razón de la existencia de estas excepciones radica en que, en la realidad, concurren muchas situaciones que hacen necesaria la práctica anticipada o preconstitución de una prueba, como, por ejemplo, el reconocimiento judicial anticipado de una página web, la declaración de un testigo que previsiblemente no podrá estar en el acto del juicio, la copia del contenido de un ordenador que contiene información relevante para el proceso.

---

107. La locución «*probatio*» hace referencia a la necesidad de dejar constancia de una fuente de prueba ante el riego de perderla, para poder utilizarla en un futuro juicio en el que esa fuente de prueba fuera necesaria. La Universidad de Sajonia (*Universitäts-und Landesbibliothek Sachsen-Anhalt* —ULB—) tiene digitalizados ejemplares del siglo XVII entre los que se puede encontrar referencias a la manera de anticipar prueba, *vid.* http://digitale.bibliothek.uni-halle.de/vd17/content/pageview/9170764.

La delimitación conceptual entre ambos supuestos —la prueba anticipada y la preconstitución de la fuente de prueba— es confusa y comúnmente confundida[108], si bien son dos instituciones distintas.

2.3.1. Prueba anticipada

El caso de la prueba anticipada constituye, una de las excepciones a la regla general en torno a la práctica de la prueba. La especificidad de la anticipación probatoria se identifica con aquellas pruebas concretas que no podrán ser practicadas en el acto del juicio oral, no por las propias características de estas, sino por circunstancias ajenas al tipo de prueba en cuestión que impiden que su práctica se realice en el juicio oral.

La distinción doctrinal y jurisprudencial entre prueba anticipada y preconstituida es caótica, siendo muchos los autores que no recogen una diferenciación nítida o que, incluso, emplean ambos términos de forma indistinta[109]. En consecuencia, tampoco existe unanimidad doctrinal al delimitar el concepto de prueba anticipada. Es por ello que resulta forzoso clarificar y separar ambos conceptos y, asimismo, esclarecer la oscuridad que engloba el ámbito de la anticipación probatoria.

En este sentido, muchos de los autores construyen una separación de los términos en base al distinto momento procesal en que se desarrollen las pruebas en cuestión. Sin embargo, considero más oportuno configurar una diferenciación en función de las propias características de ambas prácticas: esto es, que la prueba sea anticipada cuando la imposibilidad de practicarla en el juicio oral se desprende de circunstancias ajenas a las características inherentes al medio de

---

108. Algunas resoluciones asemejan los términos de prueba anticipada y prueba preconstituida como una única categoría conceptual, *vid.* SSTS 503/2008 de 17 de julio; 617/2010, de 24 de junio; 525/2011, de 8 de junio; 263/2012, de 28 de marzo; 601/2013, de 11 de julio; 878/2013, de 3 de diciembre; 353/2014, de 8 de mayo; 72/2017, de 4 de julio; 786/2017, del 30 de noviembre; SSTC 201/1989, de 30 de noviembre; 303/1993, de 25 de octubre que se refieren a una «prueba anticipada y preconstituida». JAMARDO LORENZO, A., «La preconstitución de la prueba en el proceso penal», *Diario La Ley*, núm. 8906, 23 de enero de 2017 identifica tres posturas doctrinales en torno a la concreción de la prueba preconstituida: un primer grupo minoritario, que no distingue entre prueba anticipada y prueba preconstituida; un segundo sector, que define como prueba preconstituida la que se ha practicado antes del juicio oral ante el juez instructor y, como prueba anticipada, la practicada ante el Tribunal que ha de dictar sentencia; y una tercera postura, que entiende por prueba preconstituida aquella que, por su propia naturaleza, no puede ser practicada en la sesión del juicio oral y, por prueba anticipada, aquella prueba común que ha de anticipar en el tiempo su práctica debido a la previsible imposibilidad de que se practique en el momento procesal oportuno, en pp. 2-4.
109. RODRÍGUEZ FERNÁNDEZ, por ejemplo, aplica el concepto de prueba preconstituida y prueba anticipada, como sinónimos, para referirse al valor probatorio de las diligencias de instrucción (RODRÍGUEZ FERNÁNDEZ, R., «Prueba preconstituida y prueba anticipada. Análisis jurisprudencial», *Diario la Ley*, 2015, núm. 8487, pp. 1-27).

prueba; mientras que la preconstituida se identifica con aquella en la que la práctica en el juicio oral no es posible debido a la propia esencia de la prueba.

En lo referente a la prueba anticipada —lo que interesa a este concreto apartado— un sector de la doctrina defiende que anticipada es aquella prueba que se practica antes del inicio de la fase del juicio oral[110]. De esta forma, son dos las posturas que puede adoptar la anticipación de la prueba: por un lado, prueba anticipada sumarial; por otro, prueba anticipada en fase intermedia[111].

En contraposición a esta corriente doctrinal, se sitúan los autores que defienden que la práctica de la prueba anticipada se desarrolla una vez la fase del juicio oral ha comenzado, siempre que no se practique en el juicio oral en sentido estricto —esto es, durante las sesiones del juicio—[112]. Este sector doctrinal entiende que situar la prueba anticipada dentro de la fase del juicio oral implica una mayor garantía de los principios rectores de la actividad probatoria[113]. La explicación a tal afirmación la formulan en atención al hecho de que la fase del juicio oral se encuentre vigente, de modo que, a su juicio, es más sencillo respetar los principios de inmediación, publicidad, contradicción y oralidad, puesto que, una vez dentro de esta fase procesal, el órgano judicial competente para las actuaciones es el propio Tribunal sentenciador.

Para los que defienden esta teoría, una de las diferencias entre la prueba anticipada y la preconstituida recae en el distinto órgano ante el que se va a practicar cada una de ellas. Así, mientras que la prueba anticipada se practicará por el mismo Tribunal que ha de dictar sentencia posteriormente, la prueba preconstituida se practicará ante el Juez instructor[114], ya que supone conceder valor probatorio a las diligencias de investigación llevadas a cabo en la instrucción del proceso.

---

110. Así lo entienden autores como ASENCIO MELLADO, entre otros (ASENCIO MELLADO, *Prueba prohibida y prueba preconstituida*, 1989, p. 171).
111. En este sentido, los autores que lo argumentan, entienden que la prueba anticipada se caracteriza por su práctica previa a la fase del juicio oral —momento procesal oportuno—, siendo posible tanto en la fase de instrucción como una vez concluida esta. Es por ello que la clasifican, a su vez, en anticipada sumarial o anticipada en fase intermedia, en orden al momento en que se desarrolle la práctica de la prueba (GUZMÁN FLUJA, *Anticipación y preconstitución... op. cit.* p. 256).
112. GÓMEZ ORBANEJA, *Derecho Procesal Penal*, 10.ª ed., 1984, p. 238 / MIRANDA ESTRAMPES, *La mínima actividad probatoria en el proceso penal*, 1997, pp. 318 y ss.
113. Así lo entiende GUZMÁN FLUJA, quien, además, define la prueba anticipada como «aquella que resulta practicada una vez abierto el juicio oral, ante el tribunal sentenciador, y por lo tanto con plena vigencia del principio de inmediación, con la asistencia de todas las partes en plenitud del uso de sus derechos, y por lo tanto con la plena vigencia del principio del contradictorio [...]» (GUZMÁN FLUJA, V.C., *Anticipación y preconstitución de la prueba en el proceso penal*, editorial Tirant lo Blanch, 2006, p. 257).
114. MAGRO SERVET, V., «Perceptividad de la práctica de la prueba preconstituida con víctimas en el proceso penal», *La Ley penal*, núm. 92, 2012, pp. 5-12.

A mayores, otros autores no encasillan la prueba según el momento de su práctica, sino que la concretan en orden a las circunstancias que hacen necesaria su anticipación, de modo que entienden que la prueba anticipada se corresponde con aquella que ha de ser practicada anticipadamente debido a circunstancias ajenas al medio de prueba en cuestión, como puede ser el caso de un testigo que se prevé que no llegará con vida al juicio oral.

No obstante, resulta indiscutible que, por su propia construcción, la prueba anticipada deba practicarse con absoluto respeto a los principios que rigen la actividad probatoria. Y es por ello que será el Juez sentenciador quien practique tal prueba. Así, la prueba anticipada no es más que una prueba común que ha de anticipar en el tiempo su práctica, por la previsible imposibilidad de que se practique en el momento procesal oportuno, esto es, el juicio oral[115].

2.3.2. La prueba preconstituida

Conforme a la doctrina mayoritaria, y de forma abreviada, se entiende por prueba preconstituida aquella que, como consecuencia de su propia naturaleza, no puede ser practicada en la sesión del juicio oral, sino que se corresponde con aquellos actos que han de ser practicados de forma previa —principalmente en la fase de instrucción, si bien es posible su preexistencia previa al inicio del proceso— sin que exista la posibilidad, dada la naturaleza propia del medio de prueba, de reproducirlos de forma exacta en el juicio oral. Estos actos, diligencias de investigación, son susceptibles de alcanzar valor probatorio siempre que se cumplan los requisitos y garantías tanto legales como constitucionales. Es ahí, por tanto, donde se concibe la llamada prueba preconstituida, que, sin ser una prueba practicada en el juicio oral —y como excepción—, podrá tenerse presente como prueba de cargo a la hora de fundamentar una sentencia de condena.

GIMENO SENDRA define la prueba preconstituida de la siguiente forma: *«prueba documental, que puede practicar el Juez de Instrucción y su personal colaborador (Policía Judicial y Ministerio Fiscal) sobre hechos irrepetibles, que no pueden, a través de los medios de prueba ordinarios, ser trasladados al momento de realización del juicio oral. Por ello, dicha prueba tiene un carácter aseguratorio de los indicios y fuentes de prueba, que, bajo determinadas garantías formales, de entre las que destaca la de garantizar la posibilidad de contradicción, posibilitan su introducción en el juicio oral, a través de la lectura de documentos (art. 730), como documentos públicos oficiales suficientes para fundar una sentencia de condena»*[116].

---

115. MARCA MATUTE, en: ABEL LLUCH (dir.); RICHARD GONZÁLEZ (dir.). *Estudios sobre prueba penal*. Vol. III. 2013, p. 212.

116. GIMENO SENDRA, V., La prueba preconstituida de la Policía Judicial, *Revista catalana de seguretat pública*, 2010, núm. 22, pp. 36-67.

No obstante, la idea reflejada en esta definición sobre que la prueba preconstituida es una prueba documental es ampliamente criticable. En mi opinión, calificarla como tal es un error. En este sentido es necesario diferenciar los medios de prueba de las fuentes de prueba. La prueba preconstituida es una prueba, del tipo que sea, que se introduce al juicio oral mediante documento, debido a la imposibilidad de reproducción de la misma. Por tanto, lo que se trata es de una prueba que se práctica de forma directa por el Juez instructor, preconstituyendo la fuente de prueba que se ha de introducir al juicio oral para su valoración por parte del Juez o Tribunal sentenciador, quienes aprecian la prueba de forma indirecta[117]. No obstante, si bien la idea defendida por GIMENO SENDRA y la que intento transmitir aquí sobre este tipo de prueba es, en el fondo, equivalente, pienso que afirmar una u otro cosa varía considerablemente el concepto de la prueba preconstituida.

Las características propias de la prueba preconstituida las ha ido conformando la doctrina jurisprudencial del TC, que ha ido evolucionando hasta llegar a la construcción actual. El punto de partida lo constituye la citada STC 31/1981, en la que se constituye la regla general: únicamente las pruebas practicadas en las sesiones del juicio oral, con respeto a los principios vigentes en materia probatoria, podrán ser valoradas a la hora de fundamentar una sentencia. Con todo, la doctrina constitucional ha ido matizando esta cuestión, configurando el supuesto atípico del valor probatorio de las diligencias sumariales. Así, esta evolución jurisprudencial se evidencia en los consecutivos pronunciamientos del Tribunal: empezando por un pequeño matiz a la STC del 81, al añadir que «normalmente» las pruebas practicadas en el juicio son las únicas que pueden fundar el sentido sentencia; y llegando a concretar esa excepción a través de la prueba preconstituida o anticipada[118]. Un hito importante en esta evolución se corresponde con la STC 137/1988, donde se justifica la posibilidad de otorgar valor probatorio de forma anticipada o preconstituida en la búsqueda de la verdad material inherente al proceso penal.

La jurisprudencia ya ha advertido en numerosas ocasiones que la prueba digital debe ser valorada con todas las cautelas, habida cuenta de lo fácil que es manipularla. A ello debe unirse la vertiginosa rapidez de Internet y la volatilidad de la información que muchas veces nos encontramos en la Red, razón por la cual, en numerosas ocasiones, y ante el riesgo de que dicho contenido pueda perderse o ser eliminado, modificado o manipulado, se hará necesaria la preconstitución de la prueba o anticipación de la misma.

---

117. También en este sentido se pronuncia MORENO CATENA al señalar que «las fuentes de investigación adquiridas para la instrucción son potenciales fuentes prueba para el juicio oral» (MORENO CATENA, en: MORENO CATENA; CORTÉS DOMÍNGUEZ, *Derecho Procesal Penal... op. cit.*, p. 416).

118. PAZ RUBIO, J.M., *Cuadernos de Derecho Judicial, La prueba en el proceso penal*, C.G.P.J., *1992*, pp. 214 y ss.

Lo más recomendable en estos casos es que se interese por la parte mediante un escrito la aportación de dicho contenido bien en soporte digital o papel. En estos casos lo más conveniente es que un fedatario público levante acta del contenido de la misma o coteje la misma (de nuevo bien un Notario mediante acta notarial o el mismo Letrado de la Administración de justicia mediante la diligencia correspondiente) en el que se recoja el contenido que se pretende hacer valer (ya sea una página, un código fuente, un programa o un dispositivo). Recordemos que han proliferado empresas que emiten certificados digitales, y que como terceros de confianza y basándose en la normativa de firma electrónica, pueden acreditar tales contenidos, que podrán ser aportados en juicio y que se valorarán como un documento privado (tengamos en cuenta por ejemplo entidades como *Egarante, términis o doy fe).*

Ante la volatilidad de este contenido y la facilidad para perder estos datos tan valiosos, también es posible la anticipación de la prueba, bien mediante la solicitud de prueba anticipada o de prueba preconstituida en fase de instrucción en el ámbito penal.

En conclusión, la jurisprudencia admite la preconstitución de las pruebas en los casos en los que se imposibilite la reproducción en el juicio oral de aquellos actos de investigación necesarios para alcanzar la verdad material. Y establece las garantías que han de cumplirse para ello: deben respetarse en la medida de lo posible los principios de inmediación, oralidad, publicidad y contradicción y, asimismo, se condiciona a la introducción en el juicio oral mediante la lectura de los documentos que los reflejen.

No se distancia mucho el concepto que se manifiesta en el ordenamiento jurídico español del que presentan otros países europeos, no obstante, una de las grandes diferencias que se aprecian, en torno a la preconstitución probatoria, entre gran parte de los países europeos y España se refleja en lo relativo a la preconstitución de la prueba en sí misma, más que en su posterior incorporación al propio juicio oral. Esto se debe a que son varios los estados europeos que han otorgado la dirección de la instrucción al Ministerio Fiscal[119], con lo cual, resulta evidente que dicha figura gozará de mayor presencia y atribuciones en relación a la prueba preconstituida, restándole, así, importancia a la figura del propio Juez. Con todo, estos países en los que se ha instaurado un sistema penal en el que

---

119. Se afirma que en numerosos países de Europa la Instrucción se concede a la figura del Ministerio Fiscal, *«el cual ejerce una dirección activa de la investigación desarrollada por la Policía Judicial»,* con lo cual las diligencias practicadas por la Policía Judicial ya no de forma autónoma, son ordenadas y controladas por el Ministerio Público, siendo, así, que la presencia del Juez en la Instrucción es mínima en estos países (REYES LÓPEZ, en: GIMENO SENDRA (dir.); MARCHAL ESCALONA (dir.), *Código Procesal Penal para la Policía Judicial*, 2015, p. 229).

la fase de Instrucción se le concede al Ministerio Fiscal[120], también otorgan ciertas facultades a los propios Jueces, si bien con una presencia mucho menor que en España, en atención a aquellas diligencias que inciden en derechos fundamentales, pues, en ese caso, al Ministerio Fiscal no se le reconocen competencias de actuación, siendo necesaria, por tanto, la presencia judicial.

2.3.3. La prueba tecnológica y su práctica

Según lo expuesto, las pruebas son elementos válidos que respaldan afirmaciones y se ajustan a principios como contradicción, inmediación, concentración, oralidad y publicidad. Nuestro sistema jurídico se basa en la taxatividad de las pruebas permitidas, lo que significa que estas deben presentarse mediante medios especificados en las normas procesales.

En el proceso penal, aunque se mencionan brevemente los medios de prueba, la regulación más detallada se encuentra en la Ley de Enjuiciamiento Civil (LEC), que se aplica supletoriamente en otros órdenes jurisdiccionales, incluido el penal.

El artículo 299 de la norma procesal civil permite la inclusión de hechos relevantes mediante *«otros medios no expresamente previstos»* para permitir nuevas formas de corroboración de los hechos que puedan surgir con los avances tecnológicos[121]. Sin embargo, en la práctica, la utilización de estos medios queda limitada a aquellos específicamente establecidos.

Es criticable que las reformas ocurridas en la Ley de Enjuiciamiento Criminal (LECrim) en 2015 no hayan abordado la regulación de nuevos medios de prueba adaptados a las fuentes tecnológicas. Aunque se puede argumentar que los avances tecnológicos se pueden adaptar a los medios de prueba previstos en la LEC, es importante considerar las particularidades de cada tipo de prueba.

---

120. Países como Alemania, Italia o Portugal han instaurado este sistema penal. GONZÁLEZ-CUÉLLAR SERRANO, y muchos otros, considera que también en España se debería otorgar la dirección de la Instrucción al Ministerio Fiscal, entendiendo que son enormes los beneficios que se desprenderían de ello y, asimismo, compara el ordenamiento jurídico español con los ordenamientos de los tres países mencionados previamente —Alemania, Italia y Portugal—, en tanto que son *«países tan cercanos a nuestra cultura jurídica»*, que mediante su ejemplo se pueden observar las ventajas que supondría instaurar ese mismo modelo en España (GONZÁLEZ-CUÉLLAR SERRANO, en: GONZÁLEZ-CUÉLLAR SERRANO (dir.); SANZ HERMIDA (coord.), *Investigación y prueba en el proceso penal*, 2006, p. 22).

121. La LEC enumera un listado de medios de prueba en los apartados primero y segundo del artículo 299: interrogatorio de las partes, documental, pericial, reconocimiento judicial, interrogatorio de testigos y los medios de reproducción de la palabra, el sonido y la imagen, así como los instrumentos que permiten archivar y conocer o reproducir palabras, datos, cifras y operaciones matemáticas llevadas a cabo con fines contables o de otra clase, relevantes para el proceso.

En ausencia de regulación específica, considero que los medios de prueba aplicables a casos tecnológicos incluyen la declaración del acusado, el testimonio de testigos, pruebas periciales, documentos, reconocimientos judiciales, reproducción de palabras, sonidos e imágenes, instrumentos para archivar y conocer datos, y la prueba indiciaria[122].

La declaración del acusado es relevante en el ámbito tecnológico si reconoce hechos relacionados, como el envío de correos electrónicos. El testimonio puede ser útil para probar fuentes tecnológicas si el testigo percibió directa o indirectamente eventos informáticos. Los informes periciales pueden aportar conocimientos técnicos sobre aspectos tecnológicos. La prueba documental es útil cuando el contenido relevante se puede imprimir. El reconocimiento judicial permite al juez observar directamente una fuente tecnológica. La reproducción de palabras, sonidos e imágenes y los instrumentos para archivar y conocer datos son medios útiles para fuentes tecnológicas. Por último, la prueba indiciaria permite al juez basarse en hechos probados para inferir otros.

En este contexto, autores como FUENTES SORIANO señala la importancia de considerar el medio de prueba más sólido para evidenciar la información relacionada con el caso[123]. A veces, la incorporación de fuentes tecnológicas puede requerir el uso de varios medios de prueba para corroborar y reforzar los hechos alegados. Por ejemplo, las grabaciones obtenidas en intervenciones de comunicaciones pueden presentarse como prueba documental mediante transcripciones o como prueba testifical con la declaración de los agentes involucrados.

Cuando se utilizan varios medios de prueba, se seguirá el orden legalmente establecido, priorizando las pruebas solicitadas por el Ministerio Fiscal y luego

---

122. La LECrim recoge la prueba de la declaración de acusado, la prueba testifical, la prueba pericial, la prueba documental, el reconocimiento judicial y la prueba indiciaria. Ello no obstante, se aplican las disposiciones subsidiarias de la LEC, que se refieren también a la prueba de reproducción de palabras, sonidos e imágenes y de los instrumentos que permiten archivar y conocer datos.

123. FUENTES SORIANO indica que hay muchas formas de conseguir que una determinada información llegue al proceso y refiere como ejemplo la aportación de un *Whatsapp*, que puede incorporarse válidamente al proceso a través de una copia impresa de pantalla cotejada por el LAJ, consignando el *Smartphone*, a través de la prueba testifical, por la declaración de parte o, incluso, por el reconocimiento judicial, *vid.* FUENTES SORIANO, O., «Violencia de Género», *V, VI, VII, VIII, IX Congresos Nacionales de Jueces*, poder Judicial. Fondo editorial, Perú, 2017, pp. 357-358. En el mismo sentido, FUENTES SORIANO, O., «Los procesos por violencia de género. Problemas probatorios tradicionales y derivados del uso de las nuevas tecnologías», en *Revista General de Derecho Procesal n.º 44*, 2018, p. 19, dónde afirma que «en el mismo proceso pueden utilizarse varios medios probatorios de forma cumulativa —lo que sin duda coadyuvará a un mayor afianzamiento probatorio de cara a su posterior valoración—».

las propuestas por otros actores y procesados, siguiendo el orden en que se presentaron en el escrito correspondiente[124].

2.4. LA CADENA DE CUSTODIA DIGITAL, A PROPÓSITO DE LA STS 597/2022

Las fuentes de prueba digital denotan, por su propia estructura, del grado de dificultad de la tarea de conservar la integridad del elemento probatorio digital y acreditar su autenticidad, además de determinar el cuidado extremo que se debe tener, a la luz de los riesgos concretos de manipulación y modificación de los datos[125].

No es discutible que la ruptura de la cadena de custodia puede tener una indudable influencia en la vulneración de los derechos a un proceso con todas las garantías y a la presunción de inocencia. De ahí que se enfatiza su importancia desde la perspectiva de las garantías del proceso penal. Resulta imprescindible descartar la posibilidad de que la falta de control administrativo o jurisdiccional en las fuentes de prueba pueda generar un equívoco acerca de la autenticidad de los datos bancarios luego valorados. Lo contrario podría implicar una más que visible quiebra de los principios que definen el derecho a un proceso justo.

---

124. Así lo dispone el artículo 701 LECrim que indica que los testigos serán examinados también por el orden con que figuren sus nombres en las listas y permite la posibilidad de que el Presidente altere este orden a instancia de parte y de oficio, cuando así lo considere conveniente «para el mayor esclarecimiento de los hechos o para el más seguro descubrimiento de la verdad». El artículo 300 LEC, subsidiario para otros órdenes jurisdiccionales, establece que en el orden prima el interrogatorio acusado, seguido de la prueba testifical, la pericial, el reconocimiento judicial y, finalmente, la reproducción ante el tribunal de palabras, imágenes y sonidos captados mediante instrumentos de filmación, grabación y otros semejantes.

125. AHMED y ROUSSEEV destacan las dificultades inherentes a la prueba pericial frente a las nuevas tecnologías: «El peritaje forense digital es, por naturaleza, fundamentalmente reactivo: no podemos investigar sistemas y dispositivos que no existen; no podemos tener mejores prácticas antes de un período experimental durante el que se experimentan, prueban (ante los tribunales) y validan diferentes planteamientos técnicos. Esto significa que siempre existe un atraso entre la introducción de un objeto de la tecnología de la información y el momento en que se implementa una capacidad forense correspondiente adecuada. La evolución de la infraestructura de las tecnologías de la información la impulsan la economía y la tecnología; el peritaje forense solo identifica y sigue los rastros digitales dejados atrás». Traducción libre del original: «Digital forensics is fundamentally reactive in nature we cannot investigate systems and artifacts that do not exist; we cannot have best practices before an experimental period during which different technical approaches are tried, (court—) tested, and validated. This means there is always a lag between the introduction of a piece of information technology and the time an adequate corresponding forensic capability is in place. The evolution of the IT infrastructure is driven by economics and technology; forensics merely identifies and follows the digital breadcrumbs left behind». I. AHMED y V. ROUSSEV, «Analysis of Cloud Digital Evidence», en L. CHEN, H. TAKABI y N.—A. LE-KHAC (ed.). *Security, Privacy, and Digital Forensics in the Cloud*. Hoboken, Singapura: John Wiley & Sons, 2019, p. 302.

Particularmente relevante en este punto el tratamiento de la cadena de custodia de la prueba pericial, concepto éste jurisprudencial que puede definirse como *el procedimiento, oportunamente documentado, que permite constatar la identidad, integridad y autenticidad de los vestigios e indicios de un hecho relevante para el asunto, desde que son encontrados hasta que se aportan al proceso como pruebas.* Es precisamente la volatilidad y mutabilidad de la información digital lo que puede impedir su acceso al proceso. Así, ha sido señalada por algunos autores, como SANJURJO RÍOS[126] la importancia de la cadena de custodia a efectos del valor probatorio de la prueba digital. Reseñar la Sentencia de la Audiencia Nacional, Sala de lo Penal n.º 23/2019[127], donde la audiencia juzgadora determina que en la incorporación a un procedimiento penal de pruebas digitales deben observarse efectivamente unas garantías esenciales, como son la inmediatez (aportación en el plazo más breve posible), autenticidad (aportar el soporte original) e integridad (el soporte íntegro), y que además, todas las tareas de recogida, traslado, entrega para pericias, lugar de conservación (cadena de custodia) han de quedar debidamente reflejadas en las actuaciones, ello para disipar dudas de posible manipulación, y conseguir que aquello sobre lo que recae el examen y valoración de la sala sentenciadora es lo mismo que se intervino o se aportó (la mismidad de la prueba). Asimismo, como se menciona en la sentencia del Tribunal Supremo, Sala Segunda, de lo Penal, Sentencia 300/2015 de 19 mayo 2015[128], la posibilidad de una manipulación de los archivos digitales mediante los que se materializa ese intercambio de ideas, forma parte de la realidad de las cosas. Es por ello que están sujetas a la posibilidad de que estas hayan sido modificadas.

Es por ello la importancia de tratar la posible ruptura de la cadena de custodia, la STS 277/2016, de 6 de abril[129], resuelve que la cadena de custodia no es una especie de liturgia formalizada en la que cualquier falla abocaría a la pérdida de toda eficacia. Lo explica bien la STS 795/2104, de 20 de noviembre, *la cadena de custodia no es un fin en sí mismo, sino que tiene un valor instrumental, lo único que garantiza es la indemnidad de las evidencias desde que son recogidas hasta que son analizadas, lo que en caso de quiebra puede afectar a la credibilidad del análisis, pero no a su validez,* en igual sentido las Sentencias del Tribunal Supremo 129/2011 de 10 de marzo; 1190/2009 de 3 de diciembre ó 607/2012 de 9 de Julio.

126. SANJURJO RÍOS, E. I., *Proceso penal y volatilidad/mutabilidad de las fuentes de pruebas electrónicas: sobre la conveniencia y el modo de asegurarlas eficazmente. Exclusiones probatorias en el entorno de la investigación y prueba electrónica*, Reus, 2020, pp. 195-224.

127. SENTENCIA de la Audiencia Nacional, Sala de lo Penal número 23/2019, número de recurso 5/2016. Ponente Sra. María Fernanda García Pérez.

128. SENTENCIA de la Sala Segunda de lo Penal del Tribunal Supremo número 300/2015, de 19 de mayo de 2015. Ponente Sr. Manuel Marchena Gómez.

129. SENTENCIA de la Sala Segunda de lo Penal del Tribunal Supremo número 277/2016, de 6 de abril de 2016. Ponente Sr. Antonio del Moral García.

La cadena de custodia digital constituye un sistema formal de garantía que tiene por finalidad dejar constancia de todas las actividades llevadas a cabo por cada una de las personas que se ponen en contacto con las evidencias. De ese modo la cadena de custodia sirve de garantía formal de la autenticidad e indemnidad de la prueba pericial. No es prueba en sí misma. La infracción de la cadena de custodia afecta a lo que se denomina verosimilitud de la prueba pericial y, en consecuencia, a su legitimidad y validez para servir de prueba de cargo en el proceso penal. Por ello la cadena de custodia constituye una garantía de que las evidencias que se analizan y cuyos resultados se contienen en el dictamen pericial son las mismas que se recogieron durante la investigación criminal, de modo que no existan dudas sobre el objeto de dicha prueba pericial. A este respecto resulta evidente la relación entre la cadena de custodia y la prueba pericial, por cuanto la validez de los resultados de la pericia depende de la garantía sobre la procedencia y contenido de lo que es objeto de análisis (STS núm. 587/2014, de 18 de julio[130]). En línea semejante la STS 777/2013, de 7 de octubre[131], contiene estas consideraciones: *La cadena de custodia sirve para acreditar la «mismidad» del objeto analizado, la correspondencia entre el efecto y el análisis o informe, su autenticidad. No es presupuesto de validez sino de fiabilidad. Cuando se rompe la cadena de custodia no nos adentramos en el campo de la ilicitud o inutilizabilidad probatoria, sino en el de la menor fiabilidad (menoscabada o incluso aniquilada) por no haberse respetado algunas garantías. Son dos planos distintos. La ilicitud no es subsanable. Otra cosa es que haya pruebas que por su cierta autonomía escapen del efecto contaminador de la vulneración del derecho (desconexión causal o desconexión de antijuricidad). Sin embargo, la ausencia de algunas garantías normativas, como pueden ser las reglas que aseguran la cadena de custodia, lo que lleva es a cotejar todo el material probatorio para resolver si han surgido dudas probatorias que siempre han de ser resueltas en favor de la parte pasiva; pero no a descalificar sin más indagaciones ese material probatorio.*

Bien entendido que existe la presunción de que lo recabado por el Juez, Letrado de la Administración de Justicia, perito o Policía, se corresponde con lo presentado en el juicio como prueba, salvo que exista una sospecha razonable de que hubiera habido algún tipo de posible manipulación (STS 629/2011, de 23 de junio[132]). Hasta tanto no se demuestre lo contrario —y no se olvide que quien aduzca la irregularidad debe probarla— las actuaciones en el curso de una investigación policial o judicial deben reputarse legalmente efectuadas. En el caso, no se señala cuando y en qué momento se produce la vulneración de la cadena de custodia, apuntar por ello la simple posibilidad de manipulación de los vídeos

---

130. SENTENCIA de la Sala Segunda de lo Penal del Tribunal Supremo número 587/2014, de 18 de julio de 2014. Ponente Sr. Manuel Marchena Gómez.
131. SENTENCIA de la Sala Segunda de lo Penal del Tribunal Supremo número 777/2013, de 7 de octubre de 2013. Ponente Sr. Antonio del Moral García.
132. SENTENCIA de la Sala Segunda de lo Penal del Tribunal Supremo número 629/2011, de 23 de junio de 2011. Ponente Sr. Juan Ramon Berdugo Gomez de la Torre.

para entender que la cadena de custodia se ha roto, no aparece aceptable, ya que debe exigirse una prueba de esa manipulación efectiva.

No obstante, para unas mayores garantías en aras al derecho de defensa del investigado en un proceso penal, hemos de tener en cuenta que las fuentes de prueba digital denotan, por su propia estructura como decíamos en capítulos anteriores, el grado de dificultad de la tarea de conservar la integridad del elemento probatorio digital y acreditar su autenticidad, además de determinar el cuidado extremo que se debe tener, a la luz de los riesgos concretos de manipulación y modificación de los datos. La cadena de custodia deberá ser considerada como una herramienta auxiliar para determinar el valor probatorio, a efectos de que sirva para perfeccionar otros conceptos o principios propios del Derecho Penal, porque, en caso contrario, existe el peligro de no tomar en cuenta la legislación en la materia y los propios principios constitucionales.

Además, los datos pueden encontrarse en la nube en sistemas privados, públicos, híbridos, móviles y comunitarios[133], alimentados en redes abiertas o cerradas que cada día, con más frecuencia, se caracterizan por la ubicuidad. Un dispositivo de teléfono móvil digital, a modo de ejemplo, cuando lo incauta la Policía lo mantiene encendido, no se sella y de él no se obtiene una imagen forense mediante la «obtención de un único fichero que contenga toda la información del dispositivo incautado»[134], si no se calcula el valor hash, por ejemplo, mediante la función MD-5, como señala Jonathan POLANSKY, puede manipularse introduciendo, modificando y eliminando los archivos libremente y resultará muy complicado distinguir los indebidamente introducidos o modificados y casi imposible saber qué es lo que fue eliminado.

En el mismo fragmento de su obra, POLANSKY se pregunta: «¿Cómo se puede asegurar en un mundo virtual que los agentes públicos no introduzcan información en un disco duro incautado?»[135]. Valga señalar que en el caso de los dispositivos digitales existen dos cadenas de custodia independientes: la física, del dispositivo; y la digital, relativa a su contenido.

Con ello, por ejemplo, la incautación de ordenadores por sí sola no garantiza la integridad de la información ni la autenticidad de la fuente de prueba, que están sujetas a la adopción de métodos que consideran algoritmos codificados destinados a retener y conservar los datos.

Si se añaden al arsenal de investigación las tecnologías de acceso remoto y el dominio o no, por parte de las autoridades investigadoras, de las claves de

---

133.   J. DELGADO MARTÍN, Judicial-Tech, el proceso digital y la transformación tecnológica de la justicia: Obtención, tratamiento y protección de datos en la justicia. Madrid: Wolters Kluwer, 2020, p. 55.

134.   POLANSKY, J., Garantías constitucionales del procedimiento penal en el entorno digital. Buenos Aires, Hammurabi, 2020, p. 170.

135.   POLANSKY, J., *op. cit.*

acceso a los repositorios de datos, se comprenderá la necesidad de adoptar métodos de conservación de la cadena de custodia de la prueba digital en las declaraciones e itinerarios de investigación digital. La declaración de incautación, análisis y presentación de la prueba electrónica extraída de un dispositivo móvil acentúa el carácter de extrema importancia de la cadena de custodia[136]. Por consiguiente, lo que parece una medida meramente protocolaria, que consiste en adoptar las precauciones indispensables para conservar la integridad de los medios, en realidad es una garantía ineludible de fiabilidad de la prueba[137].

La verificabilidad del medio probatorio que es una de las funciones del contradictorio, solo es posible si se puede determinar la integridad de las fuentes de prueba. Este es el papel que desempeña el principio de «mismidad».

La credibilidad de los medios de obtención de prueba y de los propios medios de prueba es fundamental para efectuar cualquier juicio sobre el hecho. Cuando se trata de pruebas electrónicas los criterios para conferir la credibilidad se refieren, en primer lugar, a la autenticidad del elemento probatorio y a continuación, a su credibilidad.

La constatación *ex ante* de un supuesto de este tipo, como, por ejemplo, la incautación de dispositivos electrónicos de abogados o médicos, recomienda vivamente que se adopten algunas de las medidas citadas por Polansky: a) el uso de herramientas informáticas que delimiten con precisión el objeto de la búsqueda; b) la realización de la búsqueda por un experto y no por los investigadores, a fin de evitar sesgos y asegurar la neutralidad de la intervención; c) sin perjuicio de que el experto efectúe una búsqueda digital, la intervención de quien llamó «supervisor», que filtre la información para que los investigadores

---

136. «Nota: establecer una cadena de custodia es uno de los detalles más importantes en relación con las pruebas recogidas en el lugar. Es extremadamente importante en los casos en los que la prueba la encuentra en el lugar una persona, que se la entrega a otra, que lleva el dispositivo a la persona que realizará la extracción de los datos. Como se ha descrito, sin documentación, sería muy difícil mantener la cadena de custodia. Si la documentación no se registra correctamente, no hay duda de que se cuestionará todo el proceso y la admisión de las pruebas». Traducción libre del original: *«Note: Establishing a chain of custody is one of the most important details regarding evidence collected at a scene. This is extremely important in cases when the evidence is located at the scene by one person, who hands that evidence to another, who then takes that device to the person who will conduct the device extraction. As described, the chain of custody would be extremely difficult to maintain without documentation. If documentation is not captured correctly, the entire process and the admissibly of the evidence will undoubtedly be questioned».* L. REIBER, *Mobile forensic investigations: A Guide to Evidence Collection, Analysis, and Presentation.* 2.ª ed. Nueva York: McGraw-Hill Education, 2018, p. 101.

137. Imprescindible que se observen las normas internacionales en materia de adquisición, conservación y análisis de la prueba digital. International Organization for Standardization, Information technology —Security techniques-Guidelines for identification, collection, acquisition and preservation of digital evidence. Norma técnica, publicada en octubre de 2012, revisada y confirmada en 2018, versión en vigor. Disponible para su adquisición en: https://www.iso.org/standard/44381.html.

reciban solo aquella de interés para la investigación y preservar aquella protegida por la confidencialidad y la que no sea pertinente al caso[138].

Analizando una importante sentencia del Tribunal Constitucional español (STC 205/2002 de 11 de noviembre[139]), de nuevo Casanova Martí señala la invalidez jurídica de pruebas que fueron seleccionadas por el investigador y alerta de los problemas insuperables que enfrenta la defensa en semejantes circunstancias. En ella se analiza la validez de la actuación de la policía judicial, en el caso concreto, la Guardia Civil se limitó a entregar al Juzgado de Instrucción competente las cintas magnetofónicas grabadas, a partir de las originales de las conversaciones realizadas durante el tiempo de las escuchas; y además, entregaron la transcripción de las mismas de los pasajes que el instructor policial consideró relevantes para la investigación penal. Lo que significa que no se entregaron en el Juzgado los soportes originales ni se procedió al cotejo del Secretario Judicial (actual Letrado de la Administración de Justicia) de las transcripciones. Esta sentencia es suficientemente ilustrativa de un deficiente control judicial de las grabaciones, donde los procesados nunca tuvieron la oportunidad de conocer el contenido de las grabaciones descartadas, lo que lleva aparejado una situación de desequilibrio procesal, de manera que resultaron afectadas las exigencias del derecho de defensa y contradicción. Como consecuencia de todo ello, el TC otorgó el amparo a los afectados por este insuficiente control judicial[140].

SUSAN BRENNER y BARBARA FREDERIKSEN defienden que la preservación de la integridad de la prueba digital, junto con la tutela de la intimidad y la privacidad, limita la incautación de hardware, medida que debe ser excepcional y, como tal, estar debe estar especialmente motivada. Destacan BRENNER Y FREDERIKSEN que la copia forense del contenido específico pretendido debe obtenerse, con preferencia, en el lugar donde se encuentra el equipo. En el supuesto de que sea imprescindible la incautación del dispositivo, aclaran las autoras, debe crearse, sellarse y entregarse, de inmediato, al titular del bien una copia de seguridad[141].

---

138. POLANSKY, J., *op. cit.*

139. SENTENCIA del Tribunal Constitucional, Sala Segunda, núm. 205/2002, de 11 de noviembre de 2002. Recurso de amparo 1469/99. Promovido por don Tomás López Alonso frente a las Sentencias de la Audiencia Provincial y de un Juzgado de lo Penal de Logroño que lo condenaron por un delito de amenazas. Vulneración de los derechos al secreto de las comunicaciones y a la presunción de inocencia: intervención telefónica autorizada mediante Auto no incorporado a las actuaciones judiciales; prueba de cargo ilícita. Publicado en BOE núm. 286, de 29 de noviembre de 2002.

140. CASANOVA MARTÍ, R., *Las intervenciones telefónicas en el proceso penal*, España: Bosch Editor, 2014, pp. 282-284.

141. S. W. BRENNER y B. A. FREDERIKSEN, «Computer Searches and Seizures: Some Unresolved Issues». *Michigan Telecommunications and Technology Law Review, vol. 8, i. 1*, p. 39-114, 2002. Disponible en: https://repository.law.umich.edu/cgi/viewcontent.cgi?article=1186&context=mttlr

La protección de la información digital es de tal modo tutela reforzada en el Estado de Derecho, por la multifuncionalidad de los datos y los dispositivos digitales en un contexto *on life*, es decir, de la vida digital, que la Constitución dirige al legislador ordinario un mandato de regulación que se refiere en concreto a la seguridad pública y la responsabilidad penal.

Aun así, cabe reiterar que la actividad probatoria es una actividad de búsqueda de la verdad y, por ende, debe estar protegida frente a acciones previsibles que la pueden desviar de este legítimo interés social. Una insuficiente protección jurídica, que deje espacio para aprovechar de forma indebida la *prueba no fiable*, fundamenta la tesis de GERALDO PRADO[142] de que la cadena de custodia de las pruebas digitales goza de protección constitucional, instrumental al debido proceso que, no creo necesario recordar, se trata de una cláusula constitucional abierta justamente para albergar nuevas formas de protección frente a peligros que el constituyente originario no podía prever. El derecho fundamental de garantizar la confidencialidad y la integridad de los sistemas de tecnología de la información se articula con derechos y garantías derivados del debido proceso, en el contexto de una contemporaneidad digital que puede manipular el fin de la búsqueda de la verdad orientado a la justicia penal en la persecución de fines ilegítimos.

2.5. LA GEOLOCALIZACIÓN COMO MEDIDA DE INVESTIGACIÓN TECNOLÓGICA

Dado que la investigación criminal relacionada con Internet está condicionada por factores de tipo técnico y por la propia especialización y versatilidad de los ciberdelincuentes, la reforma de la LECrim por la LO 13/2015 incorporó innovadoras diligencias de investigación para permitir el acceso a las fuentes de la prueba digital. Se introdujeron así un compendio de medidas que han de ser cuidadosamente ponderadas por su elevado nivel de injerencia en la esfera de los derechos fundamentales, singularmente en los derechos a la intimidad y al secreto de las comunicaciones, pues como ya estableciese la STS núm. 1424/1993, de 18 de junio, [R.J. 1993/5191], «existen ámbitos individuales que no pueden ser arrollados so pretexto de actuar en función de fines de trascendencia pública».

Hay que partir de la base de que la investigación tecnológica presenta un radio de acción mucho mayor que la investigación digital propiamente dicha, como demuestra la regulación de las diligencias relativas a la captación y grabación de comunicaciones orales mediante dispositivos electrónicos (art. 588 quáter LECrim), o a la captación de imágenes del investigado en lugares o espacios públicos y a los seguimientos de personas y geolocalización mediantes bali-

---

142. PRADO, G., *La cadena de custodia de la prueba en el proceso penal*, Editorial Marcial Pons, segunda edición, 2022, pp. 239-294.

zas o dispositivos GPS (art. 588 quinquies LECrim), empleadas para obtener las fuentes de prueba de otros delitos ajenos al ámbito de la delincuencia informática[143].

La ubicación espacio temporal de una determinada persona o incluso de un objeto, resulta de indudable interés en la investigación diaria de múltiples delitos, de modo que la reforma de nuestra Ley de Enjuiciamiento Criminal consecuencia de la LO 13/2015, otorga carta de naturaleza a concretos medios de investigación tecnológicos que posibilitan esta averiguación en el curso del proceso penal, contando con previsión legal varias modalidades de su logro, que en cada caso conllevarán diversa intensidad en la injerencia que suponen en la vida privada del investigado y consiguientemente diversa regulación, así:

i) Por cesión de los datos electrónicos asociados a procesos de comunicación (art. 588 ter j) LECrim y 6.1 Ley 25/2007, de 18 de octubre, de conservación de datos relativos a las comunicaciones electrónicas y a las redes públicas de comunicaciones).

ii) A través de registro de dispositivos GPS hallados en poder del investigado (arts. 588 sexies a) y ss.).

iii) Como dato asociado a una interceptación de comunicaciones telefónicas o telemáticas [arts. 588 ter b) 2 y 588 ter d) 2 c)].

iv) A partir de la dirección IP para poder ubicar el terminal desde el cual se esté cometiendo un delito (588 ter k).

v) Con la utilización de dispositivos o medios técnicos de seguimiento y localización (588 quinquies b).

vi) A través de la colocación subrepticia de una aplicación informática que en base a nuestra señal GPS o a la triangulación de antenas de telefonía móvil o la calidad de la señal que recibimos de ella, así como de las redes wifi próximas, puede generar una transmisión automática sin relación con proceso de comunicación alguno, de datos sobre geolocalización y movimientos del dispositivo [registro remoto de dispositivos de almacenamiento masivo de datos —art. 588 septies a)—].

En el presente capítulo nos estamos refiriendo a la adoptada conforme a las previsiones del art. 588 quinquis b) Utilización de dispositivos o medios técnicos

---

143. Un claro ejemplo de esta distinción puede verse en el «caso Esther López», la joven desaparecida y hallada muerte casi un mes después en Traspinedo (Valladolid), y en el que una de las diligencias concluyentes para la imputación del investigado como principal sospechoso es si el informe pericial del navegador GPS de su vehículo, por parte de la marca fabricante (Volkswagen) permite concluir si aquel se encontró o no en un determinado lugar la noche de autos. Se trata de una diligencia tecnológica, que no informática, por mucho que deba accederse al software del navegador.

de seguimiento y localización, que en su primer apartado indica: Cuando concurran acreditadas razones de necesidad y la medida resulte proporcionada, el juez competente podrá autorizar la utilización de dispositivos o medios técnicos de seguimiento y localización.

Ya la Exposición de Motivos de la Ley 13/2015, que incorpora esta normativa en la LECrim, anticipa que la incidencia que en la intimidad de cualquier persona puede tener el conocimiento por los poderes públicos de su ubicación espacial, hace que la autorización para su práctica se atribuya al juez de instrucción; exigencia expresa que determina la caducidad de la mayor parte de la jurisprudencia que no contemplara ya la reforma, condicionada por la ausencia de una cobertura normativa precisa.

Además, en el apartado 2 del art. 588 quinquis b), se impone el deber de especificar el medio técnico que va a ser utilizado; en el apartado 3 un deber específico de asistencia y colaboración al juez, al Ministerio Fiscal y a los agentes de la Policía Judicial designados para la práctica de la medida; en el apartado 4, previsiones especiales para cuando concurran razones de urgencia; y en el art. 588 quinquis c), se indica un plazo máximo de la medida de tres meses, prórrogas excepcionales, entrega la juez de las copias originales o copias electrónicas auténticas que contengan la información recogida y la debida custodia de la información obtenida para evitar su utilización indebida.

Asimismo, en la configuración de la previsión legal a su vez también determinante de la «calidad» de esa ley, en el sentido que le otorga la jurisprudencia del Tribunal de Derecho Humanos, debemos complementar esa normativa, con la doctrina jurisprudencial que se contiene en la sentencia de esta Sala 141/2020, de 13 de mayo:

(...) la conveniencia de la habilitación judicial no era exclusiva de la dogmática ni de la jurisprudencia española. Puede ser suficiente en tal sentido la cita de la conocida sentencia del Tribunal Supremo americano de 23 de enero de 2012 —caso United States v. Antoine Jones, 565 US— en la que, después de intensos debates que llevaron a lo que algún jurista ha llamado un esfuerzo argumental agónico, los Magistrados pudieron liberarse de la rígida singularidad del sistema constitucional americano que asocia la defensa de la privacidad a la del derecho de propiedad. Con una vocación eminentemente rupturista, el Tribunal Supremo americano consideró nula la prueba que había llevado a los agentes a la instalación de un GPS en el vehículo usado por el sospechoso. Se declaró que esa diligencia de investigación menoscababa la privacidad del sospechoso y, por consiguiente, vulneraba la cuarta enmienda.

La jurisprudencia del TEDH —sentencia 2 de septiembre de 2010, caso Uzun v. Alemania—, incluyó en el contenido material del art. 8.1 del CEDH el derecho de todo ciudadano a mantener contacto con cualesquiera otras personas y a desarrollar relaciones personales sin ser sometido a innecesarias injerencias en su vida privada. Pese a ello, consideró que la legislación alemana, que no exige autorización judicial para la instalación de esos dispositivos, no vulneraba los principios del Convenio de Roma, siempre que se definan legalmente los presupuestos de limitación temporal y su adopción respete las exigencias del principio de proporcionalidad.

La intelección de esas dos resoluciones, su incidencia en la actual redacción de la Ley de Enjuiciamiento y especialmente el grado de injerencia que conlleva en cada caso la medida de tecnovigilancia, determinará la adecuación del principio de proporcionalidad ponderado en cada caso.

Advierte esta sentencia, tras la impronta de esa jurisprudencia comparada:

(...) la utilización de dispositivos de localización y seguimiento tiene una incidencia directa en el círculo de exclusión que cada ciudadano define frente a terceros y frente a los poderes públicos está ya fuera de cualquier duda. La afectación de la intimidad es incuestionable, más allá de que, conforme a la jurisprudencia constitucional y de esta Sala, existan actos de injerencia que, sin estar expresamente reservados a la autorización judicial, pueden ser plenamente válidos al perseguir un fin constitucionalmente legítimo en una sociedad democrática. La entrada en vigor de la LO 13/2015 descarta cualquier duda acerca de la voluntad legislativa de blindar ese espacio de intimidad y subordinar la legitimidad del acto de intromisión a la previa autorización judicial.

Es cierto que el conocimiento por los poderes públicos, en el marco de una investigación penal, de la ubicación espacio-temporal del sospechoso, encierra una injerencia de menor intensidad que otros actos de investigación perfectamente imaginables.

La intimidad como valor constitucional adquiere importantes matices axiológicos en función del alcance y la intensidad de la intromisión que cada uno de esos instrumentos tecnológicos permita. Sin embargo, tal forma de razonar no puede llevarnos a banalizar el acto de intromisión estatal que la utilización de un GPS representa en el círculo de derechos fundamentales de cualquier ciudadano. No faltarán los casos en que el conocimiento del lugar exacto en que se halla una persona se limite a otorgar una ventaja operativa a los investigadores. Pero son también imaginables espacios de ubicación que pierden su aparente neutralidad para precipitar una radiografía ideológica o religiosa del investigado. La asistencia a actos públicos de una determinada formación política, el seguimiento de actos de culto de una u otra confesión religiosa, la presencia en centros de ocio expresivos de la opción sexual del investigado o, en fin, la permanencia en un centro sanitario para cualquier intervención quirúrgica, son datos personales que pueden afectar al núcleo duro de la intimidad y quedar al descubierto si no se protege adecuadamente al ciudadano frente a la tentación de los poderes públicos de extremar injustificadamente los mecanismos de injerencia.

La Sala, por tanto, no puede avalar un entendimiento de la utilización de dispositivos de geolocalización que relativice su potencial eficacia invasora en la intimidad del investigado. Es preciso reconocer que, a diferencia de lo que acontece con otras medidas de injerencia —cfr. arts. 588 ter a) o 588 quater b)—, la nueva regulación no menciona la exigencia de que el acto jurisdiccional habilitante sea el desenlace de un juicio de proporcionalidad. El legislador no consideró procedente definir los parámetros cuantitativos o cualitativos de gravedad del delito que haría viable el empleo de estos dispositivos en la investigación. Este silencio, sin embargo, no puede interpretarse como una relajación de las exigencias constitucionales proclamadas por el art. 588 bis a). Los principios de proporcionalidad, necesidad y excepcionalidad siguen actuando como presupuestos de legitimidad, cuya concurrencia ha de quedar expresamente reflejada en la resolución judicial habilitante. De ahí que el discurso justificativo basado en una pretendida voluntad legislativa de debilitar el deber judicial de motivación de las resoluciones restrictivas de derechos no puede ser admitido.

Si bien el TEDH, en matiz diferenciado de la jurisprudencia norteamericana, al examinar las condiciones de compatibilidad de la previsión legal de esta injerencia con el estado de derecho, aunque entiende igualmente aplicables los principios generales sobre la protección adecuada contra la injerencia arbitraria en los derechos del artículo 8 CEDH, consideró que los criterios relativamente estrictos, establecidos y seguidos en el contexto específico de la vigilancia de las telecomunicaciones (véase también la Asociación para la Integración Europea y los Derechos Humanos y Ekimdjiev c. Bulgaria, § 76, Liberty y otros c. Reino Unido, § 62, e Iordachi y otros c. Moldavia, § 39), no son directamente aplicables a la vigilancia por GPS de los movimientos en público y, por lo tanto, a una medida que, en comparación con la interceptación de conversaciones telefónicas, debe considerarse que constituye una interferencia menos significativa en la intimidad del interesado (SSTEDH de 2 de diciembre de 2010) Uzun c. Alemania, § 66; ó de 27 de octubre de 2015 R.E. c. Reino Unido § 129).

De ahí que el TEDH, al ponderar las salvaguardias adecuadas y suficientes contra los abusos en la adopción de estas injerencias, la necesidad de un control judicial sobre la legalidad y necesidad de la medida posibilite que, en caso de no haber sido *ex ante*, tal omisión puede ser contrarrestada con un control judicial *ex post*; posibilidad que en nuestro ordenamiento se ha limitado a los supuestos de urgencia. Y a la finalidad de la efectiva observancia por parte de la autoridad judicial de esa salvaguardia, examinamos este motivo.

La sentencia del TEDH de 8 de febrero de 2018 (asunto Ben Faiza c. Francia, núm. 31446/12[144]), también contempla la colación del receptor de GPS en el vehículo del investigado y el tratamiento de los datos así obtenidos y reitera que ello conlleva injerencia en su vida privada; y aunque el hecho de que la vigilancia de los movimientos mediante GPS constituya una interferencia menos intrusiva en la intimidad que la interceptación de las conversaciones telefónicas, precisa para su compatibilidad con el Convenio estar prevista por la ley las condiciones de su práctica y la existencia de salvaguardias adecuadas y suficientes contra el riesgo de abuso inherente a cualquier sistema de vigilancia secreta. Y a su vez, se determinó que integraba una injerencia mayor en la vida privada que la transmisión a una autoridad judicial de los datos existentes en poder de un organismo público o privado, en especial los datos de geolocalización que cuenta una operadora de telefonía móvil, asociadas a un determinado terminal, transmitidos *a posteriori*.

Y en cuanto a la proporcionalidad en atención a gravedad de los delitos investigados, es cierto que ninguna relación contiene al respecto la LECrim, a diferencia de la regulación establecida para otras medias de investigación tecnológicas [interceptación de las comunicaciones telefónicas y telemáticas: arts. 579.1 por remisión del 588 ter a); utilización de dispositivos para grabación de las comunicaciones orales directas: 588 quater b); registros remotos sobre equipos informáticos: 588 septies b)], pero dado que el TEDH, afirma con frecuencia, que la injerencia en la intimidad originada por dispositivos de localización es de menor entidad que la ocasionada por la interceptación de comunicaciones donde se permite para delitos dolosos cuya pena máxima sea al menos de tres años, pareciera que el legislador voluntariamente en relación con las medidas de localización, no limita su aplicación en relación con delito alguno, claro está, siempre que concurran los principios de especialidad, idoneidad, excepcionalidad, necesidad y proporcionalidad de la medida y posibiliten la preceptiva autorización judicial; tal como acontece en autos, donde además de la profusión de infracciones delictivas, la penalidad prevista para las infracciones investigadas, individualmente consideradas, incluso sin atender a su continuidad ni a la hiperagravación del art. 241.4 CP llegaba a los cinco años.

Por otra parte, la jurisprudencia constitucional y la del Alto Tribunal han establecido que, en ausencia de prueba directa, en algunos casos es preciso recurrir a la prueba circunstancial, indirecta o indiciaria, cuya validez para enervar la presunción de inocencia ha sido admitida reiteradamente por ambos tribunales. A través de esta clase de prueba, es posible declarar probado un hecho principal a través de un razonamiento construido sobre la base de otros hechos, los indicios, que deben reunir una serie de condiciones, concretamente que el

---

144. Asunto *Ben Faiza c. Francia*. SENTENCIA de 8 de febrero de 2018. Demanda núm. 31446/12. Violación en cuanto a la instalación de un GPS en el vehículo del demandado en 2010. No violación en cuanto al requerimiento judicial dirigido a un operador de telefonía móvil en 2009.

razonamiento se apoye en elementos de hecho y que éstos sean varios; que estén acreditados; que se relacionen reforzándose entre sí y, desde el punto de vista formal, que el juicio de inferencia pueda considerarse razonable y que la sentencia lo exprese, lo que no supone la imposibilidad de otras versiones distintas de los hechos, de manera que el Tribunal haya debido inclinarse por la única certeza posible pero sí exige que no se opte por una ocurrencia fáctica basada en una inferencia débil, inconsistente o excesivamente abierta.

Consecuentemente no bastaría, la plasmación de otra hipótesis alternativa fáctica, para entender conculcado el derecho a la presunción de inocencia, como resulta de la propia jurisprudencia constitucional, plasmada entre otras en la STC 55/2015, de 16 de marzo[145]: «...sólo cabe considerar vulnerado el derecho a la presunción de inocencia en este ámbito de enjuiciamiento cuando la inferencia sea ilógica o tan abierta que en su seno quepa tal pluralidad de conclusiones alternativas que ninguna de ellas pueda darse por probada (SSTC 229/2003, de 18 de diciembre[146], FJ 4; 111/2008, de 22 de septiembre[147], FJ 3; 109/2009, de 11 de mayo[148], FJ 3; y 70/2010, de 18 de octubre[149], FJ 3); [...] nuestra jurisdicción se ciñe a efectuar un control externo, de modo que el juicio de amparo constitucional versa acerca de la razonabilidad del nexo establecido por la jurisdicción ordinaria, sin que podamos entrar a examinar otras posibles inferencias propuestas por quien solicita el amparo (STC 220/1998, de 16 de noviembre[150], FJ 3) y, de otro, que entre diversas alternativas igualmente lógicas, nuestro control no puede alcanzar la sustitución de la valoración efectuada por los órganos judiciales, ni siquiera afirmar que fuera significativamente más probable un acaecimiento alternativo de los hechos (STC 124/2001, de 4 de junio[151], FJ 13)...» (SSTC 13/2014 a 16/2014, todas de 30 de enero, y 23/2014, de 30 de enero).

---

145. SENTENCIA del Tribunal Constitucional núm. 55/2015, de 16 de marzo. Recurso de amparo núm. 3222/2013. Ponente D.ª. Encarnación Roca Trías. BOE 24 de abril de 2015.
146. SENTENCIA del Tribunal Constitucional núm. 229/2003, de 18 de septiembre. Recurso de amparo núm. 4455/99. Ponente D. Pablo Cachón Villar. BOE 20 de enero de 2004.
147. SENTENCIA del Tribunal Constitucional núm. 111/2008, de 22 de septiembre. Recurso de amparo núm. 7426/2006. Ponente D. Vicente Conde Martín de Hijas. BOE 10 de octubre de 2008.
148. SENTENCIA del Tribunal Constitucional núm. 109/2009, de 11 de mayo. Recurso de amparo núm. 6939/2005. Ponente D. Vicente Conde Martín de Hijas. BOE 6 de junio de 2009.
149. SENTENCIA del Tribunal Constitucional núm. 70/2010, de 18 de octubre. Recurso de amparo núm. 4188/2007. Ponente D. Ramón Rodríguez-Arribas. BOE 17 de noviembre de 2010.
150. SENTENCIA del Tribunal Constitucional núm. 220/1998, de 16 de noviembre. Recurso de amparo núm. 59/1997. Ponente D. Carles Viver Pi-Sunyer. BOE 17 de diciembre de 1998.
151. SENTENCIA del Tribunal Constitucional núm. 124/2001, de 4 de junio. Recurso de amparo núm. 4703/97. Ponente D. Julio Diego González Campos. BOE 3 de julio de 2001.

La información obtenida por dispositivos de seguimiento y localización sin autorización judicial *ex ante* o *ex post* carece de efectos en el proceso porque así lo dispone explícitamente el artículo 588 quinquies b 4, si bien es más discutible que se haya obteniendo vulnerando derechos fundamentales porque la jurisprudencia previa a la aprobación de este precepto entendía que no, *vid.* las SSTS 942/2004, de 22 de julio; 562/2007, de 22 de junio; 523/2008, de 11 de julio; 906/2008, de 19 de diciembre; 798/2013, de 5 de noviembre.

No existe tampoco en la citada regulación pronunciamiento sobre si, para la instalación de estos dispositivos, es posible el acceso a espacios protegidos por el 18.2 CE, como el interior de una embarcación que sirva de vivienda, si bien, se entiende que este supuesto requeriría motivación judicial expresa. Sobre la cuestión, REYES LÓPEZ sostiene que no es necesaria autorización judicial para geolocalizar elementos que ya dispongan de GPS porque su instalación sea preceptiva, como los furgones blindados o el transporte marítimo internacional de mercancías[152]. Lo mismo ocurre con respecto a la incidencia de esta diligencia sobre el derecho al secreto de las comunicaciones, aunque en principio, el sólo acceso a la información derivada de trasmisores GPS o GSM no implica una comunicación.

El legislador, sin embargo, no ha precisado los sujetos qué pueden vigilarse con esta técnica, algo que sí ha hecho con respecto a la utilización de dispositivos técnicos de captación de la imagen, que se habilita expresamente para la investigación de la persona investigada. Que la norma no incluya una referencia explícita al empleo de dicha medida para la persona investigada lleva a pensar que sea posible su uso sobre personas distintas. Cabe reparar, no obstante, que esta diligencia mostrará el posicionamiento del objeto sobre el que se ha instalado el dispositivo, pero no de la persona que conduce el vehículo, está a bordo de la embarcación o porta el objeto balizado.

Por lo que a la duración hace referencia, el Juez autorizará la utilización de estos dispositivos técnicos de seguimiento y localización por el tiempo imprescindible para el esclarecimiento de los hechos[153] y, en todo caso, por un plazo máximo de tres meses a partir de la fecha de su autorización, prorrogables judicialmente —de oficio o previa petición razonada del Ministerio Fiscal o la Policía

---

152. REYES LÓPEZ, J.I., «Los dispositivos técnicos de geolocalización. Régimen jurídico a partir de la L.O. 13/2015», en la *Revista Aranzadi Doctrinal n.º 4*, 2016, p. 4.
153. El artículo 588 bis e) LECrim determina que las medidas reguladas en los capítulos V a IX del Título III del Libro II LECrim no podrán exceder del tiempo imprescindible para el esclarecimiento de los hechos.

Judicial[154]—, si existen motivos justificados tras el análisis de los resultados obtenidos, por un período igual o inferior, hasta un total de dieciocho meses[155]. En atención a la limitación temporal es posible que, transcurrido el plazo, la policía judicial no tenga acceso a la baliza para recuperarla y desactivarla. En el caso de que la medida continuase más allá del período autorizado, la información así conocida no podrá incorporarse al acervo probatorio por ausencia de habilitación judicial.

La LECrim exige un control judicial de los resultados obtenidos con la medida para la adopción de prórrogas por el mismo o inferior plazo, hasta un máximo de dieciocho meses[156]. Este control judicial también se realiza cuando el Juez lo solicite y cuando terminen las investigaciones, entregándole la información recogida por la policía —en los soportes originales o en copias electrónicas auténticas—[157].

Como no podía ser de otro modo, la LECrim indica expresamente que la información obtenida a través de los dispositivos técnicos de seguimiento y localización a los que se refieren los artículos anteriores deberá ser debidamente custodiada para evitar su utilización indebida[158].

Finalmente, igual que sucede con la diligencia de interceptación de las comunicaciones telefónicas y telemáticas, el artículo 588 quinquies b) también establece a los prestadores, agentes y personas que nombra el artículo 588 ter e) un deber de asistencia y colaboración para con el juez, el Ministerio Fiscal y los agentes de la Policía Judicial designados para la práctica de la medida en el cumplimiento de los autos por los que la autoridad competente ordene el segui-

---

154. Así se desprende de la lectura conjunta de los artículos 588 bis e) y f) LECrim, aplicables a esta medida de investigación. De acuerdo con estos preceptos, también hay que tener en cuenta que, si la solicitud de prórroga proviene del Ministerio Fiscal o la policía judicial, deberá incluir en todo caso un informe detallado del resultado de la medida y las razones que justifiquen la continuación de la misma. En el plazo de los dos días siguientes a la presentación de la solicitud, el juez resolverá sobre el fin de la medida o su prórroga mediante Auto motivado, si bien podrá solicitar aclaraciones o mayor información antes de dictar la resolución. Concedida la prórroga, su cómputo se iniciará desde la fecha de expiración del plazo de la medida acordada.
155. Se entiende, por tanto, que, si la policía judicial ha adoptado la medida sin la previa autorización judicial por concurrir razones de urgencia, el plazo de tres meses se inicia a partir de la fecha de la ejecución de la medida y no de la posterior autorización, en caso de confirmarse la legalidad de la misma.
156. VILLAGÓMEZ MUÑOZ pone de manifiesto que limitar la prórroga de la medida a los resultados por ella obtenidos excluye aquella información conocida por medio de otro acto de investigación que pudiese servir para mantener la geolocalización, en la conferencia «Otras medidas de investigación limitativas de derechos reconocidos por el art. 18 CE...», *op. cit.*, p. 16.
157. *Vid.* Artículo 588 quiquies c) LECrim.
158. Artículo 588 quinquies c) 3.

miento[159]. El incumplimiento de este deber podría considerarse como un delito de desobediencia.

2.6. ¿ES UN ORDENADOR UN MEDIO IDÓNEO PARA EL EJERCICIO DE LA INTIMIDAD PERSONAL?

El Tribunal Constitucional, en la sentencia 173/2011 de 7 de noviembre[160] se manifestaba en el sentido de que el derecho a la intimidad personal, en cuanto derivación de la dignidad de la persona (art. 10.1 CE), implica la existencia de un ámbito propio y reservado frente a la acción y el conocimiento de los demás, necesario, según las pautas de nuestra cultura, para mantener una calidad mínima de la vida humana (SSTC 207/1996, de 16 de diciembre, FJ 3; 186/2000, de 10 de julio, FJ 5; 196/2004, de 15 de noviembre, FJ 2; 206/2007, de 24 de septiembre, FJ 4; y 159/2009, de 29 de junio, FJ 3). De forma que «lo que el art. 18.1 garantiza es un derecho al secreto, a ser desconocido, a que los demás no sepan qué somos o lo que hacemos, vedando que terceros, sean particulares o poderes públicos, decidan cuales sean los lindes de nuestra vida privada, pudiendo cada persona reservarse un espacio resguardado de la curiosidad ajena, sea cual sea lo contenido en ese espacio» (SSTC 127/2003, de 30 de junio, FJ 7 y 89/2006, de 27 de marzo, FJ 5). Del precepto constitucional citado se deduce que el derecho a la intimidad confiere a la persona el poder jurídico de imponer a terceros el deber de abstenerse de toda intromisión en la esfera íntima y la prohibición de hacer uso de lo así conocido (SSTC 196/2004, de 15 de noviembre, FJ 2; 206/2007, de 24 de septiembre, FJ 5; y 70/2009, de 23 de marzo, FJ 2).

No obstante, lo anterior, el consentimiento eficaz del sujeto particular permitirá la inmisión en su derecho a la intimidad, pues corresponde a cada persona acotar el ámbito de intimidad personal y familiar que reserva al conocimiento ajeno (SSTC 83/2002, de 22 de abril, FJ 5 y 196/2006, de 3 de julio, FJ 5), aunque este consentimiento puede ser revocado en cualquier momento (STC 159/2009, de 29 de junio, FJ 3). Ahora bien, se vulnerará el derecho a la intimidad personal cuando la penetración en el ámbito propio y reservado del sujeto «aun autorizada, subvierta los términos y el alcance para el que se otorgó el consentimiento, quebrando la conexión entre la información personal que se recaba y el objetivo tolerado para el que fue recogida» (SSTC 196/2004, de 15 de noviembre, FJ 2; 206/2007, de 24 de septiembre, FJ 5; y 70/2009, de 23 de marzo, FJ 2). En lo relativo a la forma de prestación del consentimiento, hemos manifestado que éste no precisa ser expreso, admitiéndose también un consentimiento tácito. Así, en la STC 196/2004, de 15 de noviembre, en que se analizaba si un reco-

---

159. Resulta algo extraña la alusión al artículo 588 ter e, cuando podría reproducir en el artículo los sujetos a los que se refiere el citado precepto, sin necesidad de remitir a la interceptación de comunicaciones telefónicas y telemáticas.

160. SENTENCIA del Tribunal Constitucional núm. 173/2011, de 7 de noviembre. Recurso de amparo núm. 5928/2009. Ponente D. Eugeni Gay Montalvo. BOE 7 de diciembre de 2011.

nocimiento médico realizado a un trabajador había afectado a su intimidad personal, reconocimos no sólo la eficacia del consentimiento prestado verbalmente, sino además la del derivado de la realización de actos concluyentes que expresen dicha voluntad. También llegamos a esta conclusión en las SSTC 22/1984, de 17 de febrero, y 209/2007, de 24 de septiembre, en supuestos referentes al derecho a la inviolabilidad del domicilio del art. 18.2 CE, manifestando en la primera que este consentimiento no necesita ser «expreso» (FJ 3) y en la segunda que, salvo casos excepcionales, la mera falta de oposición a la intromisión domiciliar no podrá entenderse como un consentimiento tácito (FJ 5).

En cuanto a la necesidad de autorización judicial, el criterio general, es que sólo pueden llevarse a cabo injerencias en el ámbito de este derecho fundamental mediante la preceptiva resolución judicial motivada que se adecue al principio de proporcionalidad (SSTC 207/1996, de 16 de diciembre, FJ 4; 25/2005, de 14 de febrero, FJ 6; y 233/2005, de 26 de septiembre, FJ 4). Esta regla no se aplica, también según la doctrina del Alto Tribunal, en los supuestos en que concurran motivos justificados para la intervención policial inmediata, que ha de respetar también el principio de proporcionalidad. De manera significativa se resalta en la STC 70/2002, de 3 de abril[161], que «la regla general es que el ámbito de lo íntimo sigue preservado en el momento de la detención y que sólo pueden llevarse a cabo injerencias en el mismo mediante la preceptiva autorización judicial motivada conforme a criterios de proporcionalidad. De no existir ésta, los efectos intervenidos que puedan pertenecer al ámbito de lo íntimo han de ponerse a disposición judicial, para que sea el juez quien los examine. Esa regla general se excepciona en los supuestos en que existan razones de necesidad de intervención policial inmediata, para la prevención y averiguación del delito, el descubrimiento de los delincuentes y la obtención de pruebas incriminatorias. En esos casos estará justificada la intervención policial sin autorización judicial, siempre que la misma se realice también desde el respeto al principio de proporcionalidad» [FJ 10 b) 3]. Bien entendido que «la valoración de la urgencia y necesidad de la intervención policial ha de realizarse *ex ante* y es susceptible de control judicial *ex post*, al igual que el respeto al principio de proporcionalidad. La constatación *ex post* de la falta del presupuesto habilitante o del respeto al principio de proporcionalidad implicaría la vulneración del derecho fundamental y tendría efectos procesales en cuanto a la ilicitud de la prueba en su caso obtenida, por haberlo sido con vulneración de derechos fundamentales» [FJ 10 b) 5]. En esta línea en la STC 206/2007, de 24 de septiembre[162], FJ 8, afirmaba el Tribunal Supremo que «la regla general es que sólo mediante una resolución judicial motivada se pueden adoptar tales medidas y que, de adoptarse sin consentimiento del afectado y sin autorización judicial, han de acreditarse razones de urgencia y necesidad que hagan imprescindible la intervención inmediata y

---

161. SENTENCIA del Tribunal Constitucional núm. 70/2002, de 3 de abril. Recurso de amparo núm. 3787/2001. Ponente D. Fernando Garrillo Falla. BOE 25 de abril de 2002.
162. *Op. cit.*

respetarse estrictamente los principios de proporcionalidad y razonabilidad». En esta Sentencia razonábamos que no había existido una autorización judicial previa para la injerencia acaecida en el derecho a la intimidad (en este caso un análisis de sangre interesado por la Guardia Civil), entendiéndose como relevante el hecho de que tampoco por los órganos judiciales se había efectuado posteriormente una «ponderación de los intereses en conflicto teniendo en cuenta el derecho fundamental en juego que les condujera a considerar justificada —a la vista de las circunstancias del caso— la actuación policial sin previa autorización judicial» (mismo fundamento jurídico).

Conviene recordar la STC 110/1984, de 26 de noviembre[163], en la que el Constitucional estableció que «la inviolabilidad del domicilio y de la correspondencia, que son algunas de esas libertades tradicionales, tienen como finalidad principal el respeto a un ámbito de vida privada personal y familiar, que debe quedar excluido del conocimiento ajeno y de las intromisiones de los demás, salvo autorización del interesado. Lo ocurrido es que el avance de la tecnología actual y el desarrollo de los medios de comunicación de masas ha obligado a extender esa protección más allá del aseguramiento del domicilio como espacio físico en que normalmente se desenvuelve la intimidad y del respeto a la correspondencia, que es o puede ser medio de conocimiento de aspectos de la vida privada. De aquí el reconocimiento global de un derecho a la intimidad o a la vida privada que abarque las intromisiones que por cualquier medio puedan realizarse en ese ámbito reservado de vida» (FJ 3). En el mismo sentido, en la STC 119/2001, de 24 de mayo[164], se afirmaba que «estos derechos han adquirido también una dimensión positiva en relación con el libre desarrollo de la personalidad, orientada a la plena efectividad de estos derechos fundamentales. En efecto, habida cuenta de que nuestro texto constitucional no consagra derechos meramente teóricos o ilusorios, sino reales y efectivos..., se hace imprescindible asegurar su protección no sólo frente a las injerencias ya mencionadas, sino también frente a los riesgos que puedan surgir en una sociedad tecnológicamente avanzada. A esta nueva realidad ha sido sensible la jurisprudencia del Tribunal Europeo de Derechos Humanos, como se refleja en las Sentencias de 21 de febrero de 1990, caso Powell y Rayner contra Reino Unido; de 9 de diciembre de 1994, caso López Ostra contra Reino de España, y de 19 de febrero de 1998, caso Guerra y otros contra Italia» (FJ 5).

En armonía con lo anterior, el Tribunal Supremo ha venido describiendo casuísticamente una serie de supuestos, en que, con independencia de las libertades tradicionales antes mencionadas, ha podido sobrevenir una injerencia no admisible en el ámbito de la vida privada e íntima de la persona. Así, se ha afir-

---

163.   SENTENCIA del Tribunal Constitucional núm. 110/1984, de 26 de noviembre. Recurso de amparo núm. 575/1983. Ponente D. Ángel Latorre Segura. BOE 21 de diciembre de 1984.

164.   SENTENCIA del Tribunal Constitucional núm. 119/2001, de 24 de mayo. Recurso de amparo núm. 4124/98. Ponente D. Manuel Jiménez de Parga y Cabrera. BOE 8 de junio de 2001.

mado que «el derecho a la intimidad comprende la información relativa a la salud física y psíquica de las personas, quedando afectado en aquellos casos en los que sin consentimiento del paciente se accede a datos relativos a su salud o a informes relativos a la misma» (SSTC 70/2009, de 23 de marzo, FJ 2 y 159/2009, de 29 de junio, FJ 3). También ha dicho que «no hay duda de que, en principio, los datos relativos a la situación económica de una persona entran dentro de la intimidad constitucionalmente protegida» (STC 233/1999, de 16 de diciembre, FJ 7), que «en las declaraciones del IRPF se ponen de manifiesto datos que pertenecen a la intimidad constitucionalmente tutelada de los sujetos pasivos» (STC 47/2001, de 15 de febrero, FJ 8), y que «la información concerniente al gasto en que incurre un obligado tributario, no sólo forma parte de dicho ámbito, sino que a través de su investigación o indagación puede penetrarse en la zona más estricta de la vida privada o, lo que es lo mismo, en los aspectos más básicos de la autodeterminación personal del individuo» (STC 233/2005, de 26 de septiembre, FJ 4). Por otra parte, en la STC 70/2002, de 3 de abril, en que un guardia civil había intervenido a un detenido una agenda personal y un documento que se encontraba en su interior, sostuvimos que «con independencia de la relevancia que ello pudiera tener a los fines de la investigación penal y, por tanto, de su posible justificación, debemos afirmar que la apertura de una agenda, su examen y la lectura de los papeles que se encontraban en su interior supone una intromisión en la esfera privada de la persona a la que tales efectos pertenecen, esto es, en el ámbito protegido por el derecho a la intimidad, tal como nuestra jurisprudencia lo define» (FJ 10). Finalmente, cabe recordar que en la STC 14/2003, de 28 de enero, FJ 6, afirmamos que la reseña fotográfica de un detenido, obtenida durante su permanencia en dependencias policiales, «ha de configurarse como un dato de carácter personal», respecto del cual los miembros de las fuerzas y cuerpos de seguridad del Estado «están obligados en principio al deber de secreto profesional».

Si no hay duda de que los datos personales relativos a una persona individualmente considerados, a que se ha hecho referencia anteriormente, están dentro del ámbito de la intimidad constitucionalmente protegido, menos aún pueda haberla de que el cúmulo de la información que se almacena por su titular en un ordenador personal, entre otros datos sobre su vida privada y profesional (en forma de documentos, carpetas, fotografías, vídeos, etc.) —por lo que sus funciones podrían equipararse a los de una agenda electrónica—, no sólo forma parte de este mismo ámbito, sino que además a través de su observación por los demás pueden descubrirse aspectos de la esfera más íntima del ser humano. Es evidente que cuando su titular navega por Internet, participa en foros de conversación o redes sociales, descarga archivos o documentos, realiza operaciones de comercio electrónico, forma parte de grupos de noticias, entre otras posibilidades, está revelando datos acerca de su personalidad, que pueden afectar al núcleo más profundo de su intimidad por referirse a ideologías, creencias religiosas, aficiones personales, información sobre la salud, orientaciones sexuales, etc. Quizás, estos datos que se reflejan en un ordenador personal puedan tacharse de irrelevantes o livianos si se consideran aisladamente, pero si se analizan en su conjunto, una vez convenientemente entremezclados, no cabe duda que configuran todos ellos un perfil altamente descriptivo de la personalidad de su titular, que es preciso proteger frente a la intromisión de terceros o de los poderes públicos, por cuanto atañen, en definitiva, a la misma peculiaridad o individualidad de la persona. A esto debe añadirse que el ordenador es un instrumento útil para la emisión o recepción de correos electrónicos, pudiendo quedar afectado en tal caso, no sólo el derecho al secreto de las comunicaciones del art. 18.3 CE (por cuanto es indudable que la utilización de este procedimiento supone un acto de comunicación), sino también el derecho a la intimidad personal (art. 18.1 CE), en la medida en que estos correos o email, escritos o ya leídos por su destinatario, quedan almacenados en la memoria del terminal informático utilizado. Por ello deviene necesario establecer una serie de garantías frente a los riesgos que existen para los derechos y libertades públicas, en particular la intimidad personal, a causa del uso indebido de la informática, así como de las nuevas tecnologías de la información.

En este mismo sentido diversas disposiciones tomadas a nivel europeo se han ocupado de esta materia. Así procede citar en primer lugar el Convenio núm. 108 del Consejo de Europa sobre protección de los datos informatizados de carácter personal (1981), vinculante para España, y las recomendaciones del Comité de Ministros que lo desarrollan, en particular, la recomendación sobre datos personales utilizados en el sector policial (1987) y la recomendación sobre privacidad en Internet (1999). El preámbulo de esta última recomendación —R(99) 5, de 23 de febrero de 1999— pone de relieve que «el desarrollo de las tecnologías y la generalización de la recogida y del tratamiento de datos personales en las «autopistas de la información» suponen riesgos para la intimidad de las personas naturales y que las comunicaciones con ayuda de las nuevas tecnologías de la información están también sujetas al respeto de los derechos humanos y de las libertades fundamentales, en concreto al respeto a la intimidad y del secreto de las comunicaciones, tal y como se garantizan en el artículo 8 de la Convención Europea de los Derechos Humanos. Además, recuerda esta recomendación que el uso de Internet supone una responsabilidad en cada acción e implica riesgos para la intimidad (introducción), por cuanto cada visita a un sitio de Internet deja una serie de «rastros electrónicos» que pueden utilizarse para establecer «un perfil de su persona y sus intereses» (apartado II, 2), subrayando también que la dirección de correo electrónico constituye «un dato de carácter personal que otras personas pueden querer utilizar para diferentes fines» (apartado II, 6)».

En este mismo orden de cosas debe citarse la acción normativa desarrollada por la Unión Europea, entre la que destaca a los efectos del presente asunto, además de la consagración del derecho a la protección de los datos personales realizada por el art. 8 de la Carta de Derechos Fundamentales de la Unión Europea, la Directiva 2002/58/CE del Parlamento Europeo y del Consejo de 12 de julio de 2002[165] relativa al tratamiento de los datos personales y a la protección de la intimidad en el sector de las comunicaciones electrónicas, cuyo considerando núm. 6 resalta que «Internet está revolucionando las estructuras tradicionales del mercado al aportar una infraestructura común mundial para la prestación de una amplia gama de servicios de comunicaciones electrónicas. Los servicios de comunicaciones electrónicas disponibles al público a través de Internet introducen nuevas posibilidades para los usuarios, pero también nuevos riesgos para sus datos personales y su intimidad». Además, recuerda en su considerando núm. 24 que «los equipos terminales de los usuarios de redes de comunicaciones electrónicas, así como toda información almacenada en dichos equipos, forman parte de la esfera privada de los usuarios que debe ser protegida de conformidad con el Convenio Europeo para la protección de los Derechos Humanos y de las Libertades Fundamentales», advirtiendo que «los denominados programas espías (*spyware*), *web bugs*, identificadores ocultos y otros dispositivos similares pueden introducirse en el terminal del usuario sin su conocimiento para acceder a información, archivar información oculta o rastrear las actividades del usuario, lo que puede suponer una grave intromisión en la intimidad de dichos usuarios».

También cabe citar las resoluciones del Parlamento Europeo de 17 de septiembre de 1996 y de 17 de diciembre de 1998, ambas sobre el respeto de los derechos humanos en la Unión Europea, la primera en cuanto dispone en su apartado 53 que «el respeto de la vida privada y familiar, de la reputación, del domicilio y de las comunicaciones privadas, tanto de las personas físicas como jurídicas, así como la protección de datos de carácter personal son derechos fundamentales básicos respecto de los cuales los Estados miembros deben ejercer una especial protección, habida cuenta de la incidencia negativa que sobre los mismos tienen las nuevas tecnologías y que sólo la armonización de las legislaciones nacionales en la materia, confiriendo una alta protección, es susceptible de responder a este desafío», y la segunda, al subrayar en su apartado 23 que «el derecho al respeto de la vida privada y familiar, del domicilio y de la correspondencia, así como a la protección de los datos de carácter personal, representan derechos fundamentales que los Estados tienen la obligación de proteger y que, por consiguiente, toda medida de vigilancia óptica, acústica o informática deberá adoptarse dentro de su más estricto respeto y acompañada en todos los casos de garantías judiciales».

El Tribunal de Justicia de la Unión Europea ha reafirmado también la importancia del derecho a la protección de los datos personales como un elemento a

---

165.   DIRECTIVA 2002/58/CE DEL PARLAMENTO EUROPEO Y DEL CONSEJO, de 12 de julio de 2002, relativa al tratamiento de los datos personales y a la protección de la intimidad en el sector de las comunicaciones electrónicas.

tomar en consideración no sólo en el momento de transponer una directiva sino también cuando las autoridades estatales y los órganos judiciales nacionales procedan a su aplicación [entre otras, Sentencia del Tribunal de Justicia (Gran Sala) de 29 de enero de 2008, asunto C-275/06, Productores de Música de España (Promusicae) c. Telefónica de España, S.A.U., apartados 61-70]. Por su parte, el Tribunal Europeo de Derechos Humanos ha venido asumiendo una interpretación extensiva del concepto «vida privada» del art. 8 del Convenio europeo para la protección de los derechos humanos y de las libertades fundamentales. Así, su Sentencia de 16 de febrero de 2000, dictada en el caso Amann contra Suiza, considera que «el término «vida privada» no se debe interpretar de forma restrictiva», de forma que éste «engloba el derecho del individuo de crear y desarrollar relaciones con sus semejantes», sin que «ninguna razón de principio permita excluir las actividades profesionales o comerciales» (§ 65). De manera específica, la STEDH de 3 de abril de 2007, caso Copland contra el Reino Unido, considera en su § 41 que están incluidos en el ámbito de protección del art. 8 del Convenio europeo, por cuanto pueden contener datos sensibles que afecten a la intimidad, tanto «los correos electrónicos enviados desde el lugar del trabajo» como «la información derivada del seguimiento del uso personal de Internet». En este caso, precisa el Tribunal, a la demandante no se le advirtió de que podría ser objeto de un seguimiento, por lo que podía razonablemente esperar que se reconociera el carácter privado «en lo que respecta al correo electrónico y la navegación por Internet» (§ 42). Por su parte, la STEDH de 22 de mayo de 2008, caso Iliya Stefanov contra Bulgaria, consideró que el registro de la oficina de un Abogado, incluyendo los datos electrónicos, equivale a una injerencia en su «vida privada», lesiva por ello del art. 8 del Convenio (§ 34). No obstante reconocer el Tribunal que concurría en este caso un objetivo legítimo (investigación penal por delito de extorsión) y que existía una previa autorización judicial, siendo así que «los registros del PC y las incautaciones deben, por regla general, llevarse a cabo en virtud de una orden judicial» (§ 39), razona que la expresada orden se había elaborado en términos excesivamente amplios, ejecutándose además de manera desproporcionada por la policía, por lo que se había afectado al secreto profesional, por cuanto «retiró todo el equipo del solicitante, incluyendo sus accesorios, así como todos los disquetes que se encontraban en su oficina», resultando que durante el tiempo que permaneció este material en su poder «ningún tipo de garantías existen para asegurar que durante el período intermedio el contenido completo del disco duro y los discos no fueron inspeccionados o copiados» (§ 42). De lo expuesto, parece desprenderse que cualquier injerencia en el contenido de un ordenador personal —ya sea por vía de acceso remoto a través de medios técnicos, ya, como en el presente caso, por vía manual— deberá venir legitimada en principio por el consentimiento de su titular, o bien por la concurrencia de los presupuestos habilitantes antes citados.

Tal conclusión, por otra parte, parece desprenderse, si bien de manera indirecta, del contenido de la Sentencia de este Tribunal Constitucional 34/2009, de

9 de febrero[166], en la que apreciaba que no se había infringido por el órgano judicial el principio de legalidad penal al haber condenado al demandante por un delito de descubrimiento y revelación de secretos, cuyo bien jurídico protegido es la intimidad, resultando como hechos probados que éste había accedido al ordenador de una compañera de trabajo y había procedido a la lectura de sus mensajes de correo electrónico. En particular, reseñaban que «desde la estricta perspectiva de control que corresponde a este Tribunal en modo alguno cabe tildar a la vista del tipo penal previsto del art. 197.1 y 2 CP de aplicación analógica o *in malam partem*, carente de razonabilidad por apartarse de su tenor literal o por utilización de pautas extravagantes o criterios no aceptados por la comunidad jurídica la llevada a cabo por la Audiencia Provincial, al considerar documentos personales e íntimos la libreta de direcciones y de teléfonos de la denunciante, accediendo por este medio a la dirección de su correo electrónico y subsumir en aquel tipo penal el acceso a dichos documentos sin el consentimiento de su titular, obteniendo de esta forma datos de carácter personal de aquella y de sus compañeros, que es la conducta por la que ha sido condenado el recurrente de amparo» (FJ 6). A la misma conclusión ha llegado el Constitucional respecto del acceso a los datos almacenados en un teléfono móvil en la STC 230/2007, de 5 de noviembre[167], si bien declarando vulnerado en tal caso el art. 18.3 CE al haberse accedido por la Guardia Civil al registro de llamadas memorizado en el terminal intervenido al recurrente, confeccionando un listado de llamadas recibidas, enviadas y perdidas, sin su consentimiento ni autorización judicial (FJ 2).

Por su parte la Sala Segunda del Tribunal Supremo, SSTS 985/2009 de 13 de diciembre, 342/2013 de 17 de abril, 587/2014 de 18 de julio, tiene declarado que: El acceso de los poderes públicos al contenido del ordenador de un investigado, no queda legitimado a través de un acto unilateral de las fuerzas y cuerpos de seguridad del Estado. El ordenador y, con carácter general, los dispositivos de almacenamiento masivo, son algo más que una pieza de convicción que, una vez aprehendida, queda expuesta en su integridad al control de los investigadores. El contenido de esta clase de dispositivos no puede degradarse a la simple condición de instrumento recipiendario de una serie de datos con mayor o menor relación con el derecho a la intimidad de su usuario. En el ordenador coexisten, es cierto, datos técnicos y datos personales susceptibles de protección constitucional en el ámbito del derecho a la intimidad y la protección de datos (art. 18.4 de la CE). Pero su contenido también puede albergar —de hecho, normalmente albergará— información esencialmente ligada al derecho a la inviolabilidad de las comunicaciones. El correo electrónico y los programas de gestión de mensajería instantánea no son sino instrumentos tecnológicos para hacer rea-

---

166. SENTENCIA del Tribunal Constitucional núm. 34/2009, de 9 de febrero. Recurso de amparo núm. 5828/2005. Ponente D. Vicente Conde Martín de Hijas. BOE 14 de marzo de 2009.
167. SENTENCIA del Tribunal Constitucional núm. 230/2007, de 10 de diciembre. Recurso de amparo núm. 6409/2004. Ponente D. Pablo Pérez Tremps. BOE 10 de diciembre de 2007.

lidad, en formato telemático, el derecho a la libre comunicación entre dos o más personas. Es opinión generalizada que los mensajes de correo electrónico, una vez descargados desde el servidor, leídos por su destinatario y almacenados en alguna de las bandejas del programa de gestión, dejan de integrarse en el ámbito que sería propio de la inviolabilidad de las comunicaciones. La comunicación ha visto ya culminado su ciclo y la información contenida en el mensaje es, a partir de entonces, susceptible de protección por su relación con el ámbito reservado al derecho a la intimidad, cuya tutela constitucional es evidente, aunque de una intensidad distinta a la reservada para el derecho a la inviolabilidad de las comunicaciones.

En consecuencia, el acceso a los contenidos de cualquier ordenador por los agentes de policía, ha de contar con el presupuesto habilitante de una autorización judicial. Esta resolución ha de dispensar una protección al investigado frente al acto de injerencia de los poderes públicos. Son muchos los espacios de exclusión que han de ser garantizados. No todos ellos gozan del mismo nivel de salvaguarda desde la perspectiva constitucional. De ahí la importancia de que la garantía de aquellos derechos se haga efectiva siempre y en todo caso, con carácter anticipado, actuando como verdadero presupuesto habilitante de naturaleza formal.

La ponderación judicial de las razones que justifican, en el marco de una investigación penal, el sacrificio de los derechos de los que es titular el usuario del ordenador, ha de hacerse sin perder de vista la multifuncionalidad de los datos que se almacenan en aquel dispositivo. Incluso su tratamiento jurídico puede llegar a ser más adecuado si los mensajes, las imágenes, los documentos y, en general, todos los datos reveladores del perfil personal, reservado o íntimo de cualquier encausado, se contemplan de forma unitaria. Y es que, más allá del tratamiento constitucional fragmentado de todos y cada uno de los derechos que convergen en el momento del sacrificio, existe un derecho al propio entorno virtual. En él se integraría, sin perder su genuina sustantividad como manifestación de derechos constitucionales de *nomen iuris* propio, toda la información en formato electrónico que, a través del uso de las nuevas tecnologías, ya sea de forma consciente o inconsciente, con voluntariedad o sin ella, va generando el usuario, hasta el punto de dejar un rastro susceptible de seguimiento por los poderes públicos. Surge entonces la necesidad de dispensar una protección jurisdiccional frente a la necesidad del Estado de invadir, en las tareas de investigación y castigo de los delitos, ese entorno digital.

Sea como fuere, lo cierto es que tanto desde la perspectiva del derecho de exclusión del propio entorno virtual, como de las garantías constitucionales exigidas para el sacrificio de los derechos a la inviolabilidad de las comunicaciones y a la intimidad, la intervención de un ordenador para acceder a su contenido exige un acto jurisdiccional habilitante. Y esa autorización no está incluida en la resolución judicial previa para acceder al domicilio en el que aquellos dispositivos se encuentran instalados. De ahí que, ya sea en la misma resolución, ya en otra formalmente diferenciada, el órgano jurisdiccional ha de exteriorizar en su razonamiento que ha tomado en consideración la necesidad de sacrificar, además del domicilio como sede física en el que se ejercen los derechos individuales más elementales, aquellos otros derechos que convergen en el momento de la utilización de las nuevas tecnologías.

Es cierto —sigue diciendo la STS 342/2013 antes citada—, la necesidad de que toda resolución judicial llamada a legitimar un acto de injerencia en los derechos fundamentales del investigado sea interpretada conforme a su estricta literalidad, forma parte de las notas definitorias de nuestro sistema constitucional. En esta materia no caben las interpretaciones extensivas ni la elasticidad como fuente inspiradora a la hora de delimitar los exactos términos de la autorización concedida. Nuestro sistema no ampara autorizaciones implícitas, ni mandamientos de intromisión en el espacio de exclusión que definen los derechos fundamentales que no estén dibujados con la suficiencia e indispensable claridad. Sin embargo, este irrenunciable punto de partida no está reñido con la necesidad de relacionar el documento policial en el que se postula la concesión de la autorización y el acto jurisdiccional habilitante. Sólo así podrá concluirse si lo que se concede es lo mismo que lo que se pide o si, por el contrario, la decisión jurisdiccional restringe o pone límites a la petición cursada.

2.7. INTERCEPTACIÓN DE LAS COMUNICACIONES TELEFÓNICAS Y TELEMÁTICAS

La realidad delictiva presenta un carácter muy diverso, lo cual lleva a la necesidad de que la respuesta por parte del Estado a tales delitos sea distinta y específica para cada caso. En este sentido, la LECrim distingue momentos diferentes en relación a las medidas que se pueden adoptar en el ámbito de la investigación de un delito. Por un lado, nos encontramos con las denominadas «primeras diligencias» que aparecen reguladas en el artículo 13 de la LECrim y que incluyen la consignación de pruebas del delito donde exista riesgo de desaparición, la recogida y custodia de datos que conduzcan a la comprobación del delito, la identificación del delincuente, su detención y la protección a los ofendidos o perjudicados. Por otro lado, una vez comunicadas las primeras diligencias al Juez se inicia el proceso penal que comenzará con la fase de instrucción, donde se llevarán a cabo las actuaciones adecuadas tendentes a averiguar y obtener la información necesaria para determinar si estamos o no ante un ilícito penal.

En este preciso contexto, diverso y cambiante, con multitud de diligencias a practicar dependiendo de los hechos concretos, podemos encuadrar la intervención de las comunicaciones telefónicas y telemáticas. La realidad es que este tipo de diligencias afectan a un derecho fundamental recogido en el artículo 18.3 de la CE, el secreto de las comunicaciones «*Se garantiza el secreto de las comunicaciones y, en especial, de las postales, telegráficas y telefónicas, salvo resolución judicial».* Por tanto, nos encuadramos dentro de la esfera de protección de los derechos fundamentales que recoge nuestra norma suprema, y por ello, la injerencia del Estado debe estar justificada, motivada y limitada.

Esta importancia ha quedado reflejada en la numerosa jurisprudencia del Tribunal Supremo que sobre este respecto se ha pronunciado, destacando la Sentencia del TS n.º 156/2008 de 8 de abril[168], Sala de lo Penal, Sección 1.ª, que viene a establecer que el derecho al secreto de las comunicaciones y el derecho a la intimidad personal, tienen la categoría de fundamentales y, por ello, gozan dc una protección reforzada frente a todo género de intromisiones, incluidas las que pudieran deberse a una iniciativa oficial. Esto hace que cualquier invasión de ese espacio, personalísimo y sobreprotegido, tenga que estar constitucional y legalmente justificada, sin sombra de duda. De lo que se sigue que el deber de justificar la constitucionalidad y la legalidad de cualquier intervención, como las consecuencias de una eventual falta de jurisdicción, corren a cargo de quien la hubiera realizado.

La LO 13/2015, de 5 de octubre, «de modificación de la Ley de Enjuiciamiento Criminal para el fortalecimiento de las garantías procesales y la regulación de las medidas de investigación tecnológica», ha venido a poner fin a las graves deficiencias que, desde hacía años, arrastraba nuestra legislación procesal en el ámbito de la limitación del derecho fundamental al secreto de las comunicaciones en la investigación de comportamientos delictivos. La Ley 13/2015 ha introducido en la LECrim una regulación pormenorizada de la intervención de las comunicaciones telefónicas y telemáticas como diligencia de investigación que limita el derecho fundamental al secreto de las comunicaciones. A esta materia se dedica ahora el Capítulo V del Título VIII del Libro II (arts. 588 ter a) a 588 ter m)), Título este que concentra todas las medidas de investigación que limitan los derechos reconocidos en el artículo 18 de la Constitución.

Deberá tenerse no obstante presente que existen comunicaciones entre máquinas que, puestas en relación con otros datos, sí pueden afectar a alguno de estos derechos, como el derecho a la intimidad (p. ej., la conexión entre los dispositivos móviles de comunicación, las tarjetas SIM insertadas en los mismos y las estaciones BTS. Esta conexión se produce por la mera activación del dispositivo a la red, se trata, por tanto, de una conexión entre maquinas, pero puede resultar esencial para determinar quién es el usuario de un determinado dispositivo o cuál es su localización en el espacio).

La jurisprudencia ha perfilado la naturaleza y características que debe reunir una comunicación para que pueda ser acreedora de la protección dispensada por el texto constitucional. De esta manera, se ha señalado que el secreto de la comunicación es un concepto rigurosamente formal, en el sentido de que «se

---

predica de lo comunicado, sea cual sea su contenido» (SSTC n.º 114/1984, de 29 de noviembre, 34/1996, de 11 de marzo y 70/2002, de 25 de abril); que forman parte del derecho fundamental determinados datos externos que se producen como consecuencia de una comunicación, como la identidad subjetiva de los interlocutores y el listado de llamadas (SSTEDH de 2 de agosto de 1984, caso Malone contra Reino Unido y de 3 de abril de 2007, caso Copland contra Reino Unido) o la propia existencia de la comunicación, su momento, duración y destino, tanto en redes públicas como privadas de comunicación y con independencia del medio de trasmisión (SSTC n.º 114/1984, de 29 de noviembre; 123/2002, de 20 de mayo; 230/2007, de 5 de noviembre; 249/2008, de 20 de mayo; 776/2008, de 18 de noviembre; y 688/2009, de 18 de junio); que afecta al derecho fundamental el acceso a los mensajes de texto o SMS aun no leídos (STC n.º 70/2002, de 3 de abril y STS n.º 1235/2002, de 27 de junio) o a los correos electrónicos enviados y recibidos pero no leídos o en fase de transferencia (STC n.º 115/2013, de 9 de mayo); o que vulnera el derecho fundamental cualquier interceptación de la comunicación por un tercero ajeno a la misma, sea un sujeto público o privado (STC n.º 114/1984, de 29 de noviembre) y a través de cualquier medio, mientras el proceso de comunicación está teniendo lugar (STC n.º 137/2002, de 3 de junio).

Por el contrario, no estarían comprendidas en la previsión constitucional las conversaciones grabadas o difundidas por uno de los interlocutores (SSTC n.º 175/2000, de 26 de junio y 56/2003, de 24 de marzo y STS n.º 421/2014, de 16 de mayo); las comunicaciones por radio (SSTS n.º 209/2007, de 9 marzo; 1397/2011 de 22 de diciembre y 695/2013, de 22 de julio); el acceso a la memoria o contactos de un teléfono móvil (SSTC n.º 70/2002, de 3 de abril y 142/2012, de 2 de julio y SSTS n.º 1273/2009, de 17 de diciembre); el visionado directo de un número de teléfono entrante (SSTS n.º 1040/2005, de 20 de septiembre y 1273/2009, de 17 de diciembre) o la conversación escuchada por agentes policiales a través del manos libres de uno de los interlocutores que accede a ello (STS n.º 589/2015, de 28 de septiembre).

La previsión legal se extiende a las comunicaciones telefónicas y telemáticas. La distinción entre ambas clases de comunicación resulta, hoy en día, ciertamente difusa. El legislador, en lugar de regular la interceptación de telecomunicaciones, que incluiría «toda transmisión, emisión o recepción de signos, señales, escritos, imágenes, sonidos o informaciones de cualquier naturaleza por hilo, radioelectricidad, medios ópticos u otros sistemas electromagnéticos» (apartado 39 del anexo II de la Ley 9/2014, de 9 de mayo, General de Telecomunicaciones, en adelante, LGT) ha optado por la limitación de la previsión legal a las comunicaciones que se realizan a través de dos medios concretos, que es a lo que alude la diferenciación establecida en la ley.

Si bien el concepto de comunicación telefónica no plantea muchos problemas, no ocurre lo mismo con las comunicaciones telemáticas. La telemática, según la RAE, es la «aplicación de las técnicas de la telecomunicación y de la informática a la transmisión de información computerizada»; en consecuencia, pueden definirse las comunicaciones telemáticas como aquellas que emplean la informática para la transmisión de información. Ahora bien, la mera intervención de un equipo o sistema informático en el proceso de transmisión de una comunicación no puede resultar suficiente para catalogar ésta como telemática, ya que, hoy en día, todas las comunicaciones telefónicas utilizan tecnologías digitales, manejadas por sistemas informáticos, para su transmisión y gestión técnica. En consecuencia, el criterio distintivo debe residir en el medio cmpleado para llevar a cabo la comunicación: telefónica cuando se utilice un teléfono para generar el mensaje que se comunica, y telemática cuando se utilice un sistema informático, aunque nuevamente aquí se encontraría una zona de duda en las comunicaciones generadas a través de los modernos smartphones o teléfonos inteligentes, que mezclan en un mismo dispositivo las capacidades de un teléfono y de un ordenador y que podrían ser catalogadas como comunicaciones mixtas.

En cualquier caso, al gozar ambos tipos de comunicación de una misma regulación, el problema de su distinción únicamente se proyecta sobre aquellas formas de comunicación que no tuvieran cabida en ninguna de estas dos, a las que les faltaría la previsión legal que posibilitara su intervención, lo que hoy en día no resulta imaginable aunque sí se plantea como una posibilidad de futuro.

Deberá entenderse, con carácter general, que no será posible el recurso a esta medida de investigación tecnológica cuando se trate de la persecución de delitos leves, aunque los mismos hubieran podido ser cometidos en el seno de una organización o grupo criminal o cuando se hayan cometido a través de instrumentos informáticos o tecnologías de la información o comunicación. La trascendencia social de esta clase de comportamientos delictivos difícilmente alcanzará la gravedad mínima necesaria para culminar las exigencias del principio de proporcionalidad. No obstante, lo anterior y como excepción, limitaciones del derecho fundamental leves o menos graves, como podría ser el acceso a determinados datos de tráfico, exigirán también una menor gravedad en el comportamiento delictivo que las justifica, pudiendo resultar proporcionado ese acceso en determinados supuestos de delitos leves, si bien exigiendo siempre una fundamentación reforzada de la decisión judicial (en este sentido, la STJUE, Sala Tercera, de 1 de octubre de 2015 asunto C230/14).

Lo habitual será que el Juez autorice el acceso al contenido de la comunicación, pero si además de dicho contenido considera también oportuno el acceso a cualesquiera otros datos de tráfico o asociados a la comunicación, deberá precisarlo expresamente en la resolución que dicte. Esta ampliación del contenido de la interceptación requerirá, además y lógicamente, que la resolución judicial fundamente y justifique conforme a las exigencias legales la necesidad, proporcionalidad y excepcionalidad del acceso a tales datos. En palabras del preámbulo de la LO 13/2015, «se pretende con ello que sea el propio juez, ponderando la gravedad del hecho que está siendo objeto de investigación, el que determine el alcance de la injerencia del Estado en las comunicaciones particulares».

Se termina, de esta manera, con una práctica que se había venido generalizando con anterioridad a la reforma LECrim consistente en la inclusión sistemática, en las resoluciones que acordaban la intervención de comunicaciones, de todos los datos de tráfico o asociados que pudieran ser aportados por el operador telefónico y, todo ello, sin fundamentación alguna que lo justificara. Este indebido modo de proceder, puesto ya de manifiesto por algún pronunciamiento jurisprudencial a partir del voto particular a la STS n.º 316/2011, de 6 de abril, resultaba poco respetuoso con los principios esenciales fundamentadores de la limitación del derecho fundamental.

Por lo tanto, deberá precisar el Juez si la intervención queda limitada a las comunicaciones orales que puedan sostenerse a través del terminal telefónico o se incluyen también los intercambios de mensajes cortos (SMS), correo electrónico o mensajes multimedia (MMS). Igualmente deberá precisarse si la intervención se extiende, además de al contenido de la comunicación, a los datos de tráfico o asociados, o a aquellos que se produzcan con independencia del establecimiento de una comunicación.

En orden a delimitar el alcance de lo que deba entenderse por datos electrónicos de tráfico o asociados, el último párrafo del art. 588 ter b se encarga de precisar que serán «todos aquellos que se generan como consecuencia de la conducción de la comunicación a través de una red de comunicaciones electrónicas, de su puesta a disposición del usuario, así como de la prestación de un servicio de la sociedad de la información o comunicación telemática de naturaleza análoga». Para distinguir entre datos de tráfico y datos asociados deberá operarse con las previsiones contenidas en el art. 1 (que define los datos de tráfico) y el art. 18.3 y demás regulación contenida en el Convenio sobre la Ciberdelincuencia, hecho en Budapest el 23 de noviembre de 2001 («BOE» de 17 septiembre de 2010), al que posteriormente se hará referencia.

En definitiva, se incluyen aquí todos los datos a que hace referencia el art. 3 de la Ley 25/2007, «de conservación de datos relativos a las comunicaciones electrónicas y a las redes públicas de comunicaciones», así como los que se recogen en el art. 39 de la LGT.

Entre tales datos figuran algunos esenciales para hacer posible técnicamente la comunicación, como el número de abonado, la dirección IP (protocolo de Internet, por sus siglas en inglés), el IMSI (identidad internacional del abonado móvil), el IMEI (identidad internacional del equipo móvil), la DSL (línea digital de abonado), entre otros. Igualmente figuran otros datos técnicos, como son los referidos a la geolocalización de los equipos que intervienen en la comunicación o a las vicisitudes técnicas que se hayan podido producir durante la comunicación (como la causa de su finalización), así como los datos necesarios para la facturación del servicio de comunicación, entre los que se incluyen la identificación del titular del servicio, su domicilio, número de cuenta, dirección de correo electrónico, hora de comienzo y fin de la comunicación, etc. Además, se incluyen, como datos que se generan independientemente del establecimiento de una comunicación concreta, todos aquellos que se producen de manera automática y casi permanente como consecuencia de la comunicación entre los teléfonos móviles y los puntos de conexión a red o estaciones BTS (*Base Transceiver Station*) o los que generan los sistemas de conexión wifi entre dispositivos y redes.

Como puede apreciarse, no se trata de datos que afectan exclusivamente al derecho fundamental al secreto de las comunicaciones (art. 18.3 CE), sino que se incluyen también otros que entrarían en la esfera de la intimidad (art. 18.1 CE) o del derecho a la protección de datos (art. 18.4 CE). De esta manera, se confirma la precisión que se hacía *ut supra* acerca del ámbito o alcance de la regulación contenida en la LECrim a todos los derechos previstos en el art. 18 CE y no solo al secreto de las comunicaciones. Por otro lado, la regulación contenida en la Ley 25/2007 referente a la cesión de tales datos[169] «a los agentes facultados siempre que les sean requeridos a través de la correspondiente autorización judicial con fines de detección, investigación y enjuiciamiento de delitos graves contemplados en el Código Penal o en las leyes penales especiales» (art. 1), debe entenderse superada por la contenida ahora en la LECrim cuando se trate de una medida de interceptación de comunicaciones, con lo que desaparecen todas las dudas interpretativas que se habían venido planteado, tales como el alcance de la gravedad del delito, el derecho fundamental afectado o la autoridad competente para requerir los datos.

Por último, es preciso señalar que, en atención a esa diferente naturaleza de los datos de tráfico o asociados, al tener en muchos casos el acceso a los mismos una menor incidencia en la esfera de los derechos fundamentales del afectado que la intervención del contenido de la comunicación, deberá también ser menor el grado de exigencia de los principios rectores para acordar su incorporación al proceso. En este sentido, señalaba la STC núm. 26/2006, de 30 enero[170], en relación con la incorporación a un proceso de listados de llamadas, que «aunque el acceso y registro de los datos que figuran en los listados constituye una forma de afectación del objeto de protección del derecho al secreto de las comunicaciones, no puede desconocerse la menor intensidad de la inje-

---

169. LEY 25/2007, de 18 de octubre, de conservación de datos relativos a las comunicaciones electrónicas y a las redes públicas de comunicaciones, BOE núm. 251 de 19 de octubre de 2007, en vigor 8 de noviembre de 2007.
170. SENTENCIA del Tribunal Constitucional núm. 26/2006, de 30 de enero. Recurso de amparo núm. 623/2004, 958/2004 y 1311/2004 (acumulados). Ponente D. Guillermo Jiménez Sánchez. BOE 1 de marzo de 2006.

rencia en el citado derecho fundamental que esta forma de afectación representa en relación con la que materializan las escuchas telefónicas, siendo este dato especialmente significativo en orden a la ponderación de su proporcionalidad» (en el mismo sentido, la STC núm. 123/2002, de 20 de mayo).

2.7.1. Utilización por el investigado de terminales o medios de comunicación de titularidad ajena

La circunstancia de que el investigado recurra para el mantenimiento de sus comunicaciones a terminales o medios de comunicación que figuren a nombre de terceras personas no supone ningún obstáculo para la adopción de la medida. Ya desde antiguo la doctrina jurisprudencial venía admitiendo sin fisuras esta posibilidad (por todas, la STS n.º 474/2012, de 6 de junio). En realidad, lo determinante para fundamentar la medida de interceptación de las comunicaciones no va a ser la relación de titularidad del sujeto investigado con el terminal o medio de comunicación, sino su relación como usuario, aunque sea ocasional. Esta conclusión aparece reforzada, sobre todo, si se tiene en cuenta que, normalmente, va a ser estrategia del delincuente hacer figurar los terminales o medios de comunicación que utilice a nombre de terceros, precisamente, para evitar el control judicial de sus comunicaciones. Esta relación de usuario y no de titular es la que ha llegado a fundamentar, incluso, la intervención de terminales o equipos situados en establecimientos públicos, posibilidad ésta prevista en el art. 39 de la Ley General de Telecomunicaciones, exigiéndose, eso sí, la adopción de medidas para limitar en lo posible la afectación del derecho de terceros (SSTS n.º 467/1998, de 3 de abril y 1233/1994, de 18 de abril).

En cualquier caso, la intervención de terminales o medios de comunicación que figuren a nombre de terceros va a requerir un especial esfuerzo en la motivación del principio de idoneidad de la medida, que exigirá la exteriorización de indicios que justifiquen esa relación del sujeto investigado con el medio de comunicación de ajena titularidad que se pretende intervenir.

De esta manera, en los supuestos de utilización por el investigado de terminales o medios de comunicación que figuren a nombre de terceros, la necesaria identificación subjetiva de la medida pasará por justificar la relación del investigado con el teléfono y la existencia de indicios que pongan de manifiesto que utiliza ese terminal o medio de comunicación para sus fines delictivos. En estos casos, por lo tanto, la falta de identificación del titular formal del medio no resultará trascendente para valorar la legalidad de la medida, habiendo señalado la STS núm. 48/2013, de 23 de enero[171]: «esa disociación entre el titular o abonado y el usuario de los servicios de telefonía encuentra también reflejo en la Ley 32/2003, 3 de noviembre, en cuyo art. 38.4 se reconoce un estatuto espe-

---

171. SENTENCIA de la Sala Segunda, de lo Penal del Tribunal Supremo núm. 48/2013, de 23 de enero. Ponente D. Manuel Marchena Gómez.

cífico a los usuarios que no tengan la condición de abonados, admitiendo el hecho incuestionable de una utilización de las terminales telefónicas disociada de la titularidad del servicio. En consecuencia, el hecho de que en el auto inicial no se especificara quién era el titular de los teléfonos intervenidos, limitándose a hacer mención a uno de los usuarios, identificado como Ramón —otro de los coacusados finalmente condenados—, no afecta a la legitimidad de la medida».

En cuanto a la intervención de las comunicaciones en las que el investigado aparezca como receptor de las mismas —referidas ahora en el art. 588 ter h—, la jurisprudencia no ha tenido objeciones en admitir la legalidad de la limitación del derecho fundamental del interlocutor no investigado como consecuencia de la interceptación de las comunicaciones del verdaderamente investigado («recogida de arrastre», en palabras de la STS núm. 419/2013, de 14 de mayo). De manera muy elocuente señala el Tribunal Constitucional (STC núm. 219/2009, de 21 de diciembre[172]): «no puede considerarse constitucionalmente ilegítima la intervención de las conversaciones de las personas que comunican o con las que se comunican aquéllas sobre las que recaen inicialmente los indicios, en la medida en que tales conversaciones estén relacionadas con el delito investigado, correspondiendo al Juez, a través del control de la ejecución de la medida, la identificación de las conversaciones relevantes».

2.7.2. Identificación mediante número IP

El art. 588 ter k regula la forma de proceder en los casos en los que se quiere identificar la persona que se encuentra detrás de una comunicación mantenida a través de Internet que, con carácter general, será el método que se siga para investigar muchos de los delitos cometidos a través de este medio.

El punto de partida, en estos casos, va a ser siempre la determinación de la dirección IP a través de la cual se haya producido la comunicación telemática objeto de investigación y aquí pueden plantearse dos posibilidades: que para la determinación de la dirección IP haya que solicitar el dato a un prestador de servicios de comunicación obligado a su conservación por la Ley 25/2007 o que los investigadores hayan podido obtener la dirección IP sin necesidad de recurrir al prestador de servicios.

En el primer caso, la petición del dato deberá acomodarse a las previsiones del art. 588 ter j, al tratarse de un dato vinculado a un proceso de comunicación. Por lo tanto, sería necesaria autorización judicial. El segundo caso, cuando los investigadores hayan podido obtener la dirección IP sin necesidad de recurrir al prestador de servicios, es el que daría lugar a la aplicación del régimen que contiene el art. 588 ter k.

---

172. SENTENCIA del Tribunal Constitucional núm. 219/2009, de 21 de diciembre. Recurso de amparo núm. 3451/2007. Ponente D.ª Maria Emilia Casas Baamonde. BOE 18 de enero de 2010.

En este último supuesto, si la Policía Judicial puede determinar una dirección IP a través de la cual se estuviera cometiendo un delito careciendo de información acerca de la identificación y localización del equipo o dispositivo que la estuviera utilizando o de la identidad del usuario del mismo, deberá recabar autorización judicial para obtener de los sujetos obligados, conforme al art. 588 ter e, esos datos de identificación y localización. En realidad, lo que prescribe el precepto es que la Policía Judicial no necesita autorización judicial para determinar la dirección IP si puede hacerlo sin recurrir al operador de comunicaciones electrónicas obligado por la Ley 25/2007 (obteniéndola directamente de Internet, si fuere posible); para lo que sí la necesitará será para relacionar esa dirección IP con un equipo o dispositivo concreto y, en último término, con la persona usuaria del mismo. El fundamento de esta previsión se encuentra en que la dirección IP, por sí sola, no identifica a persona alguna. Su operatividad se pone de manifiesto, únicamente, cuando se interrelaciona esa dirección IP con ciertos datos de identidad conservados por las operadoras de comunicaciones. Es decir, la dirección IP no identifica, pero permite identificar; por lo tanto, su obtención no resultaría extraña a las labores policiales que regula el art. 22.2 de la ya hoy derogada LO 15/1999, de 13 de diciembre, de Protección de Datos de Carácter Personal (vigente conforme a la disposición transitoria de la Ley Orgánica 3/2018, de 5 de diciembre, «de Protección de Datos Personales y garantía de los derechos digitales»), que permite la recogida y tratamiento para fines policiales de datos de carácter personal por las Fuerzas y Cuerpos de Seguridad sin consentimiento de las personas afectadas, pero la identificación final del usuario mediante el cruce de ese dato con los conservados por imposición de la Ley 25/2007, sí precisará de esa autorización judicial.

Ciertamente, esta previsión no hace más que incorporar al articulado de la LECrim la doctrina jurisprudencial elaborada por el Tribunal Supremo en los últimos años y que sintetizaba de manera muy precisa la Circular 1/2013 cuando señalaba que «el Tribunal Supremo considera que estos datos —la dirección IP— no se encuentran protegidos ni por el art. 18.1 CE, ni por el art. 18.3 CE (SSTS n.º 292/2008, de 28 de mayo; y 776/2008, de 18 de noviembre). Tras la averiguación del IP, las subsiguientes actuaciones de identificación y localización de quién sea la persona que tiene asignado ese IP se deben llevar a cabo bajo control judicial. No obstante, debe tenerse presente una matización: la jurisprudencia distingue por un lado los casos de rastreo policial del espacio público y por otro lado los supuestos en los que para acceder a una información sobre IP es necesario oficiar a una operadora. En este último supuesto, es necesario obtener autorización judicial conforme a las previsiones de la Ley 25/2007 (SSTS n.º 292/2008, de 28 de mayo; n.º 236/2008, de 9 de mayo; n.º 680/2010, de 14 de julio)».

Conviene precisar que la identificación de los equipos o de la persona que estuviera detrás de los mismos utilizando la dirección IP captada por la Policía Judicial, la acordará el Juez conforme a lo dispuesto en el art. 588 ter j y, por lo tanto, no solo será posible en relación con los delitos incluidos en el art. 588 ter a. Así se desprende, también, de la redacción definitiva de la Ley 13/2015 que, frente a la previsión específica en el Anteproyecto de ley de que se tratara de alguno de los delitos en los que era posible la interceptación de comunicaciones, suprimió esta previsión en el texto definitivo, ante la sugerencia en este sentido del informe del Consejo Fiscal.

2.7.3. Identificación de terminales mediante captación de códigos

El art. 588 ter l regula un supuesto íntimamente relacionado con el que se acaba de exponer, tanto en su fundamento, como en el tratamiento jurisprudencial dispensado al mismo. El precepto ha incorporado al texto legal una consolidada doctrina jurisprudencial nacida para dar respuesta a una práctica habitual de la Policía Judicial que tiene por finalidad la identificación de líneas telefónicas cuyas comunicaciones se pretende intervenir. Cuando en el desarrollo de una investigación fuera necesario intervenir las comunicaciones telefónicas de una persona cuyo número de abonado se desconozca, uno de los procedimientos utilizados para su determinación consiste en el empleo de diferentes medios técnicos que permiten captar los códigos de identificación o etiquetas técnicas del teléfono que lleve consigo o de alguno de sus componentes, tales como la numeración IMSI o IMEI. Con estos datos y previa consulta con la correspondiente operadora telefónica, es posible identificar la línea telefónica que utiliza el investigado (su número comercial y titularidad, por ejemplo) y, en definitiva, proceder a su interceptación.

En este proceso, al igual que ocurría con la dirección IP, pueden distinguirse dos momentos; uno, cuando se recogen los datos técnicos de identificación por medio del escáner y, otro, cuando esos datos técnicos, después de ser cruzados con los conservados por las operadoras de telefonía, permiten identificar una línea telefónica y el resto de los datos que ello conlleva. Pues bien, nuevamente aquí, el precepto lo que realmente regula es la posibilidad de que la Policía Judicial pueda obtener los datos técnicos por medio del escáner sin necesidad de recabar previamente autorización judicial. Su fundamento es el mismo que antes se exponía: esos datos técnicos —fundamentalmente el IMSI y el IMEI—, no permiten la identificación de persona alguna. Solo el trámite posterior con la operadora será lo que posibilite esa identificación y de ahí que la autorización judicial sea necesaria para el segundo momento del proceso, pero no para el primero.

Esta solución, como se adelantaba, se encontraba ya plenamente consolidada en nuestra doctrina jurisprudencial desde la STS núm. 249/2008, de 20 de mayo, señalando la Circular 1/2013: «El TS tiene declarada la legitimidad de que sea la propia Policía la que los obtenga —los datos técnicos, concretamente, el IMSI y el IMEI— por sí misma y por sus medios técnicos en la medida que con ellos se desconoce incluso el número telefónico concernido, y las llamadas que pudieran recibirse y efectuarse, y, por supuesto se desconoce igualmente las conversaciones (SSTS n.º 1115/2011, de 17 de noviembre, 79/2011, de 15 de febrero; 249/2008, de 20 de mayo; 776/2008, de 18 de noviembre). Sin embargo, no puede la Policía solicitar tal información de las operadoras», recordando más adelante el contenido de la STS 249/2008, cuando señalaba que «así como la recogida o captación técnica del IMSI no necesita autorización judicial, sin embargo, la obtención de su plena funcionalidad, mediante la cesión de los datos que obran en los ficheros de la operadora, sí impondrá el control jurisdiccional de su procedencia».

El precepto aporta una novedad. La Policía Judicial deberá informar al Juez de que ha utilizado artificios técnicos para la obtención de los datos que le presente para posibilitar la intervención telefónica. Se trata de extender el control judicial a todo el proceso de interceptación, incluso a estas actuaciones previas, con la finalidad de garantizar la transparencia y respeto a la Ley de toda la actuación. Ahora bien, el precepto exige que se informe de la utilización de artificios, pero no que se explique el funcionamiento concreto de estos, ni que se desvelen técnicas de investigación policial que, sin duda, podrían perjudicar futuras investigaciones. Únicamente en aquellos casos en los que pudieran suscitarse dudas razonables y fundadas acerca de la legalidad de los métodos o artificios utilizados sería exigible un mayor detalle en la justificación de la Policía Judicial. En cualquier caso, la falta de indicación de este extremo no tiene por qué afectar a la validez de la medida, siempre que no existan indicios de que la actuación policial ha sido ilegal, habiendo señalado la doctrina jurisprudencial que no puede presumirse que las actuaciones policiales «son ilegítimas e irregulares, vulneradoras de derechos fundamentales, mientras no conste lo contrario. Ello supondría la paradoja de que mientras que tratándose de los acusados ha de presumirse su inocencia, en tanto no se prueba su culpabilidad (art. 24.2 CE), a los Jueces y Tribunales, en el mismo marco procesal, ha de presumírseles una actuación contraria a la Constitución y a las Leyes, en tanto no se prueba que han actuado conforme a Derecho» (STS n.º 246/2014, de 2 de abril).

En cualquier caso, la previsión que recoge este art. 588 ter l y la interpretación que de él se hace hay que entenderla circunscrita a la captación de códigos encaminada a una posterior interceptación de comunicaciones, pero no cuando lo que se pretende es la identificación de un determinado dispositivo de conectividad no vinculado a una comunicación concreta, supuesto este que caería dentro de la regulación del artículo siguiente que a continuación se analiza.

2.7.4. Identificación de titulares de terminales o dispositivos de conectividad

El art. 588 ter m regula ahora expresamente la incorporación al proceso de los datos necesarios para conocer la titularidad de un número de teléfono o de cualquier otro medio de comunicación que pudiera verse involucrado en una actividad delictiva o que estuviere utilizando una persona investigada. En estos casos, al tratarse de datos que no afectan al derecho fundamental al secreto de las comunicaciones y con la finalidad de facilitar la operatividad y agilidad de las investigaciones, se permite que puedan ser directamente recabados por el Ministerio Fiscal o la Policía Judicial.

En primer lugar, es preciso establecer el alcance objetivo de esta previsión, tanto en relación con los delitos en cuya investigación resultaría aplicable, como en relación con los concretos datos que el Ministerio Fiscal y la Policía Judicial pueden recabar directamente sin necesidad de autorización judicial.

En cuanto al primer extremo, no cabe duda de que la obtención de los datos a que se refiere este precepto resulta completamente extraña a la interceptación de comunicaciones. Es más, la gran mayoría de los casos en los que el Ministerio Fiscal o la Policía Judicial pudieran hacer uso de esta facultad podrían no tener relación, ni siquiera, con la preparación de una ulterior intervención de comunicaciones. En consecuencia, esta facultad no debe entenderse circunscrita a los supuestos de interceptación de comunicaciones que contempla el art. 588 ter a, serán las disposiciones generales del art. 588 bis a las que deberán presidir la adopción de esta medida y, entre ellas, especialmente, y por lo que a la determinación de las modalidades delictivas a las que resulta aplicable se refiere, el principio de proporcionalidad. En particular, la STJUE de 2 de octubre de 2018 (asunto C-207/16) ha proclamado que, si bien la obtención de estos datos constituye una injerencia en los derechos fundamentales de los ciudadanos, no reviste la gravedad suficiente como para limitarla a la lucha contra la delincuencia grave, estando justificada «por el objetivo de prevenir, investigar, descubrir y perseguir delitos en general».

En cuanto a los concretos datos que pueden ser recabados directamente por el Ministerio Fiscal o por la Policía Judicial, la previsión no se agota, simplemente, en la obtención de la titularidad de un número de teléfono o, en sentido inverso, en la obtención del concreto número telefónico que utilice una persona, sino que debe entenderse aquí incluida cualquier petición de datos encaminada a esa identificación del titular o del dispositivo de comunicación, siempre que no se trate de datos vinculados a procesos de comunicación.

Se incluirían aquí, por ejemplo, los supuestos de solicitud del IMSI que aparece asociado a un determinado dispositivo electrónico, con el fin de determinar quién es el usuario de ese dispositivo electrónico. Este supuesto se ha venido planteando con cierta frecuencia en los casos de sustracción de teléfonos móviles con el fin de identificar a la persona que lo tenía en su poder mediante la identificación del IMSI de la tarjeta SIM que estaba siendo utilizada por el usuario del teléfono. El IMSI, en estos casos, no puede ser considerado como un dato de tráfico y, por lo tanto, vinculado a un proceso de comunicación, pues no se genera como consecuencia de una comunicación concreta, sino que se trata, en palabras de la STS núm. 249/2008, de 20 de mayo, de un código de identificación de cada dispositivo de telefonía móvil que sirve para posibilitar esa identificación a través de las redes GSM y UMTS; en consecuencia, puede fácilmente encuadrarse en el concepto de «dato identificativo de un medio de comunicación», que utiliza el art. 588 ter m. Se trata, por lo tanto, de un supuesto diferente al que regula el art. 588 ter l en el que, como antes se analizaba, será necesario recabar autorización judicial para relacionar ese IMSI con otros datos que posibiliten la identificación del usuario.

Para concluir y en cuanto a la delimitación subjetiva de la previsión, debe hacerse referencia a los posibles destinatarios de la solicitud del Ministerio Fiscal o la Policía Judicial. El precepto abarca un amplio ámbito de aplicación, ya que se refiere a cualquier medio de comunicación y a cualquier dato que pueda facilitar el conocimiento de la titularidad del medio o, en sentido inverso, la identificación del medio de comunicación de un titular ya conocido. Precisamente por eso, no limita el posible destinatario de la solicitud a los operadores obligados por la Ley 25/2007, sino que, por el contrario, se refiere de manera genérica a los prestadores de servicios de telecomunicaciones, de acceso a una red de telecomunicaciones o de servicios de la sociedad de la información.

III. VALORACIÓN DE LA PRUEBA DIGITAL

Como hemos visto en epígrafes anteriores, las pruebas se pueden obtener de forma lícita, cumpliendo las garantías procesales y constitucionales propias (con autorización del sujeto o auto motivado del juez instructor) o bien, se pueden obtener pruebas que sean libre y voluntariamente aportadas por una de las partes del procedimiento, como pueden ser emails o conversaciones de *whatsapp*, por ejemplo, y que le sirvan como prueba en su estrategia de defensa o acusación. Si se cumplen los requisitos de obtención e incorporación de la prueba digital al proceso, ésta puede desplegar eficacia probatoria, y por tanto, una vez que dichas pruebas son aportadas, deberán valorarse por el juzgador, y en las aportadas de forma voluntaria por alguna de las partes, incluso deberán ser cotejadas por el LAJ para acreditar su origen y licitud.

3.1. REGLA GENERAL: LIBRE VALORACIÓN DE LA PRUEBA DIGITAL

Aunque va aumentando el conocimiento judicial de las pruebas digitales y su admisión, validez y eficacia, en atención a las características que deben cumplirse y las fases por las que tiene que pasar hasta adquirir fuerza probatoria e incidencia en la culpabilidad, siguen cometiéndose ciertos errores en los Tribunales por la propia obsolescencia del sistema judicial español y los medios al alcance de la Administración de Justicia, que todavía está un paso por detrás del avance tecnológico.

Se ha de tener en cuenta que en nuestro ordenamiento jurídico procesal se configura la libre valoración probatoria sustentada en las reglas de la sana crítica. Y es la senda en la que, el juez deberá analizar si existe prueba de cargo sometida a los principios de inmediación, contradicción, publicidad e igualdad; realizar un juicio de suficiencia, que de existir prueba de cargo deberá comprobar si la misma es suficiente para desvirtuar la presunción de inocencia, y además deberá motivar razonadamente si la presunción de inocencia se ha desvirtuado.

Pese a los requisitos tan exhaustivos que deben mantenerse para garantizar la integridad de la prueba, es incomprensible que no se aporte el documento de cadena de custodia de la prueba digital junto al informe que se efectúe, cuando se trata de periciales de la Policía Judicial, lo que sería imprescindible por la facilidad de que la prueba digital sea manipulada, como antes he indicado. En muchos casos sólo se examina el precintado de los sobres que contienen los dispositivos informáticos físicos, pero no de su contenido, que puede ser alterado en remoto sin romper esos precintos físicos. Nuestros Tribunales, por el contrario, siguen confiando en el examen y análisis de las evidencias que se efectúa por los cuerpos y fuerzas de seguridad del Estado, y no suele dudarse del testimonio de un agente que acude como perito (o testigo-perito) en el Juicio, a pesar de que no goza de presunción de veracidad, sino que constituye una prueba más, eximiéndole del deber de acreditar origen, autenticidad e integridad de las pruebas digitales incautadas y del proceso que ha llevado a cabo en la obtención y análisis, a pesar de que, en muchas ocasiones se pregunta de forma insistente por los Letrados, incluso cuando existen informes periciales contradictorios de parte (a los que, por el contrario, sí se les exige un deber de acreditar esos extremos), que en ocasiones tienen mayor cualificación técnica que la Policía Judicial.

Por otro lado, en el ordenamiento español, tenemos el problema de que los avances conseguidos con la promulgación de las citadas reformas legislativas, que ofrecen un amplio abanico de novedosas diligencias de investigación que consisten en la aplicación de tecnologías digitales, no se corresponden con una actualización respecto al cauce de entrada al juicio oral como medios de prueba. En definitiva, hay un desfase entre el reconocimiento de nuevas fuentes de prueba y el mantenimiento de la regulación antigua por lo que se refiere a los medios de prueba. Ello contrasta con lo ocurrido en el orden jurisdiccional civil, pues la Ley de Enjuiciamiento Civil incluyó expresamente entre los medios de prueba la prueba informática y la prueba videográfica, aunque de una manera más periférica («los medios de reproducción de la palabra, el sonido y la imagen, así como los instrumentos que permiten archivar y conocer o reproducir palabras, datos, cifras y operaciones matemáticas llevadas a cabo con fines contables o de otra clase, relevantes para el proceso» art. 299.2 y en los arts. 382 a 384). Por lo tanto, se plantea la pregunta de cómo incorporar al juicio oral los resultados obtenidos a través de los medios tecnológicos novedosos.

Esto plantea una especial problemática porque a la hora de proceder a la valoración judicial de la prueba digital, y conforme a las reglas del principio de libre y conjunta valoración de la prueba que haya sido practicada en juicio oral, público y contradictorio, la especialidad y características intrínsecas que tienen las pruebas digitales hace que deban aplicarse unas particulares reglas de la sana crítica y que nos encontremos con alteraciones.

Es evidente que el Juez o Tribunal no dispone de conocimientos técnicos suficientes[173], con todas las eventualidades que pueden producirse y sus particularidades, por lo que debe estar exclusivamente supeditada la conclusión que obtenga el Tribunal a la valoración técnica aportada en juicio, bien por los peritos informáticos de parte, bien por los de la Policía Judicial, o, en caso de que no se considere necesario o no se efectúe una pericial, por los agentes de Policía que han llevado a cabo las investigaciones tecnológicas, lo que implica, en la práctica, una desviación de la valoración judicial de la prueba electrónica hacia profesionales que carecen de las garantías jurídicas, lo que no debería producirse, en aras al derecho de defensa y a la tutela judicial efectiva.

No obstante, la formación judicial, también ha de estar orientada a que los juzgadores amplíen su estudio sobre cuestiones tales como la interpretación y argumentación jurídica. En palabras de TARUFFO, «no parece excesivo, por otra parte, requerir a un juez que vive en la sociedad actual, dominada por la ciencia y la tecnología, con una presencia cada vez más frecuente de la ciencia en los asuntos procesales, un nivel adecuado de información epistemológica»[174].

La prueba electrónica aportada debe analizarse, como cualquier medio probatorio ordinario o convencional, bajo los principios de oralidad, contradicción, concentración, publicidad e inmediación, y el sistema de valoración aplicable a la prueba electrónica, como regla general, es de acuerdo a las máximas de experiencia y conforme a las reglas de la sana crítica junto con el restante material probatorio, que debe realizarse de un modo objetivo y sin que tengan cabida los métodos puramente intuitivos o derivados de la conclusión policial o pericial simplemente porque, como afirma la Sentencia del Tribunal Supremo 293/2020, de 10 de junio, «lo contrario supondría alejar el proceso penal y las técnicas de valoración probatoria de su verdadero fundamento racional» (Fundamento Jurídico Primero). Y ello sin que la libre valoración de las pruebas implique arbitra-

---

173. BUENO DE LA MATA, 2014, p. 262, indica que el baremo valorativo del juzgador sobre esta prueba es reducido por estar supeditado a los peritos informáticos. En contra de esa idea, ARRABAL PLATERO, 2019, p. 416, afirma que «las máximas de la experiencia permiten a los Jueces realizar un razonamiento sensato sobre el conjunto de la prueba practicada, con independencia de su naturaleza técnica».

174. TARUFFO, M., *Simplemente la verdad. El juez y la construcción de los hechos*, editorial Marcial Pons, 2010, p. 245.

riedad, pues los Tribunales deben exteriorizar en la Sentencia, con fundamentos jurídicos, el proceso para llegar al convencimiento expresado como soporte de la decisión adoptada, debiendo ser conforme a las reglas de la lógica y experiencia, aunque hagan referencia a los conocimientos científicos contenidos en los informes periciales que hubieren podido practicarse en el Juicio. De esta forma, como afirma VELASCO NÚÑEZ, se aleja el papel del Juez «del mero automatismo, obligándole a adoptar siempre una posición crítica, aun cuando las pericias tengan mucho peso en ocasiones por su valor de convicción, en bastantes ocasiones en consonancia con el carácter científico y cuasiaxiomático de las mismas» [175].

En todo caso, la innovación debiera ser completa y actualizar también los cauces a través de los cuales ese material probatorio puede entrar en la fase plenaria del proceso, y ofrecer además criterios de ponderación en la autorización previa de actuación judicial y de valoración de la prueba practicada que no confundan la realidad que se pretende enjuiciar con lo que es una representación de la misma, la cual debe servir para la construcción narrativa que deberá expresarse con claridad en la motivación de la sentencia. Es esencial, por tanto, para garantizar el derecho de defensa, la apreciación conjunta de la prueba, no solamente de la digital, sino de otras que la complementen y el juicio de valor conjunto del material probatorio existente, sin basarse en la pericial informática exclusivamente [176], a pesar de la importancia que tiene, o en el resultado de las diligencias tecnológicas, dándole a estas el mismo valor que el resto de pruebas y, ante posibles contradicciones, que sean resueltas por el Juez a través de un motivado proceso intelectual expuesto en la Sentencia, para condenar o declarar una absolución.

Dicho resultado se obtiene a través de la motivación judicial de la sentencia, en la que el juzgador muestra el camino razonado que ha recorrido en la apreciación de las pruebas indicando, en tal caso, la eficacia probatoria de cada una de ellas y que le ha llevado a su conclusión [177]. La motivación de las sentencias es una manifestación del derecho a la tutela judicial efectiva y una garantía para

---

175. VELASCO NÚÑEZ, E., *Delitos tecnológicos*, Madrid, p. 676.
176. En todo caso, como criterios valorativos de la pericial informática se tendrá en cuenta por parte del Tribunal la cualificación del perito y su concreta especialización, la metodología aplicada, la vinculación del perito con las partes y sus posibles implicaciones en la imparcialidad del mismo, la acreditación del cumplimiento de la cadena de custodia en la obtención y conservación de los datos y el contenido del propio informe técnico, teniendo en cuenta su coherencia interna, si incurre en contradicciones, si justifica sus conclusiones, si cuenta con omisiones manifiestas, si es congruente con las peticiones que le fueron formuladas, y si es inteligible.
177. La motivación viene expresamente prevista en el artículo 209 LEC en el que dispone el contenido de las sentencias. Sobre la cuestión, véase TARUFFO, M., *La motivación de la sentencia civil*, Editorial Trotta, Madrid, 2011.

los justiciables que les permite comprobar que la resolución dada al caso es consecuencia de una exigencia racional del ordenamiento y no el fruto de la arbitrariedad[178]. En este sentido, tal y como expresa la STS 735/2016, de 5 de octubre[179], la motivación «supone, también y de manera quizá aún más importante, que el propio Juzgador reflexione sobre el sentido y validez de su razonamiento, al verse obligado a justificarlo, auxiliándole eficazmente en la honesta búsqueda de la rectitud y justicia de la decisión. En definitiva, y en concreto en el ámbito de lo Penal en el que las Resoluciones tienen carácter público, es la Sociedad misma la que, conociendo los argumentos en los que los Tribunales apoyan sus pronunciamientos, percibe los contextos jurisprudenciales en la aplicación de la norma y accede, en su caso, a la posible crítica legítima de los criterios aplicado».

Ello, no obstante, hay un importante número de resoluciones jurisprudenciales que no exigen una investigación detallada de cada una de las pruebas y sostienen que resulta innecesario examinarlas todas pormenorizadamente, siendo suficiente que, de su análisis, se extraiga con convicción un resultado fruto de la conjunción de dichos elementos probatorios[180]. Esta posición, sin embargo, pone en riesgo las garantías de la valoración conjunta de la prueba, transformando este sistema de apreciación casuístico en un peligroso método discrecional de decisión judicial, que complica su revisión en una instancia pos-

---

178. Véanse las SSTC 17 de diciembre de 1985, 23 de junio de 1986, 13 de mayo de 1987, 2 de julio de 1990; 165/1993; 314/2005, de 12 de diciembre; 160/2009, de 29 de junio; 126/2013, de 3 de junio; 9/2015, de 2 de febrero; 29/2017, de 27 de febrero; las SSTS 7/2004, de 16 de enero; 448/2004, de 2 de abril; 640/2004, de 20 de mayo; 956/2004, de 19 de julio; 807/2005, de 22 de junio; 1164/2005, de 11 de octubre; 1129/2005, de 12 de diciembre; 146/2006, de 10 de febrero; 55/2007, de 23 de enero; 204/2007, de 15 de marzo; 343/2007, de 20 de abril; 350/2007, de 30 de abril; 407/2007, de 18 de mayo, 613/2007, de 5 de julio; 716/2007, de 18 de septiembre; 814/2007, de 5 de octubre; 1075/2007, de 21 de diciembre; 209/2009, de 5 de marzo; 149/2010, de 19 de febrero; 341/2010, de 13 de abril; 71/2011, de 4 de febrero; 550/2011, de 2 de junio; 517/2012, de 18 de junio; 628/2012, de 11 de julio; 634/2012, de 18 de julio; 693/2012, de 19 de septiembre; 795/2012, de 11 de octubre; 192/2013, de 7 de marzo; 352/2013, de 18 de abril; 183/2013, de 12 de marzo; 487/2013, de 4 de junio; 740/2013, de 7 de octubre; 273/2014, de 7 de abril; 528/2014, de 16 de junio; 573/2014, de 9 de julio; 722/2014, de 28 de octubre; 899/2014, de 26 de diciembre; 276/2015, de 6 de mayo; 197/2016, de 10 de marzo; 678/2016, de 22 de julio; 735/2016, de 5 de octubre.

179. SENTENCIA de la Sala Segunda, de lo Penal del Tribunal Supremo núm. 735/2016, de 16 de febrero. Ponente D.ª María Lourdes Arastey Sahun.

180. Así se pronuncian las SSTS 18 de marzo de 1994; 7 de noviembre de 1994, 19 de diciembre de 1996; 9 de junio de 1998; 31 de diciembre de 1998; 724/2004, de 6 de julio; 438/2006, de 27 de abril; 378/2011, de 6 de junio. La misma idea parece desprenderse de las SSTC 41/1998, de 24 de febrero; 124/2001, de 4 de junio; 126/2011, de 18 de julio; 2/2015, de 19 de enero.

terior[181]. En palabras del TS, la necesidad de motivación supone «que el propio Juzgador reflexione sobre el sentido y validez de su razonamiento, al verse obligado a justificarlo, auxiliándole eficazmente en la honesta búsqueda de la rectitud y justicia de la decisión»[182].

Pero, ahora bien, no debemos olvidar que, en nuestro ordenamiento procesal civil, no existe norma alguna que imponga un determinado modo de razonar, teniendo declarado la jurisprudencia constitucional —entre otras, SSTC 368/1993, 91/1995 y 237/1997—, que la motivación ha de ser suficiente, infringiéndose tal principio sólo cuando el órgano judicial deja sin responder las pretensiones de las partes sometidas a su conocimiento.

El Tribunal Supremo en sentencia de 8 de octubre de 2009 y 7 de julio de 2011 ha señalado que «*la motivación de las sentencias es una exigencia constitucional establecida en el Art. 120.3 CE. Desde el punto de vista constitucional, el deber de motivación es inherente al ejercicio de la función jurisdiccional y forma parte del derecho a la tutela judicial efectiva, porque está prohibida la arbitrariedad del juez y la forma de controlar la razonabilidad de las decisiones se efectúa por medio de la motivación, y todo ello para evitar que el derecho a la tutela judicial efectiva sufra una lesión*». La respuesta a las peticiones formuladas en la demanda no debe ser ni extensa ni pormenorizada, pero sí debe estar argumentada en derecho, puesto que el juez no puede decidir según su leal saber y entender, sino mediante el recurso al sistema de fuentes establecido, tal como dispone el Art. 1.7 CC, lo que deriva de la sumisión de los jueces a la ley, establecida en el Art. 117.1 CE. En este sentido, el Tribunal Constitucional ha señalado que «*la motivación [...] ha de ser la conclusión de una argumentación ajustada al tema o temas en litigio, para que el interesado, destinatario inmediato, pero no único, y los demás, los órganos judiciales superiores y también los ciudadanos, puedan conocer el fundamento, la ratio decidendi de las resoluciones[...]*» (STC 77/2000, así como las SSTC 69/1998, 39/1997, 109/1992, entre muchas otras). La obligación de motivación de las sentencias está recogida en el Art. 218 LEC, cuyo párrafo 2 establece que «*las sentencias se motivarán expresando los razo-*

---

181. Como expone DE URBANO CASTRILLO, «en lo que no puede convertirse la apreciación conjunta de la prueba es en un fácil expediente para eludir el estudio y valoración individualizado de cada medio de prueba, sustituyendo esa tarea inexcusable —en la que se excluirán de valoración las pruebas declaradas ilícitas, en las que otras se dirá que no arrojan ninguna luz al caso o que una concreta se considera decisiva, etc.—, por el cómodo recurso a hacer un juicio global, sin más explicaciones, ya que este proceder no satisface las exigencias constitucionales de motivación del artículo 120.3 CE, y habrá que reputarlo nulo», en DE URBANO CASTRILLO, E., *La valoración de la prueba electrónica*, Tirant Lo Blanch, 2009, p. 29.

182. Así se expresa la STS 899/2014, de 26 de diciembre, que señala que «en concreto en el ámbito de lo Penal en el que las Resoluciones tienen carácter público, es la Sociedad misma la que, conociendo los argumentos en los que los Tribunales apoyan sus pronunciamientos, percibe los contextos jurisprudenciales en la aplicación de la norma y accede, en su caso, a la posible crítica legítima de los criterios aplicados».

namientos fácticos y jurídicos que conducen a la apreciación y valoración de las pruebas, así como a la aplicación e interpretación del derecho y todo ello, ajustándose siempre a las reglas de la lógica y de la razón».

Concretamente, las reglas de las que se sirve el juez en la libre valoración de la prueba son «elementos de la lógica o de la razón que forman parte del acervo cultural de los ciudadanos de cultura básica o elemental, y de los que se hace uso para comprobar si los hechos objeto de la prueba son considerados o no verosímiles»[183]. Las pautas que guían la libre valoración judicial son, por tanto, directrices conformes a la lógica humana y a las reglas de la experiencia empírica que el juez debe aplicar a la hora de determinar el valor probatorio de cada uno de los medios de prueba[184]. En palabras del TS, la sana crítica del juzgador es «el razonar humano» que corresponde a «la lógica interpretativa y al común sentir de las gentes»[185].

La valoración de la prueba por el juzgador es indubitablemente subjetiva, en tanto en cuanto se trata de un sujeto imparcial que interpreta las alegaciones de las partes, de acuerdo con la actividad probatoria desplegada por ellas[186]. Pero, aunque se trate de un sistema imperfecto que pueda arrojar soluciones dispares, no quiere decir que sea contrario a un sistema garantista, pues, como expone GIMENO SENDRA «la *voz interna* del Juzgador es reconocida por la generalidad de los sistemas procesales, siempre que se base en medios probatorios sólidos y, con frecuencia, tras superar las dudas que ofrecen la contradicción resultante entre los distintos medios de prueba»[187].

---

183. GÓMEZ ORBANEJA sostiene que «en la (prueba) libre el legislador deja que se forme libremente el convencimiento del juez», vid. GÓMEZ ORBANEJA, E., *Derecho procesal Civil. Parte general...*, *op. cit.*, p. 295. GIMENO SENDRA señala que la aparición del sistema de libre valoración de la prueba está íntimamente ligada a la del Jurado, para que estos ciudadanos legos emitieran su veredicto con arreglo a su «íntima convicción», en GIMENO SENDRA, V., *Derecho procesal civil. El proceso de declaración...*, *op. cit.*, p. 51.

184. MONTERO AROCA, J., *La prueba en el proceso civil*, editorial Civitas, 2012, pp. 556-559. ROSENBERG señala que la libre apreciación de la prueba se rige «gracias a principios generales fundados en la experiencia los cuales en parte comprenden los resultados de investigaciones científicas, en parte derivan de la observación de la vida y de la conducta de los hombres», en ROSENBERG, L., *La carga de la prueba*, editorial B de f, Buenos Aires, 2019, p. 16.

185. SSTS 29 de enero de 1991; 4 de marzo 1994; 769/2006, de 21 de julio. En el mismo sentido, las SSTS de 16 de marzo de 1999; de 14 de octubre de 2000; de 13 de noviembre de 2001; de 20 de febrero de 2003 indican que «las reglas de la sana crítica no están codificadas, han de ser entendidas como como las más elementales directrices de la lógica humana».

186. Así, resulta curiosa la SAP de Madrid 1168/2012, de 22 de noviembre que revoca una resolución de instancia en la que aprecia la autenticidad de un correo electrónico impugnado por tener la misma redacción que otros dos correos admitidos por el impugnante. El Tribunal de la Audiencia considera que «si es cierto que no hay constancia de que el mensaje hubiera sido falseado, tampoco la hay de lo contrario» y, existiendo dudas al respecto, «sólo pueden ser despejadas en la forma que resulta más favorable al acusado».

187. GIMENO SENDRA, V., *Derecho procesal civil I. El proceso de declaración. Parte General*, editorial ediciones jurídicas castillo de luna, 2017, p. 526.

3.2. IMPUGNACIÓN DE LA PRUEBA ELECTRÓNICA

Al no haber ninguna regulación expresa de la prueba electrónica, tampoco habrá para su impugnación. Así pues, intentaremos aplicar analógicamente las reglas de prueba documental tradicional.

La prueba se debe aportar siempre que sea posible, en el medio en el que se encuentre de forma original: el soporte electrónico o dispositivo en el que se encuentra, haciendo más fácil el reconocimiento judicial de las pruebas para forjar la convicción del juez de que las pruebas aportadas son reales y no están manipuladas. En caso de ser necesario o conveniente acompañar las pruebas electrónicas con un informe pericial, corresponde al juez la mayoría de las veces dictaminarlo, así como determinar la relevancia de la prueba en el proceso[188].

Si la parte contraria o el propio juez de oficio estima que la prueba presentada es nula de pleno derecho debido a su ilicitud, podrá impugnarla a través del art. 287.1 LEC y se resolverá en el propio juicio, salvo que se trate de juicio verbal por lo que es necesario impugnarla con antelación, concretamente *«al comienzo de la vista»*.

Así el art. 433.1 LEC señala propiamente *«el juicio comenzará practicándose, conforme a lo dispuesto en los artículos 299 y siguientes, las pruebas admitidas, pero si se hubiera suscitado o se suscitare la vulneración de derechos fundamentales en la obtención u origen de alguna prueba, se resolverá primero sobre esta cuestión. Con carácter previo a la práctica de las pruebas, si se hubiesen alegado o se alegaren hechos acaecidos o conocidos con posterioridad a la audiencia previa, se procederá a oír a las partes y a la proposición y admisión de pruebas previstas en el artículo 286»*. Ergo, las cuestiones de ilicitud son las primeras en resolverse con anterioridad a la práctica del resto de las pruebas.

Aunque también se puede aportar la transcripción mediante acta notarial, siendo el notario el que certifica la ubicación del documento que se aporta, así como las fechas del envío y recepción, el texto, la hora... El notario examinará el *hardware* y el *software* utilizando ambos, para garantizar que las pruebas no están manipuladas. Dará fe de las fuentes de prueba visualizando o descargando las aplicaciones, documentos, vídeos e imágenes oportunas con sus equipos informáticos. Más tarde levantará un acta notarial detallando la constatación de los hechos a través de sus sentidos (visualizar una web con el URL del notario, por ejemplo). Generará confianza de que en en ese momento determinado la información era real y existente en el soporte digital en el que se presentó[189].

Cuando no fuera posible aportar las pruebas con total certeza de que son fehacientes, se puede acudir a otros medios de prueba complementarios: la

---

188. VALDECANTOS FLORES, M., *El derecho a la prueba y la prueba electrónica en el proceso civil, op. cit.*, p. 7.
189. FERNÁNDEZ GARCÍA, N., *Aportación al proceso civil de la prueba electrónica*, pp. 56-57.

declaración de los testigos como personas intervinientes a la hora de generar o recibir las pruebas o cualquier otro medio que haga posible concluir que la prueba aportada corresponde a la realidad. Podemos encontrar también empresas privadas que trabajan *a priori* asistiendo digitalmente en calidad de garantes de las comunicaciones. Su labor consiste en registrar la comunicación, certificar el envío, el emisor y el receptor, las entradas, acuses de recibo, capturas de pantalla...

La prueba electrónica no deja de ser a grandes rasgos una especie dentro de la prueba documental[190], por lo que puede clasificarse en pública, privada u oficial o administrativa, en función de su autor. Que una prueba sea válida o no en un proceso la mayoría de las veces depende de cómo se posicionan los litigantes en cuanto a las pruebas que se aportan de contrario.

En la audiencia previa las partes podrán llevar a cabo sus pronunciamientos sobre los hechos controvertidos para admitirlos o negarlos. Pero también pueden impugnar los hechos y documentos que se aportan de contrario en la contestación de la demanda (art. 427.1.2. LECiv).

El demandado se pronunciará sobre los hechos electrónicos, en cuanto a válidos y auténticos, aportados como prueba en la demanda. Los hechos podrán ser impugnados en la vista por el demandado, y al impugnar se abre la puerta a proceder a la aportación de nuevas pruebas (art. 427.3 LEC) que refuercen el convencimiento de que los escritos iniciales que ya fueron aportados son auténticos e íntegros.

Pero que las pruebas de una parte sean impugnadas no debe suponer un esfuerzo desmedido de la otra parte para demostrar lo contrario, toda prueba, aunque no sea lícita, no esté completa o esté alterada, siempre debe fundarse en indicios que permitan a la parte contraria y al juez hacer una valoración del caso y tomar una decisión[191].

Así, a modo de ejemplo, en un momento inicial, se presume que la aportación en el proceso de capturas de pantalla es plenamente válida. Serán relevantes cuando capturen mensajes o informaciones relacionadas con el objeto del proceso, y serán acreditadas una vez sean impresas directamente del soporte que las contiene, sin perjuicio de que la parte contraria las impugne.

Son numerosas las sentencias que hacen referencia a los «pantallazos», en una sentencia penal que versa de abuso sexual a una menor, el Tribunal

---

190.   CASTRO DURÁN E., *La prueba electrónica en el proceso civil*, *op. cit.*, p. 6.

191.   RICHARD GONZÁLEZ, M., «Valor como prueba de los mensajes y comunicaciones electrónicas en los procesos de familia», *Problemática actual de los procesos de familia. Especial atención a la prueba*, editorial Bosch, 2018, pp. 228 y ss.

Supremo[192] se pronuncia declarando que para que el contenido de las capturas de pantalla (en este caso demuestran el abuso a través de las conversaciones de la red social Tuenti, que mantenía la víctima con un amigo suyo) sea considerado auténtico por el tribunal, si resulta impugnado por la parte contraria, corresponde la carga de la prueba a la parte que pretende aprovecharla en el proceso. En caso de impugnación de la evidencia digital aportada, tendría lugar la mencionada carga de la prueba a quien la propuso, que deberá demostrar su veracidad y autenticidad. Pero ello no opera automáticamente *ipso iure*, sino que deberá valorarse cada asunto en concreto, y «atendiendo a la razonabilidad y seriedad de la impugnación». Pensemos por ejemplo que la impugnación no tenga transcendencia porque dichos hechos han quedado acreditados y reforzados con otros medios probatorios como por ejemplo declaraciones de los intervinientes, testigos, o cuando la propia existencia del contenido pueda corroborarse por otros medios de prueba o circunstancias concurrentes.

El Tribunal en este caso también remarca que los sistemas de mensajería instantánea deben tratarse cautelosamente, pues su contenido es fácilmente manipulable y falseable: es perfectamente factible crear una cuenta falsa y simular una conversación con otra persona en el chat. Por eso se recomienda practicar una prueba pericial identificando los orígenes de las conversaciones, determinando quienes son los intervienentes y proceder a la precisión de su contenido.

En el caso que estamos tratando, el tribunal sale de dudas respecto a la impugnación de las conversaciones de Tuenti aportadas como prueba porque es la propia víctima la que facilita al juez sus claves de acceso a la red social para demostrar la autenticidad de los hechos, además de aportar las conversaciones impresas y declarando la víctima y su amigo que efectivamente mantuvieron esa conversación y que no está manipulada. Se comprobó que las capturas de pantalla aportadas eran verídicas cuando la víctima inició sesión en la red social en presencia del tribunal. Los expertos hicieron capturas de pantalla y las cotejaron con las aportadas en un principio, comprobando que coincidían completamente. Esta sentencia, aunque refleja muy bien el tema que estamos tratando, fue interpretado erróneamente, porque se podía llegar a entender que las conversaciones impresas no tenían valor como pruebas auténticas si no estaban acompañadas del informe de un perito.

El Tribunal explica que las conversaciones se admiten como prueba no solo por el documento impreso que se presenta acompañándolas, sino también por el contexto que queda efectivamente acreditado: la práctica ante el tribunal consistente en el inicio de sesión y la prueba testifical del amigo de la víctima. No se estima la impugnación de las pruebas de la contraparte.

---

192. SENTENCIA de la Sala de lo Penal 300/2015, de 19 de mayo de 2015, número de recurso 2387/2014. Ponente D. Manuel Marchena Gómez.

En conclusión, no es necesario acompañar las pruebas de un informe pericial para que las pruebas electrónicas (pantallazos)[193] tengan valor probatorio ante la impugnación de la contraparte, aunque sí es conveniente y aconsejable porque ofrecen más solidez al tribunal, si bien el juez valoraría igualmente los mensajes de WhatsApp o cualquier otra red social y su aportación resultaría igualmente interesante y tendría valor procesal por sí mismos, aunque no se acompañase de tal informe. Si la contraparte no impugna los hechos, el juez simplemente apreciaría el valor probatorio del documento impreso que contiene las conversaciones.

La valoración de la prueba electrónica, sea de eficacia tasada o de eficacia libre, efectuada por el Juez de Primera Instancia puede ser revisada en su integridad por la Audiencia Provincial a través del recurso de apelación. Tal como se anticipa en la exposición de motivos de la LEC, se ha optado por el modelo de apelación limitada (*revisio prioris instantiae*), de modo que el tribunal de apelación goza de la misma libertad para valorar la prueba practicada en la instancia, pudiendo apreciar las mismas pruebas de modo distinto. Ahora bien, en aquellos supuestos en que la prueba electrónica no se haya aportado mediante su impresión en formato papel, sino a través de un instrumento informático (por ejemplo, pensemos en un CD o DVD unido a las actuaciones), dado que la práctica de la prueba exige la reproducción ante el Tribunal, parece que lo razonable sería visionar la prueba ante los Magistrados de la Sala de Apelación.

También cabe en segunda instancia, y al amparo del artículo 460.2.2.º de la LEC «las pruebas propuestas y admitidas en la primera instancia que, por cualquier causa no imputable al que las hubiere solicitado, no hubieran podido practicarse, ni siquiera como diligencias finales». Se trata de las pruebas admitidas en la instancia y no practicadas por causa no imputable al proponente, ya sea debida a un deficiente funcionamiento de los tribunales, a fuerza mayor, o incluso actuación maliciosa de la parte contraria.

Son aquellos casos, poco frecuentes, en que la «reproducción» (esto es, la práctica) de la prueba electrónica haya resultado defectuosa en la instancia —tanto en la fase del acto ordinario como en la posterior de diligencias finales— por una deficiencia técnica en los aparatos de reproducción de los que disponía el Juzgado.

3.3. IMPUGNACIÓN POR FALSEDAD DOCUMENTAL

El documento electrónico, al igual que el documento escrito, puede impugnarse por falsedad documental, pues a efectos penales el artículo 26 CP precisa que «a los efectos de este Código se considera documento todo soporte material que exprese o incorpore datos, hechos o narraciones con eficacia probatoria o cualquier otro tipo de relevancia jurídica». Y aun cuando el artículo 40.4 LEC,

---

193.   VALERO CANALES, A.L., «La práctica de la prueba electrónica. Metodología», en *Práctica de tribunales: revista de derecho procesal civil y mercantil n.º 130*, 2018, p. 9.

que regula la prejudicialidad penal, se limite a mencionar a los «documentos aportados» debemos incluir en ellos también los documentos electrónicos. El examen de la prejudicialidad del documento electrónico exige reparar en los requisitos, el objeto de la suspensión y el régimen de la suspensión.

Dos son los requisitos para que la prejudicialidad penal suspenda el curso de las actuaciones civiles. En primer lugar, que se acredite ante el Tribunal civil la existencia de un proceso penal sobre el delito de falsedad relativo a un documento electrónico determinado. La ley solo exige la existencia de una causa criminal, siendo irrelevante cómo se ha incoado el proceso penal y en la fase en que el mismo se encuentra, por lo que también procederá la suspensión en el caso que el proceso se halle en apelación. Y en segundo lugar, que el documento electrónico sea decisivo para resolver el fondo de la cuestión debatida en el proceso civil. La LEC circunscribe la prejudicialidad penal por falsedad a la prueba documental sin que pueda hacerse extensiva a otros medios de prueba. La expresión que el documento pueda ser decisivo ha llevado a un sector de la doctrina a entender que el documento debe ser relevante para la sentencia y que el hecho probado por el documento no ha de estar fijado por admisión, ni probado por otros medios de prueba[194].

El régimen de la suspensión, varía en función de las circunstancias concurrentes. Por un lado, la parte que pudiera resultar favorecida por el documento reputado falso puede renunciar al mismo, con lo que continuará el proceso civil (art. 40.5 LEC), todo ello con la finalidad de evitar que la suspensión pueda solicitarse con fines dilatorios. En tal supuesto se ha postulado que el documento falso se retire de las actuaciones, pues si quedare incorporado podría llegar a influir en la convicción judicial. Por otro lado, la parte perjudicada por la suspensión del proceso civil puede pedir la indemnización de daños y perjuicios en el mismo proceso civil, con arreglo a los artículos 712 y siguientes de la LEC (art. 40.6 y 7 LEC), si el proceso penal, que se hubiera incoado por denuncia o querella de una de las partes, finaliza con la declaración que el documento es auténtico o que no se ha probado la falsedad[195].

3.4. DOCUMENTO ELECTRÓNICO. FIRMA ELECTRÓNICA

El anexo del RD 4/2010, de 8 de enero por el que se regula el Esquema Nacional de Interoperabilidad[196] en el ámbito de la administración electrónica,

---

194. REYNAIL QUERAL, N., «Las cuestiones prejudiciales en el proceso civil», en *Instituciones del Nuevo Proceso Civil. Comentarios sistemáticos a la Ley 1/2000, vol. I*, editorial dijusa, Barcelona, 2000, p. 274.

195. ARROYO FIESTAS, F.J., «Comentario al artículo 40 LEC», en *Enjuiciamiento Civil. Comentarios y jurisprudencia*, p. 357.

196. REAL Decreto 4/2010, de 8 de enero, por el que se regula el Esquema Nacional de Interoperabilidad en el ámbito de la Administración Electrónica, publicado en BOE de 29 de enero de 2010, en vigor desde el 30 de enero de 2010.

define el documento electrónico como: «información de cualquier naturaleza en forma electrónica, archivada en un soporte electrónico según un formato determinado, y susceptible de identificación y tratamiento diferenciado».

Según el artículo 26.1 de la Ley 39/2015, de 1 de octubre[197], «Se entiende por documentos públicos administrativos los válidamente emitidos por los órganos de las Administraciones Públicas. Las Administraciones Públicas emitirán los documentos administrativos por escrito, a través de medios electrónicos, a menos que su naturaleza exija otra forma más adecuada de expresión y constancia». Además, de conformidad con el artículo 26.2 de la citada Ley 39/2015, de 1 de octubre, «Para ser considerados válidos, los documentos electrónicos administrativos deberán: a) Contener información de cualquier naturaleza archivada en un soporte electrónico según un formato determinado susceptible de identificación y tratamiento diferenciado; b) Disponer de los datos de identificación que permitan su individualización, sin perjuicio de su posible incorporación a un expediente electrónico; c) Incorporar una referencia temporal del momento en que han sido emitidos; d) Incorporar los metadatos mínimos exigidos; e) Incorporar las firmas electrónicas que correspondan de acuerdo con lo previsto en la normativa aplicable».

Un documento administrativo electrónico es, por tanto, el objeto digital administrativo que contiene la información objeto (datos y firma) y los datos asociados a ésta (metadatos). Un documento electrónico reside, desde el mismo instante de su captura, en el sistema de gestión de documentos de una determinada organización, donde permanecen inalteradas las características de autenticidad, fiabilidad e integridad, que confieren al documento valor probatorio, en el marco de la política de gestión de documentos electrónicos correspondiente.

Aunque pueden definirse diferentes dimensiones y componentes digitales, para la gestión, tratamiento y conservación de un documento electrónico, éste se considera de forma funcional o conceptual como una unidad. Un documento electrónico, en su forma más común y simple está compuesto por un solo fichero de información, un conjunto de metadatos más, en su caso, si es un documento administrativo electrónico, o si es un documento susceptible de formar parte de un expediente, obligatoriamente, una o varias firmas electrónicas.

La firma electrónica no es ni una fuente ni un medio de prueba, sino un simple instrumento tecnológico que permite garantizar la autenticidad e integridad de los documentos electrónicos. Recordemos que la LEC regula de forma parcial el documento electrónico en los artículos 318 y 319 al hacer referencia al documento electrónico público y en el 326.3 al regular la fuerza probatoria de

---

197. LEY 39/2015, de 1 de octubre del Procedimiento Administrativa Común de las Administraciones Públicas, publicado en BOE de 2 de octubre de 2015, en vigor desde el 20 de octubre de 2022.

los documentos privados. Además, la Ley de Servicios de la Sociedad de la Información y la Ley de Firma Electrónica se refieren expresamente al mismo, regulándolo parcialmente esta última en su artículo 3.

En el orden civil, para ganar un pleito no basta con tener razón, es preciso acreditar que efectivamente se tiene derecho a obtener la tutela judicial que se pretende. A tal fin, las partes deberán desarrollar su actividad probatoria con el propósito de que el juez tenga por cierta una afirmación o fije ésta como cierta a los efectos de un proceso. Se trata de una labor sumamente importante, a la vez que compleja, para el éxito de las pretensiones de las partes.

Así pues, en aras de lograr la convicción del juzgador es necesario conocer, dado el frecuente uso de la llamada «prueba electrónica» en la actualidad, qué eficacia jurídica corresponde otorgar a los documentos electrónicos y, sobre todo, cómo actuar cuando se pone en cuestión la autenticidad de un documento electrónico privado. En este sentido, se procede a modificar el apartado 3 y se añade el apartado 4, ambos del art. 326 de la LEC, por la Ley 6/2020, de 11 de noviembre, de Regulación de determinados aspectos de los servicios electrónicos de confianza[198] (LSEC, en adelante) que deroga la Ley 59/2003, de 19 de diciembre, de Firma Electrónica. La LSEC regula aquellos aspectos no armonizados por el Reglamento (UE) 910/2014, de 23 de julio, de Identificación electrónica y los servicios de confianza para las transacciones electrónicas en el mercado interior[199], sirviéndole de complemento.

Partimos de la afirmación genérica contenida en el art. 46 del Reglamento (UE) 910/2014, de 23 de julio por el cual *no se denegarán efectos jurídicos ni admisibilidad como prueba en procedimientos judiciales a un documento electrónico por el mero hecho de estar en formato electrónico*. Por su parte la LSEC en su art. 3.1 se limita a señalar que el documento electrónico puede ser el soporte tanto de documentos públicos o administrativos como privados, y que *cada uno de ellos, tienen el valor y la eficacia jurídica que corresponda a su respectiva naturaleza, de conformidad con la legislación que les resulta aplicable*. El apartado 2 del referido artículo, se dirige a regular qué sucede cuando se impugna en juicio el valor probatorio de un documento electrónico privado, remitiéndose a lo dispuesto en el art. 326.3 LEC en caso de que el servicio de confianza empleado no sea cualificado, y en el art. 326.4 LEC si es cualificado. Corresponde a cada Estado miembro el establecimiento y publicación de listas de confianza con información relativa a los prestadores cualificados de servicios de confianza.

---

198. LEY 6/2020, de 11 de noviembre, de Regulación de determinados aspectos de los servicios electrónicos de confianza, publicado en BOE núm. 298 de 12 de noviembre de 2020, en vigor desde el 13 de noviembre de 2020.

199. REGLAMENTO (UE) n.º 910/2014 del Parlamento Europeo y del Consejo, de 23 de julio de 2014, relativo a la identificación electrónica y los servicios de confianza para las transacciones electrónicas en el mercado interior y por la que se deroga la Directiva 1999/93/CE, publicado en DOUEL núm. 257 de 28 de agosto de 2014, en vigor desde el 17 de septiembre de 2014.

El valor y eficacia de los documentos públicos electrónicos no se ha visto afectado por la LSEC, éstos gozan de una presunción de exactitud e integridad, de manera que, si fueran impugnados, la parte que los aporta al proceso no tendría que desplegar actividad probatoria adicional alguna (arts. 319 y 320 LEC). No ocurre lo mismo con los documentos privados, pues no disfrutan de esa presunción y su fuerza probatoria de encuentra limitada a los intervinientes en el acto, y no a los terceros, como señala el art. 1255 del CC, basta una impugnación de la parte contraria para que quien aporta el documento privado se vea obligado a probar su autenticidad, exactitud e integridad (art. 326.1 y 2 LEC).

Comenzando por lo dispuesto en el artículo 3.1 LSEC, este se limita a señalar que el documento electrónico puede ser el soporte tanto de documentos públicos o administrativos como privados, y que cada uno de ellos «tendrán el valor y la eficacia jurídica que corresponda a su respectiva naturaleza, de conformidad con la legislación que les resulte aplicable». Es decir, se reproduce el texto del antiguo artículo 3.7 LFE, siguiendo la recomendación realizada por el Consejo de Estado en su informe de 28 de febrero de 2019 en relación con el Anteproyecto de LSEC (n.º de expediente: 961/2018). De esta forma, se señala que el hecho de ser electrónico un documento no altera su naturaleza jurídica, que no depende pues de la forma en que se elabora, sino de aquello que determina su propia especificidad.

En este sentido, conviene recordar que lo que caracteriza al documento público —como su propio nombre indica— es el hecho de ser un acto público, en el sentido de respaldado por la autoridad del Estado, porque supone una delegación de este en los profesionales a los que confiere la capacidad de actuar dando fe. Esto es así desde sus orígenes y, por tal razón, el documento público ha pertenecido siempre al campo del derecho público, aunque su contenido provenga o se regule por el derecho privado. Es decir, lo que convierte en público al documento no es su contenido, sino su autor, lo cual es muy importante siempre destacarlo, porque impide que un documento pueda alcanzar esa categoría si proviene de un autor privado.

El valor y la eficacia jurídica de los documentos públicos electrónicos no se han visto afectados por la LSEC, puesto que tanto su artículo 3.2 como su Disposición final 2.ª se refieren ambos únicamente a los documentos electrónicos privados, que son los que pueden plantear problemas en la práctica. Por lo tanto, los documentos electrónicos públicos tendrán el valor probatorio a que se refiere el artículo 1218 CC[200] cuando no exista proceso pendiente *(«Los documentos públicos hacen prueba, aun contra tercero, del hecho que motiva su otorgamiento y de la fecha de éste. También harán prueba contra los contratantes y sus causahabientes, en cuanto a las declaraciones que en ellos hubiesen hecho los pri-*

---

200. REAL DECRETO de 24 de julio de 1889 por el que se publica el Código Civil, publicado en la Gaceta de Madrid núm. 206, de 25 de julio de 1889, con entrada en vigor el 16 de agosto de 1889.

meros»), es decir, mantendrán su doble alcance tanto *erga omnes* como *inter partes* (pues los otorgantes y los que de ellos traigan causa deben pasar en actos posteriores no solo por la veracidad de los aspectos formales del documento, sino también por lo declarado, al menos en forma presuntiva); y el referido en el artículo 319.1 LEC, cuando dichos documentos se presentan ante los tribunales («harán prueba plena del hecho, acto o estado de cosas que documenten, de la fecha en que se produce esa documentación y de la identidad de los fedatarios y demás personas que, en su caso, intervengan en ella»).

En la nueva normativa no se cuestiona, pues, ni la autenticidad, ni la exactitud ni la integridad de los documentos públicos electrónicos, que quedan garantizadas por la presencia del fedatario público, del mismo modo que si el documento se hubiera confeccionado en soporte papel. Por su parte, la fuerza probatoria de los documentos privados electrónicos tampoco se ha visto alterada, de modo que esta continúa limitada a los intervinientes en el acto, y no a los terceros, como señala el artículo 1225 CC («el documento privado, reconocido legalmente, tendrá el mismo valor que la escritura pública entre los que lo hubiesen suscrito y sus causahabientes»). Cuando se aporta en un proceso civil, su eficacia probatoria puede llegar a ser equivalente a la de un documento público, aunque basta una impugnación de la parte contraria para que quien aporta el documento privado se vea obligado a probar su autenticidad, exactitud e integridad (art. 326.1 y 2 LEC).

A este respecto, el citado informe del Consejo de Estado de 28 de febrero de 2019 describe con toda claridad la diferente fuerza probatoria que la legislación procesal española atribuye a los documentos públicos y administrativos, frente a los documentos privados, deriva de su propia naturaleza, es decir, de que hayan sido otorgados por funcionarios que tengan legalmente atribuida la facultad de dar fe pública, judicial, notarial o administrativa (documentos públicos) o por otros funcionarios o empleados públicos (documentos administrativos). Los documentos públicos y administrativos gozan así de una presunción de exactitud e integridad, de ahí que, si fueran impugnados, la parte que los aporta al proceso no tendrá que desplegar ninguna actividad probatoria adicional: el órgano jurisdiccional competente procederá a la comprobación o cotejo con los originales, aunque se encuentren en «soporte electrónico» (artículos 319 y 320 LEC). En cambio, los documentos privados carecen de dicha presunción, por lo que, si fuesen impugnados, la parte que los hubiera presentado deberá acreditar su autenticidad a través de cualquier medio de prueba útil o pertinente al efecto (artículo 326.2 LEC). La presunción de certeza, exactitud e integridad de los documentos públicos y administrativos no se encuentra condicionada a la utilización de un servicio electrónico de confianza ni se refuerza cuando hubiera intervenido este, sino que trae causa de la condición pública de la autoridad que los otorga. No sucede lo mismo con los documentos privados, pues, como no disfrutan de la presunción de certeza e integridad de los documentos públicos y administrativos, no resulta indiferente, desde un punto de vista probatorio, que se haya utilizado un servicio electrónico de confianza, especialmente si este es cualificado.

El artículo 3.2 LSEC se dirige, pues, a regular lo que sucede cuándo se impugna en juicio el valor probatorio de un documento electrónico privado, remitiéndose a lo dispuesto en el artículo 326.3 LEC en caso de que el servicio de confianza empleado no sea cualificado, y en el artículo 326.4 LEC (nuevo) si es cualificado («La prueba de los documentos electrónicos privados en los que se hubiese utilizado un servicio de confianza no cualificado se regirá por lo dispuesto en el apartado 3 del artículo 326 de la Ley 1/2000, de 7 de enero, de Enjuiciamiento Civil. Si el servicio fuese cualificado, se estará a lo previsto en el apartado 4 del mismo precepto»). Respecto del documento electrónico público que resulte impugnado en un proceso no se dice nada en la LSEC, por lo que queda sujeto a las reglas generales previstas en los artículos 320 y 322 LEC en materia de eficacia e impugnación probatoria.

En el caso de que se discuta en juicio un documento privado electrónico que ha sido acreditado por servicio no cualificado, hemos visto que la norma remite a la impugnación de los documentos privados no electrónicos (es decir, al apartado 2 del art. 326 LEC). En este precepto se establece que corresponde a quien presentó el documento la carga de acreditar su autenticidad, exactitud o integridad por los medios de prueba que considere pertinentes. Por el contrario, si estamos ante un documento privado electrónico intermediado por un servicio de confianza cualificado —y esta es la gran diferencia que se introduce respecto de la regulación actual—, hay una presunción inicial de autenticidad e integridad del documento y, por eso, si aún así se impugna, «la carga de realizar la comprobación corresponderá a quien haya presentado la impugnación» (anteriormente, el art. 3.8 II LFE señalaba que: «la carga de realizar las citadas comprobaciones corresponderá a quien haya presentado el documento electrónico firmado con firma electrónica reconocida»).

El contenido del Reglamento eIDAS (UE) n.º 910/2014 del Parlamento Europeo y del Consejo, de 23 de julio de 2014 —que, como ya se ha dicho, es al que complementa la nueva ley— que sería la razón que teóricamente justificaría el cambio normativo que, en materia de carga de la prueba, introduce el nuevo artículo 326.4 LEC a solicitud del Consejo de Estado, que señalaba lo siguiente a ese respecto: «El establecimiento de esta presunción en beneficio de la parte que aporta el documento electrónico privado se compadece mal con la previsión que, en caso de impugnación del documento, impone a esa misma parte la obligación de comprobar que el servicio cualificado se prestó correctamente. Si se quiere que la presunción surta efectos, la carga de desvirtuarla, en caso de impugnación, debe recaer en quien sostiene la impugnación. En otro caso, la presunción quedará reducida a mera entelequia».

Sin embargo, esto podría ser así para los sellos electrónicos cualificados, porque el Reglamento indica sobre ellos que se han de poder aportar en juicio y disfrutar «de la presunción de integridad de los datos y de la corrección del origen de los datos a los que el sello electrónico cualificado esté vinculado» (art. 35.1 y 2 del Reglamento); para los sellos cualificados de tiempo electrónicos, que «disfrutarán de una presunción de exactitud de la fecha y hora que indican y de la integridad de los datos a los que la fecha y hora estén vinculadas» (art. 41.1 y 2 del Reglamento); y para los servicios cualificados de entrega electrónica certificada, que «disfrutarán de la presunción de la integridad de los datos, el envío de dichos datos por el remitente identificado, la recepción por el destinatario identificado y la exactitud de la fecha y hora de envío y recepción de los datos que indica el servicio cualificado de entrega electrónica certificada» (art. 43.2 del Reglamento). En todos estos casos, la presunción produce un desplazamiento de la carga de la prueba, de modo que quien niegue el hecho presunto (en este caso, la autenticidad o integridad del documento) debe desarrollar la actividad probatoria dirigida a acreditar tal circunstancia.

Ahora bien, cuando se trata de documentos con firma electrónica cualificada, el Reglamento solo indica que sean admitidos en juicio y tengan «un efecto jurídico equivalente al de una firma manuscrita» (art. 25.1 y 2 del Reglamento), por lo que no se impone que deban gozar de presunción alguna, a diferencia de lo que se indica para los sellos o los servicios de entrega electrónicos. El informe del Consejo de Estado cometió un error al incluirlos en el mismo grupo que los sellos y los servicios de entrega, y en ese mismo error ha incurrido la LSEC al extender el desplazamiento de la carga de la prueba a la firma electrónica cualificada cuando no viene exigido por el Reglamento.

Como consecuencia de la nueva regulación, es muy probable que los casos de impugnación de documentos privados electrónicos que provengan de servicios de confianza sean poco numerosos, máxime cuando además se establece que «si dichas comprobaciones obtienen un resultado negativo, serán las costas, gastos y derechos que origine la comprobación exclusivamente a cargo de quien hubiese formulado la impugnación. Si, a juicio del tribunal, la impugnación hubiese sido temeraria, podrá imponerle, además, una multa de 300 a 1200 euros».

Ahora bien, eso no significa que no sea posible solicitarla. Cuando así suceda, habrá de realizarse una pericial informática que ponga en cuestión la cualidad del documento que se esté negando (su ausencia de autenticidad, exactitud o integridad). Solo el tiempo nos indicará el grado de fiabilidad de estos documentos y si serán objeto o no de frecuente impugnación en los distintos procesos jurisdiccionales.

Segunda parte

Digitalización de la justicia, algoritmos y derechos fundamentales

I. EL EXPEDIENTE JUDICIAL ELECTRÓNICO

El sistema de Justicia de nuestro país, que da soporte al ejercicio de la potestad jurisdiccional, padece desde hace décadas de insuficiencias estructurales, algunas de las cuales, sin justificación, que han dificultado que ocupe plenamente el lugar que merece en una sociedad avanzada. No hay duda de que en algunos puntos del sistema puede haber déficit de recursos que haya que corregir, pero no parece que esta sea la causa principal de nuestros problemas crónicos, derivados más bien de la escasa eficiencia de las soluciones que sucesivamente se han ido implantando para reforzar la Administración de Justicia como servicio público.

En palabras del constitucionalismo moderno, este servicio público precisa de legitimidad social tanto como de eficiencia. Legitimidad como grado de confianza y credibilidad que el sistema de Justicia debe tener para nuestra ciudadanía; y eficiencia como capacidad del sistema para producir respuestas eficaces y efectivas.

Se trata, por tanto, de afianzar que el acceso a la justicia suponga la consolidación de derechos y garantías de los ciudadanos y ciudadanas; que su funcionamiento como servicio público se produzca en condiciones de eficiencia operativa; y que la transformación digital de nuestra sociedad reciba traslado correlativo en la Administración de Justicia.

Primero, para poder hacer frente a las dificultades en el desenvolvimiento normal de los juzgados y tribunales; después, para poder superar el enorme reto de ofrecer un servicio público eficiente y justo a la ciudadanía; y, finalmente, para incorporar los valores, de solidaridad y de humanismo entre los que la Justicia es la espina dorsal y el elemento imprescindible de la paz social. En este contexto, también es responsabilidad de la ciudadanía contribuir a la sostenibilidad del servicio público de Justicia.

Si, tal como se establece constitucionalmente, la justicia emana del pueblo, la ley ha de propiciar e impulsar la participación de la ciudadanía en el sistema de Justicia. Ya se hace en el ámbito penal con la institución del jurado, y es conveniente también abrir la justicia civil, social e inmediatamente después la contencioso-administrativa los ciudadanos para que se sientan protagonistas de sus propios problemas y asuman de forma responsable la solución más adecuada de los mismos, especialmente en determinados casos en los que es imprescindible buscar soluciones pactadas que garanticen, en lo posible, la paz social y la convivencia.

A dicha situación se añade la necesidad coyuntural de introducir mecanismos eficientes que resultan imprescindibles para acoger el previsible incremento de la litigiosidad en los próximos tiempos y para recuperar el pulso de la actividad judicial, al compás de la recuperación económica y social tras la terminación del estado de alarma declarado como consecuencia de la pandemia COVID-19. A raíz de ello, el pasado 21 de diciembre entró en vigor el Real Decreto Ley 6/2023, de 19 de diciembre, que propone una serie de reformas imprescindibles de carácter procesal para garantizar la imprescindible agilización en la tramitación de los procedimientos judiciales, así como la realización de actos procesales por medios telemáticos en el orden jurisdiccional civil.

El artículo 117 de la Constitución Española en su párrafo tercero dice: «El ejercicio de la potestad jurisdiccional en todo tipo de procesos, juzgando y haciendo ejecutar lo juzgado, corresponde exclusivamente a los Juzgados y Tribunales determinados por las leyes»; de ello se desprende de modo inequívoco que la potestad ejecutoria corresponde, exclusivamente, a los Órganos Jurisdiccionales, en todo tipo de procesos, independientemente del orden jurisdiccional ante la que se sustancie El derecho fundamental a la tutela judicial efectiva *ex* artículo 24.1 de nuestra Constitución comprende el que el fallo judicial se cumpla, pues lo contrario sería convertir las decisiones judiciales y el reconocimiento de los derechos que ellas comportan en meras declaraciones de intenciones (STC 176/1985), e inseparablemente unida a dicho derecho figura el principio de inalterabilidad de las resoluciones judiciales firmes, en conexión con la seguridad jurídica que consagra el artículo 9.3. de la Constitución Española que garantiza a quienes han sido partes en el proceso que las resoluciones judiciales que hayan ganado firmeza no serán alteradas o modificadas al margen de los cauces legales previstos (STC 231/1991). Este derecho a la ejecución de la sentencia no puede concebirse como un derecho del particular interesado en la ejecución —protegido como derecho fundamental por el ya mencionado artículo 24.1 de la Constitución—, sino que es también un esencial interés público el que está implicado e interesado con ello como fundamento del Estado de Derecho que demanda que se cumplan las sentencias de los Tribunales, y que se cumplan en sus propios términos, y no en los que decidan los particulares según sus conveniencias o arbitrios; debiendo significarse que los Tribunales no pueden amparar ejecuciones sustitutorias, por equivalentes y aun mejores que puedan parecer estas últimas, pues la ejecución debe hacerse en los términos de la sentencia, salvo el caso de imposibilidad legal o material.

La solución a los problemas que originan la duración de los procesos, han sido abordados desde muy diversas perspectivas, fundamentalmente, acometiendo reformas tanto en el ámbito de la legislación procesal como desde el punto de vista estructural y organizativo. Una adecuada gestión en la tramitación de la ejecución de las resoluciones judiciales, contribuyen de manera decisiva en unos casos a evitar retrasos, que perjudican a los ciudadanos que comparecen ante los Tribunales, especialmente en cuanto al ejercicio de defensa se refiere, y en otros a reforzar el proceso de ejecución forzosa, impidiendo que por la lentitud de la Justicia las resoluciones judiciales se conviertan en meras declaraciones de intenciones.

Las carencias que nuestra Administración de Justicia presenta en el proceso de ejecución requieren medidas necesarias para hacer frente a los nuevos retos, sobre todo, en el aspecto relativo a las innumerables y complejas actuaciones judiciales que integran la fase de ejecución y que sobrecargan el funcionamiento de las Oficinas Judiciales.

No podemos perder de vista tampoco los datos estadísticos que desde diferentes Instituciones del Estado nos proporcionan información sobre la eficacia del proceso de Ejecución en España, fundamentalmente en el ámbito civil, en donde observamos el perenne estancamiento de ingentes cantidades de dinero, en las diferentes cuentas de consignaciones de nuestros Juzgados y Tribunales que en nada ayudan el crecimiento económico de nuestro país y que, a su vez, ponen de manifiesto el resquebrajamiento de nuestro sistema de ejecución actual.

No ocurre así en otros países de nuestro entorno, fundamentalmente, en la Unión Europea, donde la intervención de agentes de ejecución, por delegación del órgano jurisdiccional competente, ayudan a realizar actuaciones delegadas, y contribuyen de un modo efectivo a lograr una satisfacción efectiva de los Juzgados. Entre estos agentes, junto a otros, se encuentran los *Huissiers de Justice*, a los que se referían en reunión celebrada en Toledo, los presidentes de las Audiencias Provinciales de España, demandando la instauración en nuestro país de una figura como el *Huissier de Justice* o bien, asumiendo sus funciones el Procurador de los Tribunales.

En el actual proceso de transformación y modernización de nuestra Administración de Justicia, no podemos perder de vista la utilización de las tecnologías de la información y la comunicación en la Justicia, incorporando el expediente judicial electrónico todas aquellas actuaciones judiciales que coadyuven al proceso de ejecución, incluidas aquellas que tras la correspondiente modificación normativa permitan dar satisfacción al derecho a la tutela judicial efectiva.

1.1. EL ESQUEMA NACIONAL DE INTEROPERABILIDAD

El Esquema Nacional de Interoperabilidad (en adelante, ENI) se establece en el artículo 156 de la Ley 40/2015, de 1 de octubre, de Régimen Jurídico del Sector Público, que sustituye al apartado 1 del artículo 42 de la Ley 11/2007, de 22 de junio, de acceso electrónico de los ciudadanos a los Servicios Públicos. Su finalidad es la creación de las condiciones necesarias para garantizar el adecuado nivel de interoperabilidad técnica, semántica y organizativa de los sistemas y aplicaciones empleados por las Administraciones públicas, que permitan el ejercicio de derechos y el cumplimiento de deberes a través del acceso electrónico a los servicios públicos, a la vez que redunda en beneficio de la eficacia y la eficiencia, en el marco, entre otras normas, de la Ley 39/2015 de Procedimiento Administrativo Común de las Administraciones Públicas.

Estas Normas Técnicas de Interoperabilidad se aprobaron en aplicación de lo dispuesto en el apartado 2 de la disposición adicional primera del R.D. 4/2010 ENI, fruto de un proceso de elaboración en el que participaron todas las Administraciones Públicas a las que les son de aplicación, y fueron informadas favorablemente por la Comisión de Estrategia TIC y la Comisión Sectorial de Administración Electrónica. Las diferentes NTIs se han desarrollado con el objetivo de cubrir las necesidades derivadas de la normativa aplicable en un planteamiento de partida basado en mínimos, de forma que se garantice la interoperabilidad entre las distintas administraciones favoreciendo su implantación y aplicación en un corto plazo con un impacto mínimo, pero sin perder una orientación de desarrollo y perfeccionamiento a lo largo del tiempo, en paralelo al progreso de los servicios de Administración Electrónica, de las infraestructuras que los apoyan y de la evolución tecnológica.

Dicha NTI tratará los metadatos mínimos obligatorios, la asociación de los datos y metadatos de firma o de sellado de tiempo, así como otros metadatos complementarios asociados; y los formatos de documento. Según esto, la NTI de Documento Electrónico debería definir y normalizar el concepto de documento electrónico como unidad documental u objeto digital administrativo, sus componentes y características, con especial atención al intercambio entre administraciones y con el ciudadano, punto clave para la interoperabilidad, fijando unas bases que permitan atender a necesidades futuras mediante ampliaciones incrementales.

La interoperabilidad es por tanto un presupuesto necesario para el funcionamiento de la e-Administración y de la e-Justicia que requieren de una *conectividad y compatibilidad entre equipos, plataformas y aplicaciones*[201]. En opinión de GAMERO CASADO *la interoperabilidad es el desafío más importante que se plantea en la gestión administrativa en la primera mitad del siglo XXI*[202].

En efecto, conseguir que las distintas Administraciones estén interconectadas entre ellas para facilitar los trámites al ciudadano, poder hacer realidad derechos reconocidos en las leyes de procedimiento y optimizar recursos, es un reto para las Administraciones Públicas. La interoperabilidad se presenta y actúa como *el motor de la administración electrónica*[203] en tanto en cuanto sólo en un entorno en el que todos los órganos de cada Administración operen interconectados entre sí, puede hacer posible que los expedientes se tramiten de forma totalmente virtual. Más aún, se trata de que todas las Administraciones funcionen con unos niveles de conexión entre las mismas, que hagan posible las

---

201. MARTÍNEZ GUTIÉRREZ, R., «La interoperabilidad en la Administración de Justicia» en GAMERO CASADO, E, Y VALERO TORRIJOS, J. (Coordinadores): *Las Tecnologías de la Información y la Comunicación en la Administración de Justicia. Análisis sistemático de la Ley 18/2011, de 5 de julio*, Editorial Aranzadi-Thomson Reuters, Cizur Menor (Navarra), 2012, p. 302.
202. GAMERO CASADO, E., «Interoperabilidad y Administración Electrónica: Conéctense, por favor» en *Revista de Administración Pública*, ISSN:0034-7639, núm. 179, Madrid, mayo-agosto 2009, pp. 291-332.
203. CERRILLO MARTÍNEZ, A., «Cooperación entre Administraciones públicas para el impulso de la administración electrónica» en GAMERO CASADO, E. Y VALERO TORRIJOS, J., *La Ley de Administración Electrónica. Comentarios a la Ley 11/2007, de 22 de junio, de Acceso Electrónico de los Ciudadanos a los Servicios Públicos*, Aranzadi, Thomson Reuters. Cizur Menor, (Navarra), 2010. p. 760.

transferencias de datos y documentos entre ellas[204], con el fin de que la tramitación de los procedimientos se pueda llevar a cabo sin necesidad de que los ciudadanos aporten documentos que ya obran en poder de una Administración[205], o de otro órgano de esa misma Administración ante la que se está tramitando el expediente administrativo. Es decir, se trata de evitar el «aislamiento» de cada órgano dentro de una misma Administración, y en definitiva, de cada Administración con respecto a las demás, e incluso la interoperabilidad con Administraciones a nivel supranacional, mediante la conectividad con las Administraciones de otros países, siguiendo las directrices marcadas al efecto por la Unión Europea.

Lograr esa interoperabilidad requiere la compatibilidad de sistemas y plataformas entre Administraciones, lo cual, sin duda alguna, supone importantes inversiones, sin embargo, es cierto que *el logro efectivo de la interoperabilidad es un objetivo estratégico que consigue importantes ahorros de recursos económicos, temporales y humanos, tanto para la ciudadanía como para las Administraciones Públicas*[206] que tiene como resultado el que cualquier inversión realizada en este sentido se amortice, con seguridad, en un breve período de tiempo.

La importancia de la interoperabilidad para la Administración del siglo XXI es tal que MARTÍNEZ GUTIÉRREZ sostiene que *la interoperabilidad debería considerarse como un nuevo principio jurídico del Derecho Administrativo electrónico, ya que resulta absolutamente imprescindible garantizar la conectividad para realizar trámites y procedimientos de e-Administración*[207], sin embargo, a día de hoy no es posible afirmar que todas Administraciones trabajen de forma interoperable entre ellas. Es más, se puede afirmar sin temor a equivocarse que, en muchas entidades locales, sobre todo en pequeños municipios, ni siquiera los trámites más sencillos y que no requieran aportación de documentos, se puedan hacer de forma telemática. Derechos reconocidos a los ciudadanos en la ya derogada Ley 30/1992, de 26 de noviembre, de Régimen Jurídico de las Administraciones Públicas y del Procedimiento Administrativo Común, y reconocidos, como no podía ser de otra manera, en las actuales leyes vigentes, como el de no aportar documentos que obraran en poder de la Administración ante la

---

204. Para un detenido análisis de esta cuestión ver MARTÍNEZ GUTIÉRREZ, R., «Régimen jurídico del intercambio electrónico de datos, documentos y certificaciones entre Administraciones» en *Revista de Administración Pública*, ISSN:0034-7639, núm. 183, Madrid, septiembre-diciembre 2010, pp. 359 a 391; Ver también VALERO TORRIJOS, J., *El régimen jurídico de la e-Administración. El uso de medios informáticos y telemáticos en el procedimiento administrativo común.* Ed. Comares, 2.ª edición. Granada 2007.

205. Derechos ambos recogidos en el artículo 28.2 de la Ley 39/2015, de 1 de octubre, del Procedimiento Administrativo Común de las Administraciones Públicas.

206. GAMERO CASADO, E., «Interoperabilidad y Administración Electrónica: Conéctense, por favor». *op. cit.*, p. 294.

207. MARTÍNEZ GUTIÉRREZ, R., «La interoperabilidad en la Administración de Justicia», *op. cit.*, p. 302. *Vid.* también MARTÍNEZ GUTIÉRREZ, R., *Administración pública electrónica*, en Civitas-Thomsons Reuters, Cizur Menor (Navarra), 2009. pp. 275 y ss.

cual estaba tramitando su expediente[208], sigue, a día de hoy, sin poder ejercitarse en algunas Administraciones con las que el ciudadano se relaciona habitualmente, si bien hemos de manifestar que cada vez son menos y que mucho se ha avanzado en esta materia en el seno de mayoría de las distintas Administraciones.

Por otra parte, VALERO TORRIJOS considera que la interoperabilidad como concepto jurídico debería ser reforzado en aras a conseguir una mayor seguridad jurídica, incluso acometiendo la modificación de las normas jurídicas que sea preciso, y para evitar la desconfianza que, de otro modo se puede generar en el ciudadano y en los distintos operadores jurídicos[209].

Sirvan como resumen de la importancia de la interoperabilidad en la e-Administración las palabras de VALERO TORRIJOS cuando afirma *«la exigencia de garantizar la interoperabilidad obliga a reforzar los mecanismos de cooperación y coordinación, de manera que se facilite tanto el ejercicio de los derechos de los interesados como, sobre todo, la actividad administrativa que permita ofrecer servicios avanzados basados en el intercambio documental»*[210].

1.2. LA E-JUSTICIA: UNA JUSTICIA DEL SIGLO XXI

Todas las personas tienen derecho a obtener la tutela efectiva de sus derechos ante los tribunales. Así se reconoce en nuestro ordenamiento jurídico en el artículo 24.1 de la Constitución y en el artículo 14.1 del Pacto Internacional de Derechos Civiles y Políticos. Para salvaguardar dichos derechos de los ciudadanos es necesaria la modernización de la Administración de Justicia, campo esencial para consolidar el Estado de Derecho y mejorar la calidad de nuestra democracia. En este contexto de modernización, uno de los elementos de mayor relevancia es, precisamente, la incorporación en las oficinas judiciales de las nuevas tecnologías. Su uso generalizado y obligatorio contribuirá a mejorar la gestión en las oficinas judiciales, actualizando su funcionamiento e incrementando los niveles de eficiencia. Las nuevas tecnologías permiten igualmente abaratar los costes del servicio público de justicia, pero también suponen una mejora de la confianza en el sistema, lo que se traduce en mayor seguridad. Ello

---

208. Esta misma cuestión ya fue puesta de manifiesto por distintos autores en reiteradas ocasiones, al analizar la efectiva implantación y cumplimiento de la Ley 11/2007 de Acceso Electrónico de los Ciudadanos a los Servicios Públicos años atrás. Lo cierto es que, a pesar del tiempo transcurrido desde entonces, sigue habiendo Administraciones que incumplen de forma sistemática este derecho. Así VALERO TORRIJOS, J., *El régimen jurídico de la e-Administración. El uso de medios informáticos y telemáticos en el procedimiento administrativo común, op. cit.*, pp. 207 y ss.; MARTÍNEZ GUTIÉRREZ, R., «Régimen jurídico del intercambio electrónico de datos, documentos y certificaciones entre Administraciones», *op. cit.*, p. 362.

209. VALERO TORRIJOS, J., «Derecho, Innovación y Administración Electrónica», en *Revista de administración pública n.º 193*, 2014, pp. 232 y 233.

210. Ibidem, p. 188.

incide de manera directa e indirecta en el sistema económico, pues los cambios generan nuevas perspectivas en las relaciones económicas, acrecentando la seguridad y la fluidez de las mismas.

La Comisión Europea en su Comunicación al Consejo, al Parlamento Europeo y al Comité Económico y Social Europeo define la e-Justicia como *el recurso a las tecnologías de la información y la comunicación para mejorar el acceso de los ciudadanos a la justicia y para la eficacia de la acción judicial entendida como toda actividad consistente en resolver un litigio o sancionar penalmente una conducta.*

En efecto, el empleo de la partícula «e-» como apócope de «electrónico» — junto al uso de términos en lengua inglesa— se ha convertido en habitual cuando se quiere hacer visible la utilización de herramientas informáticas en la realización de una determinada actividad que hasta entonces se había realizado sin servirse de aquéllas o en menor medida de aquélla que se presenta para lo sucesivo. Así, junto a la *e-Justice*, se habla de la *e-Signature* (es decir, de la firma electrónica), de la *e-Identity* (identificación por mecanismos electrónicos) o del *e-Government* (e-Gobierno o e-Administración). A todas estas expresiones les subyace la voluntad de poner énfasis en el elemento electrónico, es decir, en la utilización de las TIC en el desarrollo de algún tipo de actividad: la utilización de la «e-» afecta, por tanto, al cómo de una actividad o institución, pero no al qué de aquélla. Es importante, en consecuencia, tener bien presente que al hablar de e-Justicia no se hace referencia a un tipo distinto de Justicia, o a un Poder Judicial distinto, o a un contenido diverso de la función jurisdiccional o a una modalidad nueva de ADR. La e-Justicia no ha dejado de ser la Administración de Justicia ordinaria, sin más, pero aprovechando las herramientas propias de las TIC en la organización y desarrollo del trabajo de los órganos jurisdiccionales.

Si como expusimos anteriormente el uso de las TIC en la Administración Pública ofrece la ventaja de dotar de mayor agilidad y eficacia a la actividad de la misma y, además, la posibilidad de reducir tiempo en la tramitación de los procedimientos, ahorro en los costes y que sea más transparente y cercana al ciudadano permitiendo la participación activa del mismo en los procedimientos y facilitando la relación y acceso de estos a sus expedientes, aplicado a la Administración de Justicia y según podemos deducir de la propia definición transcrita, es la posibilidad del ciudadano de utilizar las nuevas tecnologías en sus relaciones con la Administración de Justicia que, además, aparecía reconocido como un derecho a los ciudadanos en el artículo 4 de la LUTICAJ, actualmente en el artículo 5 del nuevo RD Ley 6/2023, lo que implica la obligatoriedad para la Administración de dotarse de los medios, equipos, plataformas y aplicaciones necesarias que hagan posible esta facultad que se les ofrece a los ciudadanos, es decir, incorporar el uso de las TIC a la tramitación y gestión de los procedimientos de tal forma que todos los escritos y documentos que obren en los autos tengan formato electrónico —lo que no está exento de problemas como analizaremos más adelante— y que el mismo esté a disposición de los órganos judiciales y de los servicios y unidades que les prestan servicio y auxilio a estos, así como de las partes y de las representaciones procesales y defensas de las mismas.

Esa tramitación telemática permite la puesta a disposición del expediente que puede consultarse y trabajar sobre él sin necesidad de que exista el expediente físico, en papel, ventaja esta que permite acortar los plazos de tramitación pues el expediente no tiene que pasar físicamente de una unidad a otra, o a otro servicio para la realización del siguiente trámite procesal que corresponda, o del Letrado de la Administración de Justicia al Juez, y de este nuevamente al Letrado, y de éste al tramitador, y así cada una de las veces que las partes presenten un escrito o que haya que impulsar el procedimiento o dictar cualquier tipo de resolución en el seno del mismo, sino que los autos se encuentran identificados con un número de identificación general y único y son accesibles directamente por todos los operadores jurídicos que intervienen en el proceso y por las partes.

Esta nueva forma de tramitación y gestión de los asuntos sólo puede llevarse a cabo con la implantación del expediente judicial electrónico. Esto, sin embargo, implica también una nueva forma de gestionar los documentos, archivarlos y conservarlos.

En opinión de CERRILLO I MARTÍNEZ, «*Las tecnologías de la información y la comunicación en el tratamiento de la información incrementa la transparencia de la Justicia, alejando así la corrupción de las oficinas judiciales. Además, constituye un instrumento necesario para mejorar la eficacia de la Justicia al agilizar la transmisión de información entre los operadores jurídicos y de éstos con los ciudadanos. Finalmente, todo ello contribuye a mejorar la calidad de la justicia*».

En este sentido, la e-Justicia tiene en común con la e-Administración o el *e-government* la utilización, al máximo nivel de rendimiento posible, de las TIC en el desarrollo de una tarea pública que suele ser compleja y que suele implicar la participación de varios sujetos. Existen aplicaciones informáticas y mecanismos de trabajo —«herramientas electrónicas», en definitiva— que pueden ser similares en el ámbito de la Administración pública y en el de los Tribunales de Justicia, pues es indudable que la forma de organizar trabajos burocratizados presenta rasgos comunes que pueden beneficiarse de las mismas aplicaciones de las TIC. De hecho, buena parte de las herramientas de e-Justicia se han desarrollado previamente en el ámbito de la e-Administración. Ahora bien, debe insistirse en la idea de que el ámbito en el que se aplican las herramientas electrónicas y la forma «electrónica» de desarrollar una actividad mantiene su relevancia: por esta razón, es imprescindible que la utilización de herramientas electrónicas y la nueva concepción de los actos procesales desde su punto de vista más externo no vayan nunca en perjuicio de las garantías propias de la actividad jurisdiccional.

El «para qué» de la e-Justicia, por su parte, nos conduce a un terreno de afirmaciones igualmente genéricas. Se dice, antes que nada, que se utilizan herramientas de e-Justicia con la pretensión de lograr una mayor eficacia de la Justicia. Este leitmotiv de la mayor eficacia resulta muy difícil de acotar: la Justicia será más eficaz si consigue desarrollar su actividad en menos tiempo y con menor coste, pero en todo caso con una calidad igual o superior. Por eso hay herramientas de e-Justicia que buscan acelerar la realización de ciertos trámites procesales, al tiempo que otras tratan de reducir sus costes (v.g., por la «desmaterialización» del proceso o permitiendo sacar un mayor rendimiento al trabajo del personal auxiliar). Junto a la eficacia, es habitual encontrar invocaciones a la modernización de la Justicia a través de las herramientas de las TIC: con ello, sin embargo, no se quiere hacer referencia a vanguardismo alguno, sino a algo más modesto, que puede definirse como «ponerse a la altura de los tiempos». Y es que, en realidad, las herramientas de e-Justicia permiten utilizar en la gestión de los procesos judiciales formas de trabajo que ya están incorporadas al método operativo habitual de muchas organizaciones complejas, públicas y privadas. Finalmente, se afirma que la e-Justicia está al servicio de una mayor transparencia de la Justicia. En efecto, ciertas herramientas de las TIC sirven para ofrecer mayor información a los justiciables o, en su caso, para facilitar un acceso a la información ya disponible: puede tratarse de información de carácter general, pero también de información relativa a actuaciones procesales concretas en que esté involucrado un justiciable. Es indudable que la cantidad, la calidad y la accesibilidad de la información son elementos que influyen positivamente en el acceso a la Justicia; y debe reconocerse que se trata de una faceta que, tradicionalmente, los poderes públicos han tenido bastante desatendida y en relación con la cual las herramientas de la e-Justicia pueden desplegar un papel de cierta relevancia. En resumidas cuentas, se debe asumir que el tema de la e-Justicia nos sitúa en un terreno conceptualmente movedizo e insuficientemente acotado, en el que abundan los eslóganes, las afirmaciones bienintencionadas y los propósitos inobjetables. En este sentido, las iniciativas y las acciones que se llevan a cabo bajo la cobertura de la implantación de la e-Justicia parecen beneficiarse *a priori* de las virtudes de la eficacia, la modernización y la transparencia: y justamente por eso deben ser objeto de estrecha vigilancia, para evitar que de forma encubierta o involuntaria las nuevas formas de desarrollo de la actividad jurisdiccional acaben menoscabando las garantías de los justiciables. La implantación de la e-Justicia, pues, no puede ser un objetivo en sí misma, sino en la medida en que permita a la Administración de Justicia desempeñar mejor su función de tutela del ordenamiento y garantía de los derechos[211].

---

211. En este sentido, cfr. el Dictamen del Comité Económico y Social Europeo de 30 de septiembre de 2009 sobre la Comunicación de la Comisión (Documento INT/457 CESE 1455/2009, aptdo. 4.3).

1.3. PORTAL EUROPEO DE E-JUSTICIA

El Portal Europeo de e-Justicia está pensado para ser en el futuro una ventanilla única en el ámbito de la justicia. La justicia en red europea tiene por objeto mejorar el acceso a la justicia en un contexto paneuropeo y se ocupa de desarrollar tecnologías de la información y la comunicación y de incorporarlas al acceso a la información jurídica y al funcionamiento de los sistemas judiciales. Los procedimientos gestionados digitalmente y la comunicación electrónica entre quienes participan en los procedimientos judiciales se han convertido en un componente fundamental para el funcionamiento eficiente del poder judicial en los Estados miembros.

El compromiso de la Unión Europea con la justicia en red europea se remonta a hace más de una década. El Consejo, la Comisión y el Parlamento Europeo han demostrado su determinación para fomentar la justicia en red. Hasta la fecha, los trabajos en el ámbito de la justicia en red han estado impulsados por dos planes de acción relativos a la justicia en red europea y por la Estrategia 2014-2018 relativa a la Justicia en Red[212]. El Consejo, a través de sus órganos preparatorios pertinentes, y los Estados miembros, la Comisión y la Oficina de Publicaciones han aplicado estos dos planes de acción.

El Portal Europeo de e-Justicia (en lo sucesivo, «el Portal») se ha enriquecido con páginas de información[213], herramientas de búsqueda y formularios dinámicos[214]. También se ha renovado el diseño, en un intento de mejorar y facilitar la experiencia al usuario.

El desarrollo de herramientas electrónicas para la justicia en red ha sido exponencial, puesto que ahora dichas herramientas hacen posible el uso de canales electrónicos seguros para los procedimientos judiciales digitales, la comunicación fidedigna entre las autoridades judiciales, la simplificación de la información sobre disposiciones jurídicas para los ciudadanos[215] y el acceso a

---

212. Proyecto de Estrategia 2014-2018 relativa a la Justicia en Red Europea (DO C 376 de 21 de diciembre de 2013, p. 7).
213. Estas páginas incluyen información que va desde el Derecho de familia y la formación de profesionales de la justicia en Derecho de la Unión, hasta los derechos de las víctimas en procesos penales o el Derecho en materia de consumo.
214. Por ejemplo, documentos públicos, como partidas de nacimiento o certificados de residencia, procedentes del Reglamento (UE) 2016/1191 del Parlamento Europeo y del Consejo, de 6 de julio de 2016, por el que se facilita la libre circulación de los ciudadanos simplificando los requisitos de presentación de determinados documentos públicos en la Unión Europea y por el que se modifica el Reglamento (UE) n° 1024/2012 (DO L 200 de 26 de julio de 2016, p. 1).
215. Como la utilización del Identificador Europeo de Legislación (ELI) y del Identificador Europeo de Jurisprudencia (ECLI) para la búsqueda y el análisis de textos jurídicos y de jurisprudencia.

determinados registros nacionales que son competencia de los Estados miembros[216] o de organizaciones profesionales.

También se han incorporado a EUR-Lex otros tipos de documentos y herramientas de búsqueda. Asimismo, se ha actualizado con la introducción de jurisprudencia y actos legislativos nuevos, por ejemplo, medidas de transposición nacional y jurisprudencia nacional, así como resúmenes de legislación que explican los actos legislativos de la UE en lenguaje sencillo. Además, se han mejorado el funcionamiento y la estructura de EUR-Lex tomando como base las observaciones de los ciudadanos.

Los trabajos llevados a cabo en el ámbito de la justicia en red pueden aportar beneficios en otros ámbitos. En particular, el proyecto e-CODEX puede facilitar componentes fundamentales, como la entrega electrónica, a varios ámbitos. De forma similar, los resultados del proyecto e-SENS, ya finalizado, tienen por objeto facilitar la utilización de servicios públicos digitales transfronterizos a través de componentes técnicos genéricos y reutilizables.

A través de la simplificación del acceso a la información y la justicia, la justicia en red debe contribuir al desarrollo del mercado único digital, lo que constituye uno de los objetivos de la administración electrónica, como se menciona en la Declaración de Tallin sobre administración electrónica[217]. Las iniciativas sobre la justicia en red europea deben tratar de aumentar la coherencia del marco de la administración electrónica, teniendo en cuenta las disposiciones constitucionales relativas al poder judicial en los Estados miembros (independencia judicial y separación de poderes), de acuerdo con las Conclusiones del Consejo de 20 de septiembre de 2016 sobre el Plan de Acción sobre Administración Electrónica 2016-2020: Acelerar la transformación digital de la administración y con la Comunicación de la Comisión de 19 de abril de 2016 titulada «Plan de Acción sobre Administración Electrónica de la UE 2016-2020: Acelerar la transformación digital de la administración».

De conformidad con las Conclusiones del Consejo de 20 de septiembre de 2016, las iniciativas que se ejecuten en el marco de la justicia en red europea

---

216. Por ejemplo, registros mercantiles, a través del sistema de interconexión de los registros mercantiles o de registros de resoluciones concursales.
217. Declaración de Tallin sobre la administración electrónica en la reunión ministerial celebrada el 6 de octubre de 2017 durante la Presidencia de estonia del Consejo de la UE: https://www.eu2017.ee/news/insights/tallinn-declaration-egovernment-ministerial-meeting-during-estonian-presidency.

deben respetar los principios[218] expuestos en la Comunicación de la Comisión de 19 de abril de 2016[219].En particular, la justicia en red europea debe:

— respaldar un planteamiento digital por defecto, en especial:

— comprometiéndose a proporcionar a los ciudadanos y a las empresas la posibilidad de interactuar con las autoridades por vía digital, e

— incorporando un planteamiento digital por defecto a la legislación nacional y de la UE, a fin de velar por la pertinencia de las disposiciones jurídicas y de garantizar, en consecuencia, la seguridad jurídica y la fluidez en las interacciones, tanto en un contexto nacional como transfronterizo,

— regirse por el principio de «solo una vez», lo que supone evitar la duplicación de procedimientos y, en consonancia con las normas en materia de protección de datos, reutilizar la información que ya figura en el sistema para procedimientos posteriores, cuando dicha información no esté desfasada,

— centrarse en el usuario, es decir, diseñar aplicaciones, sitios web, herramientas y sistemas teniendo en cuenta la facilidad de uso y la autonomía de los usuarios.

La finalidad de la justicia en red es facilitar el acceso a la justicia y al funcionamiento de los sistemas judiciales, también en casos transfronterizos, a los ciudadanos, los profesionales de la justicia y las autoridades, teniendo en cuenta la independencia judicial y la separación de poderes. Logra este objetivo mediante la simplificación y digitalización de las comunicaciones, del acceso a los procedimientos y a la información jurídica, y de las conexiones a los sistemas nacionales y entre estos en un contexto transfronterizo.

El Portal, junto con EUR-Lex, desempeña un importante papel en la consecución de este objetivo. El Portal debe seguir desarrollándose para convertirse en una ventanilla única sobre justicia más interactiva, que ofrezca acceso a soluciones y servicios electrónicos. EUR-Lex es por ello, que debe evolucionar para seguir respondiendo a las necesidades de los ciudadanos y permitirles

---

218. Estos principios son: versión digital por defecto (por ejemplo, propiciando que las iniciativas legislativas sean aptas para la era digital), principio de «solo una vez» (cumpliendo plenamente las normas en materia de protección de datos), inclusión y accesibilidad, apertura y transparencia, escala transfronteriza por defecto (cuando proceda), interoperabilidad por defecto (basada en normas y especificaciones abiertas acordes con los principios sobre normalización), fiabilidad y seguridad.

219. «Digitalización de la industria europea. Aprovechar todas las ventajas de un mercado único digital» [COM/2016/0180 final].

encontrar fácilmente toda la información pertinente sobre el Derecho de la Unión.

Con el fin de proporcionar acceso a la información que puede utilizarse en procedimientos judiciales y extrajudiciales, los registros pertinentes, como los registros mercantiles y los registros de resoluciones concursales, se han interconectado o se están interconectando actualmente. Deben establecerse más interconexiones entre los registros y las bases de datos, cuando sea necesario, para facilitar el acceso a la información y simplificar los procesos de trabajo a los profesionales.

En este contexto, deben proseguir los trabajos para lograr la participación activa de los profesionales de la justicia, que tienen una doble función: la de usuarios de la información proporcionada en los proyectos sobre la interconexión de registros o bases de datos y, en algunos casos, la de responsables de la aplicación y utilización de dichos registros y bases de datos.

Debe mantenerse la desmaterialización de los procedimientos judiciales y extrajudiciales a fin de simplificar y agilizar el acceso a los tribunales y de facilitar el uso de procedimientos extrajudiciales mediante el empleo de herramientas de comunicación electrónicas seguras, en especial e-CODEX, en situaciones transfronterizas.

La justicia en red debe promover la interacción y la comunicación electrónica entre las autoridades judiciales y con los ciudadanos y profesionales en procedimientos judiciales (es decir, a través de servicios de videoconferencia o del intercambio seguro de datos electrónicos) de conformidad con el marco jurídico vigente.

El acceso a algunas funciones debe restringirse exclusivamente a miembros de las autoridades judiciales a través de un acceso seguro mediante derechos de acceso específicos y de un método de autenticación uniforme e interoperable, basado en sistemas conformes con el marco eIDAS. Las disposiciones del marco jurídico eIDAS deben examinarse y ejecutarse siempre que se apliquen o potencien servicios de confianza en el ámbito de la justicia.

Los sistemas de justicia en red también pueden utilizarse para facilitar el funcionamiento de varias redes existentes a nivel europeo, tales como la Red Judicial Europea en materia civil y mercantil o la Red Judicial Europea en materia penal. Para ello, podrían seguirse aprovechando las posibilidades que brindan el sistema de justicia en red europea y el Portal en consulta con las autoridades mencionadas.

Corresponde a cada Estado miembro garantizar la instrumentación técnica y la gestión de los sistemas nacionales de justicia en red necesarios para facilitar la interconexión y la interoperabilidad entre los sistemas de los Estados miembros. Debe velarse por la compatibilidad de los distintos aspectos técnicos, organizativos, jurídicos y semánticos seleccionados para las aplicaciones del sistema judicial, dejando al mismo tiempo flexibilidad a los Estados miembros. En este contexto, deben tenerse en cuenta los principios establecidos en el Marco Europeo de Interoperabilidad.

La justicia en red europea se basa en el principio de un modelo descentralizado a nivel europeo que conecta entre sí los distintos sistemas que ya existen en los Estados miembros. El planteamiento descentralizado de la justicia en red respeta, por tanto, los principios de proporcionalidad y subsidiariedad. No obstante, también puede contemplarse un planteamiento centralizado en determinadas situaciones concretas o este puede venir impuesto por el Derecho de la Unión. A fin de contribuir a que la justicia en red europea se aplique de forma satisfactoria, en los trabajos sobre esta cuestión deben tenerse en cuenta la promoción y la sensibilización tanto a escala nacional como de la UE.

1.4. DIGITALIZACIÓN DE LA JUSTICIA

Las leyes procesales en España fueron concebidas en sus orígenes como una sucesión de trámites en formato papel y con presencialidad física de las partes, alejadas del actual objetivo de digitalización de la justicia. Fue necesaria una revisión de estos procedimientos para sentar las bases legales de la transformación digital de la Justicia.

Para lograr la digitalización del sector judicial, se debieron abordar conceptos como la firma digital o el expediente electrónico. También la gestión de los datos, que debían ser interoperables entre las distintas administraciones. Pero no todo ha ido según lo esperado ya que actualmente todavía existen juicios que se programan a años vista. El cambio a la utilización del expediente electrónico en la Administración de Justicia está suponiendo notables dificultades debido al enorme volumen de expedientes abiertos los cuales están exclusivamente en soporte papel o combinando elementos tanto en papel como electrónicos. Esta migración se basa en un marco normativo que da soporte a la utilización de los documentos electrónicos, incluyendo su autenticación y su uso en la tramitación de los procedimientos. Pero la experiencia pone de manifiesto la notable dificultad que supone este cambio en las Administraciones y, especialmente, en el caso de la Administración de Justicia. Las primeras dificultades aparecen en la recepción de la documentación en los registros, ya que estos deben convertirse en auténticos servicios de digitalización, capaces de trabajar en tiempo real, si se quiere que el interesado se lleve la documentación original. Y, luego, una vez dentro de la organización, la tramitación de expedientes electrónicos precisa de un largo período de adaptación.

No obstante, el objetivo es evitar los papeleos al digitalizar los procedimientos judiciales. No tener que realizar procedimientos físicos como ir a recoger documentos en el juzgado. Se trata de atajar la lentitud a través del expediente judicial electrónico para conseguir una Justicia con raíz digital que posibilite procesos más ágiles, eficaces y transparentes gracias a infraestructuras digitales interoperables. Se pretende fijar las bases de lo conseguido en la última década en tecnología para que el expediente electrónico pueda establecerse plenamente dentro de la administración de justicia.

Los fondos europeos, que aportaron una financiación de 410 millones de euros a la administración de Justicia, han sido el detonante para lograr llevar a cabo este ambicioso y necesario proceso que quiere (y necesita) ser aprovechado por los órganos judiciales y las administraciones. Además, no parten de cero. Por ejemplo, la administración electrónica en las comunidades autónomas ha avanzado mucho y existe ya un conocimiento y experiencia previos que pueden aprovechar. La obtención de copias mediante la digitalización de originales en papel se contemplaba en el artículo 28.3 de la Ley 18/2011, de 5 de julio, reguladora del uso de las tecnologías de la información y la comunicación en la Administración de Justicia (LUTICAJ). Esta disponía que se debía garantizar la autenticidad, integridad y la conservación del documento imagen y que el proceso podrá hacerse de forma automatizada, utilizando un sello electrónico como medio para la autenticación. También podían utilizarse otros medios previstos en el artículo 14.3 de la LUTICAJ, en particular, la firma electrónica del personal al servicio de la Administración de Justicia. El actual RD Ley 6/2023 en su artículo 40 requiere un plus, a los efectos de garantizar la firma electrónica, así, las copias electrónicas habrán de permitir comprobar la coincidencia del documento con la información de firma electrónica y, en su caso, de marca de tiempo o sello electrónico cualificado, así como su contenido.

Una copia electrónica está compuesta, según la NTI del documento electrónico, de la imagen electrónica y los metadatos. La imagen debe ser fiel al documento de origen, para lo que debe respetar la geometría del mismo en tamaños y proporciones y no podrá contener caracteres o gráficos que no figuren en este. El nivel de resolución mínimo para imágenes electrónicas será de 200 píxeles por pulgada. Cuando sea necesario, se realizará una «optimización automática de la imagen electrónica para garantizar su legibilidad, de modo que todo contenido del documento origen pueda apreciarse y sea válido para su gestión». También se contempla la necesidad de realizar las comprobaciones necesarias para garantizar que se producen imágenes fieles al documento original.

En cuanto a los metadatos, la mencionada NTI enumera un mínimo obligatorio, pero también permite asignar metadatos complementarios. Además de los correspondientes a los documentos, hay también un conjunto de metadatos que se asignan a los expedientes electrónicos. En caso de alterarse el formato original, deberá incluirse en los metadatos la condición de copia.

Asimismo, dispone que, para garantizar la fiabilidad de una firma electrónica a lo largo del tiempo, se podrán utilizar dos mecanismos: a) «Firmas longevas mediante las que se añadirá información del estado del certificado asociado, incorporando un sello de tiempo, así como los certificados que conforman la cadena de confianza»; b) «Otros métodos técnicos que impedirán la modificación de la firma para la que se ha verificado su validez, de acuerdo a los requisitos establecidos en la política de firma correspondiente, y que habrá sido almacenada en un sistema en un momento del tiempo determinado».

Por tanto, las firmas longevas deben incluir un sello de tiempo que permita garantizar que el certificado era válido en el momento en que se realizó la firma. Para la conversión de una firma electrónica a firma longeva será necesario en primer lugar verificarla, validando la integridad de la firma, el cumplimiento de los estándares y que contiene las referencias obligatorias. A continuación se completará, obteniendo y anexándole las referencias a certificados (incluyendo los certificados del firmante y todos los que formen la cadena de certificación), así como la información referente al estado de los certificados, obtenida mediante la consulta a las listas de certificados revocados (CRL) o a directorios OCSP. Una vez generadas las firmas longevas, la política de firma definirá los procedimientos para mantener las evidencias y gestionar la actualización de las mismas.

También hay dos alternativas para la protección de la firma electrónica frente a la posible obsolescencia de los algoritmos. Una es la utilización de mecanismos de resellado, consistentes en añadir sucesivos sellos de tiempo utilizando los algoritmos que en cada momento tengan un nivel de seguridad adecuado. El otro es la conservación de la firma en un depósito seguro, garantizando la protección contra falsificaciones y asegurando la fecha exacta en que se guardó. En este caso no es preciso el sellado de tiempo.

La gestión del expediente electrónico con todas las garantías es uno de los objetivos fundamentales que se persiguen y que ha sido impulsado de forma estelar gracias a la entrada en vigor del nuevo RD Ley 6/2023. Evitar la presencialidad en los juzgados ahorraría miles de desplazamientos y, con ellos, los ahorros económicos y la mayor agilidad en los trámites. Pero, para ello, es necesario asegurar la seguridad judicial de los documentos a través de intercambio electrónico de expedientes, firma digital, anonimización de datos o la automatización de tareas.

No obstante, parece que, poco a poco, se van dando avances, el Ministerio de Justicia ha conseguido la tramitación automática de unos cientos de miles expedientes de cancelación de antecedentes penales gracias al uso de la IA. Hay más de 90.000 oficios de órganos judiciales transmitidos a administraciones públicas gracias a la interconexión de sistemas o la interoperabilidad de cientos de miles de expedientes administrativos que se integran en los expedientes judiciales electrónicos. La pandemia claro está, ha tenido un efecto acelerante en dicha digitalización. Ya han sido gestionadas más de 326.000 citas previas en las sedes judiciales y oficinas del Registro Civil y se han celebrado más de 440.000 juicios telemáticos.

Cuando se compara la evolución del comercio y de la administración electrónica se observa que mientras que en el primero la necesidad de realizar operaciones comerciales de forma rápida y efectiva ha impulsado la toma de decisiones y acuerdos tanto a nivel tecnológico como organizativo, en el segundo se adoptaron con frecuencia requerimientos innecesariamente estrictos en cuestiones formales y de seguridad, lo que ha supuesto una barrera de tipo práctico muy importante. Este podría ser, de nuevo, el caso de la exigencia de un expediente integral mente electrónico, la cual no existe en las entidades privadas que, sin embargo, avanzan cada vez más en la «oficina sin papeles». La digitalización posibilita ahorros energéticos, de consumo de materias primas, de tiempo y desplazamientos. Y es que la transición ecológica y la digitalización son dos realidades incuestionables que deben impulsar la sostenibilidad medioambiental y una sociedad más responsable.

1.5. EL EXPEDIENTE JUDICIAL ELECTRÓNICO: DE LA TENDENCIA A LA NECESIDAD

Toda la reforma de la Administración de Justicia, tanto estructural como organizativa, que se ha venido analizando en la presente monografía tiene como finalidad última el mejor y mayor entendimiento de la implantación del expediente judicial electrónico que, como ya declaraba el Preámbulo de la actualmente derogada LUTICAJ, será el *«heredero digital de los autos que tradicionalmente han constituido el decorado de nuestros juzgados y tribunales»*.

Por lo general, la imagen de la Justicia que perciben los ciudadanos es mala. A ello contribuye en gran medida el hecho de que cualquier información gráfica que de ella aparezca en los medios de comunicación, ya sea televisión o fotografías en prensa gráfica, y desde luego ahora mucho más potenciado con Internet, sea frecuente que reflejen una gran cantidad de expedientes apiñados y apilados por el suelo, sillas, mesas y armarios, que producen la sensación de desorden, abandono y precariedad nada compatibles con el cometido que la Constitución Española le asigna a la Justicia[220].

Dichas imágenes reveladoras de una Administración de Justicia lenta y arcaica, en la que los papeles y legajos son los protagonistas, contrastan con las

---

220. Como paradigma de esa imagen puede traerse a colación la imagen aparecida en fotografías publicadas en prensa y videos que se hicieron virales en Internet de una entrevista al Fiscal D. Pedro Horrach, que ejercía la acusación pública en el caso Noos, en la cual aparece en su despacho con un carro de una conocida cadena de supermercados detrás lleno de expedientes.

que podemos ver en cualquier medio cuando aparecen noticias relacionadas con otras Administraciones Públicas mucho más modernas y dotadas tecnológicamente, como pueden ser la Agencia Estatal Tributaria o la Tesorería General de la Seguridad Social, la cuales reflejan una Administración Pública moderna, ágil y eficiente, más propia de un país como la España del siglo XXI. Como ha señalado un importante sector de la doctrina, *«por ello, [los ciudadanos] no aceptamos de buen grado que un fundamental poder del Estado, como es la Justicia, esté peor dotada de medios técnicos que muchos de nuestros hogares y que no se beneficie ya, en toda su amplitud, de lo que la tecnología nos permite a nivel cotidiano»* [221].

SUÁREZ-QUIÑONES Y FERNÁNDEZ[222] opina que *«no puede hablarse de modernización de la Justicia sin la digitalización del proceso judicial. Pero el Expediente Judicial Electrónico (EJE) no es sólo la digitalización de documentos en papel, es un sistema completo y complejo de input-output de la documentación y de la formación digitalizada de las actuaciones judiciales».*

Las ventajas que la utilización de las TIC ofrece en el ámbito de la Justicia son evidentes como ha señalado GAMERO CASADO[223], agilizar la tramitación de los procedimientos y la gestión documentos de la oficina judicial; facilitar las gestiones de los profesionales de la Justicia al poder realizar gestiones y presentar escritos las 24 horas del día durante los 365 días del año; ahorrar costes y reducir necesidades de espacio; suprimir las barreras territoriales y potenciar la igualdad y alcanzar más crecimiento y desarrollo.

Según las nuevas posibilidades que ofrecen las TICs y las nuevas regulaciones procesales, que han podido suponer en ocasiones un freno al avance de las nuevas tecnologías en la Administración de Justicia[224], se puede entender por Expediente Judicial Electrónico todo el conjunto de documentos en formato digital u otro admitido por la ley, así como toda la información que se genere durante la tramitación del proceso, bien sea por el Juzgado o por las partes o que

---

221. SANZ LARRUGA, F.J. Y SALGADO SEGUÍN, V., «El expediente judicial electrónico: documentos, copias y archivos», en GAMERO CASADO, E, Y VALERO TORRIJOS, J. (Coordinadores): *Las Tecnologías de la Información y la Comunicación en la Administración de Justicia. Análisis sistemático de la Ley 18/2011, de 5 de julio*, Editorial Aranzadi-Thomson Reuters, Cizur Menor (Navarra), 2012, p. 564.

222. SUÁREZ-QUIÑONES Y FERNÁNDEZ, J.C. *op. cit.* p. 11.

223. GAMERO CASADO, E., «El objeto de la Ley 18/2011 y su posición entre las normas relativas a las tecnologías de la información», en *Las tecnologías de la información y la comunicación en la administración de justicia: análisis sistemático de la Ley 18/2011, de 5 de julio*, editorial Thomson Reuters Aranzadi, 2012, pp. 50-53.

224. Hay que tener en cuenta que, como señalan SANZ LARRUGA Y SALGADO SEGUIN, *«el alto nivel garantista y formalista de nuestra normativa procesal cuya prioridad se ha centrado en defender derechos e incrementar la seguridad jurídica, ha dificultado esta necesaria adaptación de la Justicia a la nueva realidad electrónica»*, en *«El expediente judicial electrónico: documentos, copias y archivos»*, op. cit. p. 565.

deriva de pruebas practicadas en el mismo[225]. Por tanto, también podrán incorporarse al Expediente Judicial los medios audiovisuales, tales como videoconferencias o grabaciones, que, cumpliendo con los requisitos legales de firma electrónica, autenticidad y en su caso fe pública otorgada con medios electrónicos por el Letrado de la Administración de Justicia.

Si a lo largo de este trabajo se ha insistido en la necesidad de compatibilidad de todos los sistemas informáticos y de la intercomunicación e interconexión de los mismos es porque la consecución del Expediente Judicial Electrónico lo exige para que este pueda migrar entre los distintos órganos y dependencias de la Administración de Justicia, siempre que estos estén relacionados entre sí y con el exterior para conformar dicho expediente digital.

Lo que se trata de implantar con el expediente judicial electrónico es que los actuales autos, dejen de «viajar» físicamente por las distintas dependencias de la Justicia, es decir, que el pase del procedimiento por distintos servicios comunes o unidades de apoyo de la nueva Oficina Judicial; el traslado del procedimiento a otro órgano para resolver cuestiones de competencia, recursos, quejas, o cualquier tipo de incidencia procesal; la remisión a Fiscalía, al Instituto de Medicina Legal, al Instituto Nacional de Toxicología, etc., se realice sin que el expediente tenga que salir físicamente del órgano judicial que lo tramita.

Esto sólo es posible en un escenario de expediente judicial electrónico, en el que exista una red global de comunicaciones telemáticas en la que todos los órganos y dependencias judiciales de todo el territorio nacional estén conectados, pues el objetivo es alcanzar la posibilidad de que el expediente judicial electrónico pueda ser utilizado, caso de ser necesario, por otros órganos judiciales de cualquier punto del territorio nacional, cuestión ésta que plantea dudas acerca de la posibilidad de que esto influya en la imparcialidad del Juez, como analizaremos en el último capítulo de este trabajo.

Pero aparte de esa comunicabilidad interna dentro de la Administración de Justicia, lo que se trata de conseguir es que exista también una conexión mediante la cual sea posible que los profesionales de la justicia, Abogados, Procuradores, Graduados Sociales, Abogacías de las Administraciones (del Estado, de las Comunidades Autónomas y Locales, Tesorería General de la seguridad Social, INSS; Consorcio de Compensación de Seguros, Fogasa, etc.) y en definitiva cualquier operador jurídico, pueda tener acceso al Expediente Judicial

---

225. MIRA ROS explica que el expediente judicial electrónico se constituye «*como el conjunto de información que se genera durante la tramitación de un expediente judicial, tanto la emitida desde la propia oficina judicial como la aportada por las partes durante el desarrollo del proceso o la que se deriva de los informes o aportaciones de peritos y profesionales*». MIRA ROS, C., *El expediente judicial electrónico*, Ed. Dykinson, S.L., Madrid, 2010.
   Vid., también BUENO DE MATA, F., «Comentarios al proyecto de Ley reguladora de uso de las tecnologías de la información y la comunicación en la Administración de Justicia», en *Diario La Ley n.º 7659*, 2011. p. 9.

Electrónico sin necesidad de desplazarse al Juzgado a consultar el expediente físico, sino que se pueda acceder al mismo desde el propio despacho o lugar de trabajo, o quizás sea más adecuado con las realidades tecnológicas actuales, afirmar que se pueda consultar el expediente desde cualquier lugar con la única necesidad de tener un ordenador y la tarjeta con la firma electrónica.

Es más, se pretende que, de la misma forma, Notarías, Registros de la Propiedad y Mercantiles, Centros Catastrales, Cuerpos y Fuerzas de Seguridad del Estado, estén también interoperando en el sistema, de forma que cualquier dato o documentación que se precise pueda ser incorporada al Expediente Judicial Electrónico por vía telemática, con la ventaja de ahorro de tiempo, costes y trámites burocráticos que ello supone.

Igualmente, se trata de conseguir la interconexión e interoperabilidad con la e-Administración y sus redes y plataformas para que pueda haber un flujo seguro de intercambio de datos entre Administraciones, o de remisión de expedientes y documentos de una Administración cualquiera a la de Justicia, cuando aquella sea requerida al efecto, así como los organismos dependientes de ella o que se relacionen con las distintas Administraciones.

Finalmente, y en cumplimiento del mandato contenido en el nuevo RD Ley 6/2023 de digitalización de la Administración de Justicia, se trata de conseguir que el ciudadano tenga acceso al expediente judicial electrónico y pueda relacionarse con la Administración de Justicia por medios telemáticos, y ello, en principio se conseguirá, según el artículo 17 de este nuevo RD Ley, a través de la «Carpeta Justicia», que facilitará un servicio de consulta del estado de tramitación, así como de acceso a todos los expedientes judiciales electrónicos en los que el ciudadano o ciudadana sea parte.

Sin embargo, y a pesar de las previsiones legales que sin temor a equivocarnos podemos calificar de excesivamente optimistas por los muchos inconvenientes de índole técnico, informático, económico y jurídico, como hemos tratado de poner de relieve a lo largo de la presente monografía, que se plantean para llevar a cabo la efectiva puesta en marcha del expediente judicial electrónico, hay una cuestión de especial relevancia a la que nos referimos a continuación.

Uno de los inconvenientes que pueden frenar la implantación de las TIC en la Administración de Justicia, es el de la necesidad de formación. Ya, anteriormente, la propia LUTICAJ en su Disposición Adicional 5.ª imponía a las Administraciones Públicas competentes la obligación no sólo de dotar de los medios e instrumentos necesarios suficientes a la Administración de Justicia, sino también la obligación de *formar a los integrantes de las mismas en el uso y utilización de dichos medios e instrumentos*. La citada norma hace extensiva esa imprescindible formación a todos los operadores jurídicos, Jueces, Magistrados, Fiscales y demás profesionales por cuanto el uso y utilización de estos medios es una obligación para ellos, como así lo establecían en la propia LUTICAJ los artículos 6, 7 y 8 o el 38, 40 y 43 y las Disposiciones Adicionales 6.ª y 9.ª, obligación que, si inicialmente era una previsión futura, se ha concretado y devenido en imperativa desde la entrada en vigor de la Ley 42/2015. En el nuevo RD Ley, sin embargo, no se contemplan planes de formación, más allá de nuevamente, fijar que serán las administraciones públicas competentes en materia de Justicia las que formarán a sus integrantes en el uso y utilización de dichos medios e instrumentos (así, la Disposición Adicional Tercera del RD Ley 6/2023).

A ello hay que añadir otro hecho que merece un tratamiento más detallado y al que dedicaremos más atención al abordar el estudio del sistema de comunicaciones y notificaciones LexNet, pero que si interesa en este momento dejar constancia de que esa formación dada a los funcionarios y a Jueces y Magistrados y Fiscales ha sido absolutamente insuficiente, lo que ha motivado quejas, como expondremos más adelante.

Parece claro el objetivo del nuevo RD Ley 6/2023, como también lo era de la ya derogada LUTICAJ, de tratar de generalizar el uso de las TIC en la Administración de Justicia. BUENO DE MATA[226] opina respecto de este objetivo de *«generalizar el uso de las TICs en la Administración de Justicia (es) algo difícil a corto plazo debido a la gran brecha digital que posee una gran parte de la población y que afecta también a profesionales del sector judicial, debido a que nos encontramos con una materia nueva y en constante cambio que se agrava en las generaciones de edad longeva. La citada brecha digital afecta así a muchos jueces, secretarios y fiscales de avanzada edad que no comprenden el uso de las TICs en la Administración de Justicia por resultarles una materia desconocida y muy técnica, por lo que podrían utilizar estos recursos de una forma errónea, lo que haría entorpecer y ralentizar el proceso; justo lo contrario de lo que en un primer momento pretendíamos».*

En efecto, existen profesionales de todos los ámbitos de la Justicia que a duras penas se han adaptado al uso de los medios informáticos a nivel de usuario básico; imponerles ahora el cambio de uso de esos medios por otros más sofisticados y complejos en su manejo no está siendo tarea fácil, pero como ya se expuso la Ley es taxativa e imperativa en cuanto al uso de los medios con carácter obligatorio para todos los operadores jurídicos y profesionales de la Justicia. La promulgación de las leyes antes citadas ha obligado a profesionales de la Justicia y a operadores jurídicos a tener que, forzosamente, adaptarse a esta nueva forma de trabajar en y con la Administración de Justicia.

Esta brecha digital afecta también a los profesionales, quienes además de realizar inversiones económicas con el fin de dotar sus despachos con los medios

---

226. BUENO DE MATA, F., «Comentarios al proyecto de Ley reguladora del uso de las tecnologías de la información y la comunicación en la Administración de Justicia», *op. cit.*, p. 7.

técnicos necesarios para poder trabajar en un entorno totalmente electrónico y que cumpla con los estándares de seguridad y los requisitos técnicos necesarios que se establecen en las normas de aplicación, han tenido que emplear también tiempo en formarse y adquirir los conocimientos y destrezas para poder manejar y trabajar con la LexNet. Hemos de recordar además que los profesionales tienen además la responsabilidad de que un error en la presentación o un defecto en las formas pueden resultar de trascendental importancia pues se da la posibilidad de que se deriven perjuicios para los derechos de sus clientes y representados, por lo que la responsabilidad que asumen es, si cabe, aún más importante que las del resto de operadores jurídicos, cuyos fallos pueden ser subsanados y, en la mayoría de los casos no van a perjudicar derechos de terceros, suponiendo en el peor de los supuestos un retraso en el procedimiento, pero nada más[227]. A pesar de ello a los profesionales, entre los que hay un importante un importante sector que, fundamentalmente por edad, no están preparados para acometer las renovaciones en la metodología de trabajo que esta nueva Justicia requiere, les es exigible que su único medio de comunicación con la Administración de Justicia sea el medio electrónico, sin que esta exigencia vulnere norma alguna, antes bien la misma viene prevista e impuesta en una norma con rango de Ley[228].

Por otro lado tampoco se ha ofrecido la posibilidad de obligar a relacionarse por medios electrónicos de una forma gradual, o estableciendo un plazo en el que se pudieran simultanear la presentación telemática y el papel para que los profesionales se habituaran al uso de los sistemas y adquirieran las destrezas necesarias para ello con la práctica diaria, sino que se ha optado por la imposición legal, sin tener en cuenta que están en juego los derechos de los justiciables, terceros ajenos a esta problemática, pero que pueden ver mermadas sus garan-

---

227. Así, si un profesional (Abogado, Procurador o Graduado Social) comete un fallo con LexNet al presentar, por ejemplo, un recurso de apelación, el resultado será que se perderá la oportunidad de recurrir y la sentencia será firme con el consiguiente perjuicio para el cliente. Por el contrario, si el fallo lo comete un funcionario del Juzgado, que por ejemplo, eleva los Autos a la Audiencia para la resolución del recurso sin haber dado traslado por un error al introducir los datos de las partes en LexNET, a la parte recurrida para comparecer ante la Audiencia y personarse en plazo, la única consecuencia que tendrá es la dilación que se produce cuando se detecta el error y se retrotraen las actuaciones hasta el momento procesal correspondiente, confiriendo entonces el plazo y subsanando el error procesal.

228. Como expone GAMERO CASADO hay un perfil de abogados que, con el símil médico, responden al perfil de abogados de cabecera o de proximidad, y dice textualmente «A mi juicio, es llano que un elevado porcentaje de sus integrantes carece de los medios electrónicos necesarios, y apenas pasa del uso del correo electrónico y de algún navegador. En tales circunstancias, la imposición del canal electrónico sobrepasa con mucho sus posibilidades actuales. Y, sin embargo, no podemos reputar inválida la imposición de este deber, porque en el caso de los profesionales de la justicia la imposición deriva de una norma con rango de Ley, que responde por tanto a las coordenadas constitucionales». GAMERO CASADO, E., «El ámbito de aplicación de la Ley 18/2011. El deber de relacionarse por medios electrónicos con la Administración de Justicia» en *Las tecnologías de la información y la comunicación en la administración de justicia: análisis sistemático de la Ley 18/2011, de 5 de julio*, editorial Thomson Reuters Aranzadi, 2012, p. 171.

tías y derechos, entendemos que por la falta de previsión del legislador. COTINO HUESO opina respecto a la imposición legal de relacionarse con la Administración por medios electrónicos que *«en palabras de Gamero (2016 a II), se ha dado la progresiva transfiguración del derecho a relacionarse por medios electrónicos en un deber. Se han hecho muy importantes inversiones en e-Administración y no parecen amortizarse en muchos ámbitos en los que el uso de medios electrónicos por empresas y, sobre todo por ciudadanos, llega a ser alarmantemente bajo. La vía de obligar parece ser una solución más fácil que luchar por una Administración más usable e intuitiva para los administrados reticentes a emplearla. Y la Ley 39/2015 ha dado un importante salto en este arriesgado camino. Y a mi juicio sin las garantías suficientes para los administrados»* [229].

Esta reflexión es perfectamente trasladable a lo sucedido con la Ley 42/2015, que ha dado un arriesgado salto con la imposición de la obligación a los profesionales de relacionarse con la Administración de Justicia únicamente por medios electrónicos, sin tener en cuenta que ni aquella está técnicamente preparada para ello, ni los funcionarios y demás operadores de la misma han recibido la formación oportuna, suficiente y necesaria para ello y los profesionales tampoco, pero, sobre todo, sin tener en cuenta que lo que este caso está en juego son los derechos de terceros que pueden verse perjudicados y los cuales no han sido debidamente garantizados ni protegidos.

La LUTICAJ, en el Título IV regulaba el Expediente Judicial Electrónico, que ahora ha pasado a regularse en el Capítulo V del Título III del Libro Primero del RD Ley 6/2023. El artículo 26.1, en su redacción original definía el EJE como «el conjunto de documentos electrónicos correspondientes a un procedimiento judicial, cualquiera que sea el tipo de información que contenga», definición que es casi una trascripción literal de la que del Expediente Administrativo Electrónico contiene la LAECSP en su artículo 32.1, así como el resto del artículo 26 de la LUTICAJ, excepto el apartado 2, es casi una copia literal del artículo 32 de la LAECSP.

Esta definición fue modificada por la Ley 42/2015, de 5 de octubre, de reforma de la Ley 1/2000, de 7 de enero de Enjuiciamiento Civil, la cual, en el apartado II de su Preámbulo declaraba que, «A partir del 1 de enero de 2016, todos los profesionales de la justicia y órganos judiciales y fiscalías estarán obligados a emplear los sistemas telemáticos existentes en la Administración de Justicia para la presentación de escritos y documentos y la realización de actos de comunicación procesal, debiendo la Administración competente, las demás Administraciones, profesionales y organismos que agrupan a los colectivos establecer los medios necesarios para que ello sea una realidad.../... Pero, ade-

---

229. COTINO HUESO, L., «Cuando la relación electrónica con la Administración es una obligación y no un derecho», en *Hacia una Justicia 2.0*, Actas del XX Congreso Iberoamericano de Derecho e Informática. Volumen II. BUENO DE MATA, F. (Dir.), Ed. Ratio Legis, Salamanca, 2016. pp. 65-78.

más se realiza una aplicación global de los medios telemáticos a las diferentes actuaciones procesales. El uso de los medios telemáticos se extiende también a la tramitación de los exhortos, mandamientos y oficios, exhibición de documentos en cumplimiento de diligencias preliminares o presentación de informes periciales.../... Ello conlleva la modificación de la Ley 18/2011, de 5 de julio, reguladora del uso de las tecnologías de la información y la comunicación en la Administración de Justicia». Como finalmente ha ocurrido, gracias al RD Ley 6/2023, que ha supuesto un paquete de medidas de transformación digital y eficiencia procesal de la Administración de Justicia.

Como señala SANZ LARRUGA, F.J. Y SALGADO SEGUÍN aquella *«escueta definición de Expediente Judicial Electrónico»* [230] aludía genéricamente a los documentos electrónicos, sin embargo con la nueva redacción dada por la actual Ley 42/2015, se ha especificado más sobre lo que puede considerarse integrado dentro del EJE al establecer que «el expediente judicial electrónico es el conjunto de datos, documentos, trámites y actuaciones judiciales, así como de grabaciones audiovisuales correspondientes a un procedimiento judicial, cualquiera que sea el tipo de información que contenga y el formato en el que se hayan generado». La redacción original no recogía, en mi opinión, la dimensión total del EJE, ya que no se aludía a otros documentos que también pueden incorporarse al mismo, las grabaciones audiovisuales, bien como documentos aportados por las partes, bien generados por el propio Juzgado con las propias grabaciones que se realicen de actos judiciales, desde las audiencias previas, a las vistas orales de los juicios; las tomas de declaraciones a los investigados, testigos y peritos; la realización de videoconferencias, etc. que forman parte fundamental del EJE y que con la nueva definición no cabe otra interpretación que considerarlas como parte integrante del EJE.

Si lo que se pretende es la concepción integral del EJE como un todo unitario, en el que estén integrados todos los actos y acontecimientos ocurridos durante la tramitación de un procedimiento judicial, desde su inicio hasta su archivo definitivo, es lógico que estén incorporados al mismo, desde una simple diligencia de trámite hasta, y primordialmente, cualquier prueba que se realice en el mismo, con independencia de cómo se haya incorporado al mismo.

El actual artículo 47 del RD Ley 6/2023 regula y define el expediente judicial electrónico, de forma similar a la LUTICAJ, como el conjunto ordenado de datos, documentos, trámites y actuaciones electrónicas, así como de grabaciones audiovisuales, correspondientes a un procedimiento judicial, cualquiera que sea el tipo de información que contengan y el formato en el que se hayan generado.

Al igual que hacía el apartado 2 del artículo 26 de la LUTICAJ, el apartado 2.º del artículo 47 del RD establece que a cada expediente judicial electrónico

---

230. SANZ LARRUGA, F.J. Y SALGADO SEGUIN, V., «El expediente judicial electrónico: documentos, copias y archivos» *op. cit.* p. 573.

se le asignará un número de identificación general (NIG) que será único e inalterable a lo largo de todo el proceso, permitiendo su identificación unívoca por cualquier órgano del ámbito judicial en un entorno de intercambio de datos o por órganos administrativos. Este sistema de identificación permitirá la consulta desde cualquier Juzgado de España, en un entorno de interoperabilidad interna que aún no es total por la falta de conexión de los distintos sistemas de gestión procesal, como se expuso. No obstante, el objetivo es que, como establece el mencionado artículo 47.2 se permita «su identificación unívoca por cualquier tribunal u oficina del ámbito judicial en un entorno de intercambio de datos».

El nuevo RD Ley, al igual que ya hacía la LUTICAJ, y de la misma forma, la LAECSP, recoge el derecho de los ciudadanos a no aportar documentos que ya obren en poder de la Administración de Justicia aportados a otros procedimientos, por tanto la utilidad de tal precepto está garantizada y parece adecuada, —pensemos en una compañía de seguros o un banco que se ha fusionado o ha absorbido a otra entidad de su ramo, que tenga que estar aportando la escritura de absorción para poder acreditar la legitimación en cada uno de los procedimientos que puedan instar, o que se inicien contra ella a lo largo de un año—, cuestión que queda resuelta simplemente con que en la demanda se haga la designación de que la citada escritura está aportada en un procedimiento anterior y hacer la designación del procedimiento identificándolo suficientemente.

El artículo 47.3 establece que el EJE constará de un índice electrónico, firmado por la oficina judicial actuante o por procesos automatizados conforme a lo previsto en este nuevo RD Ley, y se procederá al foliado de forma electrónica. Este índice garantizará la integridad del EJE y permitirá su recuperación, o la de un documento en concreto del mismo, siempre que sea preciso, y uno o varios documentos podrán formar parte de varios Expedientes Judiciales Electrónicos a la vez o sucesivamente, lo cual tiene especial relevancia para la valoración de la prueba y la posible afectación de la imparcialidad del Juez o Tribunal, cuestión que, como se anunció, abordaremos en el último capítulo de este trabajo. Ese índice electrónico consistirá, según la definición que del mismo contiene el Anexo del RD Ley 6/2023, en una «relación de documentos electrónicos de un expediente electrónico, firmada por la Administración, órgano o entidad, actuante, según proceda y cuya finalidad es garantizar la integridad del expediente electrónico y permitir su recuperación siempre que sea preciso». Es decir, el procedimiento y cualquiera de los documentos que lo conforman, va a estar identificado y disponible en cualquier momento y desde cualquier órgano judicial de España.

Como se expuso anteriormente, el expediente no «viaja físicamente», sino que como establece el artículo 47.4 del RD Ley 6/2023, la remisión de los autos, del expediente, se sustituye por la puesta a disposición del expediente judicial electrónico, a excepción de los supuestos en los que las partes no estén obligadas a intervenir a través de medios telemáticos con la Administración de Justicia (artículo 279.2 de la LEC). Según lo dispuesto en este artículo, con el EJE la puesta a disposición, al ser de forma telemática, todas las partes podrán tener acceso al procedimiento simultáneamente y en cualquier momento, por lo que efectivamente el plazo se podrá cumplir por todas las partes en el plazo común otorgado al efecto por la Ley, pues ya no será necesario que los Autos vayan siendo trasladados de parte a parte, y ello redundará en un importante ahorro de tiempo en la tramitación de los procedimientos.

El principal problema que se plantea para la plena ejecución del mandato contenido en este artículo, que ya preveía igualmente la LUTICAJ en la Disposición Transitoria Segunda y ahora el nuevo RD Ley en la Disposición Transitoria Tercera, es que se deja la puerta abierta a un incumplimiento de la obligación de enviar el expediente de forma electrónica, al admitir que el mismo sea remitido en papel o en otro formato digital que posibilite su descarga «si el estado de la técnica no hiciera posible remitir el expediente administrativo electrónico» y atribuyendo al mismo, en tal caso, el valor de una copia simple. A pesar de que esta excepcionalidad, tiene un plazo máximo de cinco años, por tanto, un plazo demasiado amplio, que nada impide su prórroga toda vez que, evidentemente y dada la distinta disponibilidad presupuestaria de las distintas Administraciones Públicas, el nivel de implantación de la Administracion electrónica no es el mismo en todas ellas, lo cual nos lleva a pensar que, en muchos casos, el expediente electrónico se formará en el Juzgado con las copias en papel que se hayan remitido desde la respectiva Administración, lo cual en definitiva no libera de trabajo a la Administración de Justicia, antes bien los funcionarios tendrán que dedicar parte de su tiempo a realizar una labor que, en principio, no les corresponde. El ejemplo, por lo demás es bastante claro, supongamos que se inicia un procedimiento contra un Ayuntamiento de un pueblo, el cual tiene un nivel muy básico de implantación de expediente administrativo electrónico, y en cuyo portal de acceso, apenas se pueden realizar algunos trámites muy básicos por vía telemática —descargar modelos de solicitudes y alguna consulta—. Obviamente el envío al Juzgado o a la Sala del expediente administrativo electrónico va a resultar imposible, porque el mismo no existe en ese Ayuntamiento, por lo que la solución final, amparado además por el nuevo RD Ley, será la de remitir el expediente en papel, en la forma tradicional, y que sea el propio Juzgado el que escanee el mismo y conforme el EJE.

Una de las ventajas que presenta la aplicación de las TIC's a la Administración de Justicia y más en concreto el Expediente Judicial Electrónico, es la de agilizar la tramitación de la Oficina Judicial toda vez que el intercambio electrónico tiene lugar de manera instantánea y en línea, y permite realizar después la gestión documental con mayor rapidez. Como ya hemos dicho, uno de los males que aqueja al sistema actual es la excesiva burocratización y rigidez que hace que la Justicia, sometida a estrictos plazos, se convierta en desesperadamente lenta.

A este respecto, resulta de especial interés —más aún en la jurisdicción contencioso-administrativa donde los retrasos en la resolución de asuntos es muy considerable—, la aportación de VALERO TORRIJOS[231] al estudiar detalladamente el artículo 32 LAECSP, el cual establecía que la remisión del expediente fuera sustituida por la puesta a disposición por medios electrónicos, lo cual evitaría que se produjeran dilaciones provocadas por la propia administración demandada, cuando retrasara el envío del expediente al órgano judicial —a veces de forma intencionada—, ocasionando el perjuicio a la parte recurrente de tener que formular la demanda sin poder tener a la vista el citado expediente administrativo. El autor propone que *«a fin de evitar el referido problema y, sin perjuicio de las previsiones específicas de la LUTICAJ (actualmente derogada), la puesta a disposición del recurrente por medios electrónicos del expediente administrativo debería haberse configurado como una obligación para la Administración Pública, en particular cuando su tramitación haya tenido lugar en soporte digital»*. Sin embargo, y a pesar de que, como se expuso, el artículo 47 del nuevo RD Ley, mantiene la regulación de la anterior LUTICAJ en su artículo 26, habiéndose dejado pasar por el legislador la oportunidad de establecer la regulación propuesta, que habría tenido un triple efecto positivo: Reducir las posibilidades de que la Administración actúe de forma arbitraria en la obligación de remisión del expediente administrativo; reducir los tiempos de tramitación, pues el expediente se pondría por la Administración a disposición del órgano judicial y del recurrente de forma simultánea; y en tercer lugar, y puesto que la citada Ley obligaba a que a partir de 1 de enero de 2016 todos los operadores jurídicos y Administraciones Públicas se relacionen por medios electrónicos con la Administración de Justicia, habría sido lógico que se cerrara la posibilidad de seguir remitiendo los expedientes en formato papel, modificando este artículo 47.4 y la Disposición Transitoria Tercera del RD Ley a la que anteriormente nos referimos.

Lo que acabamos de exponer respecto a la jurisdicción contencioso-administrativa, es igualmente predicable de la jurisdicción penal. Pensemos, por ejemplo, que unas Diligencias Previas, cada vez que tienen que pasar al Ministerio Fiscal para informar, proponer la práctica de diligencias, o pruebas, calificar, etc., el expediente «viaja» literalmente y en la más pura acepción del término, del Juzgado a Fiscalía, aquí con el inconveniente añadido de que el Ministerio Fiscal tiene implantado un sistema de gestión procesal, Fortuny, que no es interoperable con MinervaNOJ y con ninguno de los que las distintas Comunidades Autónomas con competencias en materia de Justicia han implantado como sistema de gestión procesal propio, por lo que por ahora, las comunicaciones y demás actos procesales, y en su caso, el expediente judicial electrónico, se reciben en la Fiscalía a través de LexNet obligatoriamente.

---

231. VALERO TORRIJOS, J., *Derecho, innovación y Administración Electrónica. op. cit.* pp. 272 y 273.

Lo mismo ocurre cuando se da traslado a las partes para conclusiones, etc. el expediente sale del Juzgado al despacho del o de los Letrados de la parte o partes, lo que con el expediente judicial electrónico no es necesario (reduciendo el tiempo de tramitación considerablemente), y cuando la Providencia dictada por el Juez ordene dar traslado a las partes por plazo común de cinco, diez días... el que corresponda en cada caso, será eso efectivamente cinco o diez días y el trámite tardará en realizarse ese plazo estrictamente, no como en la actualidad, que esos cinco días se convierten en semanas en el mejor de los casos, cuando no en meses, pues obviamente, ese plazo no empieza a contar para cada parte hasta que no se le da traslado de los Autos (del expediente físico en papel) para instrucción. Si esos Autos tienen que ir primero a Fiscalía, volver al Juzgado, que este notifique al Procurador de otra parte para que pase a recoger los Autos, que los devuelva, citar al siguiente Procurador... y así sucesivamente para cada trámite que requiera la intervención de todas las partes, incidentes, recursos, etc., pasan meses para cumplimentar un plazo, que inicialmente y según dice la Ley de Enjuiciamiento Criminal es «común» de cinco o diez días para todas las partes.

Así, por ejemplo, en un proceso civil, si se tarda dos años y medio en resolver, en muchas ocasiones la fecha de devengo de intereses es la de la fecha de interposición de la demanda, con lo que parte condenada ve incrementados esos intereses por haberse dilatado el procedimiento mucho más de lo estrictamente necesario para su resolución por causa no imputable al condenado, y sin embargo ningún Juzgado o Tribunal acoge ese principio constitucionalmente reconocido para moderar esas cantidades.

No cabe ninguna duda de que la aplicación de las TIC's al funcionamiento de la Administración de Justicia facilita las gestiones a todos los profesionales y operadores jurídicos. A los funcionarios porque su trabajo será más ágil y dinámico; a los Jueces porque la posibilidad de efectuar cualquier actuación o consulta referida a un expediente la tiene en la pantalla del ordenador de forma inmediata, de la misma forma que cualquier consulta con organismos, registros, etc.; a los Abogados, porque sin duda, el poder acceder al expediente desde el despacho les evitará desplazamientos y ahorro de tiempo y costes, y al justiciable porque todo ello redunda en un indudable beneficio al tener una Justicia más ágil, más rápida, más económica y más transparente.

En resumen, la utilización de expedientes electrónicos en la Administración de Justicia genera importantes ventajas, entre las que cabe destacar las siguientes:

En primer lugar, mejora la productividad en los órganos judiciales, reduciendo los tiempos en la tramitación y de respuesta a la persona usuaria; también facilita la optimización de los procesos, incorporando las mejores prácticas; asimismo permite un manejo integral de todas la información de las causas judiciales desde información general hasta los escritos, demanda, resoluciones, sentencias, audio de las audiencias y videos de los juicios; y posibilita la localización ágil de los expedientes y las estadísticas reales en línea.

En segundo lugar, reduce los costes en lo relativo a la eliminación de papel y de suministros asociados como impresiones, fotocopias, tónner, que generan ahorros presupuestarios en las subpartidas correspondientes y se contribuye al medio ambiente; y facilita las notificaciones telemáticas y en línea.

En tercer lugar, también permite optimizar y proporcionar facilidades de consulta de las causas judiciales; facilita la información en línea sobre el estado y trámite del expediente electrónico; favorece la aplicación del principio de transparencia judicial; permite el funcionamiento de la oficina virtual 24 horas al día los 7 días de la semana; y facilita la utilización de índices de gestión para realizar un control y seguimiento de la actividad de los despachos judiciales.

1.6. EL VISOR DE EXPEDIENTES HORUS

El visor de Expedientes Horus permite localizar y consultar de forma rápida la información de los expedientes electrónicos judiciales y administrativos que se tramitan en cada Juzgado o unidad funcional, tanto aquellos presentados por las partes, como los generados en el propio órgano judicial. La finalidad de esta aplicación es sustituir al tradicional legajo o carpetilla formada por todos los documentos en papel, puesto que además de la inmediatez a la hora de las consultas, te permite múltiples opciones organizativas

A través de Horus también se permite la visualización de los vídeos de las grabaciones de las salas de vistas en todas las sedes donde se encuentra implantada Justicia Digital. La grabación también se incorpora como parte del expediente judicial electrónico.

Dentro del marco de mejora continua se están abordando actualizaciones de esta herramienta de especial interés para los profesionales que se relacionan con la Administración de Justicia. Así, como garantía jurídica y acercamiento del enfoque de la guía de interoperabilidad del EJE, con esta herramienta se separa los expedientes administrativos de la documentación del procedimiento y las itineraciones, ofreciendo una foto más clara del procedimiento judicial a los organismos judiciales y fiscalías, y con mejoras solicitadas por los usuarios. Actualmente, se encuentra en desarrollo la versión 5.3 del visor Horus que incluirá la funcionalidad de acceso al expediente judicial electrónico por parte de ciudadanos y profesionales a través de la sede judicial electrónica. La catalogación por los órganos judiciales de partes reservadas e inaccesibles de algunos elementos del expediente también es otras de las partes que se modificarán. La nueva versión de este sistema (5.2) integra diversos tipos de información, desde documentos electrónicos del Sistema de Gestión Procesal, vídeos obtenidos con el Sistema de Grabación de Vistas Judiciales y otros documentos como archivos en papel gestionados a través del Sistema de Archivos o señalamientos gestionados por la Agenda Programada de Señalamientos.

Uno de los objetivos estratégicos del Ministerio de Justicia es acercar la administración de Justicia a sus usuarios, los ciudadanos y los profesionales, para convertirse en el centro de su actividad, con seguridad para el interesado y para la propia administración, siendo que, por ello, en el nuevo RD Ley se ha regulado la carpeta Justicia.

1.7. LEXNET

Es la plataforma de intercambio seguro de información entre órganos judiciales y los profesionales que se relacionan con la Administración de Justicia, con efectos legales plenos. Está regulado por el Real Decreto 1065/2015, de 27 de noviembre[232], sobre comunicaciones electrónicas en la Administración de Justicia en el ámbito territorial del Ministerio de Justicia y por el que se regula el sistema LexNET.

Permite la presentación de escritos y documentos, así como el traslado de copia digital en aquellos casos en que sea necesario, por parte de los profesionales y la remisión de notificaciones desde los órganos judiciales. Interopera con Atenea/Minerva (Comunidades Autónomas en el ámbito de competencia del Ministerio de Justicia), Atlance (Canarias), Adriano (Andalucía), Cicerone (Comunitat Valenciana), es decir, con sistemas de gestión procesal usados por los órganos judiciales y además, con una gran variedad de sistemas propios usados por los profesionales de la Justicia.

El Real Decreto 1065/2015, de 27 de noviembre, sobre comunicaciones electrónicas en la Administración de Justicia en el ámbito territorial del Ministerio de Justicia y por el que se regula el sistema de LexNET, dispone en su artículo 4 que los profesionales jurídicos tienen la obligación de comunicarse con la Administración de Justicia a través de canales electrónicos. Es por ello que el Ministerio de Justicia, para cumplir con dicha disposición, creó e implantó LexNET como canal electrónico de comunicación entre los órganos judiciales y los distintos profesionales del Derecho. Entre las ventajas de emplear este sistema, destacamos las siguientes:

- Facilita el intercambio seguro de la información.

- Está operativo las 24 horas del día, lo que permite que los profesionales jurídicos organicen el trabajo de la mejor manera posible pudiendo dejar

---

232. REAL DECRETO 1065/2015, de 27 de noviembre, sobre comunicaciones electrónicas en la Administración de Justicia en el ámbito territorial del Ministerio de Justicia y por el que se regula el sistema LexNET, publicado en BOE núm. 287 de 1 de diciembre de 2015, entrada en vigor el 1 de enero de 2016.

presentados los escritos en cualquier momento sin tener que estar pendientes de los horarios de los registros.

- El ahorro del papel.

- Agiliza los procedimientos al realizar las comunicaciones de manera inmediata.

LexNET presenta las siguientes características técnicas:

- Es una herramienta segura que requiere de certificado electrónico. En consecuencia, garantiza la autenticidad e integridad de la información intercambiada, mientras permite mantener la confidencialidad y el sellado de tiempo real.

- Es la única vía permitida para los abogados y procuradores para comunicarse con la Administración de Justicia.

- Es una plataforma que se encuentra disponible las 24 horas del día los 365 días del año.

- Tal y como hemos comentado es una plataforma creada y administrada por el Ministerio de Justicia y las Comunidades Autónomas que tengan las competencias transferidas.

- La plataforma emite resguardos que acreditan la recepción de lo enviado y remitido.

- Aunque los horarios de presentación se siguen manteniendo en los horarios de las oficinas judiciales, esto es, de 9:00 h a 15:00 h, los actos que se envíen fuera de la franja horaria, se entienden realizados al día hábil siguiente.

Los sujetos que pueden acceder a LexNET son aquellos que se encuentran obligados a utilizarlo como canal de comunicación. Es decir, entre otros, pueden acceder a LexNET los siguientes:

- Los órganos judiciales y los letrados de la administración de justicia.

- Graduados sociales.

- Los Colegios profesionales de los tres anteriores: colegios de procuradores, de abogados y de graduados sociales.

- La Abogacía del Estado y todas aquellas dependientes de la misma.

- Fiscalías.

- Los servicios jurídicos y asesorías de las administraciones públicas como ayuntamientos, diputaciones provinciales, etc.

- Los Cuerpos y Fuerzas de Seguridad del Estado.

La Ley 1/2000, de 7 de enero, de Enjuiciamiento Civil establece que en el caso de haberse remitido correctamente los actos de comunicación se entenderán notificados en el plazo de tres días, aunque el destinatario no haya accedido a su contenido. En el caso de que el acto haya sido enviado por parte del órgano judicial pasadas las 15:00 h, se entiende que el acto ha sido remitido al día siguiente hábil.

Para darse de alta en LexNET se necesita, en primer lugar, disponer de una tarjeta criptográfica con alguno de los certificados homologados por el Ministerio de Justicia. Es decir, debes disponer de un DNI electrónico y FNMT, en el caso de ser funcionario de la Administración Pública ya que podrás acceder con el FNM APE y FNMT de la Administración Pública. De otro lado, en el caso de los abogados, con el ACA, los profesionales de Cataluña, con el CatCert, los profesionales de la Comunidad Valenciana, con el GVA, entre otros.

El siguiente paso es cumplir con los requisitos técnicos de configuración del ordenador donde se va a implantar LexNET. Para ello existen manuales en internet en el que se especifican cuáles son los requisitos técnicos para acceder al portal LexNET. Por último, se debe solicitar el Alta en el portal LexNET siguiendo los siguientes pasos:

- En primer lugar, debes insertar la tarjeta criptográfica en el lector.

- Después, acceder a la aplicación LexNET.

- Una vez se haya accedido, se debe completar el formulario de alta de usuario identificando tu rol profesional (abogado, procurador, funcionario, etc.), la entidad o colegio profesional al que perteneces y el número de colegiado si aplica.

- Por último, deberás recibir un correo de confirmación de alta.

El trámite resulta sencillo. No obstante, si existiese algún problema para poder acceder al portal LexNET, recomendamos la descarga de sus manuales o contactar directamente con el Ministerio de Justicia.

El funcionamiento de LexNET consiste en que el órgano judicial correspondiente nos envía una comunicación firmada digitalmente con un enlace al documento que contiene la notificación. El receptor de la notificación debe firmar digitalmente un acuse de recibo antes de poder descargarse el documento. El receptor, como decíamos anteriormente, tendrá un plazo de 3 días para acceder a la notificación. Una vez transcurrido el plazo sin que se accediese a la misma, se tiene por notificado con el despliegue de todos los efectos correspondientes.

Para la presentación de escrito a través de LexNET, el procedimiento es muy similar. Nosotros enviamos el documento firmado digitalmente y recibiremos un acuse de recibo desde el servidor del Ministerio de Justicia.

Cuestión polémica es si daría lugar a responsabilidad patrimonial un fallo provocado por LexNET o no. En mi opinión, la respuesta es rotundamente afirmativa, siempre y cuando, evidentemente, se cumplan los requisitos para ello. Los requisitos que se tienen que cumplir para poder considerar la concurrencia de responsabilidad patrimonial son:

- Evaluación económica del daño.

- Preceptiva relación de causalidad.

- Que no haya transcurrido más de un año desde que el hecho se produjo.

- No concurra ninguna causa de fuerza mayor.

Es más, el propio Consejo Fiscal ha venido repitiendo en varias ocasiones que la dificultad de actuar por parte de los fiscales eficazmente en los expedientes digitales, podría dar lugar a responsabilidad patrimonial de la Administración. Afirmación que se encuentra reforzada por el artículo 121 de la Constitución Española, el cual prevé que los errores judiciales y los funcionamientos anormales de la Administración de Justicia pueden dar lugar a indemnizaciones a cargo del Estado.

Este precepto, se encuentra desarrollado en la Ley Orgánica 6/1985, de 1 de julio, del Poder Judicial, cuya Exposición de Motivos señala que *«La Constitución exige y esta Ley Orgánica consagra los principios de oralidad y publicidad, para lo que se acentúa la necesaria inmediación que ha de desarrollarse en las leyes procesales y, junto a ello, se regula por primera vez la responsabilidad patrimonial del Estado que pueda derivarse del error judicial o del funcionamiento anormal de la Administración de Justicia»*, siendo cierto que el artículo 292 de la norma indica que *«Los daños causados en cualesquiera bienes o derechos por error judicial, así como los que sean consecuencia del funcionamiento anormal de la Administración de Justicia, darán a todos los perjudicados derecho a una indemnización a cargo del estado, salvo en los casos de fuerza mayor, con arreglo a lo dispuesto en este Título»* y que *«En todo caso, el daño alegado habrá de ser efectivo, evaluable económicamente e individualizado con relación a una persona o grupo de personas»*.

El portal de LexNET lleva funcionando ya muchos años y todos los profesionales jurídicos aseguran que la implantación y uso de este medio les ha facilitado muchas gestiones del día a día de su labor, pero también les ha obstaculizado otras. A continuación, presento una serie de consejos prácticos para que el uso del programa sea más sencillo:

- En primer lugar, funciona mejor la aplicación que la página web, es por ello que se recomienda, si empleamos de manera habitual LexNET, que instales la aplicación en el escritorio.

- Otro de los consejos es que actives los avisos de notificación por correo electrónico, así evitarás que se pase alguna.

- Cuando adjuntes varios documentos, lo más recomendable es que comprimas todos ellos en un mismo fichero zip debidamente ordenados y nombrados para adjuntar al escrito un único documento.

- Revisa todo antes de firmar. Parece más que un consejo, una obviedad, pero con el estrés y el apuro de presentarlo a tiempo, se pueden cometer errores que podrían poner en peligro todo el trabajo realizado.

II. ADAPTACIÓN DIGITAL DE LA PROTECCIÓN PENAL DE LA INTIMIDAD

2.1. LA PROTECCIÓN DEL DERECHO A LA INTIMIDAD EN EL ÁMBITO DE LA INVESTIGACIÓN TECNOLÓGICA EN EL PROCESO PENAL

La publicidad que con carácter general se predica de las actuaciones administrativas e, incluso, de las judiciales (art. 232 LOPJ) encuentra importantes limitaciones en el ámbito penal. La posibilidad de restringir el libre acceso a informaciones relativas a investigaciones criminales posee rango constitucional. Así las cosas, el art. 105 b) CE establece que la ley regulará el acceso de los ciudadanos a los archivos y registros administrativos, salvo en lo que afecte a la seguridad y defensa del Estado, la averiguación de los delitos y la intimidad de las personas; y el art. 120.1 CE precisa que las actuaciones judiciales serán públicas, con las excepciones que prevean las leyes de procedimiento.

El art. 234.1 LOPJ dispone que «los letrados de la Administración de Justicia y funcionarios competentes de la oficina judicial y de la oficina fiscal facilitarán a los interesados cuanta información soliciten sobre el estado de las actuaciones procesales, que podrán examinar y conocer, salvo que sean o hubieren sido dictadas secretas o reservadas conforme a la ley». Esta reserva resulta predicable, sin excepción, de la totalidad de las investigaciones y procedimientos penales con arreglo al art. 301 LECrim. En palabras de la STC 13/1985, de 31 de enero, «la regulación legal del secreto sumarial no se interpone como un límite frente a la libertad de información […] sino, más amplia y genéricamente, como un impedimento al conocimiento por cualquiera —incluidas las mismas partes en algún caso: art. 302 LECrim— de las actuaciones seguidas en esta etapa del procedimiento penal» (SSTC 216/2006, de 3 de julio; 54/2004, de 15 de abril).

¿Cómo afecta a la intimidad esta constante innovación tecnológica? Si los beneficios que han proporcionado el progreso tecnológico para las sociedades contemporáneas son incuestionables, estas ventajas vienen acompañadas de nuevos desafíos que hay que abordar ineludiblemente. El mal uso de la información, sobre todo de carácter personal, en la utilización de las nuevas tecnologías se pone de manifiesto en los casos de intrusión en la intimidad de las personas. Los actuales sistemas información y la comunicación se han convertido en la mayor amenaza a la intimidad porque cuentan con sofisticadas herramientas de vigilancia generalizada, bases de datos masivas y la capacidad de almacenar y distribuir la información en todo el mundo a tiempo real. En definitiva, el poder que proporciona el acceso a la información y el control de la misma hacen que la ficción de George Orwell o el Panóptico de Jeremy Bentham encuentren su más exacta representación en la realidad de las sociedades contemporáneas más avanzadas.

Este nuevo contexto nos conduce a la revisión del concepto de intimidad y a valorar la ineludible necesidad de adaptarlo a las nuevas características de las sociedades con un alto grado de innovación y desarrollo tecnológico, especialmente en el ámbito de la información y la comunicación.

En la actualidad, trazar los límites de la intimidad y determinar un ámbito definitivo para su protección sigue siendo una tarea difícil. Como ponen de manifiesto varios autores[233], las definiciones legales y los pronunciamientos jurisprudenciales que intentan tutelar este derecho no establecen un concepto unívoco, se basan esencialmente en tipificar los supuestos que amenazan o vulneran la intimidad. A ello se une una mayor complejidad si lo que pretendemos es delimitar el contenido de este derecho en las circunstancias que presenta la sociedad tecnológicamente desarrollada. Las controversias suscitadas han encontrado respuestas desde distintos ámbitos doctrinales jurídicos y las investigaciones más recientes han derivado en la configuración de una noción de intimidad amplia, flexible y contextual. En todo caso, como sostiene PÉREZ LUÑO, «en nuestra época resulta insuficiente concebir la intimidad como un derecho garantista (*status negativo*) de defensa frente a cualquier invasión indebida de la esfera privada, sin contemplarla, al propio tiempo, como un derecho activo de control (*status positivo*) sobre el flujo de informaciones que afectan a cada sujeto»[234]. Como señala SOLOVE[235], la privacidad es una necesidad que urge a los particulares como consecuencia de las presiones que ejerce la vida en sociedad sobre su ámbito íntimo, de manera más apremiante en el actual entorno

---

233. PÉREZ LUÑO, A. E. *Derechos Humanos, Estado de Derecho y Constitución*, Madrid: Tecnos, p. 327; SABATER, M. C., «Vidas de Cristal. Análisis del derecho a la Intimidad en la sociedad de la información», en *Intersticios, Revista Sociológica de Pensamiento Crítico*, Vol. 2 (1), 2008.
234. PÉREZ LUÑO, A. E., *Derechos Humanos, Estado de Derecho y Constitución, op. cit.* p. 330.
235. SOLOVE, D. J., *Understanding Privacy*, Cambridge, MA: Harvard University Press 2008.

tecnológico relacionado con los nuevos sistemas de información y comunicación.

Los avances tecnológicos de las últimas décadas han incidido considerablemente en la evolución del concepto y la protección jurídica de la intimidad. La noción de privacidad, como hemos visto, es difícil de precisar dada la influencia de distintos factores contextuales: sociales, circunstanciales y en nuestros días, tecnológicos. Tradicionalmente se ha formulado la intimidad en términos de autonomía, secreto, libertad, desarrollo de la personalidad, sustrato inviolable de la dignidad personal, etc., en la actualidad se reivindica como derecho del control de la información personal. Se demanda la protección de la información personal frente al potencial invasivo de las nuevas tecnologías, su almacenamiento, procesamiento, difusión y utilización en el ámbito telemático. Aunque el control de la información personal (*informational privacy*) se contempla de manera general en las distintas formulaciones del derecho a la intimidad, este aspecto se redimensiona en la sociedad globalizada del siglo XXI, demandando nuevos mecanismos de protección suficiente ante los nuevos desafíos que traen consigo la tecnología de la información y la comunicación.

La innovación en el campo de las tecnologías de la información y la comunicación han configurado una nueva y compleja realidad social cuyas características más relevantes giran en torno a Internet y sus ilimitadas posibilidades, donde: a) la información es fuente de poder a todos los niveles; b) el mundo está globalizado, y existen a su vez varios tipos de globalización (entre ellas la mundialización de la información); y c) las nuevas tecnologías sirven de motor a las dos características anteriores[236]. En opinión de CAMPUZANO TOMÉ, la sociedad de la información es «un nuevo modelo de organización industrial, cultural y social caracterizado por el acercamiento de las personas a la información a través de las nuevas tecnologías de la comunicación»[237]. Y es ante este nuevo escenario donde GALÁN propone que «el derecho tiene que adaptar sus estructuras y sus conceptos tradicionales a la realidad digital»[238]. Nadie duda de la utilidad y versatilidad que nos aportan estas tecnologías, sin embargo, con ellas aparecen también amenazas a los derechos fundamentales, entre ellos al derecho a la intimidad.

---

236. BALLESTEROS MOFFA, L. A., *La privacidad electrónica. Internet en el centro de protección*, Valencia, Tirant lo Blanch, pp. 34-37, 2005.
237. CAMPUZANO TOMÉ, H., *Vida Privada y Datos Personales*, Madrid, Tecnos, 2000. Ver también los interesantes artículos de Holgado González, María, «Intimidad y Nuevas Tecnologías en el entorno Laboral» en AAVV, 2012, *Constitución y Democracia, Ayer y hoy. Libro Homenaje a Antonio Torres del Moral*. Madrid: Editorial Universitas; Toscano Gil, Francisco, «Publicación de actos administrativos y protección de datos personales» en *Revista General de Derecho Administrativo*, núm. 31; Carrizosa Prieto, Esther, «El principio de proporcionalidad en el Derecho de Trabajo», *Revista Española de Derecho del Trabajo*, núm. 123, 2004.
238. GALÁN MUÑOZ, A., *Libertad de expresión y responsabilidad penal por los contenidos ajenos a Internet*, Valencia, Tirant lo Blanch, 2010.

Así, cabe mencionar como los teléfonos móviles y tabletas con tecnología 4G y 5G están equipados con GPS (*Global Positioning Systems*) que permiten la situación exacta de los usuarios a través de satélites. En EEUU, los padres preocupados de sus hijos utilizan el sistema de «localización social» denominado *Verizon Chaperone* para saber dónde se encuentran sus hijos en cada momento[239]. Junto a los GPS, las cajas negras en los vehículos, que muchos usuarios desconocen que tienen, están dotados de una tecnología EDRS (*Electronic Data Recorders*) que recogen y gravan datos como la velocidad, el uso de cinturones, el estado de frenos, aceleración, etc. Una gran mayoría de ciudadanos no tienen conocimiento de otras tecnologías de vigilancia y rastreo como el sistema ANPR (*Automatic Number Plate Reconigtion*); de la identificación mediante radio frecuencia (RFID, *Radio Frecuency Identification*), etc. Igualmente, las transacciones que realizamos a través de Internet pueden ser vigiladas. Aunque todos estos sistemas están esencialmente enfocados a mejorar la seguridad de usuarios y ciudadanos en general, no existen mecanismos de información a los mismos que les permitan tener conciencia de ellos ni de las consecuencias que puede tener para sus vidas. Como dice NISSENBAUM, es una paradoja que, por un lado, se les ofrezca a los individuos la posibilidad de comunicarse e interactuar entre ellos, con otros grupos y organizaciones en su esfera privada, mientras que, por otro lado, se les exponga a una vigilancia y seguimiento sin precedentes.

Las innovaciones científicas y tecnológicas, las nuevas necesidades del comercio moderno, el desarrollo industrial y de los servicios a los ciudadanos ofrecidos por las administraciones del Estado, etc., han propiciado la creación de distintas bases de datos de carácter personal, cuyo contenido lo conforma la información privada sobre la identidad (nacimiento, muerte, estado civil, propiedades, permiso de conducir, etc.), la profesión, los datos económicos y fiscales, ideológicos, de salud, e incluso valoraciones de la personalidad, lo que SOLOVE denomina «digital dossiers»[240].

Muchos autores han destacado no solo la capacidad de la tecnología informática para almacenar una ingente cantidad de información, sino la posibilidad de la interrelación o conexión de la misma, logrando sacar el máximo partido de todos los datos acumulados en los soportes automatizados[241]. Una vez que los datos son filtrados, esto es, seleccionados aplicando criterios previamente establecidos, se obtiene la información, que una vez almacenada en un ordenador, se convierte en una base de datos. Para PIERINI y otros autores, una base de datos es un «conjunto de programas de computación (*software*) que provee eficientes métodos de acceso a los datos institucionalizados» pero no sólo a este

239. «GPS child tracking service called Verizon Chaperone», Ver NISSENBAUM, H., *Privacy in Context, Technology, and the Integrity of Social Life*, 2010, p. 24.
240. SOLOVE, D., «Digital Dossiers and the Dissipation of Fourth Amendment Privacy», en *Southern Californian Law Review*, 75, pp. 1083-1167, 2002.
241. BALLESTEROS MOFFA, L. A., *op. cit.*, pp. 41-42.

tipo de datos. Cuando las bases de datos están organizadas o se implementa un sistema de manejo de las mismas se forma un banco de datos[242]. Otra característica que JAMES B. RULE ha subrayado, es que los sistemas de recopilación de datos, una vez implantados, tienden a crecer y difícilmente pueden ser desmantelados[243]. Conforme se perfeccionan los medios para conocer más sobre las personas, más eficaz se vuelve para las instituciones que las emplean para recopilar más datos.

El proceso de convergencia tecnológica de datos provoca que cualquier información personal circule por el mundo, queramos o no, con nuestro consentimiento o sin él. Navegar por la red, comprar por Internet, visitar una página web, consultar nuestras cuentas bancarias *on line*, pagar con una tarjeta de crédito o consultar en cualquier administración pública o privada, los perfiles en las redes sociales, dejan un rastro de nuestras preferencias, nuestras inclinaciones, nuestras ideologías, etc. Toda esta información, aunque pueda parecer irrelevante, diseminada en distintos contextos virtuales y físicos, dentro de todo un engranaje, se acumula a otra información y puede acabar teniendo mucho valor, de todo ello se extrae *conocimiento*, es lo que se denomina *Knowledge Discovery in Databases* (KDD). Según FAYYAD, PIATETSKY-SHAPIRO Y PADHRAIC SMYTH, «el descubrimiento de conocimiento en bases de datos es el proceso no trivial de identificación de patrones válidos, novedosos, potencialmente útiles y fundamentalmente comprensibles en los datos»[244]. La obtención de estos datos a través de potentes herramientas de investigación y almacenamiento de esta información proporciona perfiles de los sujetos que pueden ser utilizados con fines comerciales, de seguridad o simplemente de control sobre la ciudadanía. A través del proceso de la Minería de Datos (*Data Mining*), se realizan análisis de bases de datos con el fin de descubrir o extraer información inherente a los datos objeto de análisis, de modo que sea de utilidad en la toma de decisiones que impliquen beneficios, ya sean comerciales, de control, de inferencia en las preferencias y las acciones de los sujetos, etc. Ante estos peligros, la función del derecho a la intimidad es «la de proteger frente a cualquier invasión que pueda realizarse en aquel ámbito de la vida personal y familiar que el individuo desea excluir del conocimiento ajeno y de las intromisiones de terceros en contra de su voluntad»[245], pero no sólo en el espacio físico sino en el ciberespacio, donde se pierde el sentido tradicional de la territoriedad y donde es más difícil establecer fronteras de protección.

---

242. PIERINI, A., LORENCES, V., TORNABENE, M. I., *Hábeas data*, Buenos Aires, Editorial Universidad, 1999.
243. RULE, J., *Privacy in Peril: How We are Sacrificing a Fundamental Right in Exchange for Security and Convenience*, Oxford University Press, 2007.
244. FAYYAD, U., PIATETSKY-SHAPIRO, G., Y SMYTH, P., «From Data Mining to Knowledge Discovery in Databases», en *AI Magazine* 17, Fall 1996, pp. 37-54.
245. VILASAU SOLANA, M., «Derecho de intimidad y protección de datos personales», en *Derecho y Nuevas Tecnologías*, Barcelona, Editorial UOC, pp. 95-96.

Ante la posible vulneración de la intimidad en el tratamiento de los datos, la aspiración de los sujetos de controlar sus datos personales se materializa en el derecho a la *autodeterminación informativa*. Para muchos autores, esta pretensión es una derivación del derecho a la intimidad, como una especie de ramificación autónoma orientada a proteger la esfera de la vida privada. La autodeterminación informativa se concreta en la facultad de toda persona para ejercer control sobre la información personal almacenada en medios informáticos tanto por las administraciones públicas como entidades u organizaciones privadas.

El tratamiento de esta información requiere de instrumentos de regulación dada la sensibilidad de los datos que se transfieren a través de las redes informáticas. Ciertamente, se han elaborado múltiples directrices y normativas que protegen esta información del uso irregular, no obstante, son insuficientes y, en muchos casos, inadecuadas para tipificar los delitos que se cometen en el procesamiento, almacenamiento, control, uso y publicidad de estos datos. Este tema está siendo analizado y debatido por numerosos juristas penalistas con el objeto de que el derecho aborde el tráfico y el uso irregular de los datos personales en Internet.

En poco más de dos décadas Internet se ha convertido en el más poderoso sistema de difusión de la información conocido hasta ahora. Es una plataforma tecnológica que potencia el valor de la información y promueve un nuevo paradigma cosmopolita, donde cualquier persona, en cualquier lugar, puede expresarse ante el mundo entero. En la actualidad, Internet se configura como una «referencia ineludible de la sociedad de la información»[246]. Una vez que se incorpora información en la Red es imposible detenerla, y aunque posteriormente intente ser retirada por su titular, impensable cantidad de copias pueden estar circulando de forma ingobernable o haber ingresado a un sinnúmero de bases de datos[247]. La conexión mundial de bases de datos, intercomunicadas en el ciberespacio, permite que casi todo lo relativo a un individuo pueda ser descubierto, analizado e incluso aprovechado por alguien sin mayores obstáculos si se cuenta con los medios tecnológicos adecuados[248].

A pesar de los intentos por regular Internet, persiste una resistencia generalizada por parte de los usuarios y otros agentes sociales ante todo tipo de control de la información que se almacena y transfiere en la red. Además, la dificultad estriba, en parte, a que la *World Wide Web* es un conjunto descentralizado —a escala mundial— de redes de comunicación interconectadas entre sí de manera que, a través del circuito que las vincula, pueden transmitirse información compartiendo datos y programas.

---

246.   BALLESTEROS MOFFA, A., *op. cit.*
247.   PIERINI, A., LORENCES, V., TORNABENE, M. I., *op. cit.* p. 143.
248.   UICICH, R. D., *Los Bancos de Datos y el Derecho a la Intimidad*, Buenos Aires, Ad-Hoc, 1999 p. 154.

Junto a los indiscutibles beneficios que ha traído consigo esta poderosa herramienta, existen ciertas modalidades de acceso, almacenamiento y uso electrónico de la información que resultan «invisibles» o inseguras para el usuario, y que suponen amenazas directas contra los principios fundamentales sobre los que se asienta cualquier sistema jurídico de protección de datos y del derecho a la intimidad. Ejemplos del impacto negativo de Internet sobre la vida de las personas son los fallos de seguridad en las redes, la creación de perfiles personales falsos a partir de los datos de conexión de las comunicaciones electrónicas, las comunicaciones comerciales no solicitadas y en definitiva, cualquier mecanismo rastreador de información ajeno al conocimiento y consentimiento del usuario (las posibles amenazas derivadas de las vulnerabilidades tanto técnicas como humanas (correo basura [*spam*] agresivo, el *software* malintencionado [*malware*] o los sitios web de suplantación de identidad [*phishing*]) para la realización de ataques delictivos organizados). Sobre otros peligros, Rheingold[249] señala que la vigilancia sobre millones de personas que están interactuando en línea debería preocuparnos tanto como cualquier otro tipo de vigilancia o control que podría llegar a ejercer sobre nosotros el Estado y otras entidades que operan en Internet. Generalmente no valoramos las consecuencias que pueden traer el uso inadecuado de la Red. Por otro lado, la carencia de una regulación adecuada[250] del ciberespacio hace que seamos más vulnerables ante las conductas lesivas y agresiones que se producen en el espacio virtual que en el mundo real.

En casi todos los Estados se reconoce y protege el derecho a la intimidad, pero la extensión de esta tutela varía en cada país. Por ello, es importante tener presente qué se considera «privado», y lo que se interpreta como una invasión o violación de la privacidad. Esto se vuelve más necesario cuando analizamos el contexto de las nuevas tecnologías de la información y la comunicación, donde los límites entre ambos espacios se diluyen posibilitando el tránsito de información de carácter personal del ámbito privado o íntimo al público, generando una *espiral continua* de información sobre la que el individuo pierde el control. Como apunta THOMPSON, debemos alejarnos de la tentación de pensar en «la vida privada» en términos de espacios físicos como la casa. Los espacios físicos forman parte de la esfera privada, pero no son los únicos. Cuando una persona se encuentra en su casa y se conecta a Internet para revelar información sobre

---

249. RHEINGOLD, H., *Multitudes inteligentes. La próxima revolución social*, Barcelona: Gedisa, 2004.
250. Como ejemplo, ya en 2009, el profesor Galán subrayaba que «Ni los enormes avances tecnológicos, ni la gran variedad de novedosas técnicas de comunicación existentes en Internet, ni el desarrollo de una importante y compleja normativa destinada a establecer un sistema de facilitador de la investigación de los delitos co— metidos en el seno de esta red, han provocado cambio alguno en la Ley de Enjuiciamiento Criminal española, hecho que ha llevado a que los juristas españoles se muevan en una enorme incertidumbre a la hora de determinar cuándo y con qué requisitos se pueden interceptar algunas de las comunicaciones que se realizan en Internet». GALÁN MUÑOZ, A. «La Internacionalización de la represión y la persecución de la criminalidad informática: un nuevo campo de batalla en la guerra entre prevención y garantías penales», en *Revista Penal*, núm. 24, Julio 2009, p. 100.

sí ¿en qué sentido está situado en una esfera privada? Ciertamente, se encuentra en el espacio privado de su casa, pero al mismo tiempo está participando en un entorno público de difusión de la información, «lo privado hoy está constituido por un *territorio desespaciado* de información y contenido simbólico sobre el cual cada individuo piensa que puede ejercer control sin que sea relevante dónde este individuo o esta información se sitúen físicamente»[251].

En este nuevo escenario tecnológico, el Derecho debería redefinir la naturaleza y la extensión de la protección a la intimidad teniendo presente las transformaciones políticas, económicas, sociales y tecnológicas para dar cabida a las demandas de la sociedad, y para poder garantizar adecuadamente la intimidad de las personas en cada una de las esferas o distintos espacios, como subrayan SOLOVE Y NISSENBAUM. En su artículo titulado *«Privacy as Contextual Integrity»*, y en su obra más reciente, *«Privacy in Context»*, NISSENBAUM desarrolla una teoría sobre la privacidad mostrando los conflictos entre lo privado y lo público en el contexto de las nuevas tecnologías de la información y la comunicación y la necesidad de pensar éticamente ambos ámbitos en base a lo que ella denomina «integridad contextual». Con su tesis pretende vincular la protección adecuada de la privacidad a las normas de contextos específicos en los cuales los individuos desarrollan sus vidas. Por ejemplo, si una acción en particular se determina como una violación de la privacidad puede ser en función de varias variables, incluyendo la naturaleza de la situación o el contexto; la naturaleza de la información en relación con ese contexto, el papel de los sujetos que reciben la información, su relación con los mismos, en qué términos es compartida la información por el individuo y la posible difusión.

También SOLOVE, con su teoría de la privacidad, aporta un nuevo enfoque a la discusión sobre el derecho a la intimidad, convirtiéndose en un importante punto de referencia para elaborar marcos normativos de mayor eficacia tutelar. Hemos visto que las doctrinas tradicionales sobre la intimidad no contemplan muchos de los problemas actuales, sobre todo los asociados a las innovaciones tecnológicas en el campo de la informática y la comunicación y sus consecuencias para los ciudadanos. SOLOVE contempla cuatro ámbitos donde aparecen nuevos desafíos para preservar la intimidad, aunque no es una clasificación exhaustiva: 1) Recopilación de información; 2) Procesamiento de información; 3) Diseminación de información; 4) Invasión. En cada uno de estos procesos y tratamientos de la información y los datos se producen situaciones problemáticas en las que se ve amenazada la privacidad. De ahí la necesidad de definir y determinar a qué clase de agresión contra la privacidad nos estamos refiriendo para poder acometer un tratamiento jurídico particular de los diferentes delitos que atentan contra la intimidad en el actual y constante contexto de desarrollo tecnológico en la información y la comunicación.

---

251. THOMPSON, J. B., «Los límites cambiantes de la vida pública y privada», en *Comunicación y sociedad n.º 15*, 2011, p. 33.

2.2. VOLCADO DE CORREO ELECTRÓNICO CORPORATIVO Y LA POSIBLE INJERENCIA EN LA INTIMIDAD PERSONAL. EL TEST BARBULESCU

La extensión que deba conferirse a las facultades de supervisión del empresario en el marco de una relación laboral y, en concreto, si está habilitado para verificar el uso que da uno de sus empleados a los dispositivos informáticos o aquellos otros aptos para comunicaciones puestos a su disposición es cuestión salpicada de aristas, matices y recovecos. Contamos con un relativamente nutrido ramillete de resoluciones de distintos ámbitos jurisdiccionales. Su doctrina no siempre ha sido homogénea. Ni es lineal. Se detectan algunas discrepancias y muchos matices diferentes, a veces manifestación de una evolución interpretativa. Incluso en el seno de un mismo órgano se pueden apreciar divergencias y cambios.

No es momento de hacer un recorrido exhaustivo; ni siquiera de brindar una panorámica completa de esa evolución o de esa jurisprudencia en la que merecerían apartados específicos destacados el TC (v.gr. SSTC 173/2011 de 7 noviembre, 96/2012, de 7 de mayo o 170/2013, de 7 de octubre), el TEDH (SSTEDH 3 abril 2007, caso Copland), la Sala Cuarta del Tribunal Supremo (pronunciamientos varios que van desde la STS de 26 de septiembre de 2007 a las muy recientes 226/2017, de 17 de marzo y 119/2018, de 8 de febrero) o de esta misma Sala Segunda (STS 528/2014, 16 de junio que es analizada e invocada por Audiencia, recurrente y recurridos). Que hay derechos fundamentales en juego nadie puede dudarlo, como es lógico pensar, los trabajadores no dejan ni su intimidad ni el resto de sus derechos en las puertas de la oficina o empresa.

También es una obviedad por nadie discutida que la relación laboral impone modulaciones, en esos derechos, aunque nunca absolutas, como se ha preocupado de resaltar la jurisprudencia (*vid* arts. 18 y 20.3 del Estatuto de los trabajadores; de redacción un tanto obsoleta y no acompasada con las nuevas —o ya no tan nuevas— realidades tecnológicas). Esas limitaciones admisibles en el seno de la relación empresario-trabajador no serían sin más extrapolables a otros ámbitos (*vid.* voto particular de la STC 26/2018, de 3 de marzo).

Afirma nuestro Tribunal Constitucional, que la intimidad protegida por el art. 18.1 CE no se reduce a la que se desarrolla en un ámbito doméstico o privado; existen también otros ámbitos, en particular el relacionado con el trabajo o la profesión, en que se generan relaciones interpersonales, vínculos o actuaciones que pueden constituir manifestación de la vida privada (STC 12/2012, de 30 de enero, FJ 5). Por ello expresamente hemos afirmado que el derecho a la intimidad es aplicable al ámbito de las relaciones laborales (SSTC 98/2000, de 10 de abril, FFJJ 6 a 9; 186/2000, de 10 de julio, FJ 5) (véase igualmente STS —Sala 4.ª— 119/2018, de 8 de febrero).

Cuáles sean los derechos fundamentales implicados en la descrita medida intrusiva de investigación o vigilancia es punto que necesita aclaración. No es baladí. El nivel de protección y los requisitos para una injerencia legítima varían según cuál sea el derecho afectado. Una cosa es el derecho al secreto de las comunicaciones blindado en el art. 18.3 CE; otra la intimidad; y otra el derecho a la autodeterminación informativa. Hay puntos comunes e interferencias, pero su reconocimiento constitucional está diferenciado. Eso arrastra a regímenes legales no idénticos. No son derechos coextensos ni asimilables en su blindaje normativo.

Para entrometerse en las comunicaciones ajenas en curso es indispensable consentimiento o autorización judicial. A ese supuesto alude principalmente la famosa y por todas citada STS 528/2014 (ponencia del Excmo. Sr. D. José Manuel Maza). De ahí que introduzca en el *obiter dicta* que representa todo su discurso sobre este tema, una incidental pero relevante modulación. Así, no es lo mismo un proceso de comunicación en marcha que un proceso de comunicación cerrado. Solo el primero está indiscutiblemente vinculado al derecho al secreto de las comunicaciones. En el segundo caso se detectan profundas diferencias. Estaremos más bien en el campo de la intimidad, la privacidad o, en su caso, la autodeterminación informativa.

Por tanto, del análisis de dicha sentencia, podemos extraer que la protección del derecho al secreto de las comunicaciones alcanza al proceso de comunicación mismo, pero finalizado el proceso en que la comunicación consiste, la protección constitucional de lo recibido se realiza en su caso a través de las normas que tutelan la intimidad u otros derechos. Igual tesis es proclamada por la STC 123/2002, de 20 de mayo. Finalizada la comunicación, la protección constitucional de la comunicación recibida, escapa del ámbito del art. 18.3 de la CE y pasa a residenciarse en el esquema de protección constitucional del derecho a la intimidad (art. 18.1 CE). El criterio ha sido acogido, entre otras, en las SSTS 1235/2002, de 27 de junio, o 1647/2002, de 1 de octubre, o 864/2015, de 10 de diciembre.

Se puede ver afectada la intimidad, pero no la inviolabilidad de las comunicaciones. Y la afectación de la intimidad no exige siempre como presupuesto autorización judicial. La STS 786/2015, 4 de diciembre, en dirección semejante, aborda un asunto con problemas de acceso a mensajes de correos electrónicos ya recepcionados y guardados en el correspondiente archivo informático. Algunas consideraciones contenidas en la STC 173/2011, de 7 de noviembre le servían de referencia. Estamos ante espacios de privacidad e intimidad lo que no significa que esos derechos pueden ceder en presencia de otros intereses constitucionalmente protegibles, a la vista del carácter no ilimitado o absoluto de los derechos fundamentales, de forma que el derecho a la intimidad personal, como cualquier otro derecho, puede verse sometido a restricciones (SSTC 98/2000, de 10 de abril, FJ 5; 156/2001, de 2 de julio,

FJ 4; 70/2009, de 23 de marzo, FJ 3). Así, aunque el art. 18.1 CE no prevé expresamente la posibilidad de un sacrificio legítimo del derecho a la intimidad —a diferencia de lo que ocurre en otros supuestos, como respecto de los derechos reconocidos en los arts. 18.2 y 3 CE—, su ámbito de protección puede ceder en aquellos casos en los que se constata la existencia de un interés constitucionalmente prevalente al interés de la persona en mantener la privacidad de determinada información (STS 786/2015).

La STS 489/2018, de 23 octubre, de la que fue Ponente el Excmo. Antonio DEL MORAL GARCÍA, contiene un exhaustivo repaso de la jurisprudencia existente sobre la materia (TEDH, TC, TS) declara la nulidad de las pruebas obtenidas mediante el volcado de correos relacionados con la empresa contenidos en el ordenador utilizado por un directivo a quien habían despedido el día anterior.

La sentencia se pregunta: «¿Se puede acceder a un dispositivo de almacenamiento masivo usado por un empleado con la firme y decidida finalidad de acceder en exclusiva a los archivos relacionados con la empresa? En principio no. Tan solo cuando haya precedido un consentimiento expreso o derivado implícita e inequívocamente del compromiso asumido previamente por el trabajador, será legítima esa actuación. El empleo de una herramienta de filtrado del tipo búsqueda «ciega» no legitima por sí sola la injerencia (*vid.* voto particular STC 23/2018; la sentencia mayoritaria no aborda esa cuestión)».

Para la nulidad declarada del volcado la sentencia 489/2018 se basa en el incumplimiento de los parámetros exigidos por el Tribunal Europeo de Derechos Humanos, en la sentencia Barbulescu c. Rumanía, de 5 septiembre 2017, que estableció el llamado *Test Barbulescu* (Parágrafo 121 de la citada Sentencia Barbulescu). Dicho test se compone de los siguientes elementos que han de ser examinados y ponderados por el trib unal ante el que se quiere hacer valer la prueba:

Si se ha notificado al empleado la posibilidad de que el empresario adopte medidas para supervisar la correspondencia y otras comunicaciones, y la implementación de esas medidas. Si bien en la práctica los empleados pueden ser notificados de diversas maneras en función de las circunstancias fácticas particulares de cada caso, el Tribunal considera que para que las medidas se consideren compatibles con los requisitos del artículo 8 del Convenio, la notificación debería normalmente ser clara sobre la naturaleza de la supervisión y darse con antelación;

El alcance de la supervisión por parte del empresario y el grado de intrusión en la intimidad del empleado. A este respecto, debe distinguirse entre la monitorización del flujo de comunicaciones y de su contenido. También debe tenerse en cuenta si se han monitorizado todas las comunicaciones o sólo parte de ellas, así como la cuestión de si la monitorización fue limitada en el tiempo y el número de personas que tuvieron acceso a los resultados. Lo mismo se aplica a los límites espaciales de la monitorización;

Si el empresario ha proporcionado razones legítimas para justificar la monitorización de las comunicaciones y el acceso a su contenido real. Dado que la monitorización del contenido de las comunicaciones es, por naturaleza, un método claramente más invasivo, requiere una justificación más ponderada;

Si hubiera sido posible establecer un sistema de supervisión basado en métodos y medidas menos intrusivos, que el acceso directo al contenido de las comunicaciones del empleado. A este respecto, debería evaluarse, a la luz de las circunstancias particulares de cada caso, si el objetivo perseguido por el empresario podría haberse logrado sin haber accedido directamente al contenido completo de las comunicaciones del empleado;

Por último, las autoridades nacionales deben garantizar que un empleado cuyas comunicaciones hayan sido objeto de monitorización, tenga acceso a un recurso ante un órgano judicial competente para determinar, al menos en esencia, si se observaron los criterios antes mencionados y si las medidas impugnadas eran legales.

La consecuencia de todo lo indicado puede resumirse en que, para volcados como el que se ha analizado, es mucho mejor, casi imprescindible, la previa autorización judicial; y, de no tenerla, o por razones de extremada urgencia, han de apurarse las precauciones para no incidir en quiebra de garantías de orden constitucional, que harían ilusorios los resultados del volcado.

Son muchos los supuestos en los que la adecuada delimitación del contenido material de un derecho fundamental exige una respuesta que dé solución a la tensión generada por la convergencia de otros derechos que puede obligar a restringir, incluso sacrificar, uno de ellos. En tales casos, se impone un ejercicio ponderativo que exige del órgano jurisdiccional atender de modo preferente al rango axiológico de los derechos que entran en conflicto.

Las leyes laborales otorgan al empresario la capacidad de organización del trabajo. Además, le reconocen la facultad de control y vigilancia sobre el cumplimiento contractual —cfr. arts. 5 a) y c) y 20.1.2 y 3 del Estatuto de los Trabajadores aprobado por RDL 2/2015, 23 de octubre, que derogó el RDL 1/1995, 24 de marzo—. En definitiva, el empresario goza de la capacidad para adoptar las medidas que aseguren la adecuada utilización del material puesto a disposición del trabajador. Y este poder de dirección, imprescindible para la buena marcha de la organización productiva, no es ajeno a los derechos proclamados en los arts. 33 y 38 de la CE (cfr. SSTC 170/2013; 98/2000; 186/2000 y 241/2012, entre otras). Pero el trabajador es también titular —claro es— de una serie de derechos constitucionales de alto nivel axiológico y que no pueden ser sacrificados, sin matices, por la simple suscripción de un contrato de trabajo, entre ellos, los derechos a la inviolabilidad de las comunicaciones (art. 18.3 CE) y a la intimidad (art. 18.1 CE).

La solución histórica ofrecida por el derecho laboral para resolver esa tirantez era puramente convencional y estaba ajustada al limitado potencial invasivo que hasta entonces era imaginable. La inclusión de la capacidad del empresario de efectuar, siempre bajo determinadas condiciones, registros «*... sobre la persona del trabajador, en sus taquillas y efectos particulares, cuando sean necesarios para la protección del patrimonio empresarial y del de los demás trabajadores de la empresa, dentro del centro de trabajo y en horas de trabajo*» (art. 18 del Estatuto de los Trabajadores), era una de las manifestaciones de la fórmula más clásica de solución.

Sin embargo, la capacidad de injerencia que permite la utilización de las nuevas tecnologías ha redimensionado los términos en los que históricamente se suscitaba el problema. El uso de ordenadores y comunicaciones telemáticas ya no define un escenario de vanguardia. Forma parte del día a día de la práctica totalidad de las empresas.

La mejor muestra de esa radical ruptura con la visión más clásica de este escenario de tensión la ofrecen dos preceptos que, aun moviéndose en el terreno de lo programático, reflejan la voluntad legislativa de superar un cuadro jurídico afectado, ya desde hace tiempo, por la obsolescencia.

La Ley Orgánica 3/2018, de 5 de diciembre, de Protección de Datos personales y garantía de los derechos digitales, en su art. 87 dispone: «*1. Los trabajadores y los empleados públicos tendrán derecho a la protección de su intimidad en el uso de los dispositivos digitales puestos a su disposición por su empleador; 2. El empleador podrá acceder a los contenidos derivados del uso de medios digitales facilitados a los trabajadores a los solos efectos de controlar el cumplimiento de las obligaciones laborales o estatutarias y de garantizar la integridad de dichos dispositivos. 3. Los empleadores deberán establecer criterios de utilización de los dispositivos digitales respetando en todo caso los estándares mínimos de protección de su intimidad de acuerdo con los usos sociales y los derechos reconocidos constitucional y legalmente. En su elaboración deberán participar los representantes de los trabajadores. El acceso por el empleador al contenido de dispositivos digitales respecto de los que haya admitido su uso con fines privados requerirá que se especifiquen de modo preciso los usos autorizados y se establezcan garantías para preservar la intimidad de los trabajadores, tales como, en su caso, la determinación de los períodos en que los dispositivos podrán utilizarse para fines privados. Los trabajadores deberán ser informados de los criterios de utilización a los que se refiere este apartado*».

El art. 20 bis del Estatuto de los Trabajadores, reformado simultáneamente por la disposición final decimotercera, ha quedado, por su parte, con la siguiente redacción: «*Los trabajadores tienen derecho a la intimidad en el uso de los dispositivos digitales puestos a su disposición por el empleador, a la desconexión digital y a la intimidad frente al uso de dispositivos de videovigilancia y geolocalización en los términos establecidos en la legislación vigente en materia de protección de datos personales y garantía de los derechos digitales*». Y es aquí donde surgen los interrogantes que vienen siendo abordados por el orden jurisdiccional laboral y penal, con la obligada referencia que ofrecen la jurisprudencia del Tribunal Constitucional y el TEDH.

El valor de la perspectiva asumida por la jurisdicción laboral era —y sigue siendo— incuestionable, en la medida en que incorpora su propio juicio ponderativo para resolver la confluencia de derechos que convergen en distinta dirección. Pero lo hace, en todos los casos, en la búsqueda de una respuesta a la alegación sobre la ilicitud probatoria de la principal fuente de prueba con la que se pretende respaldar la corrección de un despido.

Muchas de las dificultades se han visto allanadas por la jurisprudencia del TEDH, de la que se ha hecho eco nuestra jurisprudencia del Tribunal Supremo, así la Sentencia 489/2018, 23 de octubre: «*... hito reciente y extremadamente relevante de la jurisprudencia recaída en esta materia viene constituido por la STEDH de 5 de septiembre de 2017 (Gran Sala): asunto Barbulescu. (...) Otras sentencias posteriores del mismo órgano, inciden también en esta temática aunque de forma oblicua (videovigilancias: SSTEDH de 28 de noviembre de 2017 asunto Antori and Murkon de 9 de enero de 2018 asunto López Ribalde; o también examen de un ordenador, asunto Libert, STEDH de 22 de febrero de 2018). No puede decirse que la sentencia Barbulescu II sea totalmente rupturista con los criterios que han ido cristalizando en nuestra jurisprudencia (...). Pero aporta y concreta al establecer con diáfana claridad parámetros de inexcusable respeto empujando a nuevas modulaciones y matizaciones que ya han aparecido en la jurisprudencia laboral (STS —Sala 4.ª— 119/2018, de 8 de febrero, que realiza una síntesis clara e íntegramente trasladable al ámbito penal del estado de la cuestión tras Barbulescu*).

Acudiendo a la clásica técnica, se habla de la insoslayable necesidad de ponderar los bienes en conflicto. De una parte, el interés del empresario en evitar o descubrir conductas desleales o ilícitas del trabajador. Prevalecerá sólo si se atiene a ciertos estándares que han venido a conocerse como el test Barbulescu.

Se enuncian criterios de ponderación relacionados con la necesidad y utilidad de la medida, la inexistencia de otras vías menos invasivas; la presencia de sospechas fundadas... Algunos se configuran como premisas de inexcusable concurrencia. En particular, no cabe un acceso inconsentido al dispositivo de almacenamiento masivo de datos si el trabajador no ha sido advertido de esa posibilidad y/o, además, no ha sido expresamente limitado el empleo de esa herramienta a las tareas exclusivas de sus funciones dentro de la empresa (los usos sociales admiten en algún grado y según los casos, como se ha dicho, el empleo para fines personales, creándose así un terreno abonado para que germine una expectativa fundada de privacidad que no puede ser laminada o pisoteada).

El resto de factores de ponderación entrarán en juego para inclinar la balanza en uno u otro sentido solo si se cuenta con ese presupuesto. En otro caso, habrá vulneración aunque exista necesidad, se use un método poco invasivo, etc.».

El punto de partida de nuestro análisis admite, no ya la flexibilidad para tolerar la fiscalización de los actos inicialmente protegidos por el derecho a la intimidad, sino la capacidad para extender ese *ámbito de negociación* al derecho a la inviolabilidad de las comunicaciones, excluyendo la imperatividad de la autorización judicial para justificar la intromisión. Empresario y trabajador pueden fijar los términos de ese control, pactando la renuncia, no ya a la intimidad, sino a la propia inviolabilidad de las comunicaciones. Y allí donde exista acuerdo expreso sobre fiscalización, se estará excluyendo la expectativa de privacidad que, incluso en el ámbito laboral, acompaña a cualquier empleado.

Pero la exclusión de esa expectativa ha de ser expresa y consciente, sin que pueda equipararse a ésta una pretendida renuncia derivada de la voluntad presunta del trabajador. El trabajador que conoce la prohibición de utilizar para fines particulares los ordenadores puestos a su disposición por la empresa y, pese a ello, incumple ese mandato, incurre en una infracción que habrá de ser sancionada en los términos que son propios de la relación laboral. Pero esa infracción no priva al trabajador que incurre en ella de su derecho a definir un círculo de exclusión frente a terceros, entre los que se incluye, desde luego, quien le proporciona esos medios productivos. De admitir esa artificial asimilación a la hora de pronunciarnos sobre la legitimidad de la injerencia, estaríamos olvidando la propia naturaleza del contrato de trabajo por cuenta ajena. Los elementos de disponibilidad del derecho fundamental a la intimidad y a la inviolabilidad de las comunicaciones no pueden abordarse con quiebra del principio de proporcionalidad. De hecho, la efectiva vigencia de aquellos derechos del trabajador no puede hacerse depender exclusivamente de un pacto incondicional de cesión en el que todo se vea como susceptible de ser contractualizado.

Así, razonaba el Alto Tribunal en el FJ 7.º de la STS 489/2018, que «... *la clave de la ilegitimidad de la intromisión y, consiguientemente, de la nulidad probatoria se sitúa en la vulneración de la expectativa de intimidad por parte del trabajador. Una expectativa, basada en un uso social de tolerancia respecto de una moderada utilización personal de esos instrumentos, que, no es ajena a los contenidos de la protección constitucional del derecho a la intimidad».*

Y con el fin de singularizar la anticipada fijación de los límites del espacio de exclusión de la intimidad, en el ámbito de una relación laboral, frente a lo que acontece en relación con los poderes públicos, apuntábamos lo siguiente: *«... hay un relevante signo diferenciador entre el acceso por el empresario y el acceso por agentes públicos; el primero en virtud de sus facultades de supervisión del trabajo que se presta por una relación laboral; los segundos, en virtud de potestades públicas. En el primer caso nos movemos en el marco de una relación contractual entre particulares. La clave estará en si el trabajador ha consentido anticipadamente reconociendo esa capacidad de supervisión al empresario y, por tanto, cuenta con ello; está advertido; es decir, es una limitación conocida y contractualmente asumida. [...] En las relaciones con los Poderes Públicos, sin embargo, no cabe esa «cesión» anticipada o renuncia previa a ese espacio de intimidad virtual. [...] El reconocimiento previo, explícito o implícito, de esa facultad de empresario constituye el punctum dolens la clave, en el ámbito de las relaciones laborales. En una investigación penal lo será la autorización judicial o el consentimiento actual».*

Por lo que, en principio, la hipotética comisión por su parte de una infracción disciplinaria grave, derivada de la indebida utilización del ordenador puesto a su disposición por la empresa, sólo permitiría a ésta asociar su incumplimiento a una consecuencia jurídica, pero no legitimaría la irrupción del empresario en los correos electrónicos generado durante meses determinados en una cuenta privada. En definitiva, el empresario sólo podrá acceder al correo corporativo del trabajador en ejercicio de sus facultades de control y fiscalización cuando, con carácter previo, exista un acuerdo expreso entre empresario y trabajador por el que éste conscientemente renuncie, no ya a la intimidad, sino a la propia inviolabilidad de las comunicaciones, de forma que se excluya la expectativa de privacidad, legitimando así el acceso, lo que, de un lado, posibilitará la utilización por parte del empresario de las pruebas obtenidas y, de otro lado, excluirá la tipicidad del hecho derivado del acceso.

2.3. CESIÓN DE DATOS PERSONALES GENERADOS EN LAS COMUNICACIONES ELECTRÓNICAS

No cabe la menor duda de que la ejecución de las sentencias es una de las asignaturas pendientes del Sistema Judicial español. Las ejecuciones duran un promedio de 41 meses, y, lo que es más grave, presentan un índice de insatisfacción superior al 50%. Es pues evidente que el actual sistema de ejecución procesal no funciona, siendo esta una de las principales causas de insatisfacción de los usuarios del sistema judicial, en la medida en que una ejecución frustrada comporta una total falta de efectividad de la tutela judicial pretendida. Las causas del fracaso son múltiples, destacando entre ellas la sobrecarga de trabajo de los Tribunales. Tradicionalmente los órganos judiciales han priorizado la función de resolución de los conflictos («juzgar») a la exigencia del cumplimiento («hacer ejecutar lo juzgado»). El histórico fracaso del modelo de ejecución procesal contrasta con la alta eficacia de la ejecución administrativa. Delegar los actos concretos de ejecución no vulnera ningún principio constitucional siempre y cuando se respete la dirección y control judicial de dicha ejecución («hacer cumplir lo juzgado»), incluida la posibilidad de las partes de solicitar la intervención judicial para la corrección de posibles abusos o desviaciones.

Los Procuradores se erigen en representantes de los ciudadanos, proponiendo y demandando reformas en nuestras Leyes Procesales que nos proporcione una Administración de Justicia de calidad, más ágil y eficaz. Algunos autores han puesto de manifiesto el esfuerzo del legislador en reformar la ejecución en la Ley 1/2000 y el importante avance que ello ha supuesto, sin embargo, se hace preciso la búsqueda de nuevos mecanismos que mejoren la ejecución en nuestro país. Haciendo un estudio de los distintos ordenamientos europeos podemos decir que, si bien es cierto que la uniformidad del Derecho procesal es algo que resulta un tópico inalcanzable, por el momento debemos tender claramente a la armonización. La cuestión debemos centrarla en materia de ejecución. Justificada la necesidad de reformar esta materia, con el fin de lograr la plena eficacia del derecho a un proceso equitativo y que este se desarrolle en un plazo razonable, es necesario llegar a la profesionalización de la ejecución. Para ello es preciso la atribución de esta a especialistas de esta materia en todos y cada uno de los países miembros de la Unión Europea allí donde no los haya. Uno de estos países, donde se carece de estos profesionales como tales, es España.

En nuestro ordenamiento jurídico procesal se encuentran los Procuradores que ya poseen un importante protagonismo en los actos de notificación, por lo cual, la pregunta que nos hacemos será porque no ampliarles sus facultades, especializándoles, asimismo en la ejecución. En este sentido MAGRO SERVET al menos se plantea la posibilidad de poder incluir en España un sistema similar al francés en la línea de ejecución procesal de una figura parecida al *Huissier de justice* (del que hacíamos mención en capítulos anteriores). Así, este mismo autor señala la necesidad de articular un sistema de ejecución ágil y efectivo con el fin de uniformizar el derecho europeo y establece como conclusión que «debe estudiarse en nuestro país la figura del *Huissier de justice* al modo y manera de otros países de nuestro entorno que lo incluyen en su sistema para agilizar la ejecución civil y la corolaria cooperación judicial internacional sin la que no tienen sentido los esfuerzos que se vayan realizando en esta materia». Algún autor ya ha apuntado la creación en España de la figura del Procurador-Ejecutor que sería asumida por los Procuradores. Incluso, no solo en materia de ejecución, también en el ámbito de las funciones desarrolladas por los *Huissiers* en materia de notificaciones, más allá de lo establecido en nuestro ordenamiento actual, algún autor defiende la atribución de estas funciones a los Procuradores como ocurre en el ámbito del Derecho Comparado.

El fundamento de la actuación de los Procuradores se basa en su triple carácter de colaboradores con las partes, con la Administración de Justicia y con los Abogados. Precisamente en esa faceta de colaboradores con la Administración de Justicia es de la que tenemos que partir para poder interrelacionar su labor con la que desempeñan aquellos que forma parte de la Oficina Judicial. No vemos incompatible la labor que pueden realizar los Letrados de la Administración de Justicia y los Procuradores en relación con la ejecución procesal. Serían dos aspectos diferenciados de la misma función, Los Letrados de la Administración de Justicia desde el propio órgano jurisdiccional y los Procuradores fuera de la sede judicial. La dirección del Letrado de la Administración de Justicia en el proceso de ejecución no impide la atribución de funciones al Procurador de Los Tribunales sobre todo en cuestiones más concretas como son: la práctica de las notificaciones y de los requerimientos, una mayor intervención en la práctica de los embargos, en el nombramiento de los peritos, en los depósitos de bienes muebles, en las subastas judiciales y en la práctica de las diligencias de lanzamiento y ejecución de resoluciones firmes.

El artículo 117.3 de la Constitución Española establece claramente que los jueces han de juzgar y ejecutar lo Juzgado, atribuyéndoles esa facultad con carácter exclusivo y excluyente. Hemos de tener en cuenta que solo el derecho del justiciable quedará cumplido no solo con el acceso a los Tribunales de Justicia sino con la absoluta satisfacción de sus pretensiones cuando exista resolución jurisdiccional o título extrajudicial favorable a la misma. Esto solo se obtiene, como de forma categórica establece el artículo 570 de la LEC, con la completa satisfacción del acreedor ejecutante. Las funciones del órgano jurisdiccional en el proceso de ejecución son claras, pero la pregunta que surge es quien realiza los «actos materiales de ejecución» que llevan a esa «completa satisfacción del acreedor». La sobrecarga de trabajo de los órganos jurisdiccionales es un hecho que se puede constatar, y la investigación, sobre el terreno, del patrimonio del ejecutado es algo que el órgano jurisdiccional, aunque quisiera, no puede realizar. Por ello es posible esa delegación de actividades materiales de ejecución al Procurador especializado en ejecución, a desarrollar fuera de la sede judicial y bajo el estricto control jurisdiccional en estrecha colaboración con la Oficina Judicial del Juzgado. La nueva Ley de Acceso para las profesiones de Abogado y Procurador, apostando firmemente por la calidad y cualificación profesional, equiparando nuestro sistema al resto de la mayoría de los países comunitarios. El sistema de selección junto con el estricto control deontológico y disciplinario, amén de las responsabilidades civiles, penales y corporativas a las que se encuentran sometidos los Procuradores de los Tribunales les habilita para una futura delegación de facultades de ejecución en el proceso civil. Ampliar las posibilidades de intervención de los procuradores en sede de ejecución, manteniendo en todo caso el necesario control por parte de los tribunales, contribuiría sin duda a mejorar la eficacia de la ejecución procesal.

Basándonos en los principios de eficacia, eficiencia y de economía procesal. Nuestros Tribunales reciben diariamente miles y miles de peticiones de búsquedas de datos de solvencia y localización de domicilio y de bienes en el transcurso de la ejecución de resoluciones judiciales de naturaleza pecuniaria. Fruto del desarrollo tecnológico, y para ser atendidas todos estos miles de peticiones de búsqueda de bienes, se han creado herramientas informáticas que permiten el acceso a la información contenida en bases de datos y que han sido cedidas para estos fines por distintos organismos públicos. A través del Punto Neutro Judicial, concebido como un nodo central de comunicaciones, que permite la intercomunicación entre las distintas Redes Judiciales de CC.AA., Ministerio de Justicia y Consejo General del Poder Judicial, así como con terceros organismos, puede accederse a la consulta de diversas bases de datos.

Es indudable que el acceso a la información que tienen las entidades públicas del domicilio y del patrimonio del demandado y del ejecutado es esencial para asegurar el correcto desarrollo del proceso y la ejecución de lo ya resuelto. Hasta ahora la regulación legislativa se limita a establecer la obligación general de colaborar con la Administración de Justicia en el curso del proceso y en la ejecución de lo resuelto prevista en el artículo 118 CE. El CGPJ ha optado por acudir al sistema de convenios para dotarle de eficacia ante las distintas administraciones públicas con la creación de una plataforma telemática que se denomina Punto Neutro Judicial.

El Punto Neutro Judicial no está previsto en la LEC, sino que ha sido una creación del Consejo General del Poder Judicial a través del acuerdo del pleno de 20 de febrero de 2002. Actualmente el CGPJ ha firmado convenios con 10 instituciones relativas a consultas patrimoniales y domiciliarias, entre los que destaca los firmados con la Agencia Estatal de la Administración Tributaria y la Seguridad Social. No voy a realizar un análisis de los convenios, sino que me voy a limitar a indicar que los mismos responden al deber de colaboración con los jueces y tribunales previsto en los artículos 118 CE y 17 de la LOPJ. Específicamente se recoge esta obligación en los artículos 95 de la ley 58/2003, de 17 de diciembre, General Tributaria y 77.1.h del Texto Refundido de la Ley General de la Seguridad Social, aprobado por el Real Decreto Legislativo 8/2016, de 30 de octubre, entre otros.

Otros textos relacionados con el acceso al Punto Neutro Judicial son el Protocolo para la Gestión de acceso de los Usuarios a los Servicios del PNJ, aprobado por la Comisión de Informática del CGPJ de 29 de marzo de 2007, y el Protocolo a seguir ante el uso indebido de las consultas accesibles desde el PNJ, aprobado por el Acuerdo del Pleno del Consejo General del Poder Judicial, de 26 de febrero de 2009. En este último se pone de manifiesto que una de las obligaciones que asume el CGPJ en los distintos convenios firmados para acceso a los datos que tienen las entidades públicas a través del PNJ es controlar su uso indebido. En el protocolo de uso indebido se acuerda calificar como tal todas las consultas que, sin estar autorizadas por resolución judicial, se realicen a través de las aplicaciones disponible en el Punto Neutro Judicial. La sanción inmediata es dar de baja como usuarios y de forma mediata se puede calificar como falta grave o muy grave, remitiéndose copia a las administraciones competentes para que instruyan el correspondiente expediente (acuerdo tercero).

Finalmente, se prevé la realización de las auditorias sobre los accesos realizados para localizar los que sean indebidos.

El procurador de la parte ejecutante, debería poder tener acceso a esas bases de datos y con ello evitar todo el trasiego de consultas y peticiones, a la postre muchas de ellas negativas, de manera que, con todas las garantías de seguridad que ofrece el acceso e identificación con la firma electrónica, obtendría la información en cualquier momento de la ejecución y cuando esta suponga un bien susceptible de embargo, efectuar la solicitud con la seguridad de que el bien o derecho indicado está en el ámbito del ejecutado y es susceptible de ser realizado.

La regulación vigente en materia de protección de datos establece una serie de excepciones al consentimiento del ejecutado en el tratamiento de sus datos. Para el caso que nos ocupa, cabe destacar la cesión autorizada por la ley, en cuyo estadio nos encontramos, y cuando los destinatarios de la información sean, entre otros, los Jueces o Tribunales... en el ejercicio de las funciones que tienen atribuidas. En este sentido, si una de esas funciones consiste en autorizar el acceso al Procurador ejecutante a la consulta de bienes del ejecutado y la obtención de unos datos que no van a tener otro destino que la consecución de la ejecutividad de una resolución de ese mismo Juzgado, advertimos que esa cesión tiene perfecto encaje en este punto. No existe vulneración de derechos fundamentales, los datos se obtienen dentro del ámbito de la Oficina Judicial y revierten en el proceso del que traen causa.

No obstante, la realidad nos aporta otra visión que hemos de considerar. El acceso al aplicativo se realiza bien por el Letrado de la Administración de Justicia o bien por el funcionario por él autorizado. En muchos casos, la ausencia de esta persona, o la dedicación a otras tareas más apremiantes dentro de la Oficina Judicial, impide la consulta de bienes patrimoniales en un tiempo prudencial. Las peticiones se amontonan hasta constituir una carga de trabajo que lastra el buen funcionamiento de nuestras oficinas judiciales. Todo ese volumen de información, no siempre útil, se ha de trasladar a las partes, a través de otros tantos miles de actos de comunicación. Información que engrosa el expediente judicial y que recae de igual forma en el expediente del Procurador.

Concluimos que tras este proceso el Procurador del ejecutante obtiene la misma información que el LAJ ha recabado de los registros informáticos. Si con esa información en la mano no se vulneran los derechos fundamentales del ejecutado, ¿por qué no considerarlo desde un principio y evitamos todo ese periplo de consultas a la Oficina Judicial? No erraríamos en exceso si afirmamos que más del 60 % del proceso de ejecución se basa hoy en día en la búsqueda y localización de bienes del ejecutado. De igual forma, en el caso de la investigación del domicilio en un proceso civil. La determinación del domicilio del demandado tiene una incidencia decisiva en el proceso judicial, tanto por la obligación de agotar las posibilidades de notificación personal de la demanda a las partes no personadas como para determinar el órgano jurisdiccional competente territorialmente cuando el fuero sea no dispositivo.

La LEC regula como una carga del demandante la indicación de todos los datos del demandado y que puedan ser de utilidad para su localización en el artículo 155.2 LEC. También debería regularse que en aquellos casos en los que no se pueda realizar la notificación en el domicilio designado por la parte y lo haya asumido el procurador, éste pueda acceder al Punto Neutro Judicial para investigarlo y realizarla. Esta propuesta sería conveniente que se le permitiese acceder al registro de rebeldes civiles para comprobar la inscripción en el mismo del demandado. En el caso en que constase en el mismo el demandado debería comunicárselo al Letrado de la Administración de Justicia, informando de todas las gestiones realizadas, para que procediera a realizar la comunicación edictal.

Para ello propongo la modificación del artículo 156.1 LEC para introducir la habilitación legal al procurador para realizar la averiguación del domicilio en los casos en que haya asumido la notificación a la parte no personada.

Vinculado con el domicilio del demandado se genera una problemática adicional en el proceso monitorio, en el que la competencia territorial es improrrogable y el fuero es el domicilio del demandado (art. 813 LEC). En muchas ocasiones el demandante no tiene este dato, pero está obligado a presentar la solicitud para poder acceder al mismo. En la práctica

Una opción sería modificar el artículo 256 LEC para introducir una nueva diligencia preliminar que consistiría en la averiguación judicial del domicilio como medio de preparación del juicio. Esta me parece insatisfactoria porque no contribuirá a dotar de mayor agilidad al proceso judicial ya que se sobrecarga al órgano jurisdiccional con una actuación procesal adicional.

Una solución más adecuada para evitar el peregrinaje jurisdiccional de buscar el órgano jurisdiccional competente ante los cambios de domicilio del deudor habilitar al procurador de la parte para que accediese al punto neutro judicial a efectos de identificar el domicilio del demandado. El problema es que no se puede regular de forma indiscriminada, por ello debe establecerse un filtro para hacerlo posible.

Además, debe tenerse en cuenta que la información del Punto Neutro Judicial da una foto fija del resultado de la investigación patrimonial que no está actualizada. Por un lado, la información que se obtiene de la AEAT es de las declaraciones tributarias realizadas por el ejecutado. Por otro, los datos de cuentas bancarias no están actualizados, sino que corresponde al saldo de 31 de diciembre del año anterior.

En todo caso es imprescindible agilizar el acceso a esta información ya que actualmente se produce la paradoja de que, si no se traba el embargo en el decreto adoptando medidas ejecutivas, éste va a ser notificado al ejecutado. Por ello va a tener conocimiento de la solicitud de embargo presentada por el solicitante a la vista de la información patrimonial.

Otra de las disfunciones que se ha planteado es que la información de las entidades financieras no está actualizado a través del Punto Neutro Judicial. Ello provoca que se pida la retención de las cuentas sin tener un conocimiento real de las cantidades que están depositadas, por lo que habrá que estar al resultado del embargo. Una vez que se traba la orden de embargo pierde eficacia, con lo que se tiene que reactivar por el Letrado de la Administración de Justicia, con el retraso temporal que ello implica. Por ello sería conveniente que el embargo de las cuentas corrientes se mantuviera hasta que se retuviera la cantidad por la que se ha despachado ejecución[252]. A ésta se le podría dotar de eficacia de dos formas: una primera sería anotando la orden en la entidad financiera para que retuviera las cantidades que se depositasen en las mismas; la segunda sería habilitar al procurador para que acceda de manera periódica a la aplicación y retenga las cantidades que estén depositadas en ese momento.

Vinculadas con las reformas anteriores habría que modificar la Ley de Asistencia Jurídica Gratuita para incluir las notificaciones y el acceso al Punto Neutro Judicial en los efectos del reconocimiento del derecho, la remuneración por estas competencias de los procuradores y la posible repercusión en costas a la parte ejecutada.

Entendemos que es adecuado y respeta las garantías de las partes y el derecho al juez ordinario predeterminado por la ley que se determine el domicilio del demandado en el momento en que se realiza la averiguación de este. Tal como está regulado actualmente ésta se realiza antes del inicio del proceso judicial. En la propuesta se opta por hacerlo antes y a través del procurador, que actúa como colaborador de la Administración de Justicia, para evitar sobrecargar a la oficina judicial con trámites adicionales a los que ya tiene. Lo que se consigue fijando el domicilio antes del inicio del proceso es determinar la competencia territorial, que en este caso tiene carácter indisponible, y evitar que se archive el proceso.

---

252. Es imprescindible tener en cuenta que el artículo 588.2 LEC lo permite. Es cierto que el artículo 588.1 LEC declara la nulidad del embargo sobre bienes y derechos cuya efectiva existencia no conste, pero el apartado segundo establece una excepción en el caso de depósitos bancarios y saldos favorables que arrojen las cuentas abiertas en entidades de crédito en que sí que lo permite. En este sentido se pronuncia CACHÓN CADENAS al afirmar que «los artículos 588.2 y 621.2 no exigen que el embargo de cuentas bancarias y la consiguiente orden de retención se han de limitar, necesariamente, a los depósitos y saldos que puedan existir a favor del ejecutado en el momento que la orden de retención llegue a la entidad bancarias» (en *La ejecución procesal civil*, edit. Atelier, Barcelona, 2018, p. 122).

2.4. EL SECRETO PROFESIONAL Y SU RELACIÓN CON LA TECNOLOGÍA

El secreto profesional de los abogados es una institución compleja que puede examinarse desde distintos ángulos. Se entiende que la defensa técnica debe basarse en una relación de confianza, pues solo así el defendido revelará a su defensor aquellos datos necesarios para su defensa. Con este propósito, la mayoría de los distintos ordenamientos en el ámbito internacional imponen a los abogados una obligación de confidencialidad. Desde una perspectiva material o sustantiva, el secreto profesional constituye una obligación legal que tiene como objeto proteger la intimidad del cliente y reforzar esa confianza común. El incumplimiento de esta obligación por parte del abogado puede acarrear consecuencias civiles —la obligación de indemnizar los daños y los perjuicios derivados de la divulgación de la información—, disciplinarias e incluso penales —un delito de revelación de secretos (arts. 199 CP)—.

Es algo indiscutible hoy día que las nuevas tecnologías forman parte ya del conjunto de herramientas que se manejan a diario por los abogados y de cuyo correcto uso deben responsabilizarse. En el artículo 21 del vigente Código Deontológico se hace una llamada al uso diligente de estos recursos, preservando al máximo la confidencialidad y el secreto profesional. También se exige que en las comunicaciones, aplicaciones, webs y servicios profesionales que ofrezca el abogado se encuentre perfectamente identificado, así como su Colegio de adscripción, y ello a fin de exigírsele responsabilidades en caso de alguna actuación indebida.

Las redes sociales son un poderoso instrumento de comunicación cuyo uso está poco regulado, por lo que en ocasiones puede dar pie a abusos o directamente a actos ilícitos. Como decíamos, el Código Deontológico advierte sobre la observancia de los deberes profesionales en el uso de estas tecnologías, como son, principalmente, su deber de identificación en todo momento, y la preservación del secreto profesional y la confidencialidad. A partir de aquí, ya depende del buen juicio de cada profesional el uso responsable y ponderado de estas herramientas.

La prestación por parte de un profesional de la abogacía de asesoramiento jurídico en línea o a través de internet constituye una forma de ejercicio de la profesión sometida al EGAE y al resto del ordenamiento jurídico. Como decíamos, la identificación del profesional de la abogacía que presta el servicio, así como el Colegio al que pertenece, deberá ser comunicada al cliente o usuario antes de la prestación de servicios y, en todo caso, antes de solicitar el abono de contraprestación alguna.

Cuando un profesional de la Abogacía sea requerido para prestar sus servicios profesionales por este medio, deberá adoptar las medidas necesarias para garantizar el secreto profesional y obtener del cliente acreditación suficiente de su identidad y la restante información que le permita evitar conflictos de intereses y prestar el asesoramiento adecuado al solicitante de sus servicios. Las comunicaciones confidenciales deberán enviarse encriptadas y con firma electrónica segura, siempre que las circunstancias del cliente lo permitan.

Los servicios se considerarán prestados en el lugar donde se encuentre la sede del Juzgado, en el caso de que se haya realizado una actuación judicial, y en el caso de que se esté ante un asesoramiento, en el lugar donde se encuentra colegiado el profesional de la abogacía. Conforme a la jurisprudencia del TEDH, se considera que el despacho del abogado está protegido por el artículo 8 CEDH. Y, por ello, que la autorización de la entrada se somete a los requisitos generales para la limitación de un derecho fundamental: la previsión legal de la medida, la persecución de un fin legítimo y su justificación en una sociedad democrática. En especial, se explica en qué medida es necesaria una orden judicial que *ex ante* —y en algunos supuestos excepcionales *ex post*— autorice la entrada y marque los límites razonables de la diligencia, evitando abusos y registros totalmente desproporcionados. Ahora bien, una cosa es la autorización de la entrada y el registro del despacho y otra es la protección procesal que se otorga a la información que ahí puede encontrarse. La autorización del registro no supone por sí misma la anulación del privilegio procesal asociado al secreto profesional. Por ello, una vez autorizada, la atención debe centrarse en la *ejecución de la diligencia*. En especial, en las medidas que deben adoptarse para proteger aquella información o fuentes de prueba que realmente estén protegidas por los privilegios procesales.

En relación con ello, el TEDH suele requerir que esté presente un tercero independiente cualificado que permita identificar qué material no puede ser incautado por estar protegido. También exige que se tomen determinadas precauciones en la investigación de los lugares y el manejo de los dispositivos en los que pudiera haber información protegida.

El uso de las tecnologías de la información y la comunicación no exime de cumplir las normas deontológicas que regulan la profesión ni las obligaciones que imponen las reguladoras de la sociedad de la información. La obligación de diligencia, junto con el respeto al secreto profesional se configuran como obligaciones esenciales del abogado que hacen que tenga en su ejercicio unas obligaciones agravadas, exigiendo mantener estrictas medidas de seguridad que protejan la documentación, conversaciones y archivos confiados. El incumplimiento tiene consecuencias legales y contractuales y podría contravenir la norma deontológica. Es por ello que, se debe hacer uso responsable y diligente de la tecnología de la información y la comunicación, debiendo extremar el cuidado en la preservación de la confidencialidad y del secreto profesional. La revolución digital ha transformado la forma en que los abogados realizan su trabajo. La comunicación por correo electrónico, la gestión electrónica de documentos, el acceso remoto a bases de datos legales y otras herramientas tecnológicas han agilizado y mejorado muchas áreas de la práctica legal, sin embargo, esta transformación también ha planteado nuevos desafíos en relación con la protección del secreto profesional. Toda vez que la seguridad de estas plataformas puede ser vulnerable a piratería y acceso no autorizado. El cifrado de extremo a extremo y el uso de sistemas de autenticación fuerte son esenciales para proteger las conversaciones legales sensibles.

La elección de proveedores confiables con enfoques sólidos en seguridad y cifrado es crucial para evitar la exposición de información confidencial. Esto, lejos de ser una amenaza, es el futuro de la abogacía pero requiere un plus de exigencia y medidas para preservar el secreto profesional. Los despachos, como responsables del tratamiento de los datos de los clientes, deben elegir el proveedor que cumpla las exigencias legales, con especial atención a la información sensible que manejan y su obligación de secreto profesional.

Optar por proveedores confiables que ofrezcan garantías sólidas de protección de datos es esencial. Así como, realizar auditorías regulares de seguridad informática puede identificar posibles vulnerabilidades en los sistemas y procesos utilizados. Estas auditorías pueden ayudar a prevenir amenazas antes de que se conviertan en problemas reales.

Por tanto, en la era de las nuevas tecnologías, el secreto profesional de los abogados sigue siendo un principio fundamental que debe ser protegido y aplicado de manera efectiva. Los abogados tienen la responsabilidad de abrazar las oportunidades tecnológicas mientras protegen la confidencialidad y la seguridad de la información de sus clientes. La comprensión de los desafíos y la implementación de medidas de seguridad adecuadas permitirán a los abogados enfrentar los riesgos de manera proactiva y cumplir con su deber de salvaguardar la información confidencial en un entorno digital en constante evolución.

2.4.1. El uso de Whatsapp en las relaciones abogado-cliente

La pandemia de COVID-19 puso a los letrados españoles en una difícil situación. Sobre todo, a aquellos que prestaban sus servicios en el turno de oficio, quienes, en principio, estuvieron expuestos a un alto riesgo de contagio durante las guardias.

En muchos casos, estos profesionales, solicitaron a sus respectivos Colegios que les autorizaran para utilizar *Whatsapp* o *Skype* en los servicios de asistencia al detenido y a las víctimas de violencia de género, tanto en sede policial como judicial, al considerarlo como la única herramienta eficaz para garantizar el derecho a la salud de los intervinientes, así como el derecho fundamental a la defensa (artículo 24 CE).

Respaldando las peticiones de sus miembros, algunas corporaciones elevaron sendos oficios a distintas instituciones (TSJ, Jueces Decanos, Guardia Civil y Delegado del Gobierno)[253].

El Estatuto General de la Abogacía Española determina, entre los fines esenciales de los Colegios de Abogados «...la colaboración en el funcionamiento, promoción y mejora de la Administración de Justicia» (art.3). De igual modo, entre las funciones de estas corporaciones de derecho público, establece la organización y gestión de los servicios de asistencia jurídica gratuita, así como la organización y promoción de actividades y servicios comunes de interés para los colegiados (art. 4).

Tras la declaración del estado de alarma, diversos Colegios de Abogados de España, con el fin de salvaguardar la salud de los letrados (y la de los demás agentes implicados en el procedimiento) adoptaron medidas concretas. Como ejemplo, el Colegio de Abogados de Madrid, publicó una Guía práctica para la normalización de la actividad profesional, contemplando la asistencia al detenido por teléfono u otros medios telemáticos, como opción preferente.

En el mismo sentido, la Comisión Autonómica para Seguimiento del COVID19 del TSJ de la Comunidad Valenciana recomendó, desde el inicio de la pandemia, que las actuaciones de asistencia letrada a detenidos se realizase por videoconferencia en las sedes policiales.

Por su parte, el Colegio de Abogados de Málaga puso en marcha un sistema de asistencia a detenidos por videoconferencia, advirtiendo a sus letrados de la prohibición expresa de grabar sonidos e imágenes, o de realizar fotografías. Resultan especialmente interesantes las previsiones de esta corporación, al garantizar de forma expresa la tutela de los derechos fundamentales a la intimidad y propia imagen de los detenidos[254].

Asimismo, en el ámbito de la Unión Europea se adoptaron una serie de medidas para paliar los efectos de la pandemia en la Administración de Justicia. Como ejemplo, y por lo que respecta a la asistencia al detenido, desde instancias judiciales europeas se recomendó el uso de llamadas, videoconferencias u otros sistemas de comunicación a distancia.

---

253. Como ejemplo, los Colegios de Abogados de Murcia y de Lorca, actuando de forma conjunta, emitieron diversas comunicaciones a Juzgados, Policías y Delegación del Gobierno, solicitando que se adoptasen medidas para limitar la presencialidad de los letrados en el desempeño de sus funciones.
254. Recordemos que los derechos fundamentales a la intimidad y a la propia imagen (art.18.1 CE) gozan de especial protección. La Ley Orgánica 1/1982 desarrolla la tutela civil de estos derechos frente a las intromisiones ilegítimas que se pudieran producir.

Como vemos, la videoconferencia ha sido admitida de forma excepcional en los servicios de guardia por evidentes razones de salud pública[255]. Ahora bien, ¿puede realizarse a través de *Whatsapp* cumpliendo con todas las garantías legalmente exigidas?

Los letrados del turno de oficio consideran *Whatsapp* una herramienta adecuada, por los siguientes motivos:

- Casi cualquier persona a día de hoy tiene instalada dicha aplicación y, de no ser así, le resultaría muy fácil conseguirla.

- Las comunicaciones que se realizan a través de la aplicación, normalmente, cuentan con calidad suficiente.

- La gratuidad del servicio.

- La inmediatez es un hecho. *Whatsapp* permite la comunicación entre individuos, con el único requisito de que éstos cuenten con un dispositivo móvil conectado a Internet (por red o datos).

- Por lo que respecta a la seguridad de la aplicación, cabe estar a lo expuesto al estudiar la normativa aplicable. En principio, la legislación vigente no impide el uso de *Whatsapp* en estos casos.

Sin embargo, no podemos obviar, que antes de la pandemia del COVID 19, algunas voces se habían mostrado muy críticas con el uso de la aplicación en las relaciones abogado-cliente, por los riesgos que ésta representa. Al respecto, reviste especial interés el Dictamen de la Autoridad Catalana de Protección de Datos, de 2 de julio de 2013, que resuelve una solicitud del Colegio de Abogados de Sabadell, en relación a los eventuales riesgos que puede implicar el uso de *Whatsapp* en el ámbito de las relaciones abogado-cliente. A grandes rasgos, puede decirse que la Agencia Catalana desaconseja el uso de *Whatsapp* en este ámbito, dado que, el letrado sería el responsable del tratamiento de los datos personales de su cliente, que podrían verse comprometidos con facilidad, debido a las débiles políticas de seguridad que ofrece la aplicación.

2.4.2. Régimen jurídico aplicable

Como regla general, nuestro ordenamiento jurídico admite la asistencia letrada por medios telemático (teléfono o videoconferencia), siempre y cuando concurran determinadas circunstancias que impidan la presencia del letrado en sede policial. Concretamente, el artículo 520.2 c) de la LECrim determina que,

---

255. Recordemos también que la salud pública es un derecho constitucionalmente consagrado, así tal y como establece el artículo 43.2 CE «Compete a los poderes públicos organizar y tutelar la salud pública a través de medidas preventivas y de las prestaciones y servicios necesarios».

cuando «...debido a la lejanía geográfica no sea posible de inmediato la asistencia de letrado, se facilitará al detenido comunicación telefónica o por videoconferencia con aquél, salvo que dicha comunicación sea imposible»[256].

Al respecto, el considerando 23 de la Directiva 2013/48/UE, del Parlamento Europeo y del Consejo, de 22 de octubre, sobre el derecho a la asistencia de letrado en los procesos penales y en los procedimientos relativos a la orden de detención europea, dispone que la comunicación de los acusados con sus abogados puede tener lugar en cualquier momento del proceso, y admite el uso de la videoconferencia y otras tecnologías de la comunicación.

Dado que la ley procesal penal no especifica de qué modo debe realizarse la videoconferencia, en principio, nada impide la utilización de *Whatsapp*, o de cualquier otra aplicación similar.

Con motivo de la pandemia, el CGPJ publicó una Guía para la celebración de actuaciones judiciales telemáticas, en la cual, establecía lo siguiente: «En las circunstancias excepcionales en las que el abogado y el acusado no se encuentren en la misma estancia durante la celebración de un juicio penal, el acusado, mientras no preste declaración, deberá contar con la posibilidad de mantener contacto permanente y reservado con su abogado por vía telemática. Igualmente, cuando se den circunstancias excepcionales de alarma sanitaria que aconsejen que un detenido declare desde una dependencia policial sin que el abogado se encuentre físicamente presente, debe procurarse que se adopten las medidas oportunas para que pueda tener lugar la entrevista reservada con el abogado, y que esa reserva es efectiva» (apartado 38).

Al igual que la LECrim, esta guía se refiere a la vía telemática, sin más precisión. Consecuentemente, las propuestas de los abogados españoles, referentes al uso de *Whatsapp* o *Skype* para asistir a los detenidos o a las víctimas de violencia de género, en principio, serían posibles.

2.5. CONEXIÓN POR MEDIOS TELEMÁTICOS EN LA AUDIENCIA DEL JUICIO

Colabora en este apartado

CARMEN ROBLES ZAMORA

Magistrada Jueza de los Juzgados de Primera Instancia de Ibiza

La obligación de celebrar audiencias virtuales debido a la pandemia COVID 19, instauró cambios en el modelo de asistir al trabajo basado en la presencialidad, instauró cambios en el modelo de celebrar las audiencias presenciales por

---

256. Cabe recordar, que para que dicha comunicación se lleve a cabo de forma efectiva debe respetar la confidencialidad legalmente exigida, y no puede sufrir retrasos injustificados.

las audiencias virtuales por parte de los sujetos procesales, es decir, Fiscalía, acusación particular o víctima, procesado, defensa sea pública o privada. Por lo que es importante analizar la incursión de la tecnología en el derecho penal y si existe una vulneración al derecho a la defensa del procesado en la audiencia de juicio cuando esta se realiza por medios telemáticos y si el hecho de que el procesado no se encuentre físicamente presente en la audiencia de juicio a los lados de su defensor sea público o privado; desconoce sus garantías constitucionales. A pesar de la entrada en vigor del nuevo RD Ley 6/2023, es necesario el examen de esta cuestión, toda vez que el RD Ley refiere expresamente a la celebración de actos procesales, audiencias previas o actuaciones judiciales por videoconferencia en el orden jurisdiccional civil, modificando varios de los artículos de la LEC en la materia, permitiendo por tanto, su conexión por medios telemáticos, pero ahora bien, respecto al orden jurisdiccional penal, únicamente introduce en la LECrim un nuevo artículo, el 258 bis, que dispone una regla de preferencia para la realización de actos procesales mediante presencia telemática, pero exceptuando expresamente las actuaciones de naturaleza personal, como los interrogatorios de partes o testigos, además de las excepciones propias del Derecho Penal, preservándose además la facultad de la autoridad judicial para determinar la posible realización de cualquier acto procesal mediante presencia física, y es por ello, que será objeto de examen en este apartado la idoneidad del medio telemático en el orden jurisdiccional penal.

2.5.1. El principio de igualdad de armas

El principio de igualdad de armas de acuerdo con MORATTO (2021)[257] consiste en que cada una de las partes debe tener una oportunidad razonable para presentar su caso en condiciones que no lo pongan en desventaja con respecto al oponente, concibiéndose este como un medio esencial para la toma de decisiones con calidad procesal y un precepto de justicia.

En este sentido, las audiencias virtuales presentan desafíos sobre la capacidad de la defensa para interrogar a los testigos o incluso sobre el análisis y presentación de pruebas, esto basado en las posibles limitaciones que se puedan dar en cuanto al acceso a equipamiento adecuado así como la respectiva conectividad que permita compartir las pruebas y que estas sean visibles para las partes, a su vez el hecho de poder escuchar los interrogatorios y tener la posibilidad de realizar un contrainterrogatorio no posee la misma eficiencia que en las audiencias tradicionales, donde es posible reaccionar ante los comentario verbales y no verbales del testigo. A menos que se proporcione las instalaciones tecnológicas adecuadas para que la defensa presente o inspeccione pruebas

---

257. MORATTO, S., «El principio de igualdad de armas: Un análisis conceptual», *Revista Derecho Penal y Criminología, 41* (110), pp. 177-202, 2021. Disponible en: https://revistas.uexternado. edu.co/index.php/derpen/article/download/7184/9823

durante los procedimientos judiciales, se estaría vulnerando el principio de igualdad de armas y a su vez se priva de la capacidad de defenderse.

La igualdad como principio fundamental es asiento insustituible de la ideología liberal del Estado Social de Derecho. La idea de igualdad se relaciona siempre con justicia. Se reconoce al otro como igual, es decir, digno del mismo trato que cada individuo considera merecer.

Constituye a su vez, un elemento esencial de la garantía del derecho de defensa, de contradicción, y más ampliamente del principio de juicio justo, y hace relación a un mandato según el cual, cada parte del proceso penal debe poder presentar su caso bajo unas condiciones y garantías judiciales, que permitan equilibrar los medios y posibilidades de actuación procesal, dentro de los cuales se presente como esencial las facultades en cuanto al material probatorio a recabar, de tal manera que no se genere una posición sustancialmente desventajosa de una de las partes frente a otra parte procesal, como la que de hecho se presenta entre el ente acusador y el acusado, a favor del primero y en detrimento del segundo.

El principio de igualdad de armas o igualdad de medios, supone entonces que la carga probatoria del acusador es proporcional a sus medios y que las reglas de ejercicio del principio contradictorio en virtud de esa carga buscan equiparar la participación en el proceso penal, tanto optimizando lo más posible las garantías de la defensa, como incrementando la exigencia del cumplimiento de la labor del acusador.

En el marco del proceso penal debe percibirse a la igualdad de armas como uno de los pilares que garantizan que un Estado Constitucional de Derecho confiere a los sujetos procesales. De este modo, el principio de igualdad de armas consiste en la garantía de conferir a cada parte del proceso las mismas oportunidades para ofrecer, requerir, solicitar, contradecir e impugnar el acervo probatorio en función a los intereses que representan.

En este orden de ideas, es importante establecer lo que indica el Tribunal Europeo de Derechos Humanos, en un correcto entendimiento de la igualdad material y de la desproporción natural propia de las relaciones entre Fiscalía y defensa, ha señalado que toda desigualdad necesariamente es desventajosa pero que, no obstante, para encontrar una afectación significativa a la igualdad entre las partes, debe observarse el proceso como un todo y así poder mostrar si existió o no un real impacto en este principio.

La igualdad de armas de los sujetos procesales busca mantener el equilibrio entre el poder coercitivo del *ius puniendi* y el derecho a la defensa del procesado, en otras palabras, debe manifestarse en el respeto del derecho de acceso del procesado a su defensa en las oportunidades establecidas en la ley, en la circunstancia de ser parte para solicitar actos de investigación.

Para concluir, es necesario puntualizar dentro de esta investigación que para que pueda ser factible la aplicación del principio de igualdad de armas se requiere la existencia de, al menos, dos partes en el proceso que puedan efectivamente participar en él, lo cual tendrá lugar en todo Estado de derecho, pues es allí donde el respeto por la dignidad del ser humano se hace verdaderamente exigible, lo que imposibilita un tratamiento del procesado como un simple objeto de prueba, donde su actividad en el procedimiento tiene la posibilidad de determinar el resultado del juicio, todo ello, conlleva a que se respeten las garantías procesales de la persona más débil, en este caso, el procesado.

2.5.2. La incursión de la tecnología en el derecho penal

El campo de Derecho es muy vasto, donde resulta difícil predecir hasta qué grado las tecnologías de la información y comunicación se verían incorporadas en el ámbito jurídico. Lo que resulta evidenciable es que el desarrollo tecnológico tiene un crecimiento e impacto en el ejercicio de la administración de justicia, así como también el ejercicio profesional de la abogacía, teniendo mayor énfasis en la información legal, jurisprudencial y de la comunicación a todos los niveles y en el sentido más amplio concebible.

Según LUÑO (2020)[258] las repercusiones de la informática en el derecho están siendo cada vez más extensas e intensas. Dar cuenta de todas ellas resulta una tarea prácticamente inviable, entre otras cosas, por el carácter abierto y dinámico que reviste esa proyección. Basta con pensar que, en el horizonte tecnológico del presente, muchos de los problemas y de las soluciones jurídicas tradicionales aparecen irremediablemente caducos. Esa nueva situación impele al pensamiento jurídico a diseñar nuevos instrumentos de análisis y marcos conceptuales prontos para adaptarse a las exigencias de una sociedad en transformación.

En concordancia a lo expuesto GAVILANES (2017)[259] explica que el desarrollo de un proceso de juzgamiento en la actualidad tiene un sinnúmero de herramientas tecnológicas con las cuales puede dar continuidad a los procedimientos que enmarcados en el ordenamiento jurídico se permitan, tal es el caso por el ejemplo de las videoconferencias para el desarrollo de las audiencias, lo cual permite la intervención en tiempo real sin que exista de por medio el contacto directo y/o físico, permitiendo a las personas que por alguna circunstancia no pueden presentarse ante los operadores de justicia rendir una declaración,

258.　LUÑO, A. E., «El derecho ante las nuevas tecnologías», *Revista El Notario del Siglo XXI,* *10* (41), pp. 1-9, 2020. Disponible en: https://www.elnotario. es/index.php/hemeroteca/ revista-41/548-el-derecho-ante-las-nuevas-tecnologias-0-8050094412686392
259.　GAVILANES, B. A., *Aplicación de las tecnologías de la información y comunicación frente al* *principio constitucional de contradicción en el proceso penal ecuatoriano*, 2017, Disponible en: http://repositorio. ucsg.edu.ec/bitstream/3317/5934/1/T-UCSG-POS-MDC-27.pdf

exponer su testimonio, siempre que se garantice su fidelidad testimonial y sin la vulneración de derechos.

Con base a lo expresado, se establece que la administración de justicia en apego a la Ley, desde la incursión de las tecnologías en todos los ámbitos de la sociedad ha tenido que evolucionar a la par de las exigencias sociales, no solo en la implementación de plataformas que permitan la sistematización de la información, sino además en adaptar los sistemas tradicionales para el desarrollo de las audiencias con la finalidad de que cuando los actores de un proceso de juzgamiento sean víctimas, procesados o incluso testigos que por algún motivo no pudieran encontrarse presentes de forma física rindan su versión de manera telemática.

2.5.3. Distinción entre los medios telemáticos y la videoconferencia

Una cuestión previa que es preciso aclarar es la distinción entre la comunicación telemática y por videoconferencia. Se trata de conceptos que se suelen utilizar indistintamente como sinónimos. Y que, sin embargo, significan cosas distintas. O al menos pueden significarlo. De hecho, la comunicación por videoconferencia es una comunicación telemática, pero no toda comunicación telemática ha de ser por videoconferencia. Así, el concepto telemático es más amplio y contiene diferentes formas de comunicación a distancia mediante tecnología electrónica que pueden consistir en mensajes escritos o de video o también videoconferencias[260].

Esta cuestión es importante puesto que a diferencia del art. 329 LOPJ, que prevé expresamente la videoconferencia para realizar determinados actos de prueba, el art. 19 RD 16/2020 se limita a ordenar que los actos de juicio, comparecencias, declaraciones y vistas y, en general, todos los actos procesales, se

---

260. No sería telemática en sentido estricto una comunicación mediante el envío de documentos escritos y eventuales llamadas telefónicas. Esa es la forma en la que estuvo funcionando durante el estado de alarma el Tribunal Constitucional que informó que los procedimientos pendientes urgentes pendientes se estaban sustanciando mediante plenos no presenciales, pero tampoco telemáticos: «Que el Pleno no sea presencial no significa que se vaya a desarrollar de forma telemática y que los magistrados vayan a interactuar o intercambiar impresiones por videoconferencia o algún sistema similar. Según informa el propio tribunal, la reunión se llevará a cabo por «un procedimiento sustancialmente escrito observado en el Tribunal Europeo de Derechos Humanos y en el Tribunal de Justicia de la Unión Europea». Se combinarán así correos electrónicos y llamadas de teléfono y se resolverá sólo sobre admisiones y no sobre propuestas de sentencia relativas a impugnaciones que están encima de la mesa de tribunal desde hace tiempo. No obstante, y pese a no haber deliberaciones, fuentes del tribunal aseguran que durante estas últimas semanas en las que los plazos procesales y administrativos han estado suspendidos los magistrados han continuado trabajando en los asuntos del tribunal y examinando recursos urgentes». Se trata de una declaración de fuentes del Tribunal Constitucional que puede consultarse en: «El Tribunal Constitucional retoma sus plenos con el «procés» como protagonista» https://www.abc.es/espana/abci-tribunal-constitucional-retoma-plenos-proces-como-protagonista-202005060204_noticia.htm

realizarán preferentemente: «mediante presencia telemática». Probablemente se trata de una simplificación en la que se identifica la videoconferencia con lo telemático, que, como decimos, es un concepto más amplio. En cualquier caso, la utilización de la palabra «presencia» como sustantivo y la palabra «telemático» como adjetivo parecen indicar que el legislador está pensando en un acto realizado telemáticamente y consistente en una videoconferencia.

2.5.4. Características de las audiencias telemáticas

De acuerdo con PELÁEZ (2015)[261] los avances tecnológicos que en los últimos años se han experimentado en la sociedad, promueven una mayor facilidad para que las personas puedan estar en contacto con una diversidad de fuentes de comunicación, contribuyendo de esta manera a una necesidad básica de la sociedad; no obstante, resulta importante destacar que el uso de medios tecnológicos en los procesos judiciales deben tener un ente regulador que no garantice que no se quebranten principios constitucionales tales como inmediación y contradicción.

Si bien las TICs se encuentran integradas a las actividades de la sociedad, entre estas, los procesos judiciales promoviendo la celeridad en el despacho de los mismos, no obstante, para el desarrollo de las audiencias procesales, haciendo uso de medios telemáticos resulta indispensable que se incorpore un ente regulador, lo cual en términos tecnológicos es posible adaptar, sin embargo es necesario adecuar los protocolos mediante los cuales se desarrollan este tipo de audiencias, garantizando de esta manera el principio de inmediación y contradicción, es decir, que el administrador de justicia pueda interactuar con el o los procesados, pruebas y testigos, y además permitir que las partes puedan intervenir para que en igualdad de oportunidades puedan contradecir las afirmaciones, pretensiones o pruebas presentadas por la contraparte.

Por lo tanto, se establece que el desarrollo de las audiencias en modalidad telemática corresponde al uso de los medios tecnológicos e informáticos, con la finalidad de permitir la presencia de manera virtual de las personas intervinientes dentro del proceso de juzgamiento. Estos aspectos han permitido que en circunstancias en las que la concurrencia de los individuos en calidad de investigado, testigo, perito u otra condición, resulte gravosa o perjudicial, o incluso cuando su ubicación geográfica se encuentre a una distancia y con motivos debidamente justificados no le permita concurrir a la sede del Juzgado o Tribunal donde se lleva a cabo el proceso, el juez puede ordenar que la diligencia se realice a través de videoconferencia. De esto cabe resaltar que la complejidad de generar un cambio en los sistemas judiciales se encuentra vinculada a las garantías y leyes vigentes.

---

261. PELÁEZ, D. F., *El uso de las TICS «videoconferencia» en la audiencia de juzgamiento del procesado*, 2015. Disponible en: https://repositorio.uide.edu.ec/bitstream/37000/1672/1/T-UIDE-0632. pdf

2.5.5. COVID-19 un antes y un después para las audiencias telemáticas

De acuerdo con BRIONES (2020)[262] a raíz de la aparición de la COVID-19, los diferentes gobiernos en el mundo tomaron medidas especiales para afrontar esta enfermedad y reducir los altos índices de contagios, entre estas se menciona la disposición de que aquellas actividades que por su naturaleza se pudieran realizar en modalidad de teletrabajo, aplicado esto a los sectores tanto públicos como privados, incluyéndose en esto la función judicial.

Con fecha de 28 de abril de 2020 se dictó en España el RD 16/2020 de medidas procesales y organizativas para hacer frente al COVID-19 en el ámbito de la Administración de Justicia. Se trataba de una norma que pretendía afrontar los efectos derivados de la crisis sanitaria provocada por el COVID19 en el ámbito del sistema de justicia. Entre éstos se halla la acumulación de asuntos que se ha producido durante los más de dos meses de paralización del sistema económico y social, incluyendo aquí el sistema de justicia, por la declaración del Estado de alarma que se decretó en España al igual que prácticamente en el resto de países de Europa a mediados de marzo de 2020[263].

Dadas las implicaciones que provocó la COVID-19 para el desarrollo de las actividades de la sociedad, entre estas las desarrolladas por la función judicial, en virtud de hacer efectivos los derechos, obligaciones, garantías y libertades para la convivencia social, no podía mantenerse paralizada parcial ni mucho menos totalmente la justicia, razón por la cual, el uso de las tecnologías de la información y comunicación se plantearon como una solución para que en el marco de la emergencia sanitaria se llevaran a cabo los diferentes procesos en modalidad telemática, dando continuidad a los diferentes procedimientos judiciales.

---

262. BRIONES, D., *Justicia digital en Ecuador*, 2020. Disponible en: https://derechoecuador.com/justicia-digital-en-ecuador/
263. En este sentido se pronunciaba el apartado I de la Exposición de motivos del RD 16/2020 que señalaba, como fundamento de la norma, lo siguiente: «…la Administración de Justicia debe prepararse, tanto desde el punto de vista de la adopción de los cambios normativos necesarios en las instituciones procesales como desde la perspectiva organizativa, y todo ello con el objetivo de alcanzar una progresiva reactivación del normal funcionamiento de los Juzgados y Tribunales. En efecto, la Administración de Justicia ha sufrido una ralentización significativa como consecuencia de la crisis del COVID-19, por lo que se hace necesario adoptar el presente real decreto-ley que tiene por finalidad, además de otras más concretas, procurar una salida ágil a la acumulación de los procedimientos suspendidos por la declaración del estado de alarma cuando se produzca el levantamiento de la suspensión».

Por otra parte, de acuerdo con CARVAJAL (2021)[264] al convertir la excepción en una regla general, se produce la problemática de hacer habitual la violación del principio procesal de inmediación, debido a que persona procesada no tiene contacto directo con el juez y los demás sujetos procesales sino a través de una pantalla con una grave afectación para sus derechos, justificada en este caso por la pandemia del COVID-19 que ha afectado la administración de justicia, en otras palabras, el Juzgador deberá estar presente con los sujetos procesales en la evacuación de los medios de prueba.

Por su parte CALDERÓN *et al.* (2021)[265] explican que la actuación de los jueces juega un papel primordial para el acceso remoto y sincrónico de las partes al proceso en etapa de juzgamiento, para que en igualdad de condiciones se logren dirimir las controversias de forma dinámica, cumpliendo con los principios de celeridad y oportunidad toda vez que los procesos se agilizan descongestionando las cargas que mantienen las unidades judiciales.

En este sentido de acuerdo con lo explicado por GOICOCHEA (2021)[266] uno de los aspectos que generan dudas con relación a la declaración testimonial a través de la virtualidad, es que el lente de una cámara no permite que los juzgadores aprecien las expresiones corporales de los testigos, lo que limita la valoración del juez sobre la posibilidad de que el testigo o quien esté rindiendo su versión esté mintiendo. Sin embargo, cabe destacar que la psicología del testimonio ha demostrado que una persona por sus propias capacidades no está en condiciones de detectar si una persona miente durante su declaración, pudiendo esta ser mediante medios virtuales o incluso de forma presencial.

Sobre el análisis kinésico que el juez realiza mediante la virtualidad a las personas que estén rindiendo su testimonio, según lo explicado por ARAYA (2020)[267] se ve limitada la ponderación de algunos aspectos conductuales, toda vez que este se refiere al análisis del comportamiento de las partes durante el relato, es decir, se toman en cuenta factores como el lenguaje corporal entre estos los gestos, la captación de la voz, sudoración, forma de observar a quien está dirigiendo el interrogatorio, ritmo de manos o pies, tartamudeo al expre-

264. CARVAJAL, K. L., *Las audiencias telemáticas penales como consecuencia del estado de excepción por Covid-19 y la vulneración al principio de inmediación*, 2021. Disponible en: http://dspace. unach.edu.ec/bitstream/51000/7942/1/5.-TESIS%20Karen%20Lizbeth%20 Cravajal-ING-COM.pdf
265. CALDERÓN, S., TORRES, N., PALOMINO, D. A., ORDÓÑEZ, A. C., VILLACRÉS, M. S., HERERRA, C. A., & ESTÉVEZ, D. F., *La administración de Justicia no se detiene gracias a las audiencias telemáticas.* 2021. Disponible en: https://www.uide.edu.ec/wp-content/uploads/2021/08/ENSAYO-audiencias-telema%CC%81ticas.pdf
266. GOICOCHEA, V., *La psicología del testimonio y los mitos en la virtualidad*, 2021. Disponible en: https://idealex.press/psicologia-del-testimonio-y-los-mitos-en-la-virtualidad/
267. ARAYA, A., *La justicia penal en cuarentena, hacia un sistema basado en la virtualidad*, 2020. Disponible en: https://derecho.usmp.edu.pe/sapere/ediciones/edicion_19/sumario/1_Alfredo_Araya_Vega.pdf

sarse. Razón por la cual, la valoración realizada por el juzgador a través de la virtualidad deberá centrarse en ponderar la credibilidad subjetiva, persistencia en la incriminación y verosimilitud.

Por su parte MORA (2021)[268] refiere que para que el juzgador tenga plena apreciación de un testimonio debe tener en cuenta lo relativo a la naturaleza del objeto percibido, es decir el comportamiento del testigo frente al interrogatorio así como el contrainterrogatorio, la forma de sus respuestas y la personalidad que adopta mientras proporciona su argumento, razón por la cual la virtualidad teóricamente presenta una incompatibilidad con este medio de prueba, debido a que no permite una apreciación real del metalenguaje, como por ejemplo los gestos, ademanes, actitud y comportamientos específicos al declarar, aspectos importantes que se deben tomar en cuenta al momento de establecer la veracidad del relato.

De acuerdo con JUNCO *et al.* (2020)[269] las variables asociadas al entrevistado, que pueden afectar la valoración de la prueba testimonial mediante la virtualidad corresponden a etapa evolutiva, capacidad lenguaje y todos los procesos psicológicos que ponen en juego la capacidad testimonial, toda vez que al ser las TIC un medio no tradicional empleado de forma obligatoria debido a la contingencia actual por la emergencia sanitaria dificulta a los juzgadores e incluso a los psicólogos forenses analizar los testimonios desde sus distintas manifestaciones, entre las que destaca el ámbito gestual, conductual y verbal, aspectos relevantes dentro de la metodología de credibilidad, existiendo una limitación de acceso en la interacción entrevistado/entrevistador al lenguaje no verbal.

Por tanto, si bien la adopción de la virtualidad para el desarrollo de las audiencias en modalidad telemática, evita el represamiento de los procesos judiciales, obedeciendo a los principios de celeridad, economía procesal y debida diligencia; y, procurando además resguardar la salud de los participantes de los procesos de juzgamiento por motivo de la emergencia sanitaria, de acuerdo a los preceptos citados con respecto a la psicología del testimonio, la capacidad del Juez para valorar las expresiones corporales durante la emisión de los testimonios se ve limitada.

Con base a esta la información, se determina que las audiencias telemáticas han sido una herramienta eficaz al órgano de justicia en esta época de pandemia, descongestionando y garantizando la salud de las partes procesales; sin embargo, también es preciso indicar que se ha visto restringido el derecho a la

---

268. MORA, W. A., *Las incidencias de la práctica de la virtualidad en el proceso penal garantista*, 2021. Disponible en: https://repository.eafit.edu.co/bitstream/handle/10784/29917/WilmarAlejandro_MoraRedondo_2021.pdf?sequence=2&isAllowed=y
269. JUNCO, J., HERNÁNDEZ, G., & POVEDA, E. R., Recomendaciones para la praxis pericial/evaluación psicológica en el campo de la Psicología Jurídica y Forense en tiempos de pandemia. *Asociación Latinoamericana de Psicología Jurídica y Forense*, pp. 1-37, 2020. Disponible en: https://psicologiajuridica.org/archives/8560

defensa del procesado en estar presente en dicha diligencia y poder contrarrestar los argumentos de la Fiscalía y de la víctima, esto en virtud de que la calidad de la conectividad así como de los equipos utilizados para acceder a las plataformas en las que se desarrollan las audiencias telemáticas, limita la posibilidad de la defensa y del propio procesado para analizar las pruebas presentadas en su contra y de esta manera se ve restringido en su posibilidad de contradecirlas.

Por ello, considero que se debe plantear una tesis intermedia, donde se pueda establecer qué actos procesales se pueden realizar en forma telemática (teoría o alegato inicial y final) y qué diligencias se pueden realizar de manera presencial (examen, contraexamen de testigos y la exhibición de documentos), para garantizar el principio de contradicción, inmediación, defensa y de igualdad de armas, sin perjuicio de que una vez que se desarrolle toda la prueba, la fase de apertura y fase del debate podría realizarse bajo un tema mixto.

Baste señalar la importancia social y personal que debe concederse a un juicio penal, aunque su objeto se refiera a la más mínima contravención. La justicia penal constituye la pieza angular del sistema socio-jurídico porque tiene por objeto la sanción de aquellas conductas que se consideran en mayor o menor medida contrarias a las reglas esenciales de una sociedad. Es por ello que el acusado es titular de los derechos y garantías propias de esta clase de juicios que huelga aquí exponer con extensión. La primera garantía es el derecho no sólo a ser oído, sino escuchado y todavía más, el derecho a poder comunicarse directamente con su abogado a efectos de su defensa y con el Fiscal y el tribunal a fin de hacerles llegar su relato de hechos. Derecho a una comunicación directa y personal que no puede, obvia y naturalmente, ser sustituida por ninguna clase de sistema tecnológico de comunicaciones. Sigue resultando obvio, pero cuando un Juez o un abogado asiste a la declaración de un investigado o acusado que se lleva a cabo por videoconferencia no está viendo a una persona, sino la imagen y el sonido, la representación de alguien, en una pantalla, con todas las implicaciones psicológicas que ello conlleva[270].

También tiene derecho el acusado a comunicarse con su abogado lo cual resulta imposible de obtener mediante una pantalla. Siendo así, el abogado debería desplazarse al lugar donde estuviere el acusado, probablemente también el Fiscal que debería estar interesado en poder preguntar directamente al acusado en un acto presencial no virtual. Sobre esta cuestión se pronuncia la Guía del CGPJ de 27 de mayo de 2020 advirtiendo de la necesidad de mantener el contacto entre acusado y abogado en el caso de que se hallen en la misma estan-

---

270. Véase también crítica con la regulación del RD 16/2020 respecto a la celebración de los juicios penales JIMENO BULNES, M., «Emergencia judicial ante la crisis sanitaria originada por el COVID-19», *Rights Internacional Spain*, Blog, 11 mayo de 2020.

cia. Proponiendo que, en ese caso, se cuente con la posibilidad de la comunicación telemática entre ambos[271].

El problema consiste en que, aunque se habilitara esa comunicación virtual, el derecho de defensa del acusado resultaría dañado por las limitaciones que ese modo de comunicación presenta. Además, no se acaba de entender de qué forma se va a proveer un canal paralelo de comunicación entre abogado y acusado. MAGRO SERVET se refiere a ello señalando que se debería hacer mediante la posibilidad de solicitar una suspensión de la vista virtual al efecto de poder, también mediante videoconferencia, llevar a cabo la comunicación entre acusado y abogado[272].

Desde mi punto de vista, ciertamente esa posibilidad puede «salvar», aunque difícilmente, ese mínimo contenido que el derecho de defensa debe tener en ese concreto acto del juicio. Ahora bien, desde mi punto de vista, los derechos fundamentales se ejercen, no se solicitan y se espera la concesión por parte del tribunal. No creo, por tanto, que un sistema en el que el acusado no puede interaccionar directamente con su abogado sino a través de una pantalla y que para poder interaccionar con él debe ¿levantar la mano?, para que el tribunal suspenda el juicio y le conceda esa posibilidad. Sinceramente considero que es un procedimiento profundamente injusto para el acusado y atentatorio para sus derechos y por extensión para todo el sistema de justicia.

Con base en todo lo expuesto resulta insólito que nadie pueda considerar que la celebración de juicios por videoconferencia pueda respetar los derechos de los ciudadanos sometidos al proceso penal.

En realidad, el Tribunal Supremo ya abordó esta cuestión en la bien conocida STS 678/2005, de 16 de mayo, en la que se planteaba el recurso interpuesto por los condenados que habían sido juzgados y condenados sin comparecer en la sala de vistas en razón de su peligrosidad. Decía el Tribunal Supremo que conforme razonaba la Audiencia Provincial habría que celebrar todos los juicios orales, al menos aquellos en los que los acusados se encuentran en situación de prisión preventiva, mediante el sistema de videoconferencia, pues al decir de la Audien-

---

271. «En las circunstancias excepcionales en las que el abogado y el acusado no se encuentren en la misma estancia durante la celebración de un juicio penal, el acusado, mientras no preste declaración, deberá contar con la posibilidad de mantener contacto permanente y reservado con su abogado por vía telemática. Igualmente, cuando se den circunstancias excepcionales de alarma sanitaria que aconsejen que un detenido declare desde una dependencia policial sin que el abogado se encuentre físicamente presente, debe procurarse que se adopten las medidas oportunas para que pueda tener lugar la entrevista reservada con el abogado, y que esa reserva es efectiva» (Punto 38 Guía del CGPJ de 27 de mayo de 2020).

272. Se refiere el magistrado MAGRO SERVET a un juicio presidido por él mismo como magistrado en el que se advirtió al acusado de poder utilizar ese modo de comunicación con su abogado. MAGRO SERVET, V., «Hacia el uso habitual de la videoconferencia en las vistas judiciales. Aprovechando las enseñanzas del Coronavirus», en *Diario La Ley*, núm. 9646, 2020, pp. 9-10.

cia Provincial: «todo lo que ofrece esta innovadora fórmula son múltiples ventajas, sin merma alguna de los derechos fundamentales y garantías propios de nuestro enjuiciamiento penal». Sin embargo, continuaba el Tribunal Supremo afirmando: «Pero esto, evidentemente, no es así. No se puede afirmar que en un futuro los juicios no lleguen a celebrarse en todos los casos, utilizando los propios términos del Tribunal *a quo*, en forma «virtual». Sin embargo, hoy por hoy, el principio general es el de que los acusados se encuentren en la Sala, directamente asistidos por sus Letrados. Y hay indudables razones para ello.../
...no puede ignorarse que la proyección de los principios básicos del procedimiento es, en esta materia, diferente según que nos hallemos ante la declaración distante de un testigo o la práctica del informe de un perito, que tan sólo requieren garantizar la exactitud y fiabilidad de la información recibida por el juzgador, así como el sometimiento de su generación a la contradicción de las partes, que cuando estamos ante la participación de los propios acusados, especialmente en el momento cumbre del juicio oral, a los que ha de permitírseles intervenir activamente en el ejercicio de su propio derecho de defensa. Mientras que otros elementos probatorios, como los testimonios y las pericias, tan sólo ofrecen una posición pasiva, que permite la posibilidad de su correcta percepción a pesar de la distancia, el acusado no sólo puede ser «objeto» de prueba, a través del contenido de sus manifestaciones, sino que también representa un papel de «sujeto» activo en la práctica de las actuaciones que se desarrollan en el acto de su propio juicio. Y, para ello, adquiere gran relevancia tanto su presencia física en él, como también la posibilidad constante de comunicación directa con su Letrado que, de otro modo, podría ver seriamente limitadas sus funciones de asesoramiento y asistencia».

En resumen, el Tribunal Supremo rechazó por completo la posibilidad de celebrar juicios penales sin la presencia física del acusado ante el tribunal entre otras cuestiones: «en orden al respeto debido al derecho de Defensa» anulando el juicio y ordenando su repetición. Ciertamente el Tribunal Supremo debería haber ido más allá por cuanto en su sentencia admitía implícitamente la posibilidad de practicar la prueba testifical o pericial de forma virtual. Pero en cualquier caso tan rotunda y clara es esa jurisprudencia que desde 2005 no ha hecho falta dictar una nueva sentencia respecto a esta cuestión porque sencillamente no se ha producido.

No creo que la situación se haya modificado lo más mínimo en cuanto a la prevalencia de los derechos del acusado en el proceso penal, por lo que considero absoluta y totalmente rechazable la posibilidad de celebrar juicios penales virtuales sea cual sea la entidad del delito o la clase del procedimiento, salvo los supuestos específicos de juicios en ausencia por incomparecencia previstos en la Ley. Es por ello, que el nuevo RD Ley ha preservado la facultad de la autoridad judicial para determinar la posible realización de cualquier acto procesal mediante presencia física.

De modo que salvo que pretendamos reinventar nuestra sociedad no cabe duda que, en la nuestra, hoy por hoy, a los ciudadanos se les juzga y eventualmente se les condena por la comisión de algún delito en un acto público, oral, contradictorio e inmediato por el tribunal. Y si resulta que en algún momento no se puede hacer así, por pandemia o lo que fuere, habrá que suspender el señalamiento del juicio para el momento en el que se pueda realizar. Ello sin perjuicio de los supuestos legales absolutamente limitados en los que se puede juzgar en España sin presencia del acusado. Supuestos que, no se olvide, se refieren a acusados que voluntariamente no comparecen en el acto del juicio oral. Porque, finalmente, de lo que se trata es del derecho del acusado a ser juzgado y, en su caso, condenado en la forma constitucional que está prevista sin que puedan aducirse motivos de urgencia, económicos u otros que puedan o deban movernos a actuar de diferente forma. Y llegados a este punto, salvo que demos por finalizada nuestra sociedad ¿no resulta más razonable que sigamos celebrando los juicios respetando los derechos fundamentales en el proceso? A ese fin resulta necesario que los juicios se celebren en la sede judicial en presencia de partes, testigos, peritos y ante el tribunal en un acto solemne de juicio presencial y oral sustanciado con todas las garantías[273].

---

273. Sin embargo, sorprendentemente desde mi punto de vista, MAGRO SERVET se pronuncia absolutamente partidario de extender la posibilidad de celebrar juicios orales penales a cualquier clase de juicio: «sería importante un avance que no limite la celebración del juicio con acusados por videoconferencia a delitos concretos menos graves, sino que se extienda a cualquier clase de juicios, garantizándose debidamente la conexión permanente entre letrado y acusado durante el desarrollo del juicio, por tecnologías que permitan esa conexión directa, por la suspensión momentánea del juicio, como lo exigiría un juicio con presencia física del acusado. Ello evitaría los constantes problemas que surgen hoy en día con los trasladados de presos a los órganos judiciales de enjuiciamiento, las esperas hasta que llegan las conducciones, los riesgos del traslado interno en los edificios judiciales sin instalaciones apropiadas para ello en muchos casos, los peligros de fugas y los riesgos de contagios ahora reseñados por la pandemia del coronavirus, que se disminuyen con la ausencia de esos traslados y el seguimiento del juicio desde un lugar habilitado para declarar desde el centro penitenciario. Ello sería bien recibido, también, desde las Fuerzas y Cuerpos de seguridad del Estado que evitan una actividad a la que le tienen que dedicar mucho tiempo y personal y anulan los riesgos de fugas y contagios». MAGRO SERVET, V., *Hacia el uso habitual de la videoconferencia en las vistas judiciales*, *op. cit.* p. 10. En fin, no puedo compartir en absoluto ni las razones ni los fines esgrimidos por el magistrado. Una última pregunta me asalta ¿también está postulando que se sigan procedimientos virtuales del tribunal del Jurado? Debe ser así ya que se refiere a la extensión de los juicios por videoconferencia a cualquier clase de juicio.

III. PRIVACIDAD Y DERECHO DIGITAL

3.1. EL ABOGADO DIGITAL

Los *chatbots* tienen su origen en 1950 cuando el científico Alan Turing desarrolló un experimento, el denominado *test de Turing*[274], que tenía la finalidad de comprobar si un ordenador podía convencer de que es humano a un interlocutor durante una conversación. Hasta ahora, sólo el robot llamado Eugene Goostman[275] ha logrado superar el complejo examen del matemático británico, sin embargo, esto no probó el avance tecnológico que se esperaba, ya que tiempo después se descubrió que este robot con capacidad de habla fue diseñado, específicamente, para vencer el test.

Años más tarde, Joseph Weizenbaum creó un programa, *Eliza*, capaz de reconocer palabras clave en el texto que escribía el usuario, y respondiendo con otra oración. Sin embargo, su principal problema surgía cuando no era capaz de reconocer una palabra clave, puesto que, contestaba con frases genéricas o con algún comentario anterior.

En la actualidad, y especialmente con la explosión del aprendizaje automático y el procesamiento de lenguaje natural, se está consiguiendo crear chatbots eficaces y útiles para los usuarios, mejorar su precisión y capacidad de respuesta personalizada. Hoy los *Chatbots* están por todos lados y, en esta revolución tecnológica en la que estamos inmersos, son una de las tecnologías que más expectativas está generando. El sector legal del mundo anglosajón va un paso por delante. El ejemplo más emblemático lo tenemos en *DoNotPay*, que se autoproclama el «primer robot-abogado del mundo», pero no es el único, ni mucho menos. Proliferan los ejemplos en el sector legal, pero son solo una muestra de lo que está por venir porque, sin duda, hablaremos de *Chabots* durante muchos años más.

Los *Chatbots* no son magia, sino ciencia. Los chatbots están programados para interpretar el contexto de la conversación y responder a nuestras preguntas gracias a determinadas herramientas de la *Inteligencia Artificial como es el Pro-*

---

274. El Test de Turing consiste en un método para determinar si una máquina puede pensar. Su desarrollo se basa en el famoso juego de la imitación. En términos simples, consiste en substituir a una persona —hombre o mujer— en un diálogo de interacción e interrogantes entre 3 personas. Así las cosas, una de las partes dejaría de ser una persona de carne y hueso para colocar en la fórmula a una máquina operada bajo la modalidad de la Inteligencia Artificial. El Test pretende determinar la habilidad de la máquina para confundir al interrogador y desconocer si el rol que está jugando la máquina es el de hombre o mujer; sin importar los mecanismos que hubo empleado la máquina, entonces, la habilidad para imitar a un hombre o mujer, según el papel asignado en la conversación, son la base determinante, para considerar si una máquina «puede pensar».
275. FRESNEDA, C., «Un ordenador logra superar por primera vez el test de Turing», *El Mundo*, 10 de junio de 2014. Publicado en el periódico español en línea a través del vínculo http://www.elmundo.es/ciencia/2014/06/09/539589ee268e3e096c8b4584.html

cesamiento del Lenguaje Natural (PNL), que les permite entendernos y que es la combinación de algoritmos planteados con el propósito de crear máquinas que presenten las mismas capacidades que el ser humano, o el *Machine Learning*, es una disciplina del campo de la Inteligencia Artificial que, a través de algoritmos, *dota a los ordenadores de la capacidad de identificar patrones en datos masivos para hacer predicciones*. Este aprendizaje permite a los computadores realizar tareas específicas de forma autónoma, es decir, sin necesidad de ser programados y con el que son capaces de aprender automáticamente de cada una de sus interacciones. Una tecnología que todavía nos resulta lejana y misteriosa, pero que desde hace unos años está presente en nuestro día a día a todas horas.

En función del uso que hagan de dichas herramientas, *los Chatbots pueden ser de tres tipos:*

- Lineal. Están basados en una arquitectura tipo árbol de decisiones y son poco inteligentes. Su flujo de respuestas está determinado por un encadenamiento de etapas de carácter lineal, por lo que *no establecen una conversación fluida* sino respuestas automáticas.

- No lineal. Gracias al Machine Learning y al PNL *son capaces de interpretar las intenciones del usuario y el contexto de la conversación* para responder de manera precisa. Si un usuario hace una petición, el *bot* la comprenderá y le devolverá unas opciones ajustadas a su requerimiento.

- Híbrido. Una combinación de ambos que posibilita mantener una conversación fluida y personalizada con el usuario. Si el *chatbot* no sabe responder una pregunta, avisa inmediatamente a un agente humano para integrar la respuesta que este le dé en su base de datos.

A partir de ese momento, han surgido una gran variedad de asistentes virtuales como Google Assistant; Alexa, de Amazon, Cortana, de Microsoft y Bixby, de Samsung, como los más populares. Para las empresas, el uso de un asistente virtual les ayuda a atender las preguntas más frecuentes de un producto o servicio, o bien para realizar operaciones simples sin la necesidad de intervención de una persona.

La ventaja competitiva de los chatbots radica en que *pueden cumplir diversas funciones y ayudar a las empresas a alcanzar sus objetivos*. Algunas de sus funciones pueden ser tan básicas como responder solicitudes sencillas, pero también son capaces de cerrar ventas, hacer sugerencias de compra personalizadas y hasta fungir como asistentes financieros virtuales.

Cada vez son más los consumidores que demandan empresas con *disponibilidad 24 horas* y que atiendan sus solicitudes en el menor tiempo posible y de manera eficaz. Hoy esto es posible gracias a los *chatbots*.

Así pues, el 2020 ha sido una gran prueba para estos asistentes virtuales inteligentes, ya que el *confinamiento provocado por la pandemia de COVID-19* ocasionó que miles de empresas alrededor del mundo enfocaran sus esfuerzos en el ámbito digital. En la actualidad, *comprender al cliente de manera individual y personalizada* es clave para el desarrollo de las empresas, pero para lograr este cometido es necesario analizar un gran volumen de datos y tomar decisiones con base en las estimaciones predictivas, actividad que también es posible con ayuda de un *chatbot*. En ese sentido, *las predicciones de los chatbots tienen la característica de ser más acertadas*, de acuerdo con el número de interacciones. Lo anterior quiere decir que *entre más interactúe un asistente virtual, mayor será el volumen de datos que analiza, lo que ayuda a que sus respuestas sean más exactas.*

En tal sentido, los efectos requieren de un acertado equilibrio. No hay área en los servicios jurídicos que no se vea impactada por esta disrupción tecnológica, sea aquella el ejercicio de la abogacía por cuenta propia, como miembro de un despacho o asesoría jurídica, o, para el resto de las profesiones jurídicas, como por ejemplo los servicios de la Justicia. Asimismo, el impacto de los servicios *Legal Tech* en la investigación, el empleo, la formación jurídica y en las funciones registrales y notariales. No menos importante es el análisis del impacto del uso de la tecnología en la rentabilidad de las firmas legales.

DoNotPay fue creado por el programador Joshua Browder, un empresario británico-estadounidense de 22 años. En sus orígenes se utilizaba para invalidar multas de tráfico, ayudando a sus usuarios a llevar a cabo las actuaciones pertinentes y ahorrándoles millones de libras en el proceso. En la actualidad, los usuarios que necesitan ayuda tan solo tienen que acceder a la página web de *DoNotPay*[276] y escribir su problema en la barra de búsqueda. El programa es capaz de hacer preguntas al usuario y ofrecer sugerencias de ayuda dependiendo de su localización (Reino Unido, Nueva York, Los Ángeles, San Francisco, Chicago, Houston, Filadelfia, San Jose y Oakland inicialmente, ahora ya casi en todo EE.UU.). Además, es capaz de ayudar a redactar algunos formularios y documentos legales sobre varios asuntos jurídicos (por ejemplo, el *hackeo* de la compañía *Equifax*[277]).

Del mismo modo, los usuarios pueden acceder a otros servicios, como por ejemplo el rastreo de *billetes de avión* una vez adquiridos para detectar cambios en su precio y reclamar un reembolso de la diferencia. *DoNotPay* también verifica los *precios de hoteles* más bajos de las cinco cadenas hoteleras más relevantes

---

276. Sitio Web: https://donotpay.com/
277. *DoNotPay* ayudó a presentar 25.000 demandas contra la compañía *Equifax*, agencia de informes de crédito al consumidor, después de que una brecha de datos expusiera los datos personales que la firma tenía sobre decenas de millones de estadounidenses. Sitio Web: https://www.theverge.com/2017/9/11/16290730/equifax-chatbots-ai-joshua-brow-der-security-breach

(*Hilton, Intercontinental, Hyatt, Marriott y Best Western*) para encontrar la opción más económica para el usuario. En resumen, *DoNotPay* es una herramienta que ofrece asistencia legal gratuita y automatizada (y ahora que tiene app propia en EE.UU.), y se espera que llegue pronto a Europa y América.

De esta manera, en el centro del debate, tenemos como punto más ambicioso a nivel legislativo en nuestros países la necesidad de un *Código de ética sobre robots*, basada en la relación humano-máquina. Líneas de conducta para humanos y robots, encaminadas a la protección de ambos. Esto, sumado a otros conceptos, como lo son las regulaciones que pueden afectar al trabajo humano, con tipos de impuestos a los sistemas para cubrir el déficit fiscal y afrontar eficientemente la asistencia social. En tanto, a un nivel más bajo y probablemente con una resolución próxima, las normas que introduzcan en un marco jurídico a los vehículos autónomos, que ya son una realidad ineludible.

La inteligencia artificial va a cambiar severamente la forma de trabajo de los abogados/as. A partir de ahora su día a día —cada vez más— estará compuesto por el uso de modelos predictivos que transformarán la estimación legal sobre el resultado de un caso de una hipótesis jurídica puramente especulativa a una conjetura científica y algorítmicamente testada.

El abogado/a empezará a acostumbrarse a trabajar en un entorno de procesos legales algorítmicos. Esto significa que dedicará su tiempo, fundamentalmente, al diseño de la estrategia legal para la resolución de problemas jurídicos complejos antes que a tareas repetitivas y mecánicas. Ya no pasará más horas investigando y buscando jurisprudencia en la biblioteca —en realidad ya no lo hacía desde que aparecieron las bases de datos de jurisprudencia— puesto que ahora posee herramientas tecnológicas de investigación y análisis que no solo le proporcionarán una lista de cientos de «casos» que ya no tendrá que leer y comprender como casos «aislados» sino como partes de un todo integrado donde podrá ver patrones y tendencias.

Ese abogado/a no necesitará leer expedientes judiciales completos porque una serie de algoritmos y la tecnología del *machine learning* podrán leerlos y procesarlos en segundos ofreciéndole las «claves» que necesita para entende el problema. Ahora podrá revisar un documento de mil páginas en minutos y gracias al uso de la inteligencia artificial podrá dirigirse a los datos precisos y adoptar decisiones adecuadas.

Ese nuevo abogado/a tampoco tendrá que redactar extensos recursos de apelación tratando de convencer al magistrado de segunda instancia que revoque la sentencia del juez de primera instancia, ya que ahora podrá predecir resultados con un alto grado de acierto y tomar decisiones mejor informadas. Ello le permitirá ir al grano en sus escritos y así evitar marear al juzgador. En otras palabras, el nuevo abogado/a conocerá las probabilidades estadísticas de ganar un caso y también sabrá cómo aumentar matemáticamente dichas probabilidades.

Por otro lado, ese abogado usará reconocimiento de patrones para la negociación, el diseño y la interpretación de contratos y demás transacciones legales lo que le ayudará a gestionar mejor sus operaciones mercantiles. Dicho letrado podrá predecir también cuándo una parte tiene más probabilidades de incumplir un contrato y adivinar el tipo de incumplimiento. Antes que ser un escribano glorificado, un redactor impecable y un traficante de papel muy bien pagado, el nuevo abogado de empresas será ante todo un estratega de alto nivel.

Ese abogado/a tendrá el acierto de analizar todos los modelos de IA que le sean útiles de aplicar en el sector legal, así como otros desarrollos tecnológicos de vanguardia que también representan dicha disrupción, como el *Blockchain*, el *Fin Tech* o los *Smart Contracts* y sus implicaciones prácticas como profesionales jurídicos y como sus usuarios.

La inteligencia artificial, fuertemente desarrollada desde la robótica y las redes neuronales, en especial con los métodos de *deep learning*, está empezando a ganar lugar en la agenda legislativa de los países más poderosos. Vehículos inteligentes, que tomarán decisiones en nuestras calles y rutas parece ser un llamado de atención a que rápidamente debemos sentarnos seriamente a reformular algunas cosas desde la visión del derecho.

Por lo tanto, es necesario determinar que los seres humanos tenemos nuestros propios derechos y los robots deberán tener los suyos. Enfocándose en su elaboración, en la interacción con los seres vivos y atenuando los efectos adversos de su llegada a la sociedad. Mientras que el hombre, como especie, también necesita ser protegido, desde su fuente de trabajo, hasta la forma en la que desempeña su vida.

Finalmente, nada cambiará sino cambiamos la manera de razonar el Derecho, con esquemas mentales y prismas más propios de las ciencias de la computación usando sobre todo el *Legal Thinking*. En el marco de un clima de zozobra y cierto desconocimiento por el impacto de la digitación en nuestros trabajos, funciones, destrezas, y modelos de negocios, por citar algunos, se presenta un faro que arroja luz sobre ellos y nos orienta a un desembarco seguro. Es un llamado de atención para las facultades de Derecho para transformar el cómo enseñamos el Derecho, así como para los profesionales de Recursos Humanos en el área legal en la contratación, desarrollo y retención de talento. Pero probablemente lo más importante es el llamado a cambiar nuestros arquetipos mentales, y enfrentar el presente y el futuro con pragmatismo, estrategia y anticipando el cambio, capitalizando las oportunidades que la tecnología nos ofrece para acometer con éxito la transformación que nuestra profesión requiere en este Siglo XXI. De esta manera, complementaremos nuestro criterio jurídico, pensamiento estratégico, empatía, y emociones como abogados-personas, con la automatización de tareas y tratamiento exhaustivo de datos que nos ofrece la *Legal Tech*, convirtiendo nuestro trabajo en uno de naturaleza más intelectual y de mayor valor añadido.

¡No ser solo un abogado o abogada digital, ni tampoco un cyber jurista; sino ser un abogado y abogada de los nuevos tiempos usando a los *chatbots* como complemento en la automatización que implicará la necesaria transformación del sector legal!

3.2. DERECHO A LA IDENTIDAD DIGITAL

3.2.1. El derecho la identidad y los derechos de la personalidad

La identidad digital constituye la última manifestación de la identidad, género del que trae causa. Las nuevas tecnologías nos obligarán a «repensar» instituciones jurídicas, por las consecuencias que tendrá su uso en las relaciones humanas, y esta labor de reconsideración será de tal profundidad que es altamente probable que el régimen jurídico de alguna o algunas instituciones jurídicas tenga que verse modificado. Un ejemplo de esto se puede encontrar en el caso español acaecido en Huelva, en el que el Auto judicial[278] que obligaba a la menor a tener contacto con su padre por *Whatsapp* fue recurrido por la defensa de este. En el recurso se alegó que una medida de ese tipo puede terminar surtiendo efectos negativos en la relación personal que el padre mantenía con su hija, bien «jurídicos» (se temía que la imposición de los nuevos contactos diarios *on line* pudiera propiciar que la madre solicitara una modificación del régimen de custodia), bien de facto (porque, según se indica, con resoluciones de este tipo se envía el mensaje equivocado a los hijos de padres divorciados de que no es necesario ver personalmente a los padres con quienes no se convive —por ser sustituibles los contactos personales por contactos virtuales—, así como que no es necesario cumplir íntegramente lo establecido en las sentencias de separación y divorcio, singularmente lo relativo al régimen de visitas establecido en ellas, sino que con un *Whatsapp* a la semana es suficiente).

Mientras que el TEDH fundamenta jurídicamente el derecho a la identidad en el derecho a la vida privada y familiar que se proclama en el artículo 8 del Convenio de protección de Derechos y Libertades Fundamentales de 1999[279], la doctrina española que lo ha estudiado se inclina por hacerlo en la dignidad de la persona y en el derecho al libre desarrollo de la personalidad que se consagran

---

278. AUTO del Juzgado de Primera Instancia núm. 7 de Huelva, de 15 de mayo de 2018 (2012, 2017).
279. Así hace en las mencionadas sentencias caso Mennesson *vs.* France (núm. 65192/11) y caso Labassee *vs.* France (núm. 65941/11), de 26 de junio de 2014, en las que se resuelven dos casos de maternidad subrogada. Otras sentencias significativas del TEDH sobre maternidad subrogada han sido caso Paradiso y Campanelli *vs.* Italia, de 27 enero 2015; y casos Foulon *vs.* France (núm. 9063/14) y Bouvet *vs.* France (núm. 10410/14), de 21 de julio de 2016.

en el artículo 10 CE, siguiendo de este modo el criterio mantenido por los autores de derecho comparado[280]. En atención a la visión que sobre la dignidad de la persona muestra el Tribunal Constitucional en la STC 53/1985, de 11 de abril, donde se dice que «la dignidad es un valor jurídico fundamental... reconocido en el artículo 10 como germen o núcleo de derechos que le son inherentes», la identidad debe configurarse como uno de los derechos inherentes al núcleo de la dignidad. La dignidad personal, continúa aclarando la sentencia, debe entenderse como un «valor espiritual y moral inherente a la persona, que se manifiesta singularmente en la autodeterminación consciente y responsable de la propia vida y que lleva consigo la pretensión al respeto por parte de los demás». Estas palabras que, como puede verse, están referidas a la dignidad, podrían reproducirse igualmente para la identidad.

La principal razón que puede justificar el reconocimiento del derecho a la identidad es el desarrollo constante que experimentan las nuevas tecnologías y, en concreto, que con ellas (especialmente, Internet) resulte relativamente fácil vulnerar la identidad de la persona. Las tecnologías actuales posibilitan que con una sola acción sea relativamente sencillo vulnerar una pluralidad de signos o rasgos de la identidad de las personas. Piénsese, por ejemplo, en lo fácil que puede resultar hoy día «construir» en Internet la identidad de una persona que no se corresponda efectivamente con la auténtica y original, adjudicándole una fotografía falsa, atribuyéndole un sexo o una ideología que no es la suya, o una filiación diferente.

---

280. *Vid.* Benavente Moreda (2013, p. 107) o Gete-Alonso y Calera (2017, p. 662). Con respecto al derecho comparado pueden verse: Eguiguren Praeli (*RIEV*, 2015, p. 301), Fernández Sessarego (1997, p. 245) o Tortajada Chardí (2018, p. 474). A este respecto, apunta Finocchiaro (2010, p. 723) que «no puede existir tutela de la identidad personal sin tutela de la dignidad».
La jurisprudencia italiana, sin duda alguna la que más lejos ha llegado hasta el momento en el desarrollo del derecho a la identidad (hasta el punto de que ZENO-ZEN-COVICH, 1993, p. 13, habla de «sedimentación jurisprudencial»), lo fundamenta en el artículo 2 de la Constitución Italiana, en el que, a modo de cláusula abierta, se consagra la protección de todos los derechos inviolables del hombre por medio de los cuales desarrolla su personalidad (*Vid.* en este sentido la sentencia de la Corte de Casación de 22 de junio de 1985, n. 3769 —publicada en *Il Foro Italiano*, Vol. 108, Núm. 9, septiembre 1985, pp. 2211-2218—; las *ordinanza* —son dos— del Pretor de Roma de 2 de mayo de 1980 —publicadas en *Il Foro Italiano*, Vol. 103, Parte Prima: Giurisprudenza Costituzionale e Civile, 1980, pp. 2045 ss.—; la sentencia del Tribunal de Milán de 19 de junio de 1980 —publicada en *Giurisprudenza Italiana*, 1981, 2, pp. 373 ss.— o la *ordinanza* del Pretor de Varese de 22 de enero de 1986 —publicada en *Il diritto dell'informazione e dell'informatica*, 1986, pp. 553 ss.—). Señala Ponzanelli (*GI*, 1981, p. 379) en el comentario a la sentencia del Tribunal de Milán de 19 de junio de 1980 que, concebido el artículo 2 de la Constitución Italiana como una regla abierta o cláusula general, el derecho a la identidad personal se incluye entre los derechos individuales garantizados y protegidos no solo en el contexto de las relaciones que mantenga el individuo con el Estado, sino también en las relaciones que mantengan los individuos entre sí y con su comunidad y en las que se manifieste su personalidad. La doctrina italiana sigue esta misma línea de fundamentación como puede verse en Bocchini y Quadri (2014, p. 302) o Dogliotti (GI, 1981. p. 150).

Negar la necesidad del reconocimiento del derecho a la identidad, por contemplarse ya en el ordenamiento jurídico otros derechos que ofrecen protección frente a vulneraciones concretas de alguno de los signos o rasgos que la componen, ha podido servir de justificación hasta los tiempos actuales, por la alta dificultad material que ha existido hasta ahora para vulnerar de un modo general todo un conjunto de signos o rasgos de la persona (mientras no había Internet). Sin embargo, con el permanente desarrollo que han experimentado y están experimentando las nuevas tecnologías, que facilitan sin medida que puedan llevarse a efecto vulneraciones globales de una pluralidad de esos signos o rasgos, es causa justificadora suficiente para que lo que antes no era estrictamente necesario ahora sí lo sea.

La «presencia» del ser humano en Internet y, en general, el desarrollo de las nuevas tecnologías son fenómenos ya firmemente consolidados y, como señala LÓPEZ JACOISTE, desde que un fenómeno nuevo alcanza relieve diferenciado y propio se sientan las bases para el reconocimiento de un derecho de la personalidad de nuevo nombre, de renovada referencia[281]. Corolario de lo anterior, el derecho a la identidad debe concebirse como un derecho innato e inherente de la persona, personalísimo, con eficacia *erga omnes*, no susceptible de transmisión o renuncia, no sujeto a prescripción y que está fuera del comercio de los hombres.

3.2.2. Identidad e identificación

Con relativa frecuencia se encuentran textos o documentos de distinta naturaleza, jurídicos y no jurídicos, que emplean como sinónimos los términos «identidad» e «identificación». Sin ir más lejos, y más allá de que esto sea hoy día práctica habitual en los medios de comunicación y en Internet, la LRC utiliza precisamente el término identidad a lo largo de su articulado como sinónimo de identificación[282]. El origen de esta confusión en el ámbito jurídico (en general, no solo referido a la LRC) reside, a nuestro modo de ver, en el hecho de que

---

281. Cuando nuevas circunstancias surgen en la vida y se consolidan, según López Jacoiste (*ADC*, 1986, pp. 1071 ss.), es la jurisprudencia, probablemente, el primer cauce que viene a declarar y hacer patente su carácter jurídico. Lo efectúa a base de recalcar y hacer explícita un área o un componente de la dignidad del ser humano hasta entonces solo implícita, latente por no discutida, pero consustancial y propia de un nivel de respeto que a todos debe reconocerse. Posteriormente, quizá se añada al reconocimiento jurisprudencial la atención legislativa. Cometido de política jurídica propio de la ley habrá de ser, en su caso, señalar el rango, puntualizar el tratamiento y orientar los perfiles del derecho de que se trate.

282. *Vid.* GETE-ALONSO Y CALERA, 2018, *op. cit.*, p. 34. Apunta acertadamente esta autora que, aunque en una primera lectura de esta ley pueda parecer que el legislador utiliza el término identidad en su sentido propio, sin embargo, dada la función del Registro, y sobre todo su finalidad de dar cumplido y acertado reflejo de la persona y de sus condiciones particulares (con relevancia jurídica/oficial), un análisis más detenido lleva a concluir que a lo que verdaderamente pretende aludir es a la identificación de la persona. En el Derecho francés también ocurre algo parecido, como puede comprobarse en la LOI n° 2016-1321, du 7 octobre 2016, pour une République numérique.

algunos signos, rasgos o referencias de la persona (como el nombre, filiación, nacimiento —lugar, fecha y hora—, sexo, etc.), al mismo tiempo que integran la identidad de la persona, cumplen en el tráfico jurídico la función de servir de medio de identificación[283].

Aun admitiendo como punto de partida que la confusión entre identidad e identificación es la realidad más extendida actualmente, en sentido estrictamente jurídico la identidad y la identificación aluden a realidades distintas. Identidad e identificación se distinguen, en primer lugar, por la diferente función que una y otra figura desempeñan en el Derecho. Mientras que la identidad es el término que se reserva para aludir a los signos o rasgos que, por ser consustanciales al individuo, lo caracterizan dentro de la comunidad a los efectos de que pueda afirmarse en la vida en un ejercicio de autodeterminación, la identificación consiste sencillamente en la comprobación de la veracidad de los signos o rasgos que representan de manera única a una persona. A tales efectos, la identificación persigue la individualización y distinción oficial de la persona en el tráfico jurídico a partir de la comprobación de datos que son estrictamente consustanciales a ella[284].

Nos encontramos así ante conceptos que actúan en planos distintos. La identidad actúa en el plano de permitir o sustentar el desarrollo de la personalidad del individuo, de vivir conforme a lo que piensa y siente, mientras que la identificación se reserva (aunque no exclusivamente) para actuar en el plano administrativo, con la finalidad de individualizar a la persona dentro del grupo.

En segundo lugar, identidad e identificación se diferencian igualmente por el distinto número de signos o rasgos de la persona con los que se vinculan, que es mayor en el caso de la identidad que en el de la identificación. Siendo el total de los signos o rasgos consustanciales al individuo los que conforman su identidad, solo algunos de ellos sirven como medio de identificación (necesariamente aquellos que no mutan con el paso del tiempo o que, como el físico, aun mutando, son fácilmente reconocibles). A pesar de que tanto el concepto de identidad como el de identificación están vinculados a signos o rasgos de la persona, a la identidad debe reconocérsele un contenido mayor que a la identifica-

---

283. Para GETE-ALONSO Y CALERA, 2018, *op. cit.*, p. 34, el hecho de que el punto de partida en la identificación sea la realidad biológica hace que la identidad y la identificación estén necesariamente imbricadas, en la medida en que el desiderátum perseguido es que tenga lugar la exacta correspondencia entre una (identidad) y otra (identificación), cuando menos en lo que se refiere a los datos relevantes.

284. GETE-ALONSO Y CALERA, 2018, *op. cit.*, p. 34, apunta que el Registro civil, por la finalidad que cumple de dar reflejo de la persona y de sus condiciones particulares, desempeña una función especialmente importante en lo relativo a la identificación de las personas, añadiendo seguidamente que, de entre todos los datos que se enumeran en el artículo 4 LRC como hechos y actos inscribibles en el Registro Civil, aquellos que tienen la calidad de identificar a la persona son el nombre y los apellidos (y sus cambios), el sexo (y el cambio de sexo), la nacionalidad y la vecindad civil.

ción, pues aquella, junto a los signos o rasgos de la persona que permanecen inmutables con el paso del tiempo, incluye otros que sí admiten variación como, por ejemplo, las ideas, creencias, opiniones, etc. A tales efectos, el reconocimiento por parte de la doctrina y de la jurisprudencia de la identidad intelectual o moral (ideal) como una de las clases de identidad ha devenido un factor importante para la distinción entre la identidad y la identificación.

La distinción entre identidad e identificación que debe establecerse en el entorno físico o real ha de trasladarse también al entorno digital, lo que lleva a distinguir entre «identidad digital» e «identificación digital o electrónica». La identidad digital alude al conjunto de signos o rasgos («atributos») de una persona que son consustanciales a ella de una manera inequívoca en el entorno digital y que permiten diferenciarla de los demás. La identificación digital, también llamada «electrónica», está referida al proceso de comprobación de la veracidad de los datos que representan de manera única a una persona y que en el entorno virtual se viene denominando también «autenticación». Como se ha señalado por la propia Comisión Europea, la identificación electrónica constituye hoy un elemento clave para la prestación de cualquier servicio electrónico.

A diferencia de lo que ocurre en el entorno real, donde los signos o rasgos que se utilizan para identificar a la persona en muchas ocasiones son los propiamente físicos del individuo, en el entorno digital el procedimiento de identificación electrónica que más rápidamente se ha extendido es el basado en datos alfanuméricos (p. ej., la introducción de un usuario y contraseña, el número de una tarjeta de crédito o débito, etc.). Estos signos de identificación electrónica se han revelado útiles mientras el desarrollo de la tecnología no ha permitido de una manera más o menos sencilla la llamada «suplantación de la identidad»[285], sin embargo, en los últimos años, en los que el desarrollo tecnológico sí ha posibilitado formas más o menos sencillas de acceder a contraseñas o números de tarjetas, estamos asistiendo a un cambio en lo que respecta a los medios de identificación electrónica de la persona y se está pasando a utilizar medios basados en soluciones biométricas (como, por ejemplo, el uso de la geometría de la huella o del iris del ojo)[286].

---

285. Asunto este que, sin duda alguna, se revela como uno de los principales problemas de las nuevas tecnologías. Ésta es la razón por la que la Carta de Derechos Digitales reserva el tercero de los párrafos en el que se refiere a la identidad en el entorno digital para indicar que «se establecerán las garantías necesarias que permitan la verificación segura de la identidad en el entorno digital con la finalidad de evitar manipulaciones, suplantaciones o control de la misma por parte de terceros».

286. En el entorno digital, a su vez, habrá que diferenciar entre medios oficiales de identificación de las personas (p. ej., certificado electrónico o un correo electrónico oficial) de otros medios de identificación que carecen de oficialidad (como, por ejemplo, el perfil que se crea en una red social o un usuario y contraseña). La diferenciar entre unos y otros es clara, ya que, mientras que los medios de identificación oficiales garantizan en la red que una persona es quien dice ser que es o, al menos, gozan del privilegio de partir de esa presunción *iuris tantum*, los otros no pueden garantizarlo, ni para ellos cabe la aplicación del tal presunción.

3.2.3. Retos que plantea la identidad digital

En tal sentido, el primero de los retos que debe mencionarse es el llamado «robo de la identidad digital», consistente en que alguien se hace pasar por otra persona en el entorno digital, bien accediendo directamente al perfil que esta utiliza en la red (p. ej., mediante la sustracción de la clave de acceso a la cuenta de usuario), bien creando un perfil falso que se corresponda con los datos de identificación de esa otra persona[287]. Aunque en el Código Penal (en adelante, CP) no está tipificado el delito de robo de identidad digital, la suplantación de identidad que con ello acontece puede ser constitutiva de otros delitos que sí están tipificados, como, por ejemplo, el de usurpación del estado civil (si la suplantación se realiza, por ejemplo, con la finalidad de ejercitar derechos o acciones de los que es titular la persona suplantada —art. 401 CP—) [288].

---

287. El robo de identidad digital debe entenderse como una consecuencia natural de la implantación y uso de las nuevas tecnologías. Con independencia de los beneficios que reportan las nuevas tecnologías, su uso no está exento de riesgos o peligros para la dignidad humana, como puede verse en GRIMALT SERVERA, 2017, pp. 1-6. Como señala este autor, a través de las redes sociales se pueden llevar a cabo conductas dañinas contra el patrimonio, contra la propiedad intelectual y contra la dignidad humana, que es, a nuestro juicio, donde encuentra ubicación el robo de la identidad digital y, en general, la vulneración de la identidad de la persona. Así, y a modo de ejemplo, sobre los riesgos que entrañan las nuevas tecnologías para los menores de edad en concreto puede verse BATUECAS CALETRÍO, *EDP*, 2021, pp. 1213-1257.

288. A diferencia de España, el delito de robo de identidad digital sí está tipificado en otros países como, por ejemplo, Francia (art. 226-4-1 de su Código Penal, con pena de un año de prisión y 15.000 € de multa), Reino Unido (Malicious Communications Act de 1988 c.27), Argentina, que en la actualidad está tramitando una modificación de su Código Penal a fin de incorporar un nuevo artículo 139 ter en el que se tipifica la «usurpación de identidad digital» o Colombia (Título VII del Código Penal, donde se regula la «Suplantación de Sitios web para Capturar Datos Personales»).
 Con respecto a España, véase el muy clarificador Auto del Tribunal Supremo 9201/2017, de 20 de septiembre de 2017 (JUR 2017, 250769) y cómo en él se indica que la mera suplantación de la identidad de otro no es constitutiva *per se* para calificar jurídicamente la suplantación como usurpación de identidad (art. 401 CP), sino que se exige que la suplantación se haga con ánimo de ejercitar derechos o acciones propias del suplantado. En concreto, se señala en este Auto que «...la utilización del nombre y los documentos de otra persona o el fingir la identidad de otro son engaños y posiblemente hábiles para integrar ese elemento típico de la estafa, pero no integran *per se* el delito de usurpación del estado civil. La acción típica de este delito que regula el artículo 401 del CP implica suplantar o atribuirse la personalidad ajena. El autor se subroga en la posición civil de otra persona con posibilidad de disfrutar y ejercer sus derechos y acciones. Ya algunas resoluciones de esta Sala (15 de diciembre de 1982) acudieron a la acepción gramatical de usurpar: quitar a uno lo suyo, y también, a su acepción más amplia de arrogarse la dignidad, empleo u oficio de otro, esto es, fingir su personalidad para usar de los derechos que le pertenecen La Sentencia 331/2012 de 4 de mayo se sigue esta misma línea identificando a estos efectos la usurpación del estado civil con el «arrogarse la dignidad, empleo u oficio de otro, y usarlos como si fueran propios».

Con independencia de lo anterior, la acción concreta que realice el suplantador desde el perfil del tercero suplantado o con el *nick* falso de este último será un elemento a tener en cuenta para valorar si la conducta es constitutiva de delito o no lo es (p. ej. una estafa), así como para que, caso de que lo sea, determinar su calificación jurídica. En este orden de ideas, por ejemplo, no se considerará delito la mera creación de un perfil falso en Internet donde el suplantador se ha limitado a introducir un nombre y apellidos que, no siendo los suyos propios, coinciden con los de otra persona (sin incluir ningún dato personal más del suplantado, como su dirección, fotografía, etc.) y cuando la acción no va más allá de la estricta creación del perfil, sin llegar a operar con él.

A diferencia de lo anterior, sí constituirá delito de usurpación de estado civil la suplantación de la identidad de otra persona en Internet con el propósito, por ejemplo, de ejercitar derechos o acciones de los que es titular la persona suplantada. Si el suplantador se sirve de la captura de claves o contraseñas (p. ej., del correo electrónico o de una red social), el delito de usurpación de estado civil concurrirá en concurso real o medial con el delito de revelación de secretos (art. 197 CP) y si, por ejemplo, el suplantador utiliza el perfil falso del tercero para imputarle falsamente un delito, además de lo anterior, se produciría un concurso real o medial con el delito de calumnia (art. 205 CP).

El segundo reto que parece planteará el desarrollo tecnológico para la identidad (pues este, a diferenciar del anterior, está por llegar) tiene que ver con el reconocimiento de identidad a «entidades» distintas de la persona física y de la persona jurídica. Para entender lo que aquí se pretende decir conviene partir de una remisión al documento del Grupo de Trabajo IV (Comercio Electrónico) de la Comisión de las Naciones Unidas para el Derecho Mercantil Internacional «Cuestiones jurídicas relacionadas con la gestión de la identidad y los servicios de confianza», cuya finalidad es definir términos relacionados con la llamada «gestión de la identidad» y los servicios de confianza, a fin de que sirva de referencia para el desarrollo de ulteriores trabajos en este campo. Este documento comienza definiendo la identidad como: «a) un conjunto de atributos relativos a una entidad; b) información acerca de un sujeto concreto en forma de uno o más

---

Los anteriores de 23 de mayo de 1986 y 26 de marzo de 1991 indican que «no basta una suplantación momentánea y parcial, pues es preciso continuidad y persistente en la asunción de la totalidad de la personalidad ajena con ejercicio de sus derechos y acciones dentro de su estatus familiar y social. De ello deriva la exigencia de una permanencia de la conducta como corresponde al propósito y acción plena de sustitución de la personalidad global y derechos del afectado...». Así lo reconoce la Sentencia 1045/2011, de 14 de octubre que, citando la 635/2009, de 15 de junio, declara que «...no basta con usar un nombre y apellidos de otra persona, sino que es necesario hacer algo que solo puede hacer esa persona por las facultades, derechos y obligaciones que a ella corresponden...por lo que exige una cierta permanencia y es ínsito al propósito de usurpación plena de la personalidad global del afectado». El mero fingimiento de la identidad de otro, haciendo uso incluso de sus datos personales como pueda ser el número de DNI o de tarjetas de crédito a efectos de configurar puntualmente el engaño típico de la estafa, no integra el delito de usurpación del estado civil».

atributos que permiten que el sujeto sea debidamente diferenciado en un contexto particular; c) un conjunto de atributos relativos a una persona que la describen de manera inequívoca en un contexto dado», y la definición concluye admitiendo el uso como sinónimas de las expresiones «identidad» e «identidad digital». Para una comprensión correcta de la definición, en el propio documento se indica que por «atributo» ha de entenderse cualquier elemento de información o datos asociados a un sujeto.

Pues bien, si, como se ha venido manteniendo, la identidad digital hasta ahora ha estado referida exclusivamente a la de las personas físicas y jurídicas que tienen presencia en el entorno virtual, en tanto la identidad (en general) debe entenderse siempre como una consecuencia natural del previo reconocimiento de la personalidad jurídica, una particularidad que presenta el documento del Grupo de Trabajo IV de la CNUDMI/UNCITRAL es que en él se contempla la posibilidad de reconocer identidad a lo que denomina «entidades», que es un concepto cuyos límites se extienden más allá de las personas físicas y de las personas jurídicas, y supone en la práctica que también puedan ser titulares de identidad dispositivos o aparatos, con el solo requisito de que tengan existencia autónoma y bien definida y pueda ser identificada en un contexto.

Todo parece indicar que el panorama futuro que aguarda a la identidad tendrá un horizonte mucho más amplio de aquel con el que ha nacido y que aquí se está analizando, y que se constriñe al delimitado por la persona física y la persona jurídica. El reconocimiento de identidad a «entidades» distintas de las personas físicas y de las personas jurídicas propiciará una nueva evolución en el concepto de identidad y los nuevos confines jurídicos que surgirán consecuencia natural de ello, que ahora tan solo pueden llegar a vislumbrarse, sin duda alguna suscitarán debates en este momento inimaginables de gran interés jurídico. Si el hecho inicial que justifica el reconocimiento de la identidad es concebirla como la institución idónea para proteger el derecho a la autodeterminación vital de la persona, con la ampliación del reconocimiento a otro tipo de «entidades» la fundamentación jurídica del reconocimiento ya tendrá que ser necesariamente otra y complementaria de esta, más próxima a la simple identificación del dispositivo o del aparato.

Aparte de dar lugar a una redimensión del concepto, el reconocimiento de identidad a «entidades» obligará a un replanteamiento del concepto mismo de personalidad, pues si la identidad es una consecuencia natural del previo reconocimiento de personalidad, o bien el reconocimiento de identidad a las «entidades» termina posibilitando igualmente a favor de ellas un previo reconocimiento de personalidad, o bien será preciso fundamentar jurídicamente la identidad (al menos para este caso particular) de un modo diferente a como se hace para las personas físicas y para las personas jurídicas. A estos efectos, téngase en cuenta que el reconocimiento de identidad a las personas jurídicas es consecuencia lógica de que a estas también se les haya reconocido previamente personalidad y de que estas, a semejanza de las personas físicas, puedan estar igualmente interesadas en ser percibidas de una determinada manera (autodeterminación).

Si en la historia jurídica ya supuso un avance innovador reconocer personalidad a las personas jurídicas, algo parecido se puede volver a repetir, si bien en este caso no vendrá motivado por nuevas necesidades surgidas en el tráfico jurídico, sino por la fuerza implacable que está ejerciendo la evolución tecnológica en la vida humana.

El reconocimiento de identidad a «entidades» exigirá examinar igualmente qué facultades de las comprendidas en el derecho a la identidad procede reconocer, por su singularidad, a las «entidades». Es posible que facultades ahora existentes y pensadas para ser ejercidas por personas físicas o jurídicas no procedan para el caso de las «entidades». Por ejemplo, mientras que para las personas físicas y para las personas jurídicas tiene sentido reconocer la facultad de poder controlar la imagen que se proyecta de ellas en el entorno virtual, para las «entidades», que no son más que dispositivos o aparatos, esto puede carecer de sentido.

Como puede comprobarse, el fenómeno de la identidad digital ya está centrando la atención de algunos organismos internacionales, lo cual no deja de constituir otra paradoja, pues, cuando apenas nos encontramos en una fase incipiente en lo que respecta al reconocimiento positivo del derecho a la identidad (en general), ya están comenzando a aparecer textos y documentos en los que se desarrollan singularidades y variantes de alguna de sus clases o especies, como es, en este caso, la identidad digital[289].

3.3. LOS ACTOS JURÍDICOS EN EL MUNDO DEL METAVERSO

3.3.1. Introducción

El avance de la tecnología, ha ocasionado que muchos actos jurídicos se realicen por medio de la misma, lo que ha traído como consecuencia su aumento en cantidad, es decir su masificación, gran número de negocios que representan un crecimiento en las empresas y mejoría en la economía del país, por ello se hablará sobre la nueva tecnología que va adquiriendo gran importancia dentro

---

289. Reproduciéndose de este modo lo mismo que ha ocurrido anteriormente con la identidad sexual o la identidad biológica, que siendo clases o especies dentro del género de la identidad, están siendo consideradas en distintos ámbitos jurídicos antes que la propia matriz de la que traen causa.

de la sociedad en los distintos ámbitos[290] que se adentrará, en la cultura, en los negocios, en la educación, en la medicina y en tantos lugares como sea de utilidad para la sociedad, ya sean usuarios o usuarios, personas físicas o morales, que lo requieran.

Por otra parte, entrando en materia, lo que respecta al metaverso, ya se había contemplado por un visionario que de alguna manera lo vislumbraba, por lo que su antecedente apareció por primera vez en 1992 de la mano del escritor estadunidense Neal Stephenson. En su novela *Snow Crash* describió una especie de espacio virtual colectivo compatible y convergente con la realidad[291].

A mayor abundamiento, afirmó, ZUCKERBERG, cuando estés en una reunión en el metaverso, tendrás la sensación de estar juntos en la sala haciendo contacto visual, teniendo una sensación de espacio compartido, y no sólo mirando una cuadrícula de caras en una pantalla[292].

El Metaverso es entendido Meta[293] —como más allá y Verso[294]— universo expandido, es un mundo paralelo que tendrá sus propias reglas y condiciones, dependiendo de la empresa que lo establezca y que lo creo, tiene un futuro prometedor en el mundo virtual y una dinámica vertiginosa, por lo que no hay que olvidar su origen y regulación jurídica que puede llegar a tener.

Como ya se había mencionado, existen distintas plataformas o medios tecnológicos para celebrar los contratos y el denominado Metaverso, que está desarrollando Facebook, es una tecnología incipiente sin embargo su potencial es atractivo para la sociedad que está celebrando contratos y distintos actos jurídicos, así como en la educación, por consiguiente, también desean invertir en esta tecnología. Así, *Epic Games*, la empresa creadora de *Fortnite* o de *Roblox* anunció el 13 de abril de 2021 una inversión de cerca de mil millones de dólares

---

290. Esta nueva tecnología nos traerá grandes beneficios: «El metaverso es algo que se va a mover rápido y es posible que comience sin demasiada claridad de hacia dónde se dirige, pero lo que está claro es que es el momento de pensar qué oportunidades de negocio presenta este nuevo lugar desconocido. Cómo podemos digitalizar nuestro negocio o crear nuevas oportunidades será algo a lo que muchas empresas comenzarán a invertir tiempo y recursos (...) Diseñar productos, servicios y negocios para el metaverso promete ser una nueva gran experiencia y oportunidad», en GONZÁLEZ, A., «Ética, metaverso y el mundo híbrido» *Revista digital: Canales TI*, 2022, México. Disponible en: https://itcomunicacion.com.mx/etica-metaverso-y-el-mundo— hibrido/
291. IBERDROLA, «Metaverso, el lugar donde la realidad física y la virtual se dan la mano», 2022. Disponible en: https://www.iberdrola.com/innovacion/metaverso#:~:text=El %20concepto%20de%20metaverso%20apareci%C3%B3,y%20convergente%20con%20la %20realidad
292. MILLAN, V., «Breve historia del metaverso antes de Meta: de "Snow Crash" a "Second Life"», en *hipertextual*, México, 2021. Disponible en: https://hipertextual.com/2021/11/historia-metaverso.
293. Significado Meta: En cuanto al prefijo deriva del griego μετα— (pr. meta—) cuyo concepto es después de, más allá.
294. Verso: un universo expandido.

para la construcción de una «visión a largo plazo del Metaverso». *Sony Group Corporation* también ha contribuido a la causa.

El mundo digital evoluciona a gran velocidad, ya se considera otra generación, además de la publicación de del primer sitio de la web, después el de las redes sociales por lo que se dice que ahora, esta tercera, —generación—, plantea experiencias más inmersivas, donde los dispositivos de conexión ya no serán sólo celulares, tabletas o computadoras, sino *gadgets*, lentes, audífonos, cascos, que nos van a permitir vivir y convivir digitalmente de forma diferente.

En la actualidad el metaverso ha revolucionado el mundo del internet permitiendo la interoperabilidad entre espacios virtuales y la interacción con todos sus elementos, es realmente transportarse a un mundo totalmente nuevo, para acceder a ellos se lo hace mediante la creación de un personaje, que toma la denominación de avatar, el mismo que puede ser creado mediante aplicaciones que permiten incorporarlo al metaverso, su creación puede ser personalizada o creada como el usuario lo desee, puesto que no existe un control sobre su creación e incorporación al mundo virtual, por lo que la protección de la identidad del usuario se vuelve un verdadero reto y más donde los deepfakes (En este caso, es el aprendizaje con inteligencia artificial que se utiliza con la intención de crear contenido falso) están más latentes que nunca y acechan al fraude en la identidad, de tal manera que se torna necesario poder demostrar a otros usuarios que la imagen digital es singulariza, propia del usuario que la utiliza, pero esta idea se desdibuja de quienes son realmente los usuarios en el entorno virtual porque no existe ningún tipo de identidad interoperable que se pueda usar en múltiples configuraciones digitales que demuestren quienes son los usuarios.

3.3.2. Cuestiones jurídicas relacionadas con el uso del metaverso

La problemática radica en los posibles riesgos legales asociados a la protección de la identidad en el metaverso, lo que pone en relieve la necesidad de realizar una investigación de aquello que puede generar situaciones problemáticas que entrenan en cuestiones jurídicas complejas como lo es la Identidad, ya que si no se hace un uso adecuado de la misma se infringe en tipos penales de relevancia respecto a la Identidad en general. Entendiéndose que en el metaverso no existe un registro de identidad ni tampoco cuenta con protocolos para guardar IP, lo cual resulta muy fácil acceder a ellos, suplantando identidades, porque no se brinda medidas de seguridad y controles de privacidad.

¿Cómo el ordenamiento jurídico puede actuar frente a la delincuencia informática y otras formas de cibercriminalidad y como estas conductas pueden ser sancionadas? debido que puede surgir ciertos comportamientos que pudieran producirse en el metaverso, tales como ilícitos defraudatorios de naturaleza patrimonial o conductas atentatorias contra bienes jurídicos personalísimos de personas menores y mayores de edad, ya encuentra en nuestros actuales sistemas penales, así como también cuestiones tan relevantes como la protección de datos de carácter personal o la propiedad intelectual, se plantean otras problemáticas que habrán de ser enfrentadas por las legislaciones. Dentro de la interrogante planteada se habla de cómo pueden ser sancionadas estas conductas, es importante recordar que ciertas conductas deben ser sancionadas por una normativa, y esto se debe que dicha actuación contraviene el ordenamiento jurídico y como tal el mismo establece determinada sanción por su comisión, visto que estas conductas se cometen dentro de este nuevo mundo digital que se encuentran fuera del alcance normativo actual, es claro comprender que urge un nuevo cambio normativo a los fines de adaptar a la realidad virtual que está en ciernes.

Desde la perspectiva de la propiedad intelectual en el metaverso, es importante proteger las marcas en este entorno digital, la propiedad intelectual se puede proteger y la propiedad industrial está sujeta al principio de territorialidad. Desde un punto de vista legal, es importante considerar cómo se desarrollará la protección de contenido desagregado del uso del metaverso como obras de arte interactivas, ya que es *software*.

Como en su tiempo costó la concientización de *copyright* en Youtube, de la misma manera será importante hacer ver a los usuarios del metaverso las consecuencias de violar las protecciones de propiedad intelectual, industrial, así como, *software* y hardware que se genere para estas plataformas. También considerar aspectos como registros dentro de categorías de bienes virtuales descargables, por la consideración que se debe realizar de marcas idénticas protegiendo productos o servicios que son distintos, teniendo en consideración subregistros dentro de estos espacios digitales. Por otro lado, el interés en NFT[295] se vio impulsado por la digitalización y tokenizacion de obras de arte de artistas famosos, y las subastas realizadas por galerías ampliaron su alcance a música, juegos, deportes y casi cualquier tipo de recurso digital o físico que puede ser tokenizado mientras sigue manteniendo su valor y proporcionando una propiedad única[296].

---

295. Destacar el rol que desempeñan los *Non Fungible Tokens*, —en adelante NFT—. En este sentido, los NFT pueden ser definidos como su nombre lo indica, con un carácter único frente a otros tokens. Estos tokens pueden representar cualquier bien o servicio; es decir, el valor que se intercambia en la red entre las partes de forma segura y con plena trazabilidad. Son una suerte de certificado de autenticidad y originalidad del bien o servicio que representan. La introducción de los NFT en el metaverso permite desarrollar una nueva economía digital de las plataformas virtuales. Las características de estos tokens propician la creación de productos originales y exclusivos que pertenecen únicamente a quien los compra.
296. TIWARI ANIRUDH, Los NFT encontraron una verdadera utilidad con la llegada del Metaverso en 2021. Disponible en: https://es.cointelegraph.com/news/nfts-find-true-utility-with-the-advent-of-the-metaverse-in-2021.

Los NFT se enfrentan principalmente a dos retos jurídicos. El primero, tiene que ver con los derechos de autor, pues algunas plataformas no reconocen los derechos conexos debido a que sólo un usuario tiene el dominio del bien. El segundo, es que no existe un proceso que regule las autocompras, pues es una mala práctica que hacen algunos usuarios para inflar los precios de sus propios NFT. Los *GameFi* que consisten en un modelo de *Play-to-Earn* son usados para dejar beneficios económicos a jugadores mientras utilizan los metaversos de sus plataformas. Uno de los mayores referentes es *Axie Infinity*, quien en 2022 logró un volumen de ventas de más de 4.000 millones de dólares a través de sus NFT[297]. Este tipo de videojuegos requieren del establecimiento de Términos y Condiciones claros para saber bajo qué modelo pueden intercambiar sus activos por dinero; cuáles son las restricciones y que se establezca un período de al menos 90 días, que es lo que duran en promedio las temporadas de los juegos, para realizar cambios que sean sustanciales con el modelo *GameFi*. En el caso de que los metaversos se inclinen por ODR, es necesario asegurar la transparencia en los procesos para saber quién es el responsable de estos, tener certeza del dominio en la materia a resolver, las normas o leyes a implementar, así como, el procedimiento a seguir.

3.3.3. Aspectos relacionados con la adopción del metaverso

La tecnología debe desarrollarse en beneficio de las personas y debe proteger la dignidad humana. A su vez, la ética debe ser la base para el desarrollo tecnológico y las decisiones corporativas. Temas como la inclusión, la diversidad social, la dignidad, diversidad sexual, la igualdad, la democracia y los derechos humanos en general son claves para garantizar una mayor prosperidad digital en relaciones que se construyen en el metaverso. Los derechos humanos incluyen elementos de identidad y libertad que los proyectos de metaverso que se tienen hoy en día no delimitan con certeza. Hoy en día, Internet funciona con protocolos abiertos comunes a todos los ordenadores, pero al mismo tiempo existen protocolos diseñados para dar forma a la identidad digital de un usuario. En este sentido se encuentra el caso de *Decentraland*, donde la comunidad vota para tomar decisiones que luego se adoptan por mayoría, en el mes de noviembre de 2021 se prohibió poder usar el nombre Hitler en *Decentraland*, teniendo lugar una votación a favor de la prohibición del 61%, con la participación de alrededor de 290 mil personas. Este nivel de participación es de llamar la atención, pues rebasa el número de habitantes si lo comparamos con la población total de Ginebra en Suiza, quien en el 2021 contaba con 200.548 habitantes[298].

297.　GONZÁLEZ DENNYS, *Axie Infinity* sobrepasa los 4 mil millones de dólares en ventas históricas NFT, mientras que la primera versión de Origin llegará en marzo Disponible en: https://www.criptotendencias.com/juegos/axie-infinity-sobrepasa-4-mil-millo-nes-de-dolares-en-ventas-historicas-nft-mientras-que-la-primera-version-de-origin-lle-gara-en-marzo/

298.　OFICINA de Información Diplomática Suiza, Confederación suiza Disponible en el sitio web https://www.exteriores.gob.es/Documents/FichasPais/SUIZA_FICHA%20PAIS.pdf

Si bien es cierto este tipo de herramientas democráticas no son ni serán utilizadas en la totalidad de los metaversos, la situación plantea escenarios donde podrá imponerse la voluntad de la gente por encima de los mismos creadores de estos espacios. Lo anterior requiere analizar la implementación de los consejos de tecnoética para la toma de decisiones en el metaverso buscando el consenso como eje rector de sus normas. Esto significa que los aspectos técnicos y éticos que se toman en cuenta, si bien no brindan control sobre el mal uso de la información obtenida, en realidad pueden usarse para prevenir situaciones en las que la información pueda ser mal utilizada y que disminuyan los riesgos inherentes al metaverso. Es importante no perder de vista lo estipulado en la Carta de los Derechos Digitales emitida por la Secretaría de Estado de Digitalización e Inteligencia Artificial en España. Si bien esta carta no es de carácter normativo, sí sirve como un marco de referencia para la acción de los poderes públicos pues apoya en la legitimación de los principios, técnicas y políticas a aplicarse en los espacios digitales.

En virtud de lo anterior, se debe asegurar el control de la tecnología por parte del ser humano, siempre con un plan de contingencia que garantice la privacidad, transparencia y protección hacia sus usuarios, en pocas palabras, la construcción de una infraestructura jurídica basada en derechos digitales para garantizar un desarrollo saludable de la IA. Esto puede ser posible si, además de lo visto anteriormente, se sigue lo estipulado por la Recomendación sobre la Ética de la IA aprobada por la Conferencia General de la UNESCO.

Desafortunadamente, las compañías detrás del metaverso han colocado durante mucho tiempo los beneficios por encima de la protección de la privacidad del usuario. Vale la pena señalar que el metaverso estará respaldado por hardware como gafas y auriculares VR, lo que significa que recibirán datos psicométricos de cada uno de sus clientes y, por lo tanto, contarán con información sensible que se puede usar para vigilancia, manipulación y ventas en el mercado negro. Además, recordemos que una vez que se extraen los datos personales del usuario, éste se queda básicamente indefenso para protegerse del daño que una filtración o monetización realizada por terceros puede ocasionarle[299].

Las empresas deben trabajar con privacidad por diseño, ya que cada detalle está involucrado en el manejo de los datos personales y para cada criterio debe considerar la configuración de privacidad, como la capacidad de editar la representación de imágenes, el nombre, que datos dentro del metaverso pueden ser borrados y en que condición, así como, los tipos de seguridad que se implementan por parte del metaverso, recordando que no hay privacidad sin seguridad. También se deben implementar controles de privacidad por defecto, es decir, los controles se dejan a discreción de cada individuo y se deben predefinir desde

---

299. RODRÍGUEZ, K., «Mundos virtuales, personas reales: los derechos humanos en el metaverso» Disponible en: https://www.eff.org/es/deeplinks/2021/12/vir-tual-worlds-real-people-human-rights-metaverse.

el momento en que se descarga la aplicación o se accede a la página del metaverso, brindando la opción de activar *software* o configuraciones a criterio del usuario. Es necesario una regulación y aplicación adecuadas para proteger la privacidad de las personas, en el caso de la imagen, lo que nos representara será un avatar y dependiendo el metaverso tendrá características de nuestra persona y personalidad, por lo que, los descargos de responsabilidad por parte de las empresas que alojen metaversos serán comunes para responsabilizar a los usuarios del uso de sus avatares, asimismo, de suplantación de identidad que puedan tener. Los avatares deben estar bajo nuestro control con identificación única como control biométrico para controlar nuestra representación. La autorregulación en materia de protección de datos y las directrices éticas no son suficientes para prevenir los daños causados por la tecnología. Cuanto más tiempo se pasa en el metaverso, más datos proporcionan los usuarios, lo que le da a la empresa muchos datos para recopilar. Es muy importante que las empresas que ejecutan el metaverso brinden claridad y transparencia a los usuarios sobre la forma específica en que se accede a la información del metaverso y la información contenida en él. Asimismo, es importante que los usuarios puedan acceder y solicitar que cierta información o artículos sean eliminados o transferidos a otros usuarios de su elección si optan por dejar de pertenecer al metaverso, lo cual es una decisión irrevocable con consecuencias legales.

Se espera que las empresas que operan en el metaverso recopilen información personal para identificación personal, publicidad y seguimiento a través de múltiples canales, como dispositivos portátiles, micrófonos, gafas de realidad virtual, extensiones de realidad virtual y herramientas adicionales como monitores cardíacos y respiratorios e interacciones del usuario en una escala que actualmente no tenemos[300].

Aunado a lo anterior surgen cuestionamientos al respecto de ¿cómo se van a capturar los rasgos de personalidad como gesticulaciones? Ya que existe una constante recopilación de biométricos, los cuales, no son solo rasgos físicos, sino comportamientos humanos, recordando que son datos sensibles y para obtenerlos en muchos países se requiere previamente de un consentimiento por escrito celebrado por las partes.

Otro tema jurídico y de gran importancia, se refiere a cómo dar el consentimiento a los menores, ya que es difícil obtener el consentimiento de ambos padres para aceptar la autodeterminación informativa. Las empresas que alojen el metaverso deben estar sujetas a un marco de responsabilidad que implementa una serie de medidas para demostrar que el manejo y procesamiento de datos personales cumple con sus políticas y obligaciones. Un ejemplo tiene que ver

---

300. MENDIZÁBAL, P., «Próximo reto de la privacidad y la protección de datos: el metaverso». Disponible en: https://www.legaltoday.com/opinion/blogs/nuevas-tecnolo-gias-blogs/blog-prodat/proximo-reto-de-la-privacidad-y-la-proteccion-de-datos-el-metaverso-2022-01-13/

con las gafas inteligentes, las cuales podrán realizar llamadas, tomar fotografías y grabar videos de hasta 30 segundos desde la perspectiva de primera persona. La información deberá vincularse con la aplicación *Facebook View*, la cual actualizará y registrará todo el uso derivado de dicho dispositivo, quedando en principio almacenados únicamente los datos en el dispositivo, salvo en aquellos supuestos en los que el usuario decida compartirlos con la compañía[301], dejando un vacío legal sobre la obtención, tratamiento, procesamiento y eliminación de datos de terceros.

El Reglamento General de Protección de Datos (RGPD) figura como una fuerte protección para que empresas cumplan con la legislación europea en materia de protección de datos de sus usuarios, donde se pone de manifiesto que los demás países requieren medidas más rígidas para hacer valer estos derechos del mismo modo, medidas que obliguen a que las empresas se adecuen a la legislación y no que la legislación se adecue a estas.

Así pues, los metaversos deben cumplir con situaciones comunes y/o predecibles acorde a la evolución natural del metaverso como cuando se quiere que se borre la imagen del avatar u opciones relacionadas con la operatividad e interconectividad de estos, sin embargo, se debe preparar y prever sucesos que fluirán con el tiempo como el caso de la selección de sucesores de personas fallecidas o la revocación total o parcial de su imagen, entre otros cuestionamientos.

Por otro lado, se debe salvaguardar la privacidad digital para proteger la información que día a día genera la tecnología. Los aspectos relacionados con ella dependen de su uso como sociedad. La protección de nuestra intimidad cobra mucha relevancia en el metaverso por las actividades y la cantidad de datos que generamos a diario relacionados con nuestras ideas y comportamientos que generan un perfil tan detallado que el mismo individuo puede llegar a sorprenderse de que no se conoce tan bien, como lo conocen las empresas.

Cuando la realidad virtual (VR) se combina con auriculares y accesorios que estimulan los sentidos, como los receptores táctiles u olfativos, las sensaciones producidas pueden involucrar casi por completo a un individuo en la experiencia virtual. El auge del teletrabajo, puede tener una gran utilidad desde el punto de vista de los metaversos, esto es, para generar nuevos modelos de *Home Office* y *Networking* con implicaciones regulatorias similares a las introducidas después de la pandemia. Esta transición se refleja en el uso de *Zoom*, *Teams* o *Meet* para permitir trabajar y colaborar desde casa.

---

301.   PRODAT, «Gafas inteligentes, Metaverso y protección de datos: así se manifiestan algunas autoridades europeas al respecto», disponible en: https://www.prodat.es/blog/gafas-inteligentes-metaverso-y-proteccion-de-datos/

Microsoft ha introducido avatares personalizables en *Teams* para usuarios que no quieren salir en pantalla, pero quieren adoptar algo que asemeje a ellos y busca generar reuniones que puedan celebrarse en entornos y escenarios virtuales[302]. Un ejemplo en el metaverso es *Horizon Workrooms*, donde se tiene posibilidad de invitar a personas a utilizar salas de conferencia, entre otras herramientas de trabajo. Es importante mantener la privacidad dentro de las salas y que los metaversos que cuenten con otras empresas brinden claridad de cómo se comparte la información, ya que habrá datos sensibles en reuniones de trabajo, imágenes y/o videos que no deben ser usados, ni rastreados para orientar anuncios. También se contempla que en estos espacios las personas trabajen de forma continua, y en algunos ya se ofrece trabajo puntual para el diseño de NFT como ropa, complementos, skins o yates. La utilización de metaversos y la conexión entre lo tangible y lo intangible, junto con el *blockchain*, posibilita realizar operaciones y poseer activos en estos espacios. Este es todo un reto debido al número de transacciones y la suma de dinero que puede moverse en cuestión de horas.

Existen ya ejemplos de economía en el metaverso, cadenas como Adidas, Crocs, Zara, Nike Walmart o Samsung se han sumado a algún metaverso para expandir sus posibilidades con tiendas virtuales, criptomonedas propias o sus líneas de NFT. También existen casos como el de Ghozali Everyday un joven de Indonesia de 22 años que vendió sus selfies de 4 años como colección NFT en el metaverso *OpenSea* por 317 ETH, equivalente a más de 1 millón de dólares al momento de la transacción[303].

Sin embargo, desde lo legal es importante saber a quién debemos proteger y de qué manera, por lo que será indispensable que la información y la publicidad que se le maneja al usuario sea clara, legible y sin ningún tipo de trampa.

Estos espacios deben contener elementos de inclusión y herramientas que apoyen a personas con dificultad o discapacidad. Para lograr lo anterior, resulta relevante la información *Anti-Money Laundering* (AML) así como los estándares de *Know Your Costumer* (KYC), mientras se siguen lineamientos propuestos por el Grupo de Acción Financiera Internacional. De la misma manera, la Organización para la Cooperación y el Desarrollo Económicos en la Protección al Consumidor en el Comercio Electrónico establece lineamientos y reglamentación referente a plataformas de *e-commerce* que deben ser contemplados.

Lo cierto es que el metaverso no ha crecido a espaldas de las leyes ni mucho menos, de hecho, el marco jurídico que actualmente lo regula incluye entre otras

---

302. PASCUAL, M., «El metaverso tiene un gran reto y Facebook no está lista para afrontarlo», disponible en: https://elpais.com/tecnologia/2021-11-03/microsoft-se-apun-ta-al-meta-verso-y-lanza-avatares-para-las-videollamadas-de-teams.html
303. HIRAM, M., «Un joven vendió una colección de *selfies* NFT por 1 millón de dólares», disponible en: https://www.safeshopping.news/2022/01/18/selfies-coleccion-nft-open-sea-1-millon-dolares/

leyes, reglamentos e instrumentos jurídicos al artículo 12 de la Declaración Universal de Derechos Humanos, el artículo 17 del Pacto Internacional De Los Derechos Civiles y Políticos, la Recomendación Sobre la Ética de la Inteligencia Artificial aprobada por la Conferencia General de la UNESCO en diciembre de 202126, el Reglamento General de Protección de Datos de Europa, directrices *Anti-Money Laundering*, descargos de responsabilidad por parte de las empresas, autorregulaciones en materia de protección de datos personales, directrices éticas, así como los lineamientos y reglamentación referente a las plataformas *e-commerce* y la normativa laboral de cada país donde se permita el teletrabajo en el metaverso. Y en el caso de España, cuenta con la Carta de Derechos Digitales que podría servir de ejemplo para otros países que así lo deseen.

El derecho tiene una excelente oportunidad para continuar evolucionando e impulsar la innovación y la transformación digital en los metaversos. Estos existen desde muchos años atrás, sin embargo, la adopción, utilización y masificación de estos espacios plantean escenarios interesantes e inexplorados que deberán ser prevenidos y atendidos. En términos generales, debe prestarse especial atención a la seguridad de los propios usuarios, tanto en términos de sus datos personales y privacidad, como en términos de delitos informáticos[304].Esta investigación coincide con sus pares[305] en cuanto a que la principal conclusión consiste en que para dirimir los conflictos que se generen será importante establecer términos y condiciones del metaverso de una manera clara, donde se mencione las leyes, códigos, contratos, autorregulación o métodos alternos de solución de controversias que serán aplicables en la plataforma, es decir, dentro de su mismo entorno digital evitando que los usuarios acudan a instalaciones físicas de los tribunales. Con el tiempo, las cuestiones legales asociadas con los fenómenos del metaverso amplían sus límites. Ante la virtualización de realidades empresariales y sociales, así como, la falta de una ley única que regule todas las plataformas es necesario decidir cuál será el mecanismo de protección legal[306]. Para que este marco jurídico genere mayor protección, estas condiciones deberán estar presentes en la mayoría de los países, situación que actualmente se ve lejana, pues son relativamente pocas las naciones que se encuentran discutiendo el tema dentro de sus órganos legislativos. Además, para asegurar una mayor protección a los usuarios, la cantidad y calidad de los abogados especializados en el metaverso deberá crecer de manera exponencial y proporcional a la popularidad del metaverso, para que se cuente con la capacidad de brindar respuestas legales, apoyar y solucionar conflictos que surjan entre usuarios y las empresas, y entre empresas, y usuarios.

---

304. ECIJA., «Metaverso: Una primera aproximación jurídica y algunas cuestiones por resolver», *Guía Legal Metaverso*, 2022.
305. NISA ÁVILA, J., «El Metaverso: conceptualización jurídica, retos legales y deficiencias normativas», *LEFEBVRE, núm. 1*, 2021.
306. CUATRECASAS, EU., «Reglas jurídicas para el Metaverso», disponible en: https://www.cuatrecasas.com/es/latam/articulo/eu-reglas-juridicas-para-el-metaverso

Tercera parte

La Inteligencia Artificial (IA) en la Administración de Justicia

I. INTELIGENCIA ARTIFICIAL (IA) EN EL TRIBUNAL

El objetivo o propósito de la Inteligencia Artificial consiste en desarrollar: «modelos conceptuales, procedimientos de reescritura formal de esos modelos y estrategias de programación y máquinas físicas para reproducir de la forma más eficiente y completa posible las tareas cognitivas y científico-técnicas más genuinas de los sistemas biológicos etiquetados como inteligentes». Los cuatro grandes objetivos de la IA son modelar, programar e implementar máquinas soporte capaces de interactuar de forma no trivial con el medio[307].

A la hora de dar una definición de Inteligencia Artificial (IA) no existe unidad de criterio. Según la Real Academia Española (RAE), la IA[308] es la «disciplina científica que se ocupa de crear programas informáticos que ejecutan operaciones comparables a las que realiza la mente humana, como el aprendizaje o el razonamiento lógico». El *English Oxford Living Dictionary* define la inteligencia artificial como «la teoría y desarrollo de sistemas computacionales capaces de realizar tareas que normalmente requieren inteligencia humana, como la percepción visual, el reconocimiento del habla, toma de decisiones y traducción entre idiomas». KAPLAN Y HAENLEIN definen la inteligencia artificial como «la capacidad de un sistema para interpretar correctamente datos externos, para aprender de dichos datos y emplear esos conocimientos para lograr tareas y metas concretas a través de la adaptación flexible»[309].

Podemos también definir la IA como la combinación de algoritmos planteados con el propósito de crear máquinas que presenten las mismas capacidades que el ser humano. Una tecnología que todavía nos resulta lejana y misteriosa, pero que desde hace unos años está presente en nuestro día a día a todas horas. Hemos de destacar la definición que hace la Comisión Europea de IA, en la Propuesta de Reglamento del Parlamento Europeo y del Consejo por el que se establecen normas armonizadas en materia de Inteligencia Artificial (Ley de Inteligencia Artificial) y se modifican determinados actos legislativos de la Unión Europea. En su Exposición de Motivos define la inteligencia artificial como «un conjunto de tecnologías de rápida evolución que puede generar un amplio abanico de beneficios económicos y sociales en todos los sectores y las actividades sociales. Mediante la mejora de la predicción, la optimización de las operaciones y de la asignación de los recursos y la personalización de la prestación de servicios, la inteligencia artificial puede facilitar la consecución de resultados positivos desde el punto de vista social y medioambiental, así como proporcionar ventajas competitivas esenciales a las empresas y la economía europea».

En cualquier caso, en todas las definiciones se ha de destacar la similitud de la inteligencia artificial con la inteligencia humana, la posibilidad de aprender y actuar de forma racional, aplicada a artefactos digitales capaces de exhibir un comportamiento inteligente y que amplían, mejoran y desarrollan algunas de las

---

307. MIRA J. y DELGADO A.E., «Perspectiva Histórica Conceptual», en la obra colectiva coordinada por FERNÁNDEZ-CABALLERO, A., Y MIGUEL TOMÉ, S., *Aspectos básicos de la Inteligencia Artificial*, Sanz y Torres, Madrid, 1995.

308. https://dle.rae.es/inteligencia

309. KAPLAN, A. y HAENLEIN, M., «Siri in my hand, who´s the fairest in the land?», *On the interpretations, ilustrations and implications of Artificial Inteligence*, 2018.

capacidades de la inteligencia natural, y son capaces de resolver problemas difíciles de forma racional.

Y al igual que la inteligencia humana se debe de entrenar mediante lectura, conocimiento, generación de experiencia, relación con otros seres humanos, las máquinas que usan esta tecnología realizan las tareas una y otra vez con grandes cantidades de datos mejorando el procedimiento cada vez, «entrenando» el algoritmo.

Por tanto, a la vista de lo expuesto, en un rápido razonamiento cualquier persona que esté o no familiarizada con el mundo de la Administración de Justicia se podría plantear ¿competimos los profesionales de la Administración de Justicia con las máquinas? ¿Veremos en un futuro Jueces, Letrados de la Administración de Justicia o incluso abogados robots?

Para analizar esta cuestión, vamos a utilizar la clasificación que hace el profesor D. Antonio del Moral García, Magistrado de la Sala de lo Penal del Tribunal Supremo, sobre el análisis del uso de la Inteligencia Artificial en la Justicia, que según él debe de analizarse desde tres perspectivas[310].

1.1. ANÁLISIS DE LOS ÁMBITOS DE APLICACIÓN. REFERENCIA A ALGUNOS CASOS DE USO DE LA INTELIGENCIA ARTIFICIAL EN LA ADMINISTRACIÓN DE JUSTICIA

1.1.1. Ámbito de la tramitación procesal

En primer lugar, en el ámbito de lo que denomina la «tramitación procesal». En este ámbito, el Magistrado entiende que el uso de la inteligencia artificial no sólo sería posible sino recomendable, dado que permitiría liberar tanto a Jueces; Magistrados, Letrados de la Administración de Justicia, Fiscales o funcionarios de Justicia que aquellas tareas repetitivas, mecánicas o que no requieren de un razonamiento lógico o humano. Al igual que fuera de un ámbito puramente académico o escolar nadie hace raíces cuadradas sin calculadora, los profesionales de la Justicia deberían dedicar su tiempo de trabajo a tareas que verdaderamente generen un valor añadido, permitiendo que las tareas mecánicas las realice una máquina. Así, pone como ejemplo el uso de la herramienta consistente en la automática cancelación de antecedentes penales y la «Calculadora 988», ambos desarrollados por el Ministerio de Justicia.

---

310. Encuentro «Robotización e Inteligencia Artificial en la Justicia», organizado por el Ministerio de Justicia en colaboración con AMETIC el pasado 16 de marzo de 2022. https://youtu.be/0S8kfKm8GZI

La realización de actuaciones automatizadas en el ámbito de la Administración de Justicia ya venía recogido en el art. 42 de la Ley 18/2011[311], de 5 de julio, reguladora del uso de las tecnologías de la información y comunicación en la Administración de Justicia, atribuyéndose al Comité Técnico Estatal de Administración Judicial Electrónica (CTEAJE) la definición de sus características fundamentales, actualmente reguladas en el Capítulo VII del Título III del Libro I del nuevo RD Ley 6/2023. Igualmente, con el nuevo RD se han regulado como subtipo de actuaciones automatizadas, las actuaciones proactivas, que aprovechan la información incorporada con un fin determinado, para generar efectos o avisos a otros fines distintos. Por ejemplo, notificaciones o avisos automáticos, sin necesidad de intervención manual.

La aplicación de técnicas de inteligencia artificial, así como la de robotización, se utiliza por la Administración de Justicia de no pocos países de nuestro entorno, pero el potencial de la misma es tan inmenso que requiere de la implantación de unos controles de calidad permanentes y rigurosos. Un error puede resultar muy difícil de solucionar. Este fue el caso del nuevo sistema automatizado de divorcios online del Gobierno del Reino Unido[312], un sistema automatizado basado en inteligencia artificial. Sólo en Inglaterra y Gales al inicio de su puesta en marcha un simple error en cálculo integrado en el formulario oficial determinó el cálculo erróneo de la pensión de alimentos en 3600 casos a lo largo de un período de 19 meses.

Es por esta razón que el uso en la Administración de Justicia para estas tareas «administrativas» es recomendable, pero debe de ser controlado estrechamente por la Administración de Justicia mediante un control que no puede ser sino un control humano.

1.1.2. Ámbito de la investigación penal

Un segundo ámbito correspondería a los usos de la inteligencia artificial en el campo de la investigación penal. Aquí, según el propio Magistrado, su utilización debería de requerir muchas más cautelas. Sobre todo, ha de tomarse en consideración la relevancia directa que tienen los derechos fundamentales en el orden jurisdiccional penal.

---

311. Artículo 42. Actuación judicial automatizada. En caso de actuación automatizada, deberá establecerse previamente por el Comité técnico estatal de la Administración judicial electrónica la definición de las especificaciones, programación, mantenimiento, supervisión y control de calidad y, en su caso la auditoría del sistema de información y de su código fuente. Los sistemas incluirán los indicadores de gestión que se establezcan por la Comisión Nacional de Estadística Judicial y el Comité técnico estatal de la Administración judicial electrónica, cada uno en el ámbito de sus competencias (Ley 18/2011, de 5 de julio reguladora del uso de las tecnologías de la información y comunicación en la Administración de Justicia, actualmente derogada).

312. Sistema de divorcio online del Reino Unido: https://www.gov.uk/apply-for-divorce

En este ámbito, hemos de destacar el contenido del art. 18.4 de la Constitución Española cuando dice «La ley limitará el uso de la informática para garantizar el honor y la intimidad personal y familiar de los ciudadanos y el pleno ejercicio de sus derechos». Tengamos en cuenta que pese a que nuestra Constitución data del año 1978, ya se percibía la informática como una posible fuente de riesgos frente a los cuales se debía proteger a los ciudadanos.

Sin embargo, lo que los padres de la Constitución Española no se imaginaban era el contexto actual de riesgos cibernéticos y ciberdelincuencia, y menos aún el incremento espectacular que han sufrido los ciberdelitos en la última década. Además, la crisis sanitaria del COVID-19 ha supuesto un acelerador exponencial. De acuerdos con datos que facilita INTERPOL entre febrero y marzo de 2020, les fue comunicado que los registros maliciosos —malware y phishing incluidos— habían aumentado un 569%, mientras que los registros de alto riesgo habían subido un 788%.

Dando incluso un paso más, hoy se habla en los medios de comunicación de la existencia de una nueva estrategia militar, la «guerra híbrida», en la que además de la utilización de las técnicas bélicas «tradicionales», se hace uso de las tecnologías (guerra cibernética), con otros medios adicionales de influencia como las noticias falsas, diplomacia, guerra jurídica e intervención electoral del extranjero y en las que la influencia sobre la población resulta vital.

Se podría pensar que ello justificaría sobradamente la necesidad de contar con métodos de investigación policial y judicial cada vez más sofisticados, pero cuyo límite sería en todo caso el mandato constitucional. En este sentido, la Sala de lo Penal del Tribunal Supremo ya se reconoció en 2017 la existencia de un derecho a la intimidad en un «entorno virtual»[313], como derecho autónomo diferente del derecho tradicional a la intimidad.

De igual forma, en coherencia con lo reconocido en la Carta Magna, directamente aplicable en el ámbito de la Administración de Justicia, y en una materia relacionada con los medios de investigación policiales y judiciales como es la Protección de Datos, se ha publicado la reciente Ley Orgánica 7/2021, de 26 de mayo, de protección de datos personales tratados para fines de prevención, detección, investigación y enjuiciamiento de infracciones penales y de ejecución de sanciones penales[314] efectúa la transposición de la Directiva (UE) 2016/680 del Parlamento Europeo y del Consejo de 27 de abril de 2016 relativa a la protección de las personas físicas en lo que respecta al tratamiento de datos personales por parte de las autoridades competentes para fines de prevención,

---

313. SENTENCIA del Tribunal Supremo, Sala Segunda de 19 de abril de 2017 (STS 1487/2017 — ECLI:ES:TS:2017:1487).
314. LEY ORGÁNICA 7/2021, de 26 de mayo, de protección de datos personales tratados para fines de prevención, detección, investigación y enjuiciamiento de infracciones penales y de ejecución de sanciones penales. BOE núm. 126 de 27 de mayo de 2021, entrada en vigor el 16 de junio de 2021.

investigación, detección o enjuiciamiento de infracciones penales o de ejecución de sanciones penales, y a la libre circulación de dichos datos y por la que se deroga la Decisión Marco 2008/977/JAI del Consejo. (LO 7/21). Como sabemos, esta Ley modifica parcialmente la Ley Orgánica 6/1985, de 1 de julio, del Poder Judicial (LOPJ), en sus artículos 234 a 236 decies, entre otros.

El objeto de esta Ley es la protección del tratamiento de los datos personales de las personas físicas por parte de las autoridades competentes, con fines de prevención, detección, investigación y enjuiciamiento de infracciones penales o de ejecución de sanciones penales, incluidas la protección y prevención frente a las amenazas contra la seguridad pública. Sus disposiciones le serán de aplicación tanto en general a los miembros de las Fuerzas y Cuerpos de Seguridad del Estado, así como a órganos judiciales y miembros del Ministerio Fiscal.

Como esta Ley Orgánica contextualiza en su Exposición de Motivos, la Directiva transpuesta «se aprobó como respuesta a las crecientes amenazas para la seguridad en el contexto nacional e internacional, que tienen, en numerosos casos, un componente transfronterizo. Por esta razón, la cooperación internacional y la transmisión de información de carácter personal entre los servicios policiales y judiciales de los países implicados se convierten en un objetivo ineludible. En efecto, los atentados terroristas de Nueva York en 2001 supusieron un punto de inflexión en la necesidad de reforzar la cooperación judicial y policial en la lucha contra el terrorismo, como volvería a ponerse de manifiesto con ocasión de los atentados de Bruselas y Niza de 2016».

A la vista de lo expuesto anteriormente en relación con la ciberdelincuencia, parece que estas motivaciones siguen presentes, de una u otra manera, aunque los protagonistas sean otros, y es por lo que dicha Ley señala como «requisito de eficacia en la prevención y lucha contra este tipo de amenazas» a la cooperación encaminada a compartir a tiempo la información y operativa precisa, aunque siempre con garantía de los principios democráticos y la seguridad de las personas a lo largo de las fases del tratamiento.

Los casos de uso referenciados en la ley en cuanto a su tratamiento son, fundamentalmente, aquellos relacionados con la videograbación de imágenes y sonidos obtenidos mediante la utilización de cámaras y videocámaras por las Fuerzas y Cuerpos de Seguridad, o por los órganos competentes para la vigilancia y control en los centros penitenciarios, o aquellas para la vigilancia del tráfico.

En lo que al uso de la inteligencia artificial en concreto se refiere la Ley Orgánica 7/21, hemos de detenernos muy especialmente en la prohibición que establece en su art. 14, que transcribo a continuación:

«Artículo 14. Mecanismo de decisión individual automatizado.

1. Están prohibidas las decisiones basadas únicamente en un tratamiento automatizado, incluida la elaboración de perfiles, que produzcan efectos jurídicos negativos para el interesado o que le afecten significativamente, salvo que se autorice expresamente por una norma con rango de ley o por el Derecho de la Unión Europea. La norma habilitante del tratamiento deberá establecer las medidas adecuadas para salvaguardar los derechos y libertades del interesado, incluyendo el derecho a obtener la intervención humana en el proceso de revisión de la decisión adoptada.

2. Las decisiones a las que se refiere el apartado anterior no se basarán en las categorías especiales de datos personales contempladas en el artículo 13, salvo que se hayan tomado las medidas adecuadas para salvaguardar los derechos y libertades y los intereses legítimos del interesado.

3. Queda prohibida la elaboración de perfiles que dé lugar a una discriminación de las personas físicas sobre la base de categorías especiales de datos personales establecidas en el artículo 13».

Por tanto, parece que se quiere evitar a toda costa la utilización de sistemas como el tristemente célebre sistema COMPAS, utilizado en Estados Unidos para determinar las posibilidades de reincidencia de los condenados penalmente para aplicarles o no una medida de libertad condicional. Este sistema utilizaba un algoritmo que revisaba 137 parámetros distintos del sujeto en cuestión, demostrándose por ProPublica, una organización estadounidense sin fines de lucro que realiza investigaciones de interés público, tras analizar la reincidencia real de 10.000 casos demostró que los resultados del sistema COMPAS estaban determinados por sesgos basados en la raza de dichas personas.

También podría plantearse el caso en el que la propia prueba estuviera obtenida mediante el uso de la inteligencia artificial, que pudiera ser otro caso de uso foráneo en el que, en 2015 en Arkansas (Estados Unidos), el que el sistema ECHO (más conocido por su asistente Alexa) de reconocimiento de voz basado en inteligencia artificial fue solicitado como prueba de cargo en un procedimiento que se seguía por asesinato. Sin embargo, aunque Amazon, comercializador de este sistema, tardó casi un año en facilitar los datos capturados por sus servidores la noche del crimen, que no se hicieron públicos. Aunque finalmente se retiraron los cargos al no resultar concluyente dicha prueba, sirvió para crear un antecedente con el cual las grandes empresas tecnológicas estaban obligadas a entregar estos datos cuando así se lo requiriese un órgano judicial en este contexto.

Tomando aparte estos ejemplos, que en el espacio de la Unión Europea no pueden sino parecernos casos un tanto exóticos y de ciencia ficción que nunca pueden llegar a ocurrir en nuestros sistemas judiciales, más propios de películas como Minority Report, no hemos de dejar de tomarlos en consideración, porque no hemos descartar que se puedan plantear en un futuro.

Por lo que respecta a España, desde julio de 2007 las Fuerzas y Cuerpos de Seguridad del Estado cuentan con el Sistema de Seguimiento Integral en los casos de violencia de género (VioGén), cuyo objetivo es, entre otros, hacer prevención del riesgo y efectuar una labor preventiva, emitiendo avisos, alertas y alarmas, a través del subsistema de notificaciones automatizadas, cuando se detecte alguna incidencia o acontecimiento que pueda poner en peligro la integridad de la víctima. Este sistema ha incorporado en diciembre de 2020 la analítica avanzada y la inteligencia artificial para reforzar la eficiencia del proceso policial de valoración del riesgo en los casos de violencia de género.

Otro sistema de la Policía Nacional de España basado en inteligencia artificial es VeriPol, una aplicación informática que detecta las denuncias falsas interpuestas en casos de robos con violencia e intimidación o «tirones». La herramienta, cuyo acceso se ha habilitado en todas las comisarías de España desde esta semana, identifica el delito basándose en el texto de la denuncia, por lo que no necesita ninguna información por parte del usuario, y es completamente automática. Se trata de la primera herramienta de este tipo en el mundo y diversos experimentos empíricos demuestran que tiene una precisión superior al 90%, mientras que policías expertos alcanzan una precisión del 75%.

1.1.3. Ámbito de decisión judicial

Por lo que se refiere al ámbito de la decisión judicial, se trata de la cuestión que más polémica está levantando y en una zona de especial riesgo de colisión con los derechos fundamentales. Indudablemente, a pesar de la claridad del texto constitucional, así, tomando como referencia el artículo 117 CE, éste es el campo donde la ciudadanía plantean numerosos interrogantes. La mayor parte de los ciudadanos se inquieta ante la posibilidad de que su asunto pueda ser resuelto por un Juez robot.

Existen numerosas iniciativas en el campo de la decisión judicial automatizada en los países de nuestro entorno, similares a la herramienta de divorcios online del Reino Unido a la que nos hemos referido anteriormente, y en casi todos se justifica en la escasa cuantía de los asuntos o la posibilidad de acudir posteriormente a una vía judicial. Es el caso de Alemania y su proceso monitorio automatizado, procedimiento especial, simplificado y facultativo para reclamar créditos de probable no impugnación por el demandado.

Sin embargo, desde el punto de vista del ordenamiento jurídico español, la utilización de la inteligencia artificial aplicada a la decisión judicial, está directamente relacionada con los derechos fundamentales reconocidos por el artículo 24 de la Constitución Española, en el sentido de garantía de la tutela judicial efectiva, prohibición de indefensión, Juez ordinario predeterminado por la ley, y al proceso público con todas las garantías. Cuestión distinta es que los jueces se sirvan de esta tecnología no para tomar la decisión o ayudarse en la valoración de la prueba[315], lo cual debe de ser un proceso completamente humano, sino para auxiliarse o apoyarse a la hora de poder relacionar hechos con mayor facilidad, de realizar comparaciones, buscadores de gran cantidad de datos, etc.

En todo caso, como veremos después, la propuesta de Reglamento (UE) del Parlamento Europeo y del Consejo por el que se establecen normas armonizadas en materia de inteligencia artificial (Ley de Inteligencia Artificial) y se modifican determinados actos legislativos de la Unión, no establece una prohibición de la utilización de la tecnología en este ámbito decisorio, pero sí lo incluye dentro de aquellas denominadas de alto riesgo, estableciéndose una serie de requisitos a cumplir, en cuanto a datos y su gobernanza, la documentación y el registro, la transparencia y la comunicación de información a los usuarios, la vigilancia humana, la solidez, la precisión y la seguridad, recogidos en el capítulo 2 del Título III.

En opinión de la autora, la preparación, el conocimiento, la experiencia, la capacidad de razonamiento para la aplicación razonable del Derecho en atención a las circunstancias concurrentes, entre otros, del que gozan los profesionales que trabajan en la Administración de Justicia, en ningún caso podrá ser sustituido por el trabajo de una inteligencia artificial.

Ahora bien, al igual que la forma de trabajar de un Letrado de la Administración de Justicia en 2022 no se parece en casi nada en el que realizaba un —entonces— Secretario Judicial en 1998, no podemos ser ajenos a todas las oportunidades que ofrece la inteligencia artificial para las tareas puramente administrativas o no decisorias.

1.2. ROBOTIZACIÓN E INTELIGENCIA ARTIFICIAL APLICADAS A LA JUSTICIA

La Subdirección General de Nuevas Tecnologías (SGNTJ) es la responsable de mejorar la Justicia a través de la tecnología. Su visión es posicionar al Ministerio de Justicia como el proveedor líder de servicios y soluciones que transformen digitalmente la Administración de Justicia en una administración eficaz, eficiente, innovadora y enfocada a ciudadanos y profesionales.

La SGNTJ presta los servicios tecnológicos a través de un extenso catálogo de servicios digitales a más de 20.000 usuarios internos (órganos judiciales, Ministerio Fiscal, registros civiles, institutos de medicina legal y ciencias forenses y, gerencias territoriales) y, a más de 300.000 usuarios externos (Fuerzas y Cuerpos de Seguridad del Estado, abogados, procuradores, graduados sociales, instituciones penitenciarias, hospitales públicos y privados, otras adminis-

---

315. CASTELLANO PERE, S., «Inteligencia Artificial y Valoración de la prueba: las garantías jurídico constitucionales del órgano de control», en *Revista de Derecho Themis, 79*, 2021.

traciones públicas y a las comunidades autónomas con competencias transferidas), así como a los ciudadanos.

Hay datos sólidos que muestran que la Transformación Digital de la Administración de Justicia está en proceso de cambio y transformación, ya que se está consiguiendo:

- Una justicia más eficiente, consiguiendo un ahorro económico de 3.000 millones de euros gracias a la transformación de la presentación de escritos de forma presencial y en papel a una presentación digital.

- Una justicia más sostenible, gracias a la reducción de cerca de 800 mil toneladas[2] de emisiones de CO_2 (equivalente a la contaminación de más de 440 mil coches en circulación durante un año).

- Una justicia más ágil, reduciéndose los tiempos de tramitación con el Expediente Judicial Electrónico un 10% de tiempo de media. Esta tendencia continúa disminuyendo.

- Una justicia más accesible, que está disponible para ciudadanos y profesionales a cualquier hora del día todos los días del año.

- Una justicia más segura, en sus dimensiones de autenticidad, confidencialidad, integridad y la mayor seguridad y protección de los que goza el Expediente Judicial Electrónico, gracias a la instauración de la firma electrónica.

En definitiva, desde la SGNTJ se está dotando a nuestra sociedad de una justicia del siglo XXI que siga respondiendo de forma eficaz y dinámica a las necesidades que se presentan. Atendiendo a esta filosofía, se van a incorporar nuevas iniciativas basadas en tecnologías disruptivas de inteligencia artificial y *machine learning*, como clasificadores documentales, asistentes virtuales cognitivos y técnicas de biometría para reconocimientos de identidad que van a permitir seguir avanzando en la modernización de la Justicia en España.

Asistimos a una cada vez mayor «hibridación» de la Justicia: las máquinas y los humanos interaccionan, los algoritmos asisten a los operadores jurídicos, se crean sistemas complementarios de las decisiones de jueces, fiscales, abogados, notarios, etc., si bien, cada vez más, caminamos hacia la sustitución progresiva del ser humano en la Justicia por las máquinas, por los robots. El dilema está presente y emerge la incógnita de si la fascinante búsqueda de la *Smart Justice* supondrá la desaparición de los humanos en la Justicia.

La cancelación de los antecedentes penales era un proceso que antes se hacía de forma manual suponiendo el potencial riesgo de fallos humanos y siendo un proceso más lento y tedioso, tanto para los empleados públicos que tenían que realizar este trabajo de manera repetitiva como para los ciudadanos y ciudadanas que veían que este proceso se ralentizaba, con las consecuencias sociales y laborales que les suponía. En cambio, gracias al empleo de técnicas de robotización se ha conseguido cancelar en una semana los antecedentes penales de más de 150.000 personas, agilizando este proceso de forma exponencial.

El uso de la robotización está permitiendo a los ciudadanos la reinserción, *de facto*, más rápida en la sociedad al poder cancelar sus antecedentes penales de manera automática y más rápidamente, teniendo la posibilidad de optar a trabajos que requieren disponer de un certificado negativo de antecedentes, entre otras ventajas. Los cambios sistémicos en la Justicia no son sino un eslabón más de la cadena de la sociedad digital. Se camina inexorablemente a un modelo de sociedad que supere el viejo contrato social de la era de la modernidad.

La existencia de antecedentes penales puede constituir una sanción añadida como en el caso de la adopción de medidas cautelares por un juez o aplicación de la agravante de reincidencia, acceso a empleos públicos, licencias u otras autorizaciones, adquisición de nacionalidad o posesión de derechos civiles, acceso a algunos empleos públicos, lo que mantiene la sensación de estigma del ciudadano concernido si no se produce la cancelación.

Además, con la robotización de antecedentes penales se ha conseguido alcanzar otros beneficios indirectos, posibilitando que los empleados públicos de esta Administración ahorren un tiempo equivalente a 340 días laborales al evitarles la realización de tareas mecánicas de cancelación de antecedentes, permitiéndoles dedicar este tiempo a otras actividades con un mayor valor añadido.

Podemos decir que se ha ido generando una cada vez mayor dependencia tecnológica. *Amén* de la fascinación por la seductora irrupción de la tecnología en la Justicia, *in crescendo*, se presenta una suerte de maravilloso solucionismo tecnológico y su pretendido valor de infalibilidad. Obviamente, debe primar una mirada realista que permita, por un lado, valorar lo que de positivo tiene incorporar herramientas que benefician el modelo de Justicia, pero siempre desde la visión de las personas, de la humanidad, y por otro, que la incorporación de esta fascinante tecnología no permita que, lejos de alcanzar una verdadera Justicia sostenible y que encuentre su eje en las personas, termine generando más brecha entre ricos y pobres, entre norte y sur, entre países o entre sectores de un mismo país. El equilibrio requiere esfuerzo, evitando desigualdades (por razón económica, de nacionalidad, de raza, de religión, de género o de capacidades tecnológicas) y presentando una posición realista frente a un modelo de Justicia frio, racional, estadístico. Se dice que el *big data* y toda la analítica predictiva son muy conservadores, porque se basan en la idea de que nuestro presente y nuestro futuro se mide desde parámetros del pasado.

Por parte del Ministerio de Justicia, se ha hecho balance del proyecto de cancelación de antecedentes penales y la concesión de nacionalidad. Este último, ha permitido pasar de un retraso de hasta cinco años en la concesión de nacionalidades, cumpliendo todos los requisitos, a, como prescribe la ley, concederla en menos de un año.

En total se han implantado cinco procesos de robotización en este trámite, que han realizado más de 2.230.000 operaciones desde su inicio en julio de 2022. Gracias a ello más de 257.000 personas han podido acceder a este derecho.

Asimismo, el Ministerio trabaja en el reconocimiento automático de la información en los libros de Registro Civil escaneados, para poderlos procesar automáticamente; la generación de documentos en lectura fácil y lenguaje claro a través de la inteligencia artificial; la tramitación del procedimiento monitorio —reclamaciones judiciales económicas de pequeña cuantía—; o los resúmenes documentales automáticos.

La SGNTJ con el ánimo de agilizar los procesos judiciales y seguir mejorando la calidad de la Justicia ha creado la Calculadora 988. Esta aplicación tecnológica realiza de forma automática el cálculo de acumulación de condenas, evitando que los usuarios tengan que dedicar un tiempo significativo a esta tarea, así como a las posteriores comprobaciones del cálculo realizado que son muy tediosas.

Anteriormente, los usuarios de los órganos judiciales y fiscalías, cuando conocían de un proceso judicial en el que se hubiese impuesto múltiples condenas a un reo, tenían que determinar la pena manualmente. Estos tenían como única guía lo dispuesto en la Ley de Enjuiciamiento Criminal y el Código Penal. Atendiendo a dichas normas jurídicas calculaban la acumulación de condenas y realizaban otra comprobación adicional de las operaciones realizadas. Esto suponía un proceso tedioso y lento. Por otra parte, hemos de hacer alusión a que la Calculadora 988, debe su nombre al artículo 988 de la Ley de Enjuiciamiento Criminal que regula la acumulación de condenas. Gracias a esta solución, los usuarios no pierden el tiempo en determinar la pena cuando hay acumulación de condenas y evita potenciales errores en el cálculo. Esta aplicación tecnológica se basa en un algoritmo que permite obtener de forma automática, el cálculo de acumulación de condenas, conforme a las consideraciones legales aplicables. Se trata de una herramienta independiente en la que, a partir del registro de sentencias para un interviniente dado (reo), muestra el resultado de la combinación más favorable para el reo entre todas las posibilidades.

Por tanto, esta solución tecnológica tiene como principal objetivo evitar que las acumulaciones estén expuestas a potenciales errores en la determinación de la pena en la vertiente aritmética. También mejora la eficiencia en el trabajo, ya que el tiempo que antes dedicaban los jueces, magistrados y fiscales a calcular manualmente la acumulación de condenas, ahora lo pueden dedicar a otras actividades propias de la función que tienen atribuida.

Esta aplicación repercute directamente en el trabajo de los usuarios de forma positiva, reportándoles numerosos beneficios:

- Mejora de la productividad: reduce el tiempo empleado en realizar el cálculo de la acumulación de las condenas a la mitad, disminuyendo el tiempo medio que se tarda en realizar la acumulación de condenas en una hora.

- Sencillez: simplicidad en el registro de los datos necesarios, ofreciendo de forma automática el resultado del cálculo.

- Eficiencia: evita fallos potenciales en la determinación de los bloques de acumulación y cálculos intermedios, asegurando mayor rigor en el resultado obtenido.

- Fiabilidad: incrementa la confianza, lo que puede conllevar a una reducción de los recursos y de los costes procesales.

- Utiliza un único criterio: todas las acumulaciones de condenas se calculan utilizando un mismo algoritmo, lo cual homogeniza el criterio de cálculo para todos los usuarios.

Atendiendo a lo anterior, la Calculadora 988 es el ejemplo de cómo la tecnología aplicada a la Justicia mejora la productividad de los usuarios, reduciendo de forma significativa el tiempo de comprobación y cálculo en los casos de acumulación de condenas. Ejemplo de ello, es que un juez o un fiscal que antes tenía que dedicar varias horas a realizar manualmente el cálculo de la acumulación de condenas, ahora puede realizar de forma simple y rápida esta operación en la mitad de tiempo.

La aplicación se basa en un algoritmo definido a partir del marco legal establecido en el artículo 988 de la Ley de Enjuiciamiento Criminal, artículo 76 de la Ley Orgánica 10/1995, de 23 de noviembre, del Código Penal y el Acuerdo del Pleno no jurisdiccional de la Sala Segunda del Tribunal Supremo, de 27 de junio de 2018, relativo a la fijación de criterios en casos de acumulación de condenas.

El cálculo se realiza tomando como referencia las sentencias por orden cronológico de fecha de sentencia condenatoria y se realizan todas las combinaciones de bloques de acumulación posibles, incluyendo en el bloque las sentencias con fecha de los hechos anterior a la referencia. El máximo de cumplimiento efectivo no podrá exceder del triple de la condena más grave de los delitos incluidos en el bloque. Este valor deberá ser siempre inferior a 20 años exceptuando los casos «especiales» (apartado 1 del artículo 76 del Código Penal).

Para la definición y validación del algoritmo de cálculo se ha contado con la colaboración de un Comité de Expertos formado por letrados de la Administración de Justicia, magistrados y juristas de instituciones penitenciarias, así como representantes de las Unidades de Apoyo de la Dirección General de Modernización de la Justicia y de la Fiscalía General del Estado.

La colaboración entre diferentes agentes ha sido la pieza clave del proyecto, ya que el cálculo de la acumulación de condenas es utilizado, tanto a la Fiscalía que solicita la pena que se ha de imponer al condenado, como a los jueces y magistrados que imponen las penas conforme a las exigencias legales. También realizan el cálculo de acumulación de condenas los usuarios de instituciones penitenciarias que llevan el control de la pena pendiente de cumplimiento por el reo.

Los agentes de diferentes disciplinas que componen el Comité de Expertos han trabajado junto al equipo de desarrollo de la solución comunicando su visión para sacar el máximo valor a la tecnología. Además, han definido los requisitos, así como su priorización. Cabe destacar que, estos agentes tienen un conocimiento profundo de lo que debe contener la herramienta para cumplir con su objetivo y son capaces de identificar mejoras que se pueden introducir en las siguientes actualizaciones de la solución.

En definitiva, la inteligencia artificial es una herramienta poderosa y fundamental para afrontar y resolver los nuevos retos que debemos superar, pero debe tener en cuenta los derechos de las personas para que no se convierta en un arma de desigualdad, por ello, una premisa fundamental es que todos estos procedimientos de digitalización relacionados con la inteligencia artificial tienen que desarrollarse dentro de un marco ético y del respeto a los derechos humanos y a los derechos fundamentales.

1.3. LA IA COMO HERRAMIENTA PARA PREVENIR DELITOS. ESPECIAL REFERENCIA A LOS DELITOS BAJO LA INFLUENCIA DE BEBIDAS ALCOHÓLICAS

Colabora en este apartado

JAVIER CASTILLO GARCÍA

Letrado de la Administración de Justicia del Juzgado de lo Penal núm. 2 de Ibiza

En la actualidad, ha aumentado especialmente el uso de las técnicas que conducen al aprendizaje automatizado. Técnica que, además, abre numerosas posibilidades de aplicación en la práctica del Derecho por dos razones fundamentales:

1) la masiva introducción en la práctica de Juzgados, Tribunales de técnicas/programas orientados a la gestión automatizada de procedimientos.

2) la conveniencia de usar en dichos programas una gran cantidad de información atendiendo a las exigencias de nuestro ordenamientos jurídico que hace referencia a principios procesales como los de igualdad y generalidad (Constitución española: Art. 24.- «todos tienen derecho al Juez ordinario predeterminado por la ley, a la defensa y a la asistencia de letrado, a ser informados de la acusación formulada contra ellos, a un proceso público sin dilaciones indebidas y con todas las garantías, a utilizar los medios de prueba pertinentes para su defensa, a no declarar contra sí mismos, a no confesarse culpables y a la presunción de inocencia»).

La satisfacción de estos requisitos ha de ser considerada por todos los participantes en los procedimientos: profesionales (juristas y profesionales del Derecho de todo tipo) y los ciudadanos.

La Justicia no es solo conocimiento, sino también prudencia y sentido común, criterio y sensibilidad social al aplicarla. Por ello, la inteligencia artificial puede asumir gran parte del proceso y ser un excelente, expeditivo y gran apoyo, pero la última palabra en un juicio siempre la tendrá un ser humano. El robot no resuelve o puede resolver, solo identifica patrones de decisión que pueden o deben ilustrar al juez y contribuir a la mejor formación de su criterio personal y jurídico.

Por otro lado, siendo que los robots son programados por seres humanos, pueden terminar siendo programados también con sus problemas. De ahí que su objetividad puede ser relativa, pues si el algoritmo puede discriminar, entonces el robot terminaría haciéndolo, como se vio en Estados Unidos en el *«caso Loomis»*, objeto de análisis en otro de los apartados de la presente monografía, con el uso de un material informático para analizar las probabilidades de que una persona con antecedentes penales fuera reincidente. Así, se descubrió que el referido sistema le otorgaba un mayor porcentaje de posibilidad de reincidencia a la persona cuando esta no era de raza blanca, sino que era de raza negra.

Se debe tener presente que podría derivarse que el robot tenga en cuenta la alternativa más repetida desde el punto de vista estadístico, y ello podría llevar a la «fosilización» de la función judicial.

La inteligencia artificial es humana, porque la han hecho humanos, incluso aunque sea capaz de «aprender» de los datos que va recopilando. Pero la inteligencia artificial no dicta sentencias, al menos no de momento, aunque puede ayudar a dictarlas. Quizás en un futuro nos interpelará con sus algoritmos, pero siempre estará en nuestra mano no hacerlo, lo que nos obligará a motivar por qué. Como la mayoría de las decisiones técnicas, podríamos programar algunas ideas vinculadas con la Justicia y construir un sistema jurídico más neutral, pudiendo beneficiarse el sistema si incluimos la posibilidad de apelar siempre a una instancia superior humana.

Esto sin perjuicio, por supuesto, de continuar en la tarea de innovar los servicios legales para el mejor aprovechamiento de la inteligencia artificial, potencializando y ampliando los beneficios que actualmente pueden darnos las aplicaciones informáticas existentes.

El uso de algoritmos, en términos generales, siempre conlleva mejoras de eficiencia, rapidez, previsibilidad y seguridad, dado que se elimina la posibilidad de interferencia de prejuicios o creencias que puedan alterar la aplicación mecánica de las normas. Sin embargo, la aplicación de esta tecnología también tiene algún tipo de peligro ético y limitación técnica, de modo que uno de los retos pendientes es examinar y supervisar el código ético de estos algoritmos, ya que se corre el riesgo de incorporar, intencionalmente o no, prejuicios u otros elementos en la misma programación que de algún modo puedan contaminar la respuesta de éstos.

Desde el punto de vista técnico, los algoritmos de decisión artificial al aplicarlos solo habría que ajustarlos a los contenidos del sistema jurídico de cada lugar, en nuestro caso en la Administración de Justicia española teniendo únicamente referencia alguno de nuestros países vecinos o en su caso de USA, siempre teniendo en cuenta la posible reticencia tanto de los profesionales del Derecho como de los ciudadanos a aceptar que un algoritmo tome decisiones con cierta trascendencia.

La solución algorítmica no puede diferenciarse del valor tan importante que es el de la justicia *que* proclama el art. 1 de la CE. La superioridad de la IA es sola y únicamente una superioridad de cálculo, una ventaja frente a los límites cognitivos de la inteligencia de carácter humano, pero no puede ser concebida como un instrumento con capacidad para desplazar al razonamiento humano en el ejercicio individualizado de nuestro *ius puniendi*.

En el proceso penal es perfectamente imaginable que antes de aceptar, por ejemplo, una propuesta de conformidad ofrecida por el Ministerio Fiscal se someta ésta a un análisis predictivo de la viabilidad de la acusación. Pero la conformidad del acusado frente a las conclusiones iniciales del Ministerio Fiscal nunca debería entenderse como la aceptación de una responsabilidad penal impuesta por el algoritmo. En pocos casos como éste, la experiencia del letrado defensor que asume la defensa y, sobre todo, del control judicial de los términos de esa conformidad adquieren tanta importancia.

En primer lugar, en el ámbito de lo que se denomina la «tramitación procesal». En este ámbito, el Magistrado entiende que el uso de la inteligencia artificial no sólo sería posible sino recomendable, dado que permitiría liberar tanto a Jueces; Magistrados, Letrados de la Administración de Justicia, Fiscales o funcionarios de Justicia que aquellas tareas repetitivas, mecánicas o que no requieren de un razonamiento lógico o humano.

Así con la regulación actual de la conformidad «premiada» del art. 801, en un juicio rápido, su competencia y definición seria como la siguiente:

La conformidad del acusado es un acto o declaración de voluntad unilateral que efectúa el acusado admitiendo los hechos y mostrando su acuerdo con la petición de pena más elevada solicitada por las acusaciones. Así, la conformidad del acusado en el juicio rápido implica que no se precise convocar juicio y se dicte sentencia de conformidad por el Juez de Instrucción de guardia con efecto de cosa juzgada, además de la reducción de un tercio de la pena más alta solicitados.

En esta conformidad premiada, arbitrada exclusivamente para calificaciones de delitos con pena privativa de libertad no superior a los dos años de prisión, la competencia para dictar una sentencia de conformidad premiada ya no corresponde a los órganos de enjuiciamiento, sino a los de instrucción: concretamente al Juez de Instrucción, cuando se adopte en el seno de unas Diligencias Previas o al Juez de Guardia o en el caso que vamos a desarrollar el futuro juez robot en el supuesto de que la conformidad suceda dentro de unas Diligencias Urgentes de juicio rápido.

Para que el denunciado pueda prestar su conformidad en la guardia y beneficiarse de los beneficios de rebaja de la pena o de suspensión o sustitución de las penas privativas de libertad, es necesario, el cumplimiento de determinados presupuestos que, en una primera sistematización, podemos clasificar en formales o procesales y materiales. Siendo los delitos que pueden ser enjuiciados como juicios rápidos, recogidos en el artículo 795 y siguientes de la LECrim, deben de tratarse de delitos en los que se den estas circunstancias:

1. Que la pena a imponer no sea superior a 5 años de prisión o a 10 años si se trata de otras penas diferentes a prisión.

2. Que haya sido iniciado mediante atestado policial.

3. Que se trate de delitos flagrantes.

Se considerará delito flagrante el delito que se estuviese cometiendo o se acabare de cometer cuando el delincuente sea sorprendido en el acto. Se entenderá sorprendido en el acto no sólo al delincuente que fuere detenido en el momento de estar cometiendo el delito, sino también al detenido o perseguido inmediatamente después de cometerlo. Y que se trate de alguno de los siguientes delitos:

a) Delitos de lesiones, coacciones, amenazas o violencia física o psíquica habitual, cometidos contra las personas a que se refiere el artículo 173.2 de del C. Penal.

b)   Delito de hurto

c)   Delitos de robo.

d)   Delitos de hurto y robo de uso de vehículos.

e)   Delitos contra la seguridad del tráfico.

f)   Delitos de daños referidos en el artículo 263 del Código Penal.

g)   Delitos contra la salud pública previstos en el artículo 368, inciso segundo, del Código Penal.

h)   Delitos flagrantes relativos a la propiedad intelectual e industrial previstos en los artículos 270, 273, 274 y 275 del Código Penal.

Además, tener en cuenta que se trate de un hecho punible cuya instrucción sea presumible que será sencilla y que no se acuerde el secreto de actuaciones. Han de concurrir los siguientes requisitos según el art. 787 de la LECrim, prestando el acusado su conformidad:

1.º   Que no se hubiera constituido acusación particular y la Fiscalía hubiera solicitado la apertura del Juicio Oral y así acordado por el juez de guardia, aquel hubiera presentado en el acto escrito de acusación.

2.º   Que los hechos objeto de acusación hayan sido calificados como delito castigado con pena de hasta tres años de prisión, con pena de multa cualquiera que sea su cuantía o con otra pena de distinta naturaleza cuya duración no exceda de 10 años.

3.º   Que, tratándose de pena privativa de libertad, la pena solicitada o la suma de las penas solicitadas no supere, reducida en un tercio, los dos años de prisión.

Lo que más caracteriza a la manifestación de conformidad con la pena solicitada por parte del investigado, implica que se la va a aplicar como condena únicamente la tercera parte de la pena propuesta por la acusación.

Es decir, se produce una reducción de un tercio de la pena solicitada siempre y cuando el investigado esté conforme y acepte el escrito de acusación realizado por el Ministerio Fiscal, lo que implica aceptar y estar conforme con la descripción de los hechos y fundamentos de derecho recogidos. Cumplidos estos requisitos formales anteriormente descritos el Juez de instrucción en funciones de guardia dictará sentencia de conformidad imponiendo la pena solicitada con una reducción del tercio, pudiéndose declarar oralmente la firmeza de la sentencia y conformidad si las partes personadas en autos declaran su intención de declarar la firmeza de la misma.

Aquí es donde entraría la Inteligencia Artificial en toda su extensión y la función del juez robot anteriormente descrita, como algoritmo, por ejemplo, ya que es muy habitual que la conformidad se dé en los casos de delitos contra la seguridad en el tráfico (alcoholemias o conducción bajo la influencia de bebidas alcohólicas), conducción sin permiso, o sin puntos por pérdida de ellos o en casos de conducción temeraria. Así, a modo de ejemplo, la Guardia Civil abre atestado a un conductor por conducir bajo la influencia de bebidas alcohólicas por haber dado positivo en un control de alcoholemia, lo que está encuadrado dentro de los tipos de delitos tipificados, por los que se pueden enjuiciar como delito rápido conforme al art. 795 de la LECrim.

Cuando llega el atestado al Juzgado, tras los trámites oportunos, el Ministerio Fiscal presentará un escrito de acusación atendiendo a las circunstancias personales del investigado y del caso concreto, como por ejemplo, atender si hay reincidencia, así como los antecedentes penales. En ese escrito de acusación se puede solicitar la pena que considere oportuna atendiendo al caso concreto.

Este delito y sus penas viene recogido en el artículo 379 CP. Así, por ejemplo, el Ministerio Fiscal solicita en su escrito de acusación la pena mínima, la retirada del permiso de conducir por un año (pena mínima) y además la imposición de una multa de 6 meses a razón de 6 euros/día, lo que supone 1.080 euros (cuotas y periodos muy comunes en el día a día de nuestros juzgados de guardia).

Si el acusado acepta la exposición de los hechos ocurridos tal y como se recoge en el escrito de acusación del Ministerio Fiscal, así como la pena solicitada, en este caso, se dará su conformidad sin necesidad de celebrar juicio y le permitirá acogerse a una reducción de la condena solicitada en un tercio. Es decir, finalmente la condena será de una multa de 4 meses a razón de 6 euros/día, lo que supone 720 euros y la retirada del carné de conducir por 8 meses. En este ejemplo se ha puesto una multa con cuota/día de 6 euros, si bien, esa cantidad la ponderará el Fiscal atendiendo al caso concreto.

Así las cosas, este delito sobre la seguridad en el tráfico, los podría resolver sin problemas, una computadora o juez robot. Un funcionario introduce los datos del atestado policial, el Fiscal sus pruebas de cargo, y los abogados de las partes, las de descargo y sus alegaciones. El ordenador procesa automáticamente toda esa información y, en pocos segundos, aplicando con rigurosidad la Ley y la jurisprudencia, dictará una sentencia de conformidad.

La justicia española es muy lenta pero la IA emerge como una solución a nuestros problemas diarios y en nuestro ámbito de la Justicia no es una excepción, por lo que el ejemplo anterior quedaría resuelto con gran rapidez sin la concurrencia de un juez humano, pero sí con la concurrencia de un juez robot.

Por lo que, otra pregunta que habría que formular, a colación del caso de la seguridad vial, en un juicio rápido susceptible de convertirse en causa con preso,

¿podrán los robots o máquinas dictar sentencia que condene a un justiciable a ir a prisión?

La respuesta desde nuestro punto de vista es que la IA es y será una herramienta útil para agilizar los procesos, analizar pruebas, buscar informaciones o patrones interesantes en bases de datos como las llamadas telefónicas o para elaborar escritos de acusación, así como para el dictado de sentencias incluidas las penales que condenen al reo a ir a prisión, es decir, estamos hablando de palabras muy mayores, por lo que en un futuro estas decisiones pueden recaer en una máquina, en un juez robot o en un algoritmo.

Por otro lado, desde el punto de vista de la Fiscalía, todo apunta a que la IA al servicio de las tareas del Ministerio Fiscal puede aportar un rendimiento más que satisfactorio. Con los mismos límites que venimos subrayando, la formulación de acusaciones o la petición de sobreseimientos puede verse ayudada por dispositivos que traduzcan en términos jurídicos la información que les proporciona el órgano de la acusación. Se tratará, en la inmensa mayoría de las ocasiones, de propuestas provisionales susceptibles de ser modificadas en función del desarrollo del plenario o la aparición de nuevas pruebas que aconsejen reabrir el procedimiento. Cuestión distinta es el insustituible papel del Fiscal durante el desarrollo del juicio oral. En ese momento, la información proporcionada por la IA no perderá su valor de apoyo para el manejo de datos e información jurisprudencial, pero no debería pretender la sustitución del órgano constitucional llamado a promover la acción de la justicia en defensa de la legalidad.

Hablar de la sustitución de la persona que dicta el Derecho, es decir del Juez, que ha de aplicar según unas leyes de procedimiento y de unos Códigos, por una máquina, pero todo ello en base de una información tratada mediante fórmulas algorítmicas, lo que conlleva a que actualmente la inteligencia artificial es un asunto que ocupa las reflexiones de las altas instancias y cúpula judicial española y que así como es un tema candente encima de la mesa, conllevará a un serio debate a lo largo de los próximos años.

1.4. IA EN EL TRIBUNAL: EL DEBATE SOBRE LOS SISTEMAS DE EVALUACIÓN DE RIESGOS EN LA JUSTICIA PENAL ESTADOUNIDENSE

El uso de herramientas de Inteligencia Artificial (IA) en el ámbito de la justicia penal se ha convertido, incluso en Europa, en un tema cada vez más urgente. Aunque la experiencia más significativa de aplicación de tecnologías en el juicio penal es todavía la que ofrece el sistema jurídico estadounidense, hoy día es necesario, incluso a nivel europeo, llevar a cabo una reflexión que aborde la admisibilidad de sistemas algorítmicos dentro de la justicia penal. Establecer un debate teórico sobre la naturaleza de estas herramientas y sobre la compatibilidad de su utilización en materia penal, con respecto a los derechos fundamentales y los principios constitucionales de los Estados, permitiría anticipar el desarrollo de la tecnología y garantizar que la difusión de las herramientas de IA en el ámbito de la justicia en general —y sobre todo de la justicia penal— sea preparada por una base cultural sólida y una regulación jurídica clara, adecuada para abordar los retos de la modernidad[316].

En términos resumidos, las tecnologías predictivas que actualmente han sido desarrolladas pueden ser divididas en dos grupos en función del objeto del pronóstico —o sea, de la «predicción»— que prometen hacer. Por un lado, están los algoritmos que ofrecen una «predicción» del riesgo de reincidencia —es decir, de reiteración del delito— de una persona, sea esa un sospechoso sujeto a investigación penal, un acusado en un procedimiento penal o una persona ya condenada y contra la que se esté ejecutando una pena. En cuanto a estas herramientas, desarrolladas para «predecir» el riesgo de cometer nuevos delitos, el punto de observación privilegiado puede identificarse en el ordenamiento de Estados Unidos, donde los llamados RATs (*risk assessment tools*) están ya muy extendidos[317]. En Europa, de momento, solo cabe señalar un ejemplo en el Reino Unido. Por otro lado, deben tenerse en cuenta los algoritmos que ofrecen una predicción del resultado decisorio de un razonamiento judicial. Aunque esta segunda tipología de herramientas todavía no está tan extendida como las de predicción de riesgo y, en todo caso, su uso se limita a la esfera civil. La experiencia más interesante, en este ámbito, es el caso francés.

---

316. Señalan la necesidad de que la implementación de políticas públicas para la implementación de herramientas de I.A. sea anticipada por un debate público multidisciplinario, capaz de delinear limites jurídicos al desarrollo de algoritmos que garantizaran el respeto de los derechos fundamentales X. RONSIN, V. LAMPOS, V. MAÎTREPIERRE, *In-depth study on the use of AI in judicial systems, notably AI applications processing judicial decisions and data, en Appendix I, European ethical Charter on the use of Artificial Intelligence in judicial systems and their environment*, en http://www.coe.int.

317. Aunque las herramientas computacionales utilizadas son muy numerosas, las más conocidas y extendidas son «COMPAS» (*Correctional Offender Management Profiling for Alternative Sanctions*), «LSI-R» (*Level of Service Inventory Revised*), las dos desarrolladas por empresas comerciales, y «PSA» (*Public Safety Assessment*), creada por una fundación. Algunos estados, sin embargo, han desarrollado sus propios algoritmos predictivos. Por ejemplo, el *Department of Rehabilitation and Correction* de Ohio desarrolló el algoritmo «ORAS» (*Ohio Risk Assessment System*) en colaboración con la Universidad de Cincinnati (en este respecto, KEHL, GUO, KESSLER, *Algorithms in the Criminal Justice System, op. cit.*, p. 16). Sobre el algoritmo recientemente adoptado en Pensilvania, como resultado de un trabajo iniciado en 2010 por la Pennsylvania *Commission on Sentencing*, R. HESTER, *Evaluación de riesgos en la sentencia. La experiencia de Pensilvania, en Predictive Sentencing: Normative and Empirical Perspectives*, dirigido por J.W. DE KEIJSER, J.V. ROBERTS, J. RYBERG, Hart Publishing, 2019, pp. 213 ss.; A. Diener, Pennsylvania's Proposed, Questionably Constitutional, Risk Assessment Instrument, en «Harvard Civil Rights — Civil Liberties Law Review», 17 de octubre de 2019; A. BASHIR, *Pennsylvania's Misguided Sentencing RiskAssessment Reform*, en «*The Regulatory Review*», 5 de noviembre de 2019.

1.4.1. Herramientas de valoración del riesgo de reincidencia en Estados Unidos

En el contexto de los Estados Unidos, son esencialmente dos los ámbitos de utilización que más plantean cuestiones de compatibilidad con principios generales y derechos fundamentales. En primer lugar, las decisiones sobre el llamado *pre-trial release*, es decir, con un cierto nivel de aproximación, la libertad provisional.

En segundo lugar, la fase del *sentencing*, en la cual se determina la medida de la pena y, de manera más amplia, el tratamiento sancionatorio. En el ámbito penitenciario y, más en general, de ejecución de penas, también puede encontrarse un uso de algoritmos predictivos del riesgo de reincidencia por el *Department of Corrections*, que, sin embargo, parece haber planteado menos problemas, por lo menos en la actualidad del debate.

Para las decisiones sobre el *pre-trial release*, en los Estados Unidos existen numerosas herramientas predictivas del riesgo de reincidencia. Una de las más comunes es PSA (*Public Safety Assessment*)[318], desarrollada por una organización privada sin ánimo de lucro, la *Arnold Foundation*. La regulación sobre la utilización de *risk assessment tools* no es uniforme a lo largo de Estados Unidos. Algunos Estados expresamente permiten el uso de algoritmos predictivos para las decisiones en tema de *pre-trial release*, otros lo recomiendan y algunos lo establecen como obligatorio.

Un dato que llama la atención en el marco del estudio de la experiencia estadounidense es la conexión entre el ingreso de *risk assessment tools* en el proceso decisional sobre el *pre-trial release* y el debate en torno al *money bail*[319]. Interesante es el caso del Estado de California, donde en el año 2018 se abolió el *money bail* y se estableció la obligación de utilizar *risk assessment tools*. La reforma fue derogada tan sólo dos años después por un referéndum,

---

318. «PSA» es utilizado por cuatro Estados (Arizona, Kentucky, New Jersey e Utah) y en algunas importantes jurisdicciones dentro de Estados Unidos, por ejemplo, Allegheny County (Pittsburgh, Pennsylvania), Cook County (Chicago, Illinois), Harris County (Houston, Texas), Mecklenburg County (Charlotte, North Carolina), Milwaukee County (Wisconsin), San Francisco County (California). Véase, al respecto, la hoja informativa «Where is PSA currently used?» en advancingpretrial.org. El *output* del sistema consiste en la atribución de una puntuación entre 1 y 6 para cada uno de los tres «riesgos» que se evalúan: el de la no presentación en la audiencia (*Failure To Appear* — FTA), el de nueva detención (*New Criminal Arrest* — NCA) y el de nueva detención para crímenes violentos (*New Violent Criminal Arrest* — NVCA). Para los criterios de atribución de la puntuación tras la evaluación de riesgo, véase la hoja informativa *How It Works*, en advancingpretrial.org. Sobre el algoritmo PSA, en la doctrina italiana, GIALUZ, *Quando la giustizia penale incontra l'intelligenza artificiale*, *op. cit.*, p. 7; F. BASILE, «Intelligenza artificiale e diritto penale: quattro possibili percorsi di indagine», en *Diritto penale e uomo*, 29 de septiembre de 2019, p. 18.

319. Sobre el *money bail*, en la doctrina italiana, V. TONDI, IL BAIL., *La libertà su cauzione negli ordinamenti anglosassoni*, Cedam-Wolters Kluwer, Padua, 2016.

apoyado no solo por la llamada *bail industry* —es decir, las empresas de seguros que tenían interés al restablecimiento del *bail*— sino también por organizaciones y redes de activistas que se oponían al *bail*, pero al mismo tiempo señalaban los riesgos del empleo de algoritmos predictivos y, sobre todo, los efectos discriminatorios y la inaccesibilidad al funcionamiento de estas herramientas.

1.4.2. El sentencing y el caso Loomis

El debate estadounidense se ha desarrollado también en torno al segundo ámbito de aplicación de algoritmos predictivos que se ha mencionado al principio: la fase del *sentencing*, en la cual el juez va a establecer el tratamiento sancionatorio que debe imponerse al condenado.

Sin duda la herramienta más conocida entre las que se utilizan en este contexto es COMPAS (acrónimo que significa *Correctional Offender Management Profiling for Alternative Sanctions*)[320]. Al respecto cabe destacar dos elementos. En primer lugar, como sugiere el nombre, se trata de un algoritmo inicialmente desarrollado para ser utilizado no tanto en el *sentencing*, sino en el contexto de la ejecución penal. En segundo lugar, COMPAS ha sido desarrollado por una empresa privada y su funcionamiento está protegido por secreto empresarial. Bien se conoce el caso *Loomis* de 2016, en el cual el Tribunal Supremo de Wisconsin tuvo que abordar la compatibilidad del uso de COMPAS en la fase del *sentencing* con los derechos del acusado[321]. Los aspectos destacados por *Loomis* se referían a la ausencia de una valoración individual en la decisión sobre el tratamiento sancionatorio y, a nivel procesal, a la inaccesibilidad al funcionamiento del algoritmo, que estaba protegido por el secreto empresarial y cuya validez, de hecho, no podía ser discutida por la defensa. El Tribunal Supremo de Wisconsin, aun confirmando la posibilidad de utilizar COMPAS en el *sentencing*, afirmó que era necesario circunscribir su uso a través de límites y precauciones. La primera precaución indicada por el Tribunal Supremo de Wisconsin es la información al juez sobre la naturaleza y las características de la herramienta COMPAS. En primer lugar, se trata de un algoritmo protegido por secreto empresarial, que se ha invocado para evitar la divulgación de informaciones sobre su funcionamiento. En segundo lugar, la puntuación que se obtiene tras la evaluación de riesgo se basa en

---

320. Es una herramienta predictiva computacional desarrollada en 1998 por la empresa *Northpointe* (hoy *Equivant*). La base de datos en la que se fundamentaba el funcionamiento del sistema consta de 300.000 casos, examinados por COMPAS entre enero de 2004 y noviembre de 2005. La entrada del algoritmo está representada por la información recogida del expediente del demandado y las respuestas proporcionadas por el sujeto a una serie de preguntas. El producto devuelto por el sistema consiste en un *«risk assessment»* y un *«needs assessment»*. La sección de *risk assessment* asigna una puntuación en una escala de 1 a 10 para cada uno de los tres riesgos de reincidencia medidos: *pre-trial recidivism risk, general recidivism risk*, y *violent recidivism risk*.

321. STATE V. LOOMIS, 881 N.W.2d 749, 753 (Wis. 2016).

datos que se refieren a grupos de alto riesgo y no puede leerse como una evaluación de riesgo del individuo acusado. Además, se han expresado dudas sobre la clasificación desproporcionada de personas pertenecientes a comunidades minoritarias como individuos con un mayor riesgo de reincidencia. Por último, como se comentaba antes, el algoritmo no se había desarrollado para el *sentencing*, sino para ser utilizado por el *Department of Corrections* en las decisiones sobre tratamiento penitenciario, supervisión y libertad condicional.

A la luz de las perplejidades destacadas por el Tribunal Supremo, COMPAS no puede utilizarse nunca para decidir si a una persona debe aplicársele la pena de prisión o cuanto severa debe ser su sentencia. Sin embargo, COMPAS sí que puede ser utilizado —pero siempre como factor solo relevante y no determinante— para decidir sobre la aplicación de penas alternativas a la prisión, para imponer obligaciones en el marco de la libertad condicional y para evaluar si a la persona puede aplicársele la supervisión en comunidad. Estos límites son acompañados por la obligación del juez de tomar en cuenta otros factores que apoyen la decisión. Es decir, que una sentencia no puede fundamentarse exclusivamente en una valoración de riesgo llevada a cabo por un algoritmo.

II. EL EMPLEO DE TICS PARA GARANTIZAR LA EFECTIVIDAD DEL DERECHO A LA TRADUCCIÓN E INTERPRETACIÓN

Colabora en este apartado

BLANCA MAZZINI PAREJO

Abogada, traductora e intérprete; doctoranda en la Universidad de Sevilla

2.1. INTRODUCCIÓN

La labor de traducción e interpretación en el ámbito judicial es una gran olvidada, que, sin embargo, tiene enormes repercusiones en el derecho a la tutela judicial efectiva que consagra el artículo 24 de la Constitución española. Cualquier variación, por mínima que sea, en la información en lengua extranjera recibida dentro de un proceso judicial o relacionada con el mismo puede suponer alteraciones en su resultado.

Una de las herramientas fundamentales con las que podemos contar para frenar las posibles vulneraciones de derechos que puedan darse con traducciones o interpretaciones deficientes son las TICs, aunque hemos de ser conscientes de que, como veremos, pueden resultar un arma de doble filo, pues una excesiva confianza en el apoyo que suponen en ocasiones conlleva que no se detecten errores.

2.2. TRADUCIR E INTERPRETAR

De modo introductorio, debemos diferenciar las dos figuras principales de la intermediación lingüística, esto es, al traductor del intérprete[322]. Aunque en ocasiones un mismo profesional desempeña ambas funciones, quien traduce se dedica a trasladar de un idioma a otro los textos, el lenguaje escrito y quien interpreta se encarga de modificar la lengua de discursos o manifestaciones orales.

Aunque ambas profesiones se dedican al trasvase de información, teniendo en cuenta el contexto y las implicaciones culturales que permiten discernir la intención del hablante, sus diferencias conllevan a que se trate de actividades completamente distintas. Para traducir generalmente se cuenta con tiempo y espacio al efecto, sea en la oficina, sea en el despacho del profesional *freelance*. Para interpretar, sin embargo, se pretende inmediatez, la cual varía, como veremos, según la modalidad de interpretación que se utilice.

Las implicaciones de las TICs en estos procesos son, por tanto, también distintas. Aunque traductores e intérpretes vienen haciendo uso de medios informáticos y telemáticos desde hace tiempo, esta circunstancia no siempre está prevista en nuestras leyes procesales. La implantación de las ya no tan nuevas TICs en el método de trabajo de la Administración de Justicia ha desembocado en cambios en las leyes procesales y en el modo de tramitar los procedimientos[323]. Nos vemos, al menos en nuestro entorno, ante una sociedad que ya no puede entenderse sin medios informáticos o acceso a internet, aunque no siempre resulta posible las reformas legislativas sigan el ritmo vertiginoso en el que se suceden los cambios.

2.2.1. Traducción: general o especializada

En función del grado de especialización del documento, estaremos ante una traducción general o especializada. Si se trata de un texto no especializado será suficiente contar con un traductor que trabaje con las lenguas de origen y destino, siendo su lengua materna o principal el idioma en el que deba quedar traducido el documento, pues de lo contrario nos encontraríamos ante una traducción inversa, de más compleja ejecución. Podrán ser objeto de una traducción general un folleto informativo, una noticia o un correo electrónico, es decir, textos de carácter divulgativo que no requieran un alto grado de especialización del traductor.

---

322. Profesiones que, como afirma De las Heras Caba, M., «La figura del traductor en las normas procesales españolas. Análisis de los órdenes jurisdiccionales civil, penal, contencioso-administrativo y social», *Revista Internacional de Doctrina y Jurisprudencia*, vol. 13, 2016, p. 13, tienden a confundirse.
323. Como señala Cerdá Meseguer, J.I., «La modernización de la justicia en España: objetivos pendientes y retos futuros», *Revista d'estudis autonòmics i federals*, vol. 35, 2022, p. 344.

La traducción especializada, por su parte, se ocupa de documentos que versan sobre un campo de estudio concreto, utilizando terminología específica de una rama del saber, que deberá conocer el traductor, por ejemplo, legal, científica, médica o económica. En contexto judicial no sólo se introducen textos sobre derecho, sino también todo tipo de documentos como informes periciales de una gran variedad de materias técnicas, por lo que deberá elegirse al profesional adecuado para cada encargo.

2.2.2. Interpretación: simultánea, consecutiva o bilateral

En la interpretación, además de la especialización del discurso, se tiene en cuenta el método empleado para llevarla a cabo, el cual da lugar a tres grandes tipos o modalidades.

En primer lugar, la interpretación simultánea es aquella que se realiza en tiempo real o, al menos, con pocos segundos de retraso. Para que el intérprete pueda oír el discurso del orador al mismo tiempo que lo traslada a otra lengua, suelen resultar necesarios dispositivos electrónicos de audio. Idealmente se trabaja desde cabinas de interpretación y acompañado de un concabino o compañero que pueda sustituir al intérprete principal en caso de error, imprevisto o momentánea saturación mental. Si el discurso a trasladar fuese de larga duración, ambos profesionales realizan turnos, generalmente de media hora cada uno.

Cualquier herramienta de comunicación relacionada con esta modalidad estará encaminada a facilitar que todo aquel que necesite la interpretación pueda oírla, y a permitir la visibilidad del intérprete, al que, en espacios preparados, se le sitúa, en ocasiones, en una entreplanta superior desde la cual, a través de un cristal, puede mirar al orador mientras interpreta su discurso. Se utilizaron por primera vez dispositivos de audio para la interpretación en el marco de un procedimiento judicial durante el proceso de Nuremberg en 1945[324], donde cada palabra que se pronunció fue trasladada de forma simultánea a, al menos, otros tres idiomas distintos, lo cual es considerado como el punto de partida de la interpretación simultánea.

En nuestro país se hizo uso de la simultánea, por ejemplo, durante los juicios del 11-M, sin que sea habitual que se utilice en juzgados y tribunales, pues no se dispone de cabinas de interpretación. Aunque pueden alquilarse cabinas portátiles a empresas privadas, este proceder no resulta común ni proporcionado para un juicio cotidiano. Aún así, la Ley de Enjuiciamiento Criminal[325], en ade-

---

324. Baigorri Jalón, J., *From Paris to Nuremberg. The birth of conference interpreting*, Amsterdam, John Benjamins Publishing Company, 2014, pp. 247-254.
325. España. Real Decreto de 14 de septiembre de 1882 por el que se aprueba la Ley de Enjuiciamiento Criminal. Publicado en Gaceta de 17 de septiembre de 1882. Vigencia desde 7 de octubre de 1882.

lante LECrim, indica que debe preferirse la simultánea a otros tipos de interpretación[326], aunque, dado que rara vez resulta posible disponer de los medios técnicos necesarios, no suele utilizarse la interpretación simultánea en sede judicial.

En ocasiones se realiza de forma susurrada, esto es, en voz baja y cerca de la persona que no entiende el idioma del procedimiento. De este modo se le permite seguir el desarrollo de la declaración o juicio oral, aunque con las limitaciones que supone estar oyendo distintas voces a la vez, así como las molestias que pueda causarle al orador escuchar al intérprete hablar en voz baja al mismo tiempo.

La segunda de las modalidades de interpretación que hemos de mencionar es la consecutiva. Como su nombre indica, consiste en trasladar a otro idioma el discurso del orador a continuación de que éste haya terminado de hablar, o al menos concluya un fragmento de su intervención de, se recomienda, no más de 5 minutos. Mediante la toma de notas el intérprete podrá reproducir la información, no siendo necesario, por lo general, ningún medio tecnológico, a excepción de los que pudiera utilizar para documentarse, elaborar glosarios o consultar diccionarios.

Por último, la interpretación bilateral es aquella que se utiliza para intermediar en una conversación. Dada la brevedad que suelen tener las intervenciones parte de un diálogo fluido, en formato preguntas y respuestas en el caso de interrogatorios, el intérprete no suele necesitar apoyos adicionales. El uso de las TICs en este caso resulta meramente residual.

2.2.3. Traducción e interpretación juradas

Las traducciones o interpretaciones juradas son aquellas realizadas por un profesional que ha sido habilitado para ello, bien a través del extinto plan de estudios de Licenciatura en Traducción e Interpretación, bien tras la superación del examen que convocan al efecto el Ministerio de Asuntos Exteriores, Unión Europea y Cooperación o las Comunidades Autónomas con competencias en la materia[327].

Al resultado de la traducción o interpretación realizada por profesionales jurados se le presumirá una mayor fidelidad al original. Se utilizan para los trámites oficiales en los que así se requiera, aunque, salvo exigencias del organismo que deba recibir la documentación, no suele elegirse un traductor o intér-

---

326. Art. 123.2 LECrim: «En el caso de que no pueda disponerse del servicio de interpretación simultánea, la interpretación de las actuaciones del juicio oral a que se refiere la letra c) del apartado anterior se realizará mediante una interpretación consecutiva de modo que se garantice suficientemente la defensa del imputado o acusado».

327. Galanes Santos, I., «La acreditación de traductores y/o intérpretes jurados en España: novedades, contrastes e incoherencias», *Sendebar, vol. 21*, 2010, p. 253.

prete jurado, dadas sus tarifas más elevadas que las de sus compañeros que no lo son, ya que la lista de traductores e intérpretes jurados es finita[328] y pueden decidir libremente sus honorarios.

En ámbito judicial, según nuestras normas procesales[329] no se requieren interpretaciones juradas, pues se podrá habilitar como intérprete a cualquier persona con suficientes conocimientos de la lengua que deba ser interpretada.

Tampoco para las traducciones resulta necesario que sean juradas, pues la norma menciona que deban ser «oficiales», sin detallar en qué consiste una traducción oficial. Hemos de acudir a la disposición adicional décima sexta de la Ley 2/2014, de 25 de marzo de la Acción y del Servicio Exterior del Estado[330], donde se señala que se determinarán reglamentariamente los requisitos para que una traducción o interpretación sea considerada oficial. Se especifica que será oficial la intermediación lingüística realizada por profesionales jurados, además de las realizadas o asumidas por una serie de organismos entre los que se encuentran la Oficina de Interpretación de Lenguas y las representaciones diplomáticas y consulares.

Por tanto, las traducciones e interpretaciones juradas pueden considerarse oficiales, pero no son las únicas con dicho carácter. En la práctica forense, se aceptan los trabajos realizados por el profesional lingüista que designe la empresa adjudicataria que presta sus servicios en el partido judicial correspondiente. No se exige, por tanto, la intervención de traductores e intérpretes jurados, aunque en ocasiones resulta conveniente acudir a los mismos de cara a evitar posibles impugnaciones de la parte contraria.

---

328. Y a nuestro entender, escasa, puesto que no se han realizado exámenes habilitantes desde la convocatoria del año 2018 por la Resolución de 12 de julio de 2018, de la Subsecretaría, por la que se convocan exámenes para la obtención del título de Traductor-Intérprete Jurado. La lista de traductores e intérpretes jurados se va actualizando con frecuencia, disponible desde el 4 de mayo de 2023 en la siguiente dirección: https://www.exteriores.gob.es/es/ServiciosAlCiudadano/Documents/TraductoresEinterpretes/LISTA_TRADUCTORES_INTERPRETES_JURADOS.pdf. Podemos observar como del total de traductores e intérpretes jurados, únicamente 11.967 están en activo, en todo el país y de cualquiera de los idiomas, lo cual conlleva a que el número de profesionales de cada lengua disponibles en una ciudad sea bastante reducido.

329. El art. 143 LEC permite que las traducciones se realicen de forma privada, pues únicamente en caso de impugnación por alguna de las partes se deberá acudir a una traducción oficial. Por su parte, su art. 143 establece que el Letrado de la Administración de Justicia «podrá habilitar como intérprete a cualquier persona conocedora de la lengua de que se trate, exigiéndosele juramento o promesa de fiel traducción». En el ámbito penal, el art. 441 LECrim establece un orden de prelación en la elección del intérprete, debiéndose designar en primer lugar un titulado, en segundo lugar, a un maestro del idioma y, en defecto de ambos, cualquier persona que hable la lengua objeto de interpretación. Tampoco en el orden penal se menciona ningún requisito adicional para la traducción, regulada en el art. 123 de la misma ley.

330. España. Ley 2/2014, de 25 de marzo de la Acción y del Servicio Exterior del Estado. Publicada en BOE núm. 74 de 26 de marzo de 2014. Vigencia desde 27 de marzo de 2014.

En los últimos años se ha promulgado el Real Decreto 724/2020, de 4 de agosto, por el que se aprueba el Reglamento de la Oficina de Interpretación de Lenguas del Ministerio de Asuntos Exteriores, Unión Europea y Cooperación, el cual contempla en su artículo 6 tres tipos de habilitaciones distintas: traducción directa, traducción inversa e interpretación, separando así la profesión de traductor-intérprete jurado, antes entendida como una única especialidad, en tres modalidades.

Todavía no se han realizado pruebas desde la contemplada por la Resolución de 12 de julio de 2018, de la Subsecretaría de MAUC, por la que se convocan exámenes para la obtención del título de Traductor-Intérprete Jurado, ni se cuenta con datos acerca de cómo se adaptarán a las nuevas habilitaciones, aunque podemos prever que se separen también en tres modalidades de examen, o, al menos, se trate de forma diferenciada a los aspirantes a traductor jurado y a intérprete jurado.

En nuestra opinión, resulta necesario renovar el sistema de acceso a esta habilitación para fomentar así la inclusión de los profesionales jurados en el ámbito judicial. Al no contarse ya con la posibilidad de convalidar la titulación universitaria para acceder a la habilitación de traductor o intérprete jurado y habiendo transcurrido 5 años sin que se convoquen exámenes, el número de profesionales ha disminuido y raramente prestan sus servicios en juzgados y tribunales, pues, además, el salario que se ofrece es inferior a las tarifas que suelen cobrar.

2.3. MARCO JURÍDICO DE LA TRADUCCIÓN E INTERPRETACIÓN JUDICIALES

2.3.1. El derecho a la traducción e interpretación en la Unión Europea

Uno de los grandes logros de la Unión Europea ha sido la creación de un espacio de libertad, seguridad y justicia en el que los ciudadanos cuentan, entre otras, con libertad de movimiento y residencia[331], para lo que resulta necesario que las resoluciones dictadas por los órganos judiciales de los Estados miembros de la UE circulen, asimismo, sin trabas. Para ello, resulta imprescindible la traducción de los documentos y la interpretación de las actuaciones procesales orales, avanzando en la cooperación judicial civil y penal entre Estados miembros.

Siendo el multilingüismo uno de los principales ejes de la Unión Europea, la garantía de traducción e interpretación, al menos entre los veinticuatro idiomas oficiales de sus Estados miembros, es su lógica consecuencia, pues es una

---

331. Lobato Patricio, J.I., «La traducción jurídica, judicial y jurada: vías de comunicación con las administraciones» en *Entreculturas*, 2009, vol. 1, pp. 191.

de las bases para la confianza en los sistemas judiciales que componen nuestra comunidad política.

Así, la Carta de los Derechos Fundamentales de la Unión Europea, proclamada en Niza en el año 2000, consagra en su artículo 20 la igualdad ante la ley y en su artículo 21 prohíbe la discriminación, entre otros factores, por razón de lengua. Por su parte, el artículo 47 recoge el derecho a la tutela judicial efectiva y a un juez imparcial. Aunque no se mencionan expresamente la traducción y la interpretación, puede inferirse que resulta necesaria su protección para la efectividad de los demás derechos que busca proteger.

En el ámbito penal, contamos con la Directiva 2010/64/UE del Parlamento Europeo y del Consejo, de 20 de octubre de 2010, relativa al derecho a interpretación y a traducción en los procesos penales[332]. Es el primer documento legislativo de la UE que se dedica en su totalidad a la cuestión de la intermediación lingüística en el ámbito judicial.

La directiva desarrolla en el artículo 2 el derecho a la interpretación, señalando el apartado primero de dicho artículo que el mismo debe extenderse a todo el transcurso del procedimiento, mientras que el apartado tercero incluye las conversaciones privadas entre el interpretado y su abogado. El apartado cuarto prescribe que los Estados miembros velen por establecer un procedimiento o mecanismo para determinar si el investigado o el acusado habla y entiende la lengua del proceso penal y si necesita la asistencia por parte de intérprete, lo que nos parece una cuestión esencial a la que debería prestarse más atención en nuestra legislación nacional, pues en la práctica únicamente se le pregunta al posible interpretado si entiende el español. El apartado quinto establece el derecho del investigado o acusado a recurrir la decisión según la cual se establezca que no es necesaria la asistencia de intérprete o, en caso de que sí se disponga la intervención de profesional lingüista, de presentar reclamación relativa a la calidad del trabajo realizado por éste. En nuestras leyes procesales no se prevé todavía el dictado de una resolución expresa acordando o denegando la traducción o interpretación, por lo que no siempre se materializa esta posibilidad.

Por su parte, el artículo 3 se refiere al derecho a la traducción de los documentos esenciales del procedimiento, no, por consiguiente, de todos, sino, únicamente, de los que se consideran estrictamente necesarios para ejercer el derecho a la defensa y garantizar la equidad del proceso. Tal como establece el segundo apartado de dicho artículo, entre dichos documentos esenciales se

---

332. DIRECTIVA 2010/64/UE del Parlamento Europeo y del Consejo, de 20 de octubre de 2010, relativa al derecho a interpretación y a traducción en los procesos penales. DOUE núm. 280, de 26 de octubre de 2010, pp. 1-7.

encuentran, al menos, «cualquier resolución que prive a una persona de libertad, escrito de acusación y sentencia». El tercer apartado del artículo establece que las autoridades competentes serán las que decidan sobre la relevancia de los documentos, pudiendo la defensa presentar solicitudes para que un determinado escrito sea considerado esencial y, por tanto, se ordene su correspondiente traducción.

Sin embargo, el cuarto apartado del mencionado artículo 3 se expresa de la siguiente forma: «no será preciso traducir pasajes de documentos esenciales que no resulten pertinentes para que el sospechoso o acusado tenga conocimiento de los cargos que se le imputan». No podemos estar de acuerdo con esta previsión de la Directiva 2010/64/UE, pues discernir lo que es importante de lo que no es tarea de la defensa y de su línea argumentativa, no pudiendo decidir al respecto el traductor ni tampoco el juzgador sin tener antes acceso a la totalidad del contenido en la lengua del procedimiento. Consideramos que los documentos esenciales deberán poder ser valorados en su conjunto y ser todos ellos accesibles al investigado o acusado.

El artículo 5 en su apartado segundo establece la creación de un registro de traductoras e intérpretes, lo cual nos parece también absolutamente necesario, aunque, como veremos, no se ha llevado a cabo todavía en nuestro país:

> *Con objeto de fomentar la idoneidad de la interpretación y traducción, así como un acceso eficaz a las mismas, los Estados miembros se esforzarán por establecer uno o varios registros de traductores e intérpretes independientes debidamente cualificados. Una vez establecidos dichos registros se pondrán, cuando proceda, a disposición de los abogados y las autoridades pertinentes.*

El artículo 6 se dedica a la formación del personal de la Administración de Justicia, crucial para que se pueda garantizar la fluidez de la conversación mediada por intérprete. Nos parece una previsión novedosa y absolutamente acertada, pues, incluso con la asistencia de un intérprete profesional y cualificado, si jueces, magistrados, fiscales, letrados de la administración de justicia y funcionarios al servicio de la Administración de Justicia desconocen el alcance de su intervención, no podrán facilitarle los medios, el espacio y el tiempo adecuados para realizarla correctamente:

> *Los Estados miembros solicitarán a los responsables de la formación de los jueces, fiscales y personal judicial que participen en procesos penales el que presten una atención particular a las particularidades de la comunicación con la ayuda de un intérprete, de manera que se garantice una comunicación efectiva y eficaz.*

El Tribunal de Justicia de la Unión Europea se ha pronunciado en varias ocasiones sobre cuestiones relacionadas con la traducción e interpretación. Así, la STJUE de 15 de octubre de 2015, caso *Amtsgericht Laufen* contra Gavril

Covaci[333], establece que resulta conforme al Derecho de la UE la norma alemana que obliga a emplear el idioma alemán para formular oposición contra una orden penal de la que se sea destinatario, aunque no se domine la lengua del procedimiento, sin que sea posible presentar el recurso en ningún otro idioma.

Al respecto, manifiesta la sentencia mencionada que pretender que los Estados miembros, además de permitir que los afectados por una resolución penal sean informados en una lengua que comprendan, dispongan la traducción de los recursos que tales personas interpongan, iría más allá de los objetivos perseguidos por la Directiva 2010/64/UE. Dicha directiva, afirma la sentencia, se limita a garantizar que los acusados sepan de qué se las acusa y puedan defenderse, sin que pueda exigirse una traducción escrita de todos los documentos de los que se compongan las actuaciones. Corresponde, por tanto, al órgano jurisdiccional remitente determinar si la oposición formulada por escrito contra una orden penal debe considerarse documento esencial, siendo sólo en caso afirmativo cuando deba procederse a su traducción.

Por su parte, la STJUE de 12 de octubre de 2017, caso Landgericht Aachen contra Frank Sleutjes[334], se refiere asimismo a los documentos que se consideran esenciales en los procesos penales, incluyendo entre los mismos un decreto alemán de propuesta de imposición de pena en el marco de un procedimiento unilateral abreviado que condenaba a su destinatario a una multa por infracción leve. Al respecto, señala el tribunal que la traducción tiene como finalidad que las personas afectadas puedan ejercer su derecho de defensa, salvaguardando, así, la equidad del proceso y, en consecuencia, resulta obligatorio traducir la resolución que condenaba a su destinatario, aunque la misma no fuese, en forma, una sentencia.

Considera el TJUE que para el cumplimiento de la Directiva 2010/64/UE resultaba necesario que el destinatario entendiera el decreto que se le remitió, aunque el mismo no se incluya entre los documentos de obligatoria traducción que del artículo 3.2: «entre los documentos esenciales se encuentra cualquier resolución que prive a una persona de libertad, escrito de acusación y sentencia», por tener los mismos efectos condenatorios que una sentencia. Difiere ligeramente, por tanto, con el criterio establecido en el primer pronunciamiento que hemos mencionado, la STJUE de 12 de octubre de 2017, en la cual se deja a discreción de cada Estado miembro la consideración de un documento como esencial, o no, a excepción de los mencionados explícitamente por la Directiva.

---

333. UNIÓN EUROPEA. SENTENCIA del Tribunal de Justicia de la Unión Europea de 15 de octubre de 2015. N.º de asunto C-216/14. Roj TJCE 2019\267. Caso Amtsgericht Laufen contra Gavril Covaci. Ponente Sr. A. TIZZANO.

334. UNIÓN EUROPEA. SENTENCIA del Tribunal de Justicia de la Unión Europea de 12 de octubre de 2017. N.º de asunto C-278/16. Roj TJCE\2017\202. Caso Landgericht Aachen contra Frank Sleutjes. Ponente Sr. A. TIZZANO.

Por su parte, la reciente STJUE de 1 de agosto de 2022 da respuesta a una cuestión prejudicial planteada por el tribunal de apelación de Évora, Portugal, acerca de la interpretación de los artículos 1 a 3 de la Directiva 2010/64/UE, sobre el derecho a la traducción y la interpretación en los procedimientos penales. La controversia a raíz de la omisión de traducción de varios documentos relativos al procedimiento penal que se había incoado contra TL, quien estuvo asistido por intérprete durante el acto del juicio oral por no conocer la lengua del procedimiento. Sin embargo, una vez finalizado este, se redactó el documento relativo a la medida que se le había impuesto, el «TIR» o *termo de identidade e residência* en portugués, una medida similar a nuestra obligación de comparecencia *apud acta*, en virtud de la cual el penado quedó obligado a no ausentarse de su domicilio durante más de cinco días sin comunicar el cambio de residencia o el lugar donde pueda ser encontrado. El mencionado documento no se tradujo a una lengua que el entonces acusado comprendiese, ni se le proporcionó la asistencia de intérprete a la hora de notificárselo, por lo que se duda acerca de si se le puede exigir el cumplimiento de su contenido.

Tras habérsele remitido el mencionado documento «TIR» al domicilio que el acusado había proporcionado en su momento al juzgado, donde ya no residía, citándolo a comparecer en sede judicial, el penado no acudió, por lo que el juez revocó la suspensión de la ejecución, con su correspondiente puesta en busca y captura. Una vez detenido, presentó un recurso en el que afirmaba que no conocía el alcance de la obligación que se le trasladó en una lengua que no entendía, manifestando que no sabía que debía comunicar sus cambios de residencia. El tribunal de apelación portugués presenta una cuestión prejudicial ante el TJUE sobre si el documento «TIR» y la orden de revocación de la suspensión deben ser considerados documentos esenciales del proceso y, por tanto, han de ser oportunamente traducidos.

El TJUE contesta que dichos artículos no pueden interpretarse de forma que la violación de los derechos consagrados en la Directiva deba ser invocada por el beneficiario de sus efectos dentro de un plazo que haya comenzado antes de que haya sido informado, en una lengua que entienda, de la existencia y alcance tanto del derecho a la traducción e interpretación como como del contenido y efectos que pudiera tener dicha notificación.

2.3.2. La traducción e interpretación en las normas procesales españolas

En nuestra Constitución española[335] no aparecen mencionadas de forma expresa la traducción ni la interpretación. Sin embargo, aunque no se recoja directamente este derecho, el TC lo ha contemplado de forma reiterada en su

---

335. ESPAÑA. CONSTITUCIÓN ESPAÑOLA. Publicada en BOE núm. 311 de 29 de diciembre de 1978. Vigencia desde 29 de diciembre de 1978.

jurisprudencia[336] como integrado en el derecho a la tutela efectiva del artículo 24.1 CE[337].

En consecuencia, el derecho del detenido, investigado o acusado a la asistencia de intérprete y a la traducción de los documentos esenciales del procedimiento debe considerarse un derecho constitucional equiparable a la defensa letrada. Así lo recuerda la STSJ de las Islas Baleares 17/2017, de 19 de enero[338]. En dicha resolución, el tribunal declara la nulidad de la sentencia de instancia que denegó la diligencia final solicitada en conclusiones por la parte actora para que se le concediera un plazo a fin de aportar a los autos la traducción de un documento presentado en lengua inglesa. La resolución aprecia indefensión por la falta de traducción de dichos documentos, que únicamente se aportaron al pleito en inglés:

> *La indefensión consiste en un impedimento del derecho a alegar y demostrar en el proceso los propios derechos y, en su manifestación más trascendente, es la situación en que se impide a una parte, por el órgano judicial en el curso del proceso el ejercicio del derecho de defensa, privándola de ejercitar su potestad de alegar y, en su caso, justificar sus derechos e intereses para que le sean reconocidos o para replicar dialécticamente las posiciones contrarias en el ejercicio del indispensable derecho de contradicción.*

A pesar del reconocimiento constitucional del derecho a la traducción e interpretación, en nuestro país no contamos con una ley especial o normativa supra jurisdiccional que regule en profundidad cómo proceder ante la necesidad

---

336. Podemos citar, entre otras, las siguientes:
 ESPAÑA. SENTENCIA del Tribunal Constitucional de 20 de junio de 1994. N.º de resolución 181/1994. Roj RTC 1994, 181. N.º de recurso 10105/2006. Ponente Excmo. Sr. D. Manuel ARAGÓN REYES.
 ESPAÑA. SENTENCIA del Tribunal Constitucional de 3 de octubre de 1991. N.º de resolución 188/1991. Roj RTC 1991, 188. N.º de recurso 1459/1988. Ponente Excmo. Sr. D. Jesús LEGUINA VILLA.
 ESPAÑA. SENTENCIA del Tribunal Constitucional de 6 de julio de 1989. N.º de resolución 122/1989. Roj RTC 1989, 122. N.º de recurso 883/1984. Ponente Excmo. Sr. D. Jesús LEGUINA VILLA.
 ESPAÑA. SENTENCIA del Tribunal Constitucional de 19 de abril de 1988. N.º de resolución 71/1988. Roj RTC 1988, 71. N.º de recurso 721/1987. Ponente Excmo. Sr. D. Carlos de la VEGA BENAYAS.
 ESPAÑA. SENTENCIA del Tribunal Constitucional de 25 de mayo de 1987. N.º de resolución 74/1987. Roj RTC 1987, 74. N.º de recurso 194/1984. Ponente Excmo. Sr. D. Ángel LATORRE SEGURA.
 ESPAÑA. SENTENCIA del Tribunal Constitucional de 24 de enero de 1984. N.º de resolución 5/1984. Roj RTC 1984, 5. N.º de recurso 59/1982. Ponente Excma. Sra. Dña. Gloria BEGUÉ CANTÓN.
337. Como recoge Boticario Galavís, M.L., «Marco regulador del derecho a ser asistido por intérprete», *Revista de Derecho UNED*, vol. 11, 2012, p. 94.
338. ESPAÑA. SENTENCIA de la Sala de lo Social del Tribunal Superior de Justicia de Islas Baleares de 19 de enero de 2017. N.º de resolución 17/2017. Roj AS 2017\170. N.º de recurso 375/2016. Ponente Ilmo. Sr. D. Ricardo MARTÍN MARTÍN.

de intermediación lingüística en el marco de un procedimiento judicial. Únicamente la Ley Orgánica 6/1985 del Poder Judicial, en adelante, LOPJ, menciona sucintamente la cuestión, remitiendo de forma genérica desde su artículo 231.5 a las normas procesales aplicables.

Por su parte, el artículo 123 LECrim recoge en su primer apartado los siguientes derechos de los imputados o acusados que no hablen o entiendan el castellano o la lengua oficial en la que se desarrolle la actuación:

a) *Derecho a ser asistidos por un intérprete que utilice una lengua que comprenda durante todas las actuaciones en que sea necesaria su presencia, incluyendo el interrogatorio policial o por el Ministerio Fiscal y todas las vistas judiciales.*

b) *Derecho a servirse de intérprete en las conversaciones que mantenga con su Abogado y que tengan relación directa con su posterior interrogatorio o toma de declaración, o que resulten necesarias para la presentación de un recurso o para otras solicitudes procesales.*

c) *Derecho a la interpretación de todas las actuaciones del juicio oral.*

d) *Derecho a la traducción escrita de los documentos que resulten esenciales para garantizar el ejercicio del derecho a la defensa. Deberán ser traducidos, en todo caso, las resoluciones que acuerden la prisión del imputado, el escrito de acusación y la sentencia.*

e) *Derecho a presentar una solicitud motivada para que se considere esencial un documento.*

El segundo apartado del artículo 123 se refiere a la prevalencia de la interpretación simultánea, previsión de dificilísimo cumplimiento con los medios técnicos con los que cuentan los juzgados, pues para la misma, como hemos adelantado, será necesaria la utilización de cabinas de interpretación y dispositivos electrónicos de audio.

Por su parte, el tercer apartado del artículo 123, con el que discrepamos al entender que el contenido de los documentos esenciales debe respetarse, limita el derecho a la traducción de la siguiente forma:

> *En el caso de la letra d) del apartado 1, podrá prescindirse de la traducción de los pasajes de los documentos esenciales que, a criterio del Juez, Tribunal o funcionario competente, no resulten necesarios para que el imputado o acusado conozca los hechos que se le imputan.*

> *Excepcionalmente, la traducción escrita de documentos podrá ser sustituida por un resumen oral de su contenido en una lengua que comprenda, cuando de este modo también se garantice suficientemente la defensa del imputado o acusado.*

Situación desconcertante es la que se da en relación a las traducciones incompletas, las cuales entiende suficientes a efectos probatorios la STC 182/2008 de 22 de diciembre[339], argumentando que la postura contraria resultaría una interpretación de la legalidad procesal excesivamente formalista y desproporcionada, contraria al principio *pro actione*. Cabe preguntarse cómo pueden considerarse irrelevantes ciertos fragmentos de un documento que no se han podido entender[340].

Podemos observar en las recientes resoluciones dictadas al efecto que el Tribunal Supremo se ha pronunciado a favor de la flexibilización del requisito de traducción, la cual únicamente será imprescindible cuando su ausencia provoque indefensión a las partes[341]. Así, la STS de 24 de marzo de 2008[342] acepta la aportación de una carta de porte en italiano, afirmando que la misma no resulta contraria al derecho de defensa de la parte pues el contenido de los documentos podía ser plenamente entendido por quien únicamente domine el castellano. En el mismo sentido, la STS de 30 de junio de 2008[343] acepta como prueba documentos redactados en alemán donde, a su juicio, resultaban relevantes únicamente los números en ellos contenidos, considerando que al ser el contenido era esencialmente numérico y, en consecuencia, la traducción, innecesaria.

También la STS 96/2014, de 26 de febrero[344] confirma esta doctrina exigiendo a quien invoque infracción del art. 144 LEC[345] acreditar la existencia de

---

339. ESPAÑA. SENTENCIA del Tribunal Constitucional de 22 de diciembre de 2008. N.º de resolución 182/2008. Roj RTC 2008\182. N.º de recurso 2536/1991. Ponente Excmo. Sr. D. Rafael de Mendizábal Allende.
340. PONCE GONZÁLEZ, S., «La traducción en el ámbito de la cooperación jurídica internacional civil», *Rev. Boliv. de Derecho*, vol. 28, 2019, pp. 345.
341. PORTILLO CABRERA, E. Y GUERRERO GÓMEZ, J.A., «La interpretación flexible del deber de acompañar al proceso la traducción de los documentos redactados en lengua no oficial», *Revista Aranzadi Doctrinal, vol. 6* 2018 (BIB 2018, 9292), p. 2.
342. ESPAÑA. SENTENCIA de la Sala de lo Civil Tribunal Supremo de 24 de marzo de 2008. N.º de resolución 239/2008. Roj RJ\2008\4059. N.º de recurso 277/2001. Ponente Excmo. Sr. D. José Ramón Ferrándiz Gabriel.
343. ESPAÑA. SENTENCIA de la Sala de lo Social del Tribunal Supremo de 30 de junio de 2008. Roj: 30/06/2008. N.º de recurso 1385/2007. Ponente: Excmo. Sr. D. Jordi AGUSTÍ JULIÁ.
344. ESPAÑA. SENTENCIA de la Sala de lo Civil del Tribunal Supremo de 26 de febrero de 2014. N.º de resolución 96/2014. Roj: (RJ 2014, 2101) N.º de recurso: 434/2012. Ponente: Excmo. Sr. Rafael SARAZA JIMENA.
345. Art. 144 LEC: «1. A todo documento redactado en idioma que no sea el castellano o, en su caso, la lengua oficial propia de la Comunidad Autónoma de que se trate, se acompañará la traducción del mismo.
2. Dicha traducción podrá ser hecha privadamente y, en tal caso, si alguna de las partes la impugnare dentro de los cinco días siguientes desde el traslado, manifestando que no la tiene por fiel y exacta y expresando las razones de la discrepancia, el Letrado de la Administración de Justicia ordenará, respecto de la parte que exista discrepancia, la traducción oficial del documento, a costa de quien lo hubiese presentado.
No obstante, si la traducción oficial realizada a instancia de parte resultara ser sustancialmente idéntica a la privada, los gastos derivados de aquélla correrán a cargo de quien la solicitó».

una «indefensión constitucionalmente relevante». Únicamente se concede la nulidad de actuaciones cuando la traducción o interpretación de la prueba hubiera podido tener una influencia decisiva en la resolución del pleito, alterando el fallo en favor del recurrente. Línea jurisprudencial que encontramos peligrosa, pues difícilmente se podrá acreditar que una prueba influirá en el fallo sin que se aporte correctamente y se valore por el juzgado o tribunal, por lo que se abre la puerta a un subproceso consistente en una suerte de juicio del juicio.

El resto de apartados del artículo 123 LECrim recogen otras cuestiones fundamentales como es el plazo, en su apartado cuarto, «la traducción se deberá llevar a cabo en un plazo razonable y desde que se acuerde por parte del Tribunal o Juez o del Ministerio Fiscal quedarán en suspenso los plazos procesales que sean de aplicación». Podemos observar que no se establece plazo concreto, por lo que habremos de estar a la jurisprudencia para apreciar indebidas dilaciones. En cuanto a la suspensión de plazos hay que tener en cuenta que también opera en el caso de notificaciones, que no se entenderán por válidamente hechas hasta que se realicen en idioma que entienda el notificado.

El apartado quinto del artículo 123 LECrim se ocupa de la asistencia del intérprete mediante videoconferencia o cualquier otro medio de telecomunicación, salvo que, de oficio o a instancia de parte, se entienda necesaria su presencia física para salvaguardar los derechos del imputado o acusado. Esta disposición, que resulta acertada en cuanto a evitar dilaciones del procedimiento y desplazamientos innecesarios, deberá ser en todo caso valorada por los letrados, ya que en ocasiones el sistema informático funciona lento, entrecortado o con limitado volumen, por lo que no siempre resulta la mejor garantía de una correcta comunicación entre intérprete e interpretado. En consecuencia, es una práctica que no se encuentra extendida en los juzgados, como sí ocurre con las declaraciones en sede policial. Consideramos que debe potenciarse su uso, pues no siendo el intérprete parte ni testigo, no encontramos suficientes motivos para necesitar que acuda presencialmente a la sala. Sin embargo, es cierto que los medios técnicos tienen todavía que mejorar para que la intermediación lingüística en remoto se desarrolle con fluidez.

No obstante, cabe destacar que, en el orden jurisdiccional civil, el nuevo RD Ley 6/2023, en los nuevos artículos 129 bis y 137 bis de la LEC, generaliza la posibilidad de realizar las actuaciones judiciales preferentemente a través de medios telemático. En particular, se determina que las intervenciones mediante videoconferencia de los profesionales, partes, peritos y testigos habrán de hacerse desde la oficina judicial correspondiente al partido judicial de su domicilio o lugar de trabajo. No obstante, si el juez lo estima oportuno en atención a las circunstancias concurrentes, estas intervenciones podrán hacerse desde cualquier lugar, siempre que se disponga de los medios que permitan asegurar la identidad del interviniente conforme a lo que se determine reglamentariamente (es decir, realiza una remisión normativa, a un reglamento que aún no se ha desarrollado y por tanto, podríamos decir, que a una norma en blanco). Se establece, además, que el uso de los medios de videoconferencia deberá solicitarse con la antelación suficiente y, en todo caso, diez días antes de la actuación correspondiente.

El sexto apartado del artículo 123 LECrim regula la documentación en soporte audiovisual de lo actuado, con referencia también a la interpretación de lengua de signos. Esta previsión, fundamental a efectos de recursos, ha de aplicarse de forma que pueda verse y oírse tanto al intérprete como a los intervinientes, cuestión algo compleja en el caso de intérpretes de lengua de signos, que se sitúan de cara al interpretado y de espaldas al estrado.

Por su parte, el artículo 124 versa sobre la elección del profesional y al respecto establece que debe designarse al traductor o intérprete entre aquellos incluidos en los listados elaborados por la Administración competente, listados que, a día de hoy, son inexistentes. En casos de excepcional urgencia se permite habilitar intérprete *ad hoc* o persona conocedora del idioma. Se regula en este artículo asimismo la necesidad de que el intérprete respete el carácter confidencial del servicio que presta.

En su tercer apartado, el artículo 124 LECrim contempla la posibilidad, no exenta de controversia, de que el tribunal, juez o fiscal, de oficio o a instancia de parte, «aprecie que la traducción o interpretación no ofrecen garantías suficientes de exactitud» y, previas las comprobaciones pertinentes, ordene la designación de un nuevo traductor o intérprete. Nada se contempla acerca de cómo puede un juez valorar que la interpretación que se está realizando resulta o no correcta si no conoce el idioma extranjero desde el que parte la misma. Nos preguntamos qué medios puede tener el órgano judicial para realizar dicha comprobación, más aún cuando quien interpreta es, generalmente, una persona sin titulación específica.

Del mismo modo, el artículo 125 LECrim delega en el juez, de oficio o a instancia de parte, la función de comprobar si es necesaria o no la actuación de un traductor o intérprete. Sin desmerecer las capacidades de los jueces, consideramos que los mismos deberían limitar sus apreciaciones al ámbito jurídico y evitar valoraciones idiomáticas realizadas sin apoyo de especialistas, debiendo estar a si la persona solicitante de asistencia considera necesario expresarse en su idioma. Ello con especial motivo al fijar el artículo 126 LECrim que la renuncia al derecho a la traducción e interpretación debe ser informada y libre.

En relación con el alcance del derecho a la intermediación lingüística, la STS de 29 de junio de 2017[346] afirma que habrá que probar indefensión para entender

---

346. ESPAÑA. SENTENCIA de la Sala de lo Penal del Tribunal Supremo de 29 de junio de 2017. N.º de resolución 489/2017. Roj (RJ 2017, 3589) N.º de recurso: 10624/2016. Ponente: Excmo. Sr. D. Francisco MONTERDE FERRER.

que la falta de traducción o interpretación vulnera el derecho a la defensa. Se afirma que la ausencia de traducción de un documento como el escrito de acusación únicamente vulnera el derecho a la defensa cuando se ha causado materialmente indefensión. En dicho asunto, el acusado, asistido de intérprete de ruso, había renunciado a la traducción del auto de prisión al contar en ese momento con asistencia lingüística. En consecuencia, se entendió que renunciaba a la traducción del resto de documentos esenciales del proceso, y se le trasladaron en español, sin que pudiera entenderlos por sí mismo.

En la misma línea, la STS de 26 de enero de 2016[347] manifiesta que la asistencia por traductor o intérprete deberá ser interesada expresamente para que no se presuma renunciada. Dicha resolución entiende asimismo que los defectos en la calidad de la traducción únicamente serán causa de indefensión si resultan relevantes para el fallo, cuando los errores lingüísticos puedan llevar al tribunal a confundirse o cuando puedan impedir al acusado hacer un uso efectivo de su derecho de defensa. En el marco de un procedimiento de apropiación indebida, afirma el Supremo la inexistencia de vulneración del derecho a un proceso con todas las garantías por defectos en la traducción, pues le consta que el tribunal de instancia ha captado con precisión todos los matices de la versión fáctica del acusado, expresada con escaso nivel de español.

Entendemos que resulta necesario ponderar los intereses de las partes, pero ello no debería conllevar, en nuestra opinión, minusvalorar el impacto negativo que puede tener en los derechos del no hispanohablante una traducción o interpretación mal hecha. En ocasiones, el Tribunal Supremo ha fallado de forma alejada al tenor de la Directiva 2010/64/UE, lo cual conlleva, en nuestra opinión, la denegación del derecho a un juicio con todas las garantías[348].

2.4. LAS TICS Y LA TRADUCCIÓN E INTERPRETACIÓN JUDICIALES

Como hemos adelantado, la importancia de que la información vertida en el marco de un proceso llegue correctamente a su destinatario, sin pérdida de información o modificaciones indebidas, aunque sea en otra lengua, es enorme. Por ello, el proceso mediante el que se trasladan documentos y discursos a un

---

347. ESPAÑA. SENTENCIA de la Sala de lo Penal del Tribunal Supremo de 26 de enero de 2016. N.º de resolución 18/2016. Roj: (RJ 2016, 1629) N.º de recurso: 516/2015. Ponente: Excmo. Sr. D. Cándido CONDE-PUMPIDO TOURÓN.
348. VIDAL FERNÁNDEZ, B., «Interpretación y aplicación del derecho a la traducción de documentos esenciales por los tribunales penales en España», *Revista de Estudios Europeos*, 2019, vol. 1, pp. 93: «El Tribunal Supremo no se constriñe ni a la literalidad ni al espíritu de la Directiva. Concretamente la consideración de que si no se interesa expresamente al inicio del juicio la necesidad de la traducción se presume que se está renunciando y que se ha respetado el derecho a traducción por lo que lo actuado conserva su validez, es contrario a lo establecido tanto en la ley española como en la norma comunitaria, dado que ambas exigen que la renuncia sea expresa, inequívoca e informada para que sea válida».

idioma distinto debe realizarse respetando la fidelidad del contenido, se utilicen para ello TICs o no.

Al igual que ocurre con la abogacía, la traducción e interpretación son profesiones antiguas cuyo desempeño ha cambiado drásticamente con la democratización del uso de las TICs. Donde antes era necesario documentarse en bibliotecas, consultar diccionarios en papel o recurrir a llamadas telefónicas a expertos, hoy resulta complejo manejar la gran cantidad de datos a los que podemos acceder *online*.

La labor de traducción e interpretación, así como la documentación previa que requieren, puede verse apoyada en numerosísimos programas informáticos[349]. Podemos mencionar desde bases de datos, diccionarios o revisores ortotipográficos hasta herramientas *software* más específicas como gestores de correcciones, generadores de autotexto, subtituladores o aplicaciones para localización[350]. Nuestras leyes procesales, sin embargo, no prevén su utilización, ni regulan en modo alguno la forma en la que traductores e intérpretes pueden hacer uso de las mismas.

Nuestra normativa sobre traducción e interpretación en los procesos judiciales es tan vaga que cabe aceptar cualesquiera métodos informáticos para llevar a cabo el trasvase entre lenguas, pues se estará a que el resultado final no perjudique el derecho a un proceso con todas las garantías. Resultará, por tanto, válido, el trabajo realizado por el profesional lingüístico que se sirva de TICs, siempre y cuando el resultado guarde debida fidelidad con el original, pues en caso contrario podrá ser impugnado por la parte contraria o apreciado nulo de oficio[351].

A continuación, exponemos y analizamos las implicaciones de tres procesos de traducción e interpretación con apoyo de las TICs más utilizados, la traducción automática, la traducción asistida y la interpretación remota.

---

349. De manera no exhaustiva, cabe mencionar *Trados Studio, OmegaT, MemoQ, Passolo, Alchemy Catalyst, CafeTran, Wordfast Anywhere, Transit, Déjà Vu, Google Translator Toolkit o Pairapharase*, entre otros.

350. La localización consiste en el proceso mediante el que se traducen y adaptan a la cultura de destino todos los elementos de una página web, videojuego o *software*.

351. El artículo 144.2 LEC, relativo a las traducciones, prevé que las mismas puedan ser impugnadas, mientras que el 143, relativo a las interpretaciones, nada dice acerca de las incorrecciones que puedan apreciarse en ellas, aunque resulta admitido en la práctica que la intervención de los intérpretes se impugne o sea el propio juzgador el que solicite la intervención de otro profesional distinto. En el ámbito penal, sin embargo, la cuestión aparece regulada de forma más precisa en el artículo 124.3 LECrim, pudiendo alegar a instancia de parte que existen inexactitudes de oficio, o bien ser apreciadas de oficio, lo cual será difícil si los intervinientes en el proceso no conocen las lenguas de origen y destino ni están formados en la práctica de la traducción e interpretación.

2.4.1. Traducción automática

En primer lugar, resulta necesario mencionar los programas de traducción automática, como por ejemplo el más conocido, aunque no tan utilizado en ámbito profesional, Traductor de Google. Este tipo de herramientas son, en su mayoría, de carácter probabilístico, pues están orientadas a dar la respuesta más probable de entre las posibles a la información que le proporcionamos.

Para ello, analizan multitud de respuestas válidas, pues no siempre hay una única traducción correcta, dando como solución a la frase o texto que se introduce en el programa aquella que estadísticamente resulta más adecuada de entre multitud de opciones que se le han proporcionado con anterioridad. Este tipo de TICs se alimentan con pares de traducción, esto es, segmentos de oraciones que resultan equivalentes en idiomas distintos, lo cual se combina con información gramatical y contextual para mejorar la concordancia.

Sistemas más modernos, como por ejemplo *DeepL*, utilizan la traducción automática neuronal, esto es, TICs de inteligencia artificial que simulan los procesos de razonamiento, aprendizaje y resolución de problemas de la mente humana[352]. Se enmarcan dentro de las llamadas tecnologías cognitivas, las cuales se combinan con sistemas de aprendizaje profundo para establecer un modelo estadístico que interrelaciona unidades de proceso simple[353]. Se trata de códigos de programación complejos y, en ocasiones, privados, pues las compañías no los comparten. Su funcionamiento exacto no puede ser explicada nivel teórico, por lo que los avances se centran en mejorar los resultados a partir de la información que se le da a las herramientas *software*.

Son, por tanto, procedimientos automatizados en el que no interviene directamente el traductor humano, aunque es frecuente complementarlo con modificaciones manuales previas o posteriores al uso de la herramienta. Así, la preedición consiste en revisar los textos antes de traducirlos automáticamente, eliminando errores, suprimiendo ambigüedades y simplificando estructuras, lo cual se realiza para obtener mejores resultados de traducción automática. Mediante la posedición, un profesional lingüista se encarga de realizar los cambios que considere necesarios en la traducción generada por la TIC, adaptando el texto a los estándares de calidad que se hayan establecido.

Aunque resulta conveniente que pre y posteditores conozcan ambas lenguas, de partida y de destino, una práctica utilizada para abaratar los costes de traducción consiste en servirse de preeditores que únicamente conozcan el

---

352. VARGAS SIERRA, C., «La estación del traductor en la era de la inteligencia artificial. Hacia la traducción asistida por conocimiento», *Pragmalingüística*, vol. 28, 2020, p. 167.
353. CASACUBERTA NOLLA, F. y PERIS ABRIL, A., «Traducción automática neuronal», *Revista Tradumática*, vol. 15, 2017, p. 66.

idioma del texto original y de posteditores que manejen únicamente el del documento generado por el programa de traducción asistida.

Salvo programas específicos en ámbitos muy concretos en los que se repiten estructuras, generalmente los sistemas de traducción automática, por sí solos, no proporcionan buenos resultados. Sin embargo, dada la ausencia de concreciones tanto de la Ley de Enjuiciamiento Civil[354], como de la LECrim[355], resulta teóricamente posible que se aporte una traducción automática, no revisada, a un juicio.

Su aplicación en sede judicial puede resultar controvertida, pues, aunque se pueden minimizar errores eliminando el componente humano, la traducción automática no alcanza a trasladar el contexto o el contenido cultural de la misma forma que puede hacerlo una persona. Su principal ventaja es, sin duda, el ahorro de costes, tanto de tiempo como de dinero, pues se limita o incluso se prescinde de la intervención de traductores profesionales y, en consecuencia, de sus honorarios, pues intervendrán, en todo caso, a únicos efectos de revisión.

2.4.2. Traducción asistida

El funcionamiento de las herramientas de traducción asistida parte de unas bases similares a las ya expuestas, esto es, reducir tiempos automatizando procesos de traducción. Sin embargo, con ellas no se busca sustituir al traductor humano, sino optimizar su trabajo y complementar sus habilidades. Para ello, este tipo de *software* divide el texto que se quiere traducir en segmentos, los cuales empareja con distintas opciones de traducción entre las que el usuario elegirá utilizando atajos de teclado. Se permite también introducir una nueva posibilidad si ninguna de las soluciones ofrecidas de forma automática por el programa se considera adecuada, la cual se almacena en el programa para traducciones futuras.

Podemos mencionar la herramienta *Trados Studio*, una de las más utilizadas en el sector de la traducción, la cual permite utilizar diversas bases de datos o memorias de traducción, de cara a recibir respuestas acordes a la rama del conocimiento con la que se esté trabajando. Resulta posible que cada profesional gestione de forma autónoma sus memorias, alimentando el programa con las

---

354. ESPAÑA. LEY 1/2000, de 7 de enero, de Enjuiciamiento Civil. Publicado en BOE núm. 7 de 8 de enero de 2000. Vigencia desde 8 de enero de 2001.

355. El art. 144.1 LEC recoge que «a todo documento redactado en idioma que no sea el castellano o, en su caso, la lengua oficial propia de la Comunidad Autónoma de que se trate, se acompañará la traducción del mismo» mientras que el art. 123.1 LECrim, en su apartado c) indica que los imputados o acusados que no hablen o entiendan el castellano o la lengua oficial en la que se desarrolle la actuación tendrán derecho a «la traducción escrita de los documentos que resulten esenciales para garantizar el ejercicio del derecho a la defensa». Como puede observarse, ninguna de estas normas procesales especifica el tipo de traducción, por lo que la misma podrá ser generada de forma automática.

soluciones de traducción de su elección para cada fragmento de texto, o también puede utilizar las memorias que la agencia de traducción que le contrate le proporcione al efecto. En *Trados* u otras opciones de *software* libre de traducción asistida como OmegaT se cuenta siempre con la verificación manual por parte del traductor humano, por lo que no generarán ningún texto traducido sin la intervención del mismo.

Como claras ventajas de este tipo de herramientas podemos mencionar la uniformidad terminológica, la rapidez y la calidad de un resultado que es controlado en todo momento por el traductor. Sin embargo, ha de tenerse en cuenta que toda automatización limita la capacidad del usuario de detectar errores, lo cual se ve acentuado por los breves plazos de tiempo que proporcionan las agencias para realizar trabajos con el apoyo de estas TICs. A pesar de ello, a nuestro entender resulta aceptable y conveniente el uso de programas de traducción asistida para realizar traducciones jurídicas, teniendo en cuenta además las especialidades terminológicas de este ámbito, las cuales requieren una mayor precisión para evitar asignarles significados erróneos.

2.4.3. Interpretación remota

Durante cualquier interpretación el tiempo con el que se cuenta para utilizar *software* de apoyo es sumamente escaso, por lo que cobra especial relevancia el proceso previo de documentación. En consecuencia, las TICs más extendidas en el campo de la interpretación son, además de las utilizadas para la preparación de la intervención como pueden ser glosarios o diccionarios online, aquellas relacionadas con el canal a través del que el intérprete presta su asistencia.

Aunque las videoconferencias se han extendido cada vez más y su uso es común en numerosos ámbitos, no siempre son aceptadas en los procesos judiciales, pues dependerá del juzgador en el orden jurisdiccional penal decidir si la falta de presencia física de alguno de los intervinientes vulnera las garantías del proceso. Así lo contempla la norma procesal penal, pues el artículo 123.5 LECrim[356] permite que la interpretación pueda prestarse mediante videoconferencia o cualquier otro medio de comunicación siempre que no se vulneren los derechos del investigado o acusado.

En la práctica forense, la interpretación presencial es preferida, como se desprende, entre otras, de la STSJ de Madrid 187/2019, de 13 de marzo[357], en la que se afirma que «corresponde así al órgano judicial la facultad de decidir si

---

356. Art. 123.5 LECrim: «La asistencia del intérprete se podrá prestar por medio de videoconferencia o cualquier medio de telecomunicación, salvo que el Tribunal o Juez o el Fiscal, de oficio o a instancia del interesado o de su defensa, acuerde la presencia física del intérprete para salvaguardar los derechos del imputado o acusado».
357. ESPAÑA. SENTENCIA de la Sala de lo Contencioso-Administrativo del Tribunal Superior de Justicia de Madrid de 13 de marzo de 2019. N.º de resolución 187/2019. Roj (JUR 2019, 130559) N.º de recurso 1078/2017. Ponente: Ilmo. Sr. D. Gustavo LESCURE CEÑAL.

la asistencia del intérprete a una persona detenida se efectúa mediante presencia física de aquél en las dependencias judiciales o a través de videoconferencia u otro medio de telecomunicación», en un asunto en el que el juzgador rechazó que el intérprete prestase sus servicios mediante videoconferencia.

Sin embargo, la posibilidad que existe y se utiliza de que el intérprete comparezca a través de TICs de audio y vídeo supone sin duda un reto tecnológico, profesional y didáctico[358] pero, al mismo tiempo, facilita el acceso a intérpretes de lenguas menos comunes[359]. Como inconvenientes[360] cabe mencionar que la falta de contacto visual directo puede dificultar el correcto uso de los turnos de palabra o apreciar el lenguaje no verbal. A ello se le añaden los fallos técnicos que pudieran darse relacionados con la conexión, el audio o el video[361]. A pesar de ello, el balance nos parece positivo, siempre teniendo en cuenta la complejidad del procedimiento en el que vaya a utilizarse la videoconferencia, dada la importancia de poder contar con el profesional lingüístico adecuado, se encuentre físicamente cercano a la sede judicial o no.

2.5. CONCLUSIONES: LA EFECTIVIDAD DEL DERECHO A LA TRADUCCIÓN E INTERPRETACIÓN

Como ocurre también en otros ámbitos, la normativa sobre el derecho a la traducción e interpretación no alcanza a evolucionar con la misma rapidez que lo hace la sociedad. Con un avance de las TICs casi diario, donde gran parte de las interacciones cotidianas de las personas se realiza de forma telemática, siguen prevaleciendo en nuestros juzgados y tribunales las actuaciones presenciales y los medios de prueba y comunicación en papel. La intervención de traductores es más común que se realice en remoto, pues suelen trabajar desde sus propias oficinas o domicilios, pero para la de intérpretes se sigue prefiriendo la presencialidad.

En cuanto a las TICs, como hemos visto, los intérpretes raramente cuentan con alguna durante su asistencia en sala, mientras que los traductores pueden servirse de las que quieran, aunque su uso ni se fomenta ni se contempla expresamente por las normas procesales aplicables. Por tanto, únicamente pueden

---

358. Ruiz Mezcua, A., «El triple reto de la interpretación a distancia: tecnológico, profesional y didáctico» en Tolosa Igualada, Miguel y Echeverri, Álvaro (eds.); «Porque algo tiene que cambiar. La formación de traductores e intérpretes: presente y futuro», *MonTI: Monografías de traducción e interpretación*, vol. 11, 2019, pág. 258.
359. ARIZA COLMENAREJO, M.J., «La naturaleza jurídica del traductor e intérprete judicial en el proceso penal: entre perito y colaborador judicial» en AA. VV.; *Peritaje y prueba judicial*, PICÓ I JUNOY, Joan (dir.); Barcelona, Bosch, 2017, p. 493.
360. JIMÉNEZ SERRANO, O., «Foto fija de la interpretación simultánea remota al inicio del 2020», *Revista tradumática. Tecnologies de la traducció*, vol. 17, 2019, pp. 63-65.
361. DÍAZ GARCÍA, A.L., «El intérprete a distancia: videoconferencia» en VALERO GARCÉS, C., *Traducción e Interpretación en los Servicios Públicos en un mundo INTERcoNEcTado*, Alcalá, Editorial Universidad de Alcalá, 2011, pp. 279.

detectarse posibles usos indebidos de herramientas *software* a raíz de errores que pueda presentar el texto traducido, con la dificultad añadida de que, sin ser profesionales lingüistas, difícilmente podrán el juzgador o las partes notar imperfecciones en el resultado.

Aunque el balance nos parece positivo, el acceso a la enorme cantidad de información con el que pueden contar traductores e intérpretes es un arma de doble filo, pues puede mejorar la calidad del resultado pero también conlleva reducciones de tiempos de trabajo por parte de los emplcadores, quienes ofrecen plazos más breves para los encargos o tarifas más bajas Los profesionales autónomos se ven obligados a traducir un mayor número de palabras al día para alcanzar salarios que antes de la generalización de las TICs requerían de una capacidad de traducción menor.

De los intérpretes autónomos que ejercen en remoto, por su parte, se exige una gran disponibilidad, pues de trabajar a distancia pueden ser llamados a cualquier hora de cualquier día, para servicios urgentes y de guardia, lo cual también puede afectar a la precisión de su trabajo. Sin embargo, la ausencia de presencialidad abre las puertas a contar con todo tipo de expertos, puedan éstos desplazarse o no a la sede del juzgado o tribunal. De este modo, pudiendo elegir al profesional adecuado, especialista en el ámbito concreto que sea necesario, resultará más fácil alcanzar la precisión del resultado.

La profesión del traductor e intérprete judicial sigue siendo una gran desconocida para los juristas, sean las partes del proceso, sea el legislador, quienes no le prestan la atención que merece. Sin embargo, su labor resulta esencial para el desarrollo de los procedimientos en los que participan hablantes de distintos idiomas[362]. Para que su intervención no tenga un impacto negativo, resulta esencial la fidelidad del resultado y, ello, hoy en día, va indiscutiblemente ligado a un correcto manejo de las TICs durante todas las etapas de la intermediación lingüística. Son fundamentales tanto para la formación del profesional, como para el desarrollo de sus tareas, pero también en otros momentos, por ejemplo, durante la revisión del trabajo realizado.

Resulta impensable, a día de hoy, una traducción de calidad sin acceso a TICs, así como también es muy conveniente que el intérprete que asiste en una actuación judicial oral sea especialista de la materia sobre la que versa la misma. Las TICs, sin duda, facilitan o incluso permiten que traductores e intérpretes realicen su trabajo, aunque también pueden contribuir a que comentan errores. El intérprete a distancia no contará con la expresión corporal del interpretado

---

362. PAJARÍN CANALES, A., «La percepción del papel del intérprete ante los tribunales por parte de los juristas: análisis de expectativas y utilización de las TIC para su formación y concienciación» en VALERO GARCÉS, C., *Traducción e Interpretación en los Servicios Públicos en un mundo INTERcoNEcTado*, Alcalá, Editorial Universidad de Alcalá, 2011, p. 116.

y el tono de voz le puede llegar con interferencias. El traductor, por su parte, puede precipitarse en aceptar los resultados de una herramienta *software* de traducción automática o asistida.

La calidad del resultado puede ser variada y, puesto que la normativa no establece estándares o requisitos mínimos de formación, pudiendo casi cualquier persona hacer las veces de traductor o intérprete, hemos de estar a los mecanismos de control que se establecen, también escasos. Consideramos y defendemos que, para evitar errores que conlleven vulneraciones de derechos de quien no habla o entiende la lengua del procedimiento, deben, al menos, regularse unos mínimos de calidad. Para ello, resulta esencial cuidar la selección previa del profesional lingüista, evitando aquellos que no posean la formación, capacidades o experiencia suficiente para prestar sus servicios en juzgados y tribunales con las debidas garantías de fidelidad.

No concebimos que siga retrasándose la creación de un registro de traductores e intérpretes judiciales mediante el que se controle el acceso a la profesión y se limite a quienes se encuentran debidamente cualificados para el desempeño de una labor tan delicada como es ejercer de intermediario en un procedimiento judicial, pudiendo, además, conocer con qué formación y habilidades informáticas cuentan. Nos parece la vía más adecuada, por el escaso desembolso económico que supone, su sencillez y su efectividad, para poner freno a la situación descontrolada en la que nos encontramos, donde cualquiera que diga serlo puede ejercer como traductor o intérprete en un proceso judicial.

Dimensión internacional de la prueba digital

I. DIMENSIÓN INTERNACIONAL DE LA INVESTIGACIÓN TECNOLÓGICA Y LA PRUEBA DIGITAL

1.1. LA UBICUIDAD

Como decíamos en la primera parte de la presente monografía, una de las notas inherentes a la prueba digital es la transnacionalidad. No todas las pruebas tecnológicas operan en la Red, gran cantidad de ellas sí encuentra su origen, desarrollo u obtención en Internet. En este contexto, se revela, en no pocas ocasiones, de gran dificultad la tarea relativa a la determinación de la competencia territorial por hechos ocurridos en la Red, por la «deslocalización» de Internet. Así, en la investigación de un correo electrónico que se puede presentar como prueba en un proceso de cualquier orden jurisdiccional, el Tribunal puede que requiera la determinación del lugar desde el cual se ha enviado el mensaje o puede que necesite del auxilio del servidor de la empresa lo ha enviado y/o recibido, cuando se encuentre en un país extranjero. La determinación del lugar de los sucesos que ocurren en Internet y la colaboración de entidades que se encuentran fuera de los límites geográficos de nuestra jurisdicción son cuestiones que han suscitado un debate intenso doctrinal[363].

La transnacionalidad propia de determinadas actividades tecnológicas se convierte, en muchas ocasiones, en un problema relevante, debido, principalmente, a dos motivos: el primero, que los servidores que almacenan la información que se requiere pertenecen a empresas privadas que, en multitud de casos se encuentran en otros países; el segundo, que se estudia como rasgo distintivo de las pruebas tecnológicas, es la ausencia de armonización. La unión de ambos provoca situaciones que complican la aportación de pruebas tecnológicas a los procesos. El problema de la transnacionalidad de la prueba tecnológica se acentúa por la ausencia de normativa internacional armonizada de la materia. Y, por tanto, el principal obstáculo es, actualmente, la existencia de normativas no armonizadas entre los países y las dificultades que eso conlleva en la investigación y enjuiciamiento de ilícitos en los que intervienen diversos Estados.

Así, en la Unión Europea hay distintos instrumentos normativos que persiguen la cooperación judicial entre los Estados miembros. En este sentido, la Decisión del Consejo, de 29 de mayo de 2000, relativa a la lucha contra la pornografía infantil en Internet, insta a los Estados miembros: «*1º. A alentar a los usuarios de Internet a denunciar la presunta difusión de material pornográfico; 2º. A la creación de unidades especializadas; 3º. A garantizar la rápida reacción de las autoridades represivas que reciben información sobre presuntos casos de producción, tratamiento, difusión y posesión de material pornográfico*».

Igualmente, el Convenio sobre Cibercriminalidad de Budapest, de 23 de noviembre de 2001, activa mecanismos de cooperación internacional que ofrecen una solución rápida y eficaz en todo lo relativo a la investigación, persecución y represión penal de la cibercriminalidad.

Una de las características destacadas de la prueba tecnológica es, precisamente, su ubicuidad. Esto conlleva que, en muchos supuestos, los datos que se

---

363. Véase DÍAZ MARTÍNEZ, M., «El factor criminógeno de las TICS», en *El proceso penal en la sociedad de la información* (Coord. PÉREZ GIL), La Ley, 2012, pp. 537-538.

obtienen en el curso de una investigación se encuentran almacenados en un sistema informático o servidor situado fuera del territorio nacional. Las autoridades encargadas de la investigación criminal pueden realizar alguna diligencia de investigación fuera del territorio de su jurisdicción directamente si los datos informáticos almacenados se encuentran a disposición del público —lo que se conoce como fuente abierta[364]—; o cuando consta el consentimiento lícito y voluntario de la persona legalmente autorizada para revelar los datos por medio de ese sistema informático en el que se encuentren almacenados[365]. De no ser el caso, la autoridad investigadora podrá acudir a la cooperación judicial internacional. En ese sentido, se observan claras diferencias dentro o fuera del espacio judicial europeo. En el primer supuesto, las herramientas disponibles de asistencia europea se fundamentan en el principio del reconocimiento mutuo de las resoluciones judiciales nacionales y están principalmente reguladas en el Convenio de Budapest. En el supuesto de necesitar el auxilio de un Estado no perteneciente al espacio judicial europeo, se acude a tratados y acuerdos supranacionales aplicables para requerir la asistencia de estas autoridades.

El citado Convenio del Consejo de Estado sobre la Ciberdelincuencia firmado en Budapest supone un instrumento fundamental que regula medidas de investigación entre los Estados firmantes como la ampliación del registro a otros sistemas informáticos (diligencia ahora prevista en la LECrim), la creación de redes de contacto 24/7, la conservación rápida de datos informáticos almacenados en un proveedor de servicios de internet cuando exista riesgo de pérdida o modificación, la conservación y revelación parcial rápida de datos sobre el tráfico, la obtención de datos sobre el tráfico y datos sobre el contenido en tiempo real[366].

De modo que las autoridades encargadas de la investigación de un delito pueden acceder a la información que esté libremente accesible a través de la red, pero, para aquella restringida, deberán solicitar autorización a las autoridades competentes del lugar en el que la fuente de prueba se encuentre, siempre teniendo que en consideración que las exigencias de admisibilidad del medio de prueba serán acordes a las reglas del proceso español. A este respecto, la obtención licita de la información que disponen las proveedoras de servidores de Internet extranjeras se realiza mediante el oportuno mandamiento judicial; emitiendo la correspondiente Comisión Rogatoria Internacional al país guarda-

---

364. Con respecto a la fuente abierta, si bien es cierto que la jurisdicción de los órganos de investigación españoles sólo se circunscribe al territorio nacional, no lo es menos que la información que radica en Internet no está ubicado en una zona geográfica determinada, sino que está deslocalizada, *vid. supra.*

365. *Vid.* Artículo 32 del Convenio sobre la Ciberdelincuencia, hecho en Budapest el 23 de noviembre de 2001, ratificado por España en el BOE del 17 de septiembre de 2010.

366. ASENCIO GALLEGO, J.M., «Los delitos informáticos y las medidas de investigación y obtención de pruebas en el convenio de Budapest sobre la ciberdelincuencia», en *Justicia penal y nuevas formas de delincuencia* (Dir. ASENCIO MELLADO; Coord. FERNÁNDEZ LÓPEZ), Tirant lo Blanch, Valencia, 2017, pp. 56-65.

dor[367] o por medio de la Orden Europea de Investigación (en adelante, EOI)[368].

Es necesario trabajar por facilitar el acceso transnacional a las pruebas tecnológicas y evitar que su deslocalización afecte a la tutela de los derechos fundamentales en función del lugar geográfico en el que el servicio informático se encuentre[369].

1.2. OBTENCIÓN DE LA PRUEBA EN ESTADOS MIEMBROS DE LA UE

La prueba tecnológica puede obtenerse también en otros Estados miembros de la Unión Europea —salvo Dinamarca e Irlanda[370]— por medio de la Orden Europea de Investigación. La regulación de este instrumento está previsto en la Directiva 2014/41/CE, de 3 de abril, relativa a la orden europea de investigación en materia penal (en adelante, la Directiva 2014/41/CE), que, aunque debió trasponerse el 22 de mayo de 2017[371], no ha sido hasta fechas recientes cuando se ha regulado este mecanismo a través de la Ley 3/2018, de 11 de junio, por la que se modifica la Ley 23/2014, de 20 de noviembre, de reconocimiento mutuo de resoluciones penales en la Unión Europea, para regular la Orden Europea de Investigación[372].

---

367. VELASCO NÚÑEZ, E., «Investigación procesal penal de redes, terminales, dispositivos informáticos, imágenes, GPS, balizas, etc. la prueba tecnológica», *Diario La Ley*, nº 8183, de 4 de noviembre de 2013, p. 11.

368. A mayor abundamiento, véase ARANGÜENA FANEGO, C., «Orden Europea de Investigación: próxima implementación en España del nuevo instrumento de obtención de prueba penal transfronteriza», *Revista de Derecho Comunitario Europeo, núm.* 58, 2017, pp. 905-939.

369. RODRÍGUEZ RAMOS advierte que los principios *locus regit actum* y de no indagación que rigen en el marco de un acto de cooperación jurídica internacional no pueden interpretarse como una ausencia de control sobre los requisitos constitucionales del proceso español, en RODRÍGUEZ RAMOS, L., «¿In dubio pro reu aut in dubio contra opulentibus? (comentario a la STS 116/2017 de 23 de febrero sobre la prueba ilícita)», *Diario La Ley, n.º 8974*, p. 6.

370. Véanse las consideraciones iniciales 44 y 45 de la Directiva 2014/41/CE, de 3 de abril, relativa a la orden europea de investigación en materia penal.

371. Véase el artículo 36 de la Directiva 2014/41/CE, de 3 de abril, relativa a la orden europea de investigación en materia penal, que reza como sigue: «Transposición 1. Los Estados miembros tomarán las medidas necesarias para dar cumplimiento a lo dispuesto en la presente Directiva a más tardar el 22 de mayo de 2017. 2. Cuando los Estados miembros adopten dichas disposiciones, estas incluirán una referencia a la presente Directiva o irán acompañadas de dicha referencia en su publicación oficial. Los Estados miembros establecerán las modalidades de la mencionada referencia. 3. A más tardar el 22 de mayo de 2017, los Estados miembros transmitirán a la Comisión el texto de las disposiciones que incorporen a su Derecho nacional las obligaciones derivadas de la presente Directiva».

372. Sobre la trasposición de las normas, ARANGÜENA FANEGO señala que «incorporar no es traducir», de forma tal que es necesario adaptar las normativas europeas al sistema procesal español y no meramente traducir el contenido, en ARANGÜENA FANEGO, C., «Emisión y ejecución en España de órdenes europeas de protección. (Ley de reconocimiento mutuo de resoluciones penales en la unión europea y transposición de la directiva 2011/99/UE)», en *Revista de Derecho Comunitario Europeo, núm. 51*, Madrid, mayo/agosto, 2015, p. 499.

La Orden Europea de Investigación es una resolución judicial emitida o validada por una autoridad judicial de un Estado miembro («el Estado de emisión») para llevar a cabo una o varias medidas de investigación en otro Estado miembro («el Estado de ejecución») con vistas a obtener pruebas u obtener aquellas que ya obren en poder de las autoridades competentes del Estado de ejecución, a fin de incorporarlas a un proceso[373]. ARANGÜENA FANEGO señala que resulta llamativo que la Directiva 2014/41/CE no incorpore, en su artículo dos, la definición de «medida de investigación», que aporte precisión jurídica a un concepto que engloba la restricción de derechos fundamentales[374].

Pese a que existían las Decisiones marco 2003/577/JAI, de 22 de julio, relativa a la ejecución en la UE de las resoluciones de embargo preventivo de bienes y de aseguramiento de pruebas y la 2008/978/JAI, de 18 de diciembre, sobre el exhorto europeo de obtención de prueba, esta Directiva europea es la norma de la Unión Europea más relevante —respecto a su eficacia y a su ámbito de aplicación— de las aprobadas en materia de prueba transnacional[375].

La regulación de la Orden Europea de Investigación (EOI) en la legislación española, que ha entrado en vigor el dos de julio de 2018, prevé, por tanto, un mecanismo único para la obtención de pruebas en el espacio europeo, pero también establece normas adicionales como el traslado temporal de detenidos, las comparecencias por teléfono, videoconferencia u otros medios de transmisión audiovisual, la obtención de información relacionada con cuentas o transaccio-

---

373. *Vid.* Artículo 1 de la Directiva 2014/41/CE, de 3 de abril, relativa a la orden europea de investigación en materia penal. Pese a que este primer artículo refiere la autoridad emisora como autoridad judicial, el precepto segundo define «autoridad de emisión» como «un juez, órgano jurisdiccional, juez de instrucción o fiscal competente en el asunto de que se trate»; o «cualquier otra autoridad competente según la defina el Estado de emisión que, en el asunto específico de que se trate, actúe en calidad de autoridad de investigación en procesos penales y tenga competencia para ordenar la obtención de pruebas con arreglo al Derecho nacional. Además, antes de su transmisión a la autoridad de ejecución, la OEI deberá ser validada, previo control de su conformidad con los requisitos para la emisión de una OEI en virtud de la presente Directiva, en particular las condiciones establecidas en el artículo 6, apartado 1, por un juez, un órgano jurisdiccional, un fiscal o un magistrado instructor del Estado de emisión. Cuando la OEI haya sido validada por una autoridad judicial, dicha autoridad también podrá considerarse autoridad de emisión a efectos de la transmisión de la OEI».
374. ARANGÜENA FANEGO, C., «Orden Europea de Investigación: próxima implementación en España del nuevo instrumento de obtención de prueba penal transfronteriza», en *Revista de Derecho Comunitario Europeo, núm. 58*, 2017, p. 916.
375. *Vid.* ARANGÜENA FANEGO, C., «Orden Europea de Investigación: próxima implementación en España del nuevo instrumento...», *op. cit.*, p. 909, que señala que la primera Decisión marco está incorporada en la Ley 23/2014, de reconocimiento mutuo de resoluciones penales en la UE, pero que la Decisión 2008/978/JAI, de 18 de diciembre, que había sido transpuesta tardíamente por la Ley 23/2014, de reconocimiento mutuo de resoluciones penales en la UE, ha sido derogada por el Reglamento (UE) 2016/95, de 20 de enero, por el que se derogan determinados actos en el ámbito de la cooperación judicial y policial penal antes de que se haya transpuesto la Directiva 2014/41/CE, de 3 de abril, relativa a la orden europea de investigación en materia penal.

nes bancarias o financieras, las entregas vigiladas o las investigaciones encubiertas y la intervención de telecomunicaciones con asistencia de otro Estado miembro[376].

Sobre la EOI en particular, la Ley que ha traspuesto la Directiva 2014/41/CE contempla que los Jueces y Tribunales que conozcan de un proceso penal —o los Fiscales, cuando la medida no limite derechos fundamentales— pueden solicitar a cualquiera de los Estados miembros firmantes de la mencionada Directiva la realización de una o varias medidas de investigación o la remisión de pruebas o de diligencias de investigación que ya obren en poder de las autoridades competentes del «Estado de ejecución»[377].

Estas «autoridades de emisión» realizan la solicitud —de oficio o a instancia de parte— por medio del formulario que figura en un anexo de la mencionada Directiva y que recoge los extremos que debe contener una EOI —o del formulario de la Ley 3/2018 si la autoridad de emisión es española—[378]. Los requisitos legales para la emisión de la Orden son que éste sea necesaria y proporcionada a los fines del procedimiento para el que se solicita, teniendo en cuenta los derechos del investigado o encausado y que, de solicitarse medidas de investigación, éstas se hayan acordado en el proceso penal español en el que se emite la orden europea de investigación y pudieran haberse ordenado en las mismas condiciones para un caso interno similar[379].

---

376. *Vid.* El Preámbulo de la Ley 3/2018, de 11 de junio, por la que se modifica la Ley 23/2014, de 20 de noviembre, de reconocimiento mutuo de resoluciones penales en la Unión Europea, para regular la Orden Europea de Investigación.

377. *Vid.* artículo 186 de la Ley 23/2014, de 20 de noviembre, de reconocimiento mutuo de resoluciones penales en la Unión Europea. De acuerdo con el artículo 193 de esa misma ley, los datos personales obtenidos por medio de una OEI sólo podrán ser utilizados para el proceso para el que se hubiera solicitado, en aquellos otros relacionados de manera directa con aquél o, excepcionalmente, en prevención de una amenaza inmediata y grave para la seguridad pública. ARANGÜENA FANEGO destaca que la Directiva 2014/41/CE viene referida al proceso penal, pero también a las diligencias preparatorias de los mismos y a los procedimientos administrativos de naturaleza sancionadora. En este sentido, la autora indica que, aunque España no podría emitir una EOI en el marco de un procedimiento administrativo sancionador, sí puede ser «Estado de ejecución» de una medida de tales características como, por ejemplo, recibir una EOI de Italia de un procedimiento administrativo sancionador frente a personas jurídicas, en ARANGÜENA FANEGO, C., «Orden Europea de Investigación: próxima implementación en España del nuevo instrumento…», *op. cit.*, p. 918.

378. La solicitud de una EOI se realiza por medio del formulario contenido en el Anexo XIII de la Ley 23/2014, de 20 de noviembre, de reconocimiento mutuo de resoluciones penales en la Unión Europea, que copia el ANEXO A de la Directiva 2014/41/CE, de 3 de abril, relativa a la orden europea de investigación en materia penal, elaborada ésta sobre la base del contenido del artículo 5 de la citada Directiva.

379. *Vid.* Apartado primero del artículo 189 de la Ley 23/2014, de 20 de noviembre, de reconocimiento mutuo de resoluciones penales en la Unión Europea.

Así, el Estado receptor de la OEI la canaliza por medio de la «autoridad de ejecución», que será el Ministerio Fiscal, o el al Juzgado o Tribunal si su ejecución puede conllevar la limitación de derechos fundamentales. Pese al plazo general para la ejecución de la medida, la autoridad española de emisión puede requerir un plazo más corto que el previsto con carácter general o señalar que la medida de investigación se lleve a cabo en una fecha concreta, sobre la base de los plazos procesales, la gravedad del delito u otras circunstancias de urgencia.

Si la autoridad receptora es la española, el proceso comienza con el envío del acuse de recibo por el Ministerio Fiscal, en el plazo máximo de una semana desde la recepción, mediante la cumplimentación del anexo XIV de la Ley 23/2014, de 20 de noviembre, de reconocimiento mutuo de resoluciones penales en la Unión Europea. En este sentido, la autoridad española encargada de recibir, acusar recibo, registrar y asegurar la ejecución de las OEI es la Fiscalía, aunque en determinados supuestos deba remitirla al órgano judicial competente[380]. Posteriormente, la mencionada autoridad examina la competencia de la entidad emisora y valora si concurre alguno de los motivos de denegación previstos en la norma[381]; y, finalmente, ejecuta la medida de investigación si existiera en Derecho español y estuviera prevista para un caso interno similar[382].

La autoridad competente española debe decidir si ejecuta o deniega la OEI en el plazo máximo de 30 días desde su recepción[383]. Si no existe en Derecho español o no estuviera prevista para un caso interno similar, la autoridad española informará a la autoridad de emisión y, si ésta está conforme o no comunica su decisión de retirar o completar la OEI en el plazo de diez días, la autoridad de ejecución ordenará la ejecución de una medida de investigación alternativa, distinta a la solicitada, pero idónea para los fines de la orden solicitada. A este respecto, la Ley establece que así obrará la autoridad competente española cuando el resultado perseguido por la OEI pudiera conseguirse mediante una medida de investigación menos restrictiva de los derechos fundamentales que la solicitada en la orden europea de investigación.

---

380.   ARANGÜENA FANEGO, C., «Orden Europea de Investigación: próxima implementación en España del nuevo instrumento...», *op. cit.*, p. 921.
381.   Así lo establece el artículo 205 de la Ley 23/2014, de 20 de noviembre, de reconocimiento mutuo de resoluciones penales en la Unión Europea.
382.   Véase el art. 206 de la Ley 23/2014, de 20 de noviembre, de reconocimiento mutuo de resoluciones penales en la Unión Europea.
383.   En cualquier caso, si la autoridad española aprecia que no podrá cumplirse el plazo previsto para dictar el auto o decreto de admisión o rechazo, podrá prorrogarlo hasta un máximo de 30 días.

Si se adopta la EOI, la autoridad española ejecutará la medida en los siguientes noventa días, salvo que se suspenda por algún motivo[384]. En este sentido, la autoridad competente española puede suspender el reconocimiento y la ejecución de una orden europea de investigación cuando su ejecución pudiera perjudicar una investigación penal o actuaciones judiciales penales en curso o cuando los objetos, documentos o datos de que se trate están siendo utilizados en otros procedimientos; que retomará cuando dejen de existir estas causas[385].

La doctrina se manifiesta optimista ante este recientemente regulado instrumento para la obtención de pruebas en los procedimientos penales con mayor efectividad y agilidad[386]. Ello no obstante, hay voces que comparan la Orden Europea de Investigación con la Orden Europea de Detención y Entrega —conocida como «OEDE»—, que, pese a que despertó esperanzas en relación con un verdadero mecanismo de cooperación, resultó deficiente en su aplicación, «con interpretaciones muy dispares de unos países miembros a otros, y sin que, pese a lo que dicta el espíritu de la norma, rija en la práctica en todos los casos el principio de reciprocidad que debe presidir estas actuaciones de colaboración judicial entre países europeos»[387].

1.3. EL DERECHO A UN PROCESO PENAL EQUITATIVO Y LA TRANSFERENCIA EFICAZ DE LA PRUEBA EN LA UE

Para facilitar su admisibilidad es necesario que existan unas reglas mínimas que, en cierto modo, estandaricen la validez de estos medios de prueba, sin que esto suponga una injerencia desproporcionada en la soberanía nacional de los Estados miembros que les impida contemplar ciertas peculiaridades de sus ordenamientos jurídicos nacionales.

---

384. También se prevé que la autoridad de emisión de la OEI participe en la ejecución de la misma. Los requisitos para la participación de autoridades extranjeras en la ejecución de las medidas solicitadas por la OEI constan en el artículo 210 de la Ley 23/2014, de 20 de noviembre, de reconocimiento mutuo de resoluciones penales en la Unión Europea, que señala que la autoridad competente española accederá siempre a esta petición cuando dichas autoridades estén facultadas para participar en la ejecución de las medidas de investigación requeridas en un caso interno similar de su Estado y esa participación no sea contraria a los principios jurídicos fundamentales ni perjudique los intereses esenciales de la seguridad nacional. Mientras se encuentren en España participando en la ejecución de la orden europea de investigación, estas autoridades tendrán la consideración de funcionario público español a efectos penales y se someterán al Derecho español.
385. Así lo dispone el artículo 209 de la *Ley 23/2014, de 20 de noviembre, de reconocimiento mutuo de resoluciones penales en la Unión Europea.*
386. ARANGÜENA FANEGO, C., «Orden Europea de Investigación: próxima implementación en España del nuevo instrumento...», *op. cit.*, p. 938.
387. GUIMERA, R., «La Orden Europea de Investigación: ¿nuevo instrumento para obtención de pruebas o una fuente más de conflictos entre países de la Unión Europea?», en el blog https://blog.sepin.es/2018/07/orden-europea-investigacion/

Actualmente, los parámetros que podrían considerarse más cercanos a esos mínimos vienen establecidos por la jurisprudencia del Tribunal Europeo de Derechos Humanos (ECHR), de acuerdo con el Convenio Europeo de Derechos Humanos (ECoHR). Aunque sus sentencias carecen de eficacia ejecutiva directa, la autoridad interpretativa de dicho Tribunal es ampliamente aceptada.

En concreto, vamos a exponer la jurisprudencia más relevante conforme a la cual, el ECHR ha ido definiendo una postura común en cuanto a ciertos aspectos relacionados con la licitud de la prueba obtenida en procesos trasfronterizos y nacionales. En líneas generales las sentencias dictadas por el ECHR, relacionadas de manera indirecta con la admisibilidad de pruebas, giran en torno a la observancia de los artículos 6 y 8 del ECoHR.

Ambos artículos, como se expone a continuación, guardan una estrecha relación con la protección de los Derechos Fundamentales de los encausados. En consecuencia, la jurisprudencia que analizaremos está relacionada con la posible vulneración de estos derechos de especial protección. Por tanto, nuestro análisis está enfocado principalmente a los medios necesarios para evitar que una prueba sea considerada prohibida (vulneradora de Derechos Fundamentales) en el proceso que se siga en el Estado requirente. En definitiva, dejamos en un segundo plano la protección de otros derechos procesales que tienen un nivel inferior de protección. Las principales razones para este enfoque consisten en la mayor transcendencia que tiene la prueba prohibida, generalmente excluida del proceso, así como en la existencia de una extensa jurisprudencia del ECHR en cuanto a protección de Derechos Fundamentales que merecen un detallado análisis.

Una vez establecido el enfoque que guía nuestro estudio, en primer término examinaremos la jurisprudencia del Alto Tribunal en relación con el artículo 6, en el que se definen los rasgos que deben configurar un proceso judicial equitativo. En él se basan la mayoría de las sentencias que tienen repercusión en la eficacia de la transmisión de pruebas entre los Estados pertenecientes al Consejo de Europa, entre los que se incluyen los Estados miembros de la EU.

A grandes rasgos, el ECHR elude fallar respecto a la validez concreta o no de los elementos de prueba aportados porque deja esta decisión a los órganos judiciales nacionales y a la estructura normativa penal de cada Estado. Por ello, sin entrar a valorar la admisibilidad de los elementos probatorios, el Tribunal de Estrasburgo pone el énfasis en que se observe la existencia de un proceso equitativo, tal y como establece el artículo 6.1 del ECoHR, sin que la apreciación de una prueba ilícita tenga necesariamente que vulnerar esa equidad, incluso si sobre el elemento cuya valoración ha de desecharse, recae buena parte de la carga probatoria.

En este sentido, el ámbito objetivo del ECHR no afronta la incorrecta admisión de pruebas en el proceso, cuestión que deja a criterio de los ordenamientos nacionales, sino que se limita a revisar si éste en su conjunto (incluyendo la forma de incorporación de medios de prueba) reviste un carácter equitativo o no.

En segundo término, en cuanto a la jurisprudencia relacionadas con la licitud de las pruebas, el ECHR basa sus sentencias en el artículo 892 del ECoHR, consagrado al respeto a la vida privada y familiar. En el elenco de derechos protegidos y en cuanto a su relación con la admisibilidad se refiere, el ECHR distingue dos grupos a los que da un tratamiento diferenciado.

Por un lado, estaría el grupo de aquellos derechos cuya vulneración supondría la no validez inmediata de la prueba y que automáticamente, además, suponen una quiebra del principio del proceso equitativo sin que sean necesarias interpretaciones ulteriores. Este primer grupo lo compondrían el derecho a no auto-incriminarse y a la prohibición de la tortura. La apreciación de un determinado elemento probatorio que ha sido obtenido incurriendo en la violación de uno de estos derechos supone, para el ECHR, que la prueba debe ser excluida del proceso de manera inmediata. Además, y más allá de la exclusión de la prueba ilícita, la vulneración de alguno de estos derechos supondría, para el Alto Tribunal Europeo, una violación del derecho a un proceso equitativo consagrado en el artículo 6 del ECoHR.

La segunda categoría la compone el resto de derechos cuya vulneración no supone la inadmisibilidad *per se* del medio de prueba sino que, atendiendo a la jurisprudencia del Tribunal, la vulneración que se haya producido en la obtención ha de entrar en confrontación con otros aspectos que pongan de manifiesto si dicha violación ha quebrantado o no el derecho a un proceso equitativo. En cualquier caso, como regla general, el Tribunal deja a los ordenamientos nacionales la potestad de la apreciación final de la prueba obtenida ilícitamente. En los casos en los que entra a valorar el procedimiento seguido en los actos de investigación, el ECHR aprecia el equilibrio de conjunto en todo el proceso, para determinar si se ha llevado a cabo de manera equitativa o no. Como ejemplo de este margen de valoración del equilibrio entre la prueba obtenida con vulneración de alguno de los derechos del encausado y la posible quiebra del concepto de proceso equitativo, valga un somero análisis de dos sentencias del ECHR.

La primera de ellas es el caso Rowe y Davis contra el Reino Unido[388], en el que el ECHR determina que la ocultación de las pruebas a la defensa durante la instrucción del proceso, por parte de la acusación, vulnera la existencia de un proceso equitativo, sin entrar en lo dispuesto por el ordenamiento interno del Reino Unido. Es decir, sin que se constante la existencia de torturas ni el que-

---

388. SENTENCIA del ECHR, del 16 de febrero de 2000, núm. 28901/95, caso *Rowe y Davis*.

brantamiento del derecho a no auto-incriminarse, el ECHR da por vulnerado el derecho a un proceso equitativo.

Sin embargo, en la segunda de las sentencias relacionadas, el caso Rastoder contra Eslovenia[389], el ECHR determina que la no declaración de los testigos principales en la fase del juicio oral no impide la existencia de un proceso equitativo, aunque sobre dicha declaración recayese buena parte del peso de las razones para desvirtuar la presunción de inocencia de los acusados.

Además de las sentencias referenciadas en los párrafos anteriores, cabe destacar el caso Schenk[390], dado que resulta muy ilustrativo el modo de proceder del ECHR en cuanto a valoración de la licitud de la prueba y a la consideración del proceso equitativo, a la que dedicaremos una específica y detallada explicación.

En el caso Schenk, el Tribunal Federal Suizo condenó al encausado por un delito de asesinato en grado de tentativa, aun reconociendo que se podría haber producido una posible violación del secreto de las comunicaciones. En concreto, una vez iniciada la investigación, un sicario (Sr. Pauty) contratado por el señor Schenk y principal testigo de la acusación, grabó una conversación telefónica con el investigado en la que reconocía buena parte de los hechos por los que se le había encausado.

La sentencia al respecto del ECHR deja claro que no corresponde al Alto Tribunal determinar la admisibilidad de la grabación obtenida, sino que el conjunto del proceso llevado a cabo contra el señor Schenk fuera, o no, equitativo. Es decir, al ECHR le corresponde examinar el conjunto del proceso, no la admisibilidad concreta de una prueba.

En la evaluación de este equilibrio, el ECHR determinó que no se había vulnerado el derecho a la defensa dado que el señor Pauty desconocía que la grabación era ilegal, el señor Schenk tuvo oportunidad de impugnar el uso de la grabación y la defensa pudo interrogar al mencionado sicario durante la fase del juicio oral. Concluía, por tanto, que no se había producido un quebrantamiento del derecho a un proceso equitativo. Por tanto, para el ECHR, aun cuando existía una prueba ilícita por la violación del derecho al secreto de las comunicaciones, no se había vulnerado el concepto de procesos equitativo.

Expuesto el caso Schenk, cabe poner de relieve que resulta igualmente interesante atender al análisis que hace el ECHR sobre la validez o no de las pruebas derivadas de otra originaria, obtenida de manera irregular. En relación con las pruebas ilícitas, el Alto Tribunal Europeo establece que si el derecho interno ha dado posibilidad al acusado de manifestar la existencia de vicios de

389. SENTENCIA del ECHR, del 28 de noviembre de 2017, núm. 50142/13, caso *Rastoder*.
390. SENTENCIA del ECHR, del 12 de julio de 1988, núm. 10862/84, caso *Schenk*.

una forma real y garantista y el sistema los ha corregido de modo que el resultado es compatible con la realización de un juicio de ponderación en torno a la licitud de las pruebas derivadas, se puede proceder a romper la «causalidad» entre la prueba originariamente ilícita y las obtenidas en base a ésta.

En concreto, en análisis previos llevados a cabo sobre la jurisprudencia del ECHR al respecto, el Alto Tribunal europeo ha establecido que estos son los parámetros de desconexión entre los actos de investigación viciados en virtud de los cuales se han obtenido fuentes de pruebas originarias ilícitas y las fuentes de prueba derivadas, en abstracto consideradas lícitas:

1. El grado de trasgresión de la legalidad del derecho fundamental violentado,

2. El grado de respeto que se haya dado al derecho de defensa,

3. La calidad de la prueba obtenida (fiabilidad en su obtención),

4. La existencia de otras pruebas de apoyo o que corroboren los hechos a demostrar.

De todo lo anterior expuesto y como conclusión del análisis de la jurisprudencia del ECHR dictada sobre el tema objeto de estudio, puede deducirse que existe cierta ambigüedad en cuanto a lo que puede considerarse como un proceso equitativo. Y ello porque se trata de una cuestión que acaba siendo determinada por un juego de equilibrios entre Derechos Fundamentales, sin que exista concreción a nivel supranacional, y los estándares en los que ha de basarse la admisibilidad de las pruebas. Y además cabe incidir en el hecho de que, más allá de la jurisprudencia del ECHR y sus limitaciones en cuanto a contenido y aplicación, no existe ninguna otra herramienta de armonización de criterios en cuanto a la licitud de las pruebas trasfronterizas.

No obstante lo anterior, las líneas generales obtenidas de las sentencias del ECHR dejan, a nuestro juicio, tres ideas básicas. La primera y más importante es que existe cierta indefinición en cuanto a lo que supone un proceso equitativo. A pesar de que los artículos 6 y 8 del ECoHR enumeran una serie de derechos fundamentales, la descripción es muy generalista, como corresponde a un texto de esta naturaleza. En ese sentido, queda patente que aunque el enunciado de los derechos fundamentales sea común al relatado en el ECoHR, la manera de protegerlos y la manera en la que pueden entenderse vulnerados no disfruta de homogeneidad entre los diferentes Estados. Podemos, en definitiva, afirmar que no existen unos parámetros procesales comunes a nivel de la UE que protejan estos derechos fundamentales de un modo homogéneo.

En segundo lugar, a tenor de lo expuesto, queda claro que la jurisprudencia del ECHR es tajante cuando afirma que el derecho a un proceso equitativo se vulnera, en todo caso, cuando durante la investigación se ejerce la tortura o se vulnera el derecho a no auto-incriminarse.

La tercera y última idea consiste en que, fruto de esa indefinición, se comprueba que la vulneración de algunos derechos procesales no tiene, necesariamente, que desvirtuar la existencia de un proceso equitativo, cuando se pone en perspectiva con la totalidad del proceso. En cierto modo, esto contribuye a la heterogeneidad de la apreciación del modo en cómo se protegen los derechos, fundamentales o no, durante el proceso penal. Estas divergencias afectan a los Estados miembros del Consejo de Europa firmantes del ECoHR, entre ellos la totalidad de los miembros de la EU.

Así pues, puede concluirse que una mayor concreción del abstracto concepto de proceso equitativo ayudaría a que estos derechos procesales se protegiesen de un modo más uniforme en los distintos países de la Unión. En otros términos, una definición más exacta del proceso equitativo podría sentar los cimientos de los estándares de protección de los derechos de los implicados en el proceso penal europeo, con el establecimiento de unos parámetros procesales comunes que facilitasen la posterior admisibilidad de los medios de prueba.

1.4. EL USO DE BLOCKCHAIN PARA LA CONSERVACIÓN Y ASEGURAMIENTO DE PRUEBAS ELECTRÓNICAS EN PROCESOS PENALES

El uso de la tecnología se está haciendo imprescindible en la Administración de Justicia. En este contexto, un elemento que cada vez va a terminar teniendo más importancia va a ser la utilización de la *blockchain* como elemento de prueba en los juicios. Esto es algo que, aunque ya se está llevando a la práctica en algunos países, aun plantea dudas prácticas y legales.

El *blockchain* es una estructura matemática que se utiliza para almacenar datos de forma que es imposible de falsificar. Cada registro digital se denomina bloque (de ahí el nombre de *blockchain* o cadena de bloques) y se permite que un número abierto o controlado de usuarios participe en el libro electrónico. Por ello, es una tecnología que aumenta la seguridad en las transacciones de criptomonedas. La *blockchain* utiliza una red *peer-to-peer*, o entre iguales de nodos informáticos para verificar transacciones. Este proceso de verificación utiliza criptografía para mayor seguridad. Por tanto, la *blockchain* es un medio de registro confiable y resistente a la manipulación.

En la Ley de Enjuiciamiento Criminal se regulan de forma no taxativa los medios de prueba en los artículos 688 y siguientes: declaración del acusado, declaración de los testigos, informes periciales, prueba documental e inspección ocular, entre otros.

El *blockchain* tiene una característica que supone que pueda ser un medio de prueba fiable: su inalterabilidad. La información que contiene el *blockchain* acredita un hecho, una fecha y hora, y, además, no se puede modificar o alterar.

Por lo tanto, esta tecnología podrá utilizarse como medio de prueba especialmente en delitos económicos puesto que puede garantizar la trazabilidad de las transacciones y la procedencia de un importe de dinero. También se puede utilizar en temas de secretos empresariales o para probar la existencia de la autoría sobre un archivo en asuntos de propiedad intelectual o industrial.

Uno de los países en los que los tribunales están utilizando la *blockchain* como elemento de prueba es China, hasta el punto de que en este país funcionan los llamados tribunales de Internet, que ya han utilizado las cadenas de bloques como pruebas en juicios.

Otros ejemplos son los de Reino Unido, donde ya en 2018 el Ministro de Justicia desveló planes de su Gobierno para llevar a cabo un proyecto para almacenar evidencia digital en una cadena de bloques, mientras que en Francia, el comisario de cuentas del Tribunal de Casación concluyó en febrero de 2019 que la «(…) *blockchain* como medio de prueba pudiera ser aceptado por los jueces (…) permite probar la existencia de la creación (fecha y el contenido), proporcionando un certificado digital».

A la hora de utilizar la *blockchain* como medio de prueba en un proceso judicial, y a falta de que haya una legislación en que la que esto quede claro, hay que remitirse a la jurisprudencia. Sin embargo, en España, al igual que ocurre en el resto del mundo, los tribunales de justicia aún no pueden tomar como referencia una jurisprudencia relevante.

La primera vez que el Tribunal Supremo aceptó la blockchain como elemento de prueba fue en la sentencia 326/2019, de 20 de junio[391]. En este caso, los demandantes buscaban que se les resarciera por una estafa en el mercado de criptomonedas, concretamente con bitcoins. El tribunal entendió que los perjudicados no podían ser compensados en *bitcoins*, ya «que la disposición patrimonial operada se materializó sobre el dinero en euros». Además, entendía el Supremo que «al ser un activo inmaterial de intercambio o contraprestación en transacciones bilaterales aceptadas por quienes las realicen, no es dinero, ni siquiera electrónico».

A los tribunales españoles llegan cada vez más casos relacionados con criptomonedas. En este sentido, en lo que hace a la delincuencia más común, el *bitcoin* es el protagonista de la mayor parte de las causas que llegan a los tribunales como consecuencia de su empleo en delitos de estafa, y singularmente en el blanqueo de capitales procedentes de las defraudaciones, u otros delitos que

---

391. SENTENCIA del Tribunal Supremo (Sala de lo Penal) número 326/2019 de 20 de junio.

aportan rédito económico, como es el caso del de distribución de moneda falsificada —billetes falsos que se venden a cambio de *bitcoins*—, que se ejecutan a través de los servicios y productos que se ofrecen por Internet.

Dado que cada vez es mayor el número de casos en los que la *blockchain* puede ser un elemento importante de prueba para demostrar la comisión o no de un delito, parece que se hace necesario articular medidas para que las cadenas de bloques puedan cumplir esta función. Sin embargo, no es fácil.

En este campo, una de las pioneras en España en la investigación de esta cuestión es Yolanda RÍOS, magistrada del Juzgado de lo Mercantil número 1 de Barcelona. Ríos es directora del grupo de investigación sobre *blockchain* y contratos inteligentes (Smart contracts), del Consejo General del Poder Judicial e impulsora del pionero Protocolo de Protección del Secreto Empresarial de los Juzgados Mercantiles de Barcelona, aprobado en noviembre de 2019, en el que, entre otras cosas, se acepta la utilización de la *blockchain* para preservar la confidencialidad de la información o documentación aportada a un proceso, tan importante en este tipo de casos. En una sesión dedicada a *blockchain* en la Administración de Justicia, organizada en 2020 por el *Blockchain Intelligence*, la magistrada abordó, entre otras cuestiones, el valor probatorio del contenido de *blockchain*. A juicio de la magistrada, a estos efectos hay que distinguir entre fuente y medio de prueba. Fuente de prueba es una realidad que preexiste al proceso y que la parte interesada debe buscar y aportar al proceso. En el caso de un dato contenido en *blockchain*, la fuente es la propia cadena de bloques, por ello hay que atender a su continente y su contenido.

En cuanto al medio de prueba en el proceso civil, hay que tener en cuenta lo dispuesto en el artículo 299 Ley de Enjuiciamiento Civil (LEC) que admite los documentos públicos y privados, los dictámenes y los medios de reproducción de la palabra, sonido o imagen, y «cualquier otro medio apto» a los efectos de esta ley.

RÍOS recuerda que la *blockchain* no está incluida en la relación cerrada del artículo 319 de la LEC que enumera los documentos que pueden ser considerados públicos, y destaca que la información contenida en la *blockchain* no reúne simultáneamente todos los requisitos exigidos para ello pues, en cuanto al contenido, además del sistema de claves criptográficas que permite el acceso al mismo, hará falta su traducción del lenguaje alfanumérico en el que está recogido, a través de un dictamen pericial que permita aseverar la traducción del lenguaje codificado al lenguaje humano. Pero el principal escollo está en la identidad, que en muchos casos puede ser imposible de conocer.

En todo caso, señaló Yolanda RÍOS en la jornada, todo proceso judicial depende de la estrategia de las partes, por lo que, si se ilustra suficientemente al juez sobre el valor probatorio de la *blockchain*, alguna validez puede acabar teniendo, aunque su fuerza probatoria dependerá de cada caso concreto. Nada impide que se pueda aceptar como prueba, si bien su valor probatorio depende del juez, como con cualquier otra prueba.

1.5. EL PAPEL DE LAS INSTITUCIONES EUROPEAS EN LA OBTENCIÓN DE LOS MEDIOS DE PRUEBA

Colabora en este apartado

JUAN CARLOS TORRES AILHAUD

Magistrado Juez del Juzgado de Violencia sobre la Mujer nº 1 de Ibiza

La obtención eficaz de las pruebas no puede entenderse si no existen instituciones, administrativas o judiciales, que materialicen las diferentes medidas para la cooperación internacional en el ámbito penal europeo. El análisis del desempeño de estas instituciones nos llevarán a entender la mecánica de ejecución de las diferentes herramientas de cooperación al tiempo que nos acercará a identificar las áreas de mejora en las que se pueden introducir reformas que mejoren la eficacia en la compartición de medios de prueba.

En este sentido, el contacto político entre gobiernos y administraciones hace décadas que se encuentra perfectamente articulado a través de embajadas, consulados, etc. Este contacto es absoluto entre los miembros de la EU, a través de la pertenencia y dependencia de las instituciones comunitarias, cuyo máximo exponente son el Consejo, la Comisión y el Parlamento Europeo.

No obstante, el contacto directo entre órganos judiciales de diferentes países es relativamente reciente[392]. La consecuencia directa es que los canales de contacto entre estos órganos no han alcanzado el mismo nivel de evolución que los propios del campo diplomático y administrativo. El progresivo desarrollo y eficacia de la comunicación entre los entes judiciales tiene una incidencia directa en la aplicación de las herramientas de cooperación judicial que se verán en esta monografía y en consecuencia, en la obtención eficaz de los medios de prueba transfronterizos.

Aunque reciente en el tiempo, la actividad de las organizaciones de apoyo a la cooperación judicial penal supranacional ha experimentado un considerable aumento en los últimos años. Al realizar un estudio amplio del tema, queda claro que no sólo a través de la elaboración normativa se consiguen progresos en la transferencia eficaz de medios de prueba. La participación de las instituciones europeas juega un papel fundamental en la actualidad y debe cobrar mayor protagonismo en el futuro para que la cooperación llegue a buen término.

---

392. Si nos ceñimos al ámbito europeo, no fue hasta el mencionado ECMACM 1959 cuando se habilitó este contacto. Llama la atención si se tiene en cuenta que la primera embajada española data de 1480, en la Santa Sede, casi quinientos años antes.

A continuación se analizarán las cuatro instituciones de ámbito europeo que guardan una relación más cercana con la cooperación procesal penal y, en concreto, con la obtención de indicios probatorios transnacionales. En primer lugar, se expondrá la figura de los Magistrados de Enlace, nacida en el ámbito de la bilateralidad pero que todavía goza de utilidad para los Estados miembros de la UE.

1.5.1. Magistrados de enlace

Cronológicamente, en el ámbito de la UE, los Magistrados de Enlace constituyen la primera figura creada con la finalidad concreta de facilitar el contacto directo entre autoridades judiciales y, por ende, de agilizar la cooperación judicial tanto en materia penal como civil.

A través de la Acción Común 96/277/JAI de 22 de abril de 1996[393], posteriormente ampliada por la AC 96/602/JAI de 14 de octubre de 1996, el Consejo regulaba una práctica que los Estados miembros ya habían llevado a cabo de manera particular[394], consistente en el despliegue de Magistrados de Enlace a título bilateral.

Las Acciones Comunes mencionadas no crearon la figura de los Magistrados de Enlace, sino que configuraron el marco para la proliferación de este tipo de enlace en la UE. Actualmente, el despliegue de éstos todavía debe llevarse a cabo a través de acuerdos bilaterales o multilaterales.

Los Magistrados de Enlace tienen como finalidad incrementar la rapidez y la eficacia de la cooperación judicial y contribuir asimismo a una mayor comprensión recíproca entre los ordenamientos jurídicos y los sistemas judiciales de los Estados miembros[395]. En este sentido, puede afirmarse que actúan como catalizadores de la cooperación judicial dado que, sin intervenir en el resultado cualitativo del auxilio, aceleran y facilitan que éste se produzca.

Las funciones concretas pueden variar, en función del acuerdo del que se trate, pero en líneas generales pueden resumirse en las siguientes[396]:

- Labores de intermediación en el cumplimiento de las solicitudes de asistencia judicial.

---

393. DIARIO OFICIAL de la Unión Europea L105, de 27.04.1996, pp. 7-21.
394. Actualmente, España tiene destacados magistrados de enlace en Francia, Italia, Reino Unido, EEUU y Marruecos.
395. Preámbulo de la Acción Conjunta C 96/277/JAI, de 27.04.1996.
396. CARMONA BERMEJO, J., «Instituciones de apoyo a la Cooperación: Red Judicial Europea, EUROJUST, EUROPOL, Interpol, Magistrados de Enlace, IberRed», en Arnáiz Serrano, A. (Coord.), *Cooperación Judicial Penal en Europa*, ed. UC3M, 2013, pp. 943-998.

- Labores de intercambio de información o datos estadísticos, a fin de impulsar el conocimiento mutuo de los distintos sistemas bancos de datos jurídicos de los Estados interesados y las relaciones entre los profesionales jurídicos de ambos Estados.

Como órganos de enlace estrictamente judicial, queda patente su independencia de las administraciones gubernamentales por depender funcionalmente del Ministerio de justicia de su país de origen, y no de la embajada desplegada en el Estado que les acoge.

El artículo 4 de la AC 96/602/JAI, de 14 de octubre, contempla la posibilidad de que un Estado de la EU utilice a sus Magistrados de Enlace destacados en terceros países en beneficio de otros Estados miembros que no tengan magistrado desplegado en dicho país. Esta circunstancia además de racional, puesto que no tendría sentido el despliegue masivo de enlaces de los veintiocho Estados miembros, facilita su engarce con otros mecanismos de apoyo surgidos al amparo de la Unión, como se comprobará en el apartado siguiente.

La labor de los magistrados de enlace facilitó la prestación de auxilios judiciales entre los diferentes Estados de la UE, en los albores de su creación, y sigue facilitándola con terceros países en la actualidad. En concreto, a través de ellos se puede alcanzar un profundo conocimiento de los ordenamientos jurídicos de los Estados con los que se tiene una cooperación más estrecha.

De esta manera se facilita conocer, por ejemplo, qué juzgado es el competente para ejecutar la medida solicitada o, para el caso de la eficacia probatoria de los elementos, qué medidas han de adoptarse para respetar las normas procesales del Estado en cuyo territorio van a obtenerse los indicios.

No obstante, la escasa regulación normativa en cuanto a las funciones y cometidos de los Magistrados de Enlace, que se limita a las Decisiones citadas en este apartado, y el difícil acceso al contenido de los acuerdos bilaterales que completan su regulación, hacen que exista cierto desconocimiento sobre qué atribuciones corresponden a estos jueces destacados en otros países.

Este desconocimiento hace que pueda surgir cierta confusión acerca de esta figura. Muestra de ello es que en el ámbito de la cooperación activa, los jueces españoles suelen acudir a los magistrados de enlace de otros Estados miembros destacados en Madrid, en lugar de recurrir a los nacionales españoles que están destacados en otros Estados a los que quieren remitir la solicitud de asistencia judicial española[397].

---

397. RODRÍGUEZ-MEDEL NIETO, C., *Obtención y admisibilidad en España de la prueba penal transfronteriza. De las comisiones rogatorias a la orden europea de investigación*, ed. Universidad Complutense de Madrid, 2017, p. 150.

1.5.2. Red Judicial Europea

La Red Judicial Europea (EJN) fue creada a través de la AC 98/428/JAI[398] y su estructura fue reforzada por la Decisión 2008/276/JAI[399] del Consejo, de 16 de diciembre, que derogó a la primera. Se basa en el empleo de una serie de puntos de contacto (corresponsales nacionales, o de herramienta) cuya finalidad podría resumirse en:

- Facilitar la cooperación judicial entre los Estados miembros a través del contacto directo entre autoridades judiciales.

- Proporcionar información jurídica y práctica a las autoridades judiciales de los Estados llamados a colaborar.

- Promover la organización de sesiones de formación en materia de cooperación judicial para las autoridades competentes de los Estados miembros.

La Decisión 2008/276/JAI deja clara la convivencia de la EJN con un instrumento ya tratado en el punto anterior, los Magistrados de Enlace y con EUROJUST, a la que se dedicará el siguiente apartado. Respecto a los primeros, los Magistrados de Enlace, establece que aquellos que estén desplegados en territorio de la EU se incorporarán a la red de puntos de contacto y tendrán acceso a la red de telecomunicaciones segura[400].

En cuanto a EUROJUST, el artículo 10 de la Decisión 2008/276/JAI (en adelante, la Decisión) determina las relaciones entre esta agencia y la EJN, definiéndolas como privilegiadas basadas en la consulta y en la complementariedad, especialmente en cuanto al empleo de los puntos de contacto y al uso de la conexión de telecomunicaciones segura. Clara muestra de esta relación se encuentra en que la Secretaría de la EJN constituye una unidad funcional de la Secretaría de EUROJUST, que además aporta parte del presupuesto de dicha red.

Referido a la necesidad de la convivencia de ambas redes, al margen de las estrechas relaciones aludidas en el párrafo anterior, algunos autores fundamentan esta coexistencia en su aplicación complementaria. Así, debería intervenir EUROJUST cuando sea necesaria una cooperación multilateral, dejando la bilateralidad a la EJN o, atendiendo al tipo de delitos del que se trate, extender el uso de la EJN a todo tipo de delincuencia en contraposición de la limitación de EUROJUST a aquellos casos de delincuencia grave.

---

398. DIARIO OFICIAL de la Unión Europea L 191, de 7.7.1998, p. 4.
399. DIARIO OFICIAL de la Unión Europea 348, de 24.12.2008, p. 130.
400. Artículo 2.6 de la Decisión 2008/276/JAI del Consejo.

Volviendo a la naturaleza de la EJN, supone un importante paso de integración respecto a los magistrados enlace, figura que no desecha como se citaba anteriormente. Su regulación es mucho más concreta, detallando en el artículo 7 de la Decisión el contenido que habrán de tener las comunicaciones a las que los Estados miembros se obligan a través de sus puntos de contacto. Además, la relación directa que ofrece la EJN entre los puntos de contacto nacionales ha supuesto un rotundo éxito, cimentado en el conocimiento de la legislación[401] y de las jurisdicciones de otros Estados, así como en las relaciones personales de confianza que facilitan la aplicación de cualquier medida de cooperación basada en el reconocimiento mutuo.

1.5.3. EUROJUST

La conclusión número 46 del Consejo de Europeo de Tampere recogía la necesidad de crear una unidad compuesta por autoridades con competencia en materia de investigación (fiscales, magistrados o agentes de policía, según el país), cedidos por los diferentes Estados miembros y con la misión de reforzar la lucha contra la delincuencia organizada grave, mediante la facilitación de la coordinación de las fiscalías nacionales y el apoyo en las investigaciones penales.

No es objeto de esta monografía profundizar en demasía en la evolución temporal de esta unidad, ahora agencia de la Unión Europea. Basta señalar que se creó a través de la Decisión del Consejo de 14 de diciembre de 2000 por la que se crea una Unidad provisional de cooperación judicial (2000/799/JAI)[402] y que posteriormente fue modificada por la Decisión 2009/426/JAI del Consejo de 16 de diciembre de 2008, por la que se refuerza EUROJUST.

Su misión, citada en el párrafo anterior, se desglosa en los siguientes puntos[403]:

- Fomentar y mejorar la coordinación entre las autoridades competentes de las investigaciones y de las actuaciones judiciales en los Estados miembros.

---

401. En el plano del conocimiento mutuo de las diferentes legislaciones penales europeas, resultan especialmente interesantes las denominadas «fichas belgas», que son 42 fichas técnicas referentes a las distintas medidas de investigación (registros, audiencia de testigos, bloqueo de bienes etc.) y en las que se explica la forma de proceder al respecto en cada Estado Miembro de modo que se tenga a disposición la información que un Magistrado necesita cuando debe llevar a cabo alguna medida en otro Estado Miembro. Información disponible en: https://www.ejn-crimjust.europa.eu/ejn/EJN_FichesBelges.aspx#
402. DIARIO OFICIAL de la Unión Europea L324/2, de 21.12.2000.
403. Artículo 3 de la Decisión 2009/426/JAI del Consejo de 16 de diciembre por la que se refuerza EUROJUST y se modifica la Decisión 2002/187/JAI.

- Mejorar la cooperación entre las autoridades competentes de los Estados miembros, en particular, facilitando la ejecución de asistencia judicial internacional y de las solicitudes de extradición.

- Apoyar en general a las autoridades competentes de los Estados miembros para dar mayor eficacia a sus investigaciones y actuaciones.

- Prestar apoyo a investigaciones y actuaciones que afecten únicamente a un Estado miembro y un tercer país, o a un Estado miembro y a la Comunidad, cuando se haya celebrado con dicho país un acuerdo de cooperación o cuando exista un interés esencial en dicho apoyo.

La competencia en cuanto a delitos e infracciones de las que puede conocer, se liga a la que corresponde a EUROPOL[404], así como acciones conexas con aquellas que forman parte de su ámbito de actuación.

Su funcionamiento se basa en el despliegue, por parte de los Estados miembros, de una serie de representantes de alto nivel[405] que desempeñan su función en la sede de la agencia. Estos miembros nacionales cuentan con el apoyo de adjuntos, asistentes y expertos nacionales destacados. Este despliegue se completa con magistrados de enlace en terceros países.

Entre los organismos que alberga destaca, a los efectos de este trabajo, la Red de Equipos Conjuntos de Investigación (JITNEN), que tiene un importante papel en la obtención de la prueba transfronteriza en el territorio de la UE.

Su actividad trasciende del mero contacto entre expertos de los diferentes Estados miembros para el conocimiento mutuo de los ordenamientos jurídicos. Toma parte en cuestiones relativas a la tramitación de asuntos penales y celebra reuniones en las que se coordinan y planifican acciones operativas. También con trascendencia a los efectos de la obtención de medios de prueba, EUROJUST facilita la ejecución de los instrumentos jurídicos internacionales entre los que se encuentra la EIO.

1.6. EL VALOR PROBATORIO DE LOS RESULTADOS DE LA INVESTIGACIÓN OBTENIDOS A TRAVÉS DE UNA EIO

Como se ha reflejado en puntos anteriores de este trabajo, la UE deja a los ordenamientos nacionales la valoración de la eficacia procesal de los medios de prueba obtenidos a través de las diversas herramientas de cooperación inter-

---

404. EUROPOL es la agencia de la Unión Europea en materia policial. Su principal objetivo es contribuir a la consecución de una Europa más segura para beneficio de todos los ciudadanos de la EU. En su competencia están las investigaciones relativas a terrorismo, tráfico de drogas, blanqueo de capitales, fraude organizado, falsificación de euros y tráfico de seres humanos.
405. Fiscales, jueces o funcionarios de policía con competencias equivalentes.

nacional existentes. No obstante, es posible pronosticar las probabilidades de éxito de un instrumento de cooperación a través de las previsiones introducidas a lo largo de su articulado.

Centrando el análisis en la DEIO, tanto su parte expositiva como la dispositiva contienen al menos tres referencias que no sólo están encaminadas a la protección de los derechos fundamentales, sino también a aumentar las garantías de eficacia de los medios de pruebas obtenidos.

La primera de estas referencias consiste en la posibilidad, repetida a lo largo del texto, de que se deniegue la ejecución de ciertas medidas de investigación, si no están previstas para un caso similar de ámbito doméstico en dicho país. Más allá de la protección de los derechos fundamentales de los afectados, que podrían verse sometidos a un régimen jurídico foráneo más intrusivo que el vigente en ese país, la previsión de no aplicar medidas que no estén disponibles para un caso nacional similar afecta a la fundamentación de la concesión de la autorización para llevar a cabo la medida por el juez o fiscal que entiendan de la misma.

En este sentido, si dicha autoridad judicial aprobase la ejecución de una determinada medida de investigación que no estuviese disponible para un caso doméstico similar, es más que probable que dicho acto fuese rechazado por el órgano encargado de juzgar los hechos basándose en una falta de fundamentación en la concesión de la medida. Ni que decir tiene que de ese rechazo se derivaría la falta de eficacia procesal de toda la información obtenida a través de ese acto concreto de investigación.

El segundo de los aspectos que invitan a pensar que la obtención de los medios probatorios tiene altas probabilidades de ser eficaz, es la posibilidad presente en varios artículos de que las autoridades de emisión puedan solicitar que se observen ciertas formalidades y procedimientos mientras se llevan a cabo ciertas medidas de investigación, aunque éstas se ejecuten en territorio de otro Estado de la UE.

La observancia de estos requisitos tiene una doble finalidad. Por un lado, que se obtenga la máxima cantidad de información bajo la dirección de los investigadores del caso, que son los emisores de la EIO. Y ello porque resulta evidente que serán éstos los que conozcan en profundidad la investigación y puedan orientar del mejor modo la práctica de las medidas indagatorias.

Pero, por otro lado, que los emisores de la EIO puedan indicar formalidades y procedimientos en la ejecución de un medio de prueba facilitará en gran medida que la compartición de estos medios de prueba se muestre procesalmente eficaz, dado que su ejecución será casi idéntica a la que se hubiera producido en un caso interno similar.

En este sentido, la responsabilidad de asegurarse de que lo que se hará en el país vecino tendrá efecto en su territorio al retornar los resultados recae, en buena parte, en el Estado emisor. Cuestión que tiene gran importancia a efectos de la eficacia procesal *a posteriori*, pues el emisor ha tenido la oportunidad de elevar el nivel de exigibilidad, de acuerdo con la tradición del país solicitante del acto[406].

Por último, en tercer lugar, destaca la posibilidad de que el Estado de emisión pueda solicitar la presencia de alguna autoridad propia en la realización del acto de investigación y, he aquí la principal novedad, que el Estado de ejecución tenga la obligación de acceder a lo solicitado siempre esta circunstancia no sea contraria a sus principios jurídicos fundamentales, ni se ponga en riesgo sus intereses de seguridad nacional.

La presencia de autoridades del Estado de emisión en la obtención de la pieza de convicción debe suponer un gran avance en la homologación de los resultados para el proceso penal en curso el país de origen de la EIO. Así, aporta fiabilidad de que se cumple el procedimiento estipulado y se respetan las garantías procesales del investigado. Es de esperar, por tanto, que aunque el texto de la Directiva lo contempla como una posibilidad, en la práctica acabe convirtiéndose en la norma y no en la excepción.

Una vez expuestos los argumentos que pueden encontrarse en la DEIO para considerarla una herramienta procesalmente eficaz de compartición de pruebas, cabe plantearse en qué aspectos pueden presentarse los puntos débiles que pongan en tela de juicio dicha eficacia.

En este sentido, consideramos que las posibles vulnerabilidades en la validez de los elementos probatorios que pueden obtenerse a través de una EIO radican en la falta de regulación de ciertas medidas de investigación que se dan con mucha frecuencia en el transcurso de las investigaciones.

Se trata, principalmente, de la obtención de la prueba de ADN transfronteriza, así como de otras de índole tecnológico como son la captación y grabación de comunicaciones orales mediante la utilización de dispositivos electrónicos, la utilización de dispositivos técnicos de seguimiento y localización, así como los dispositivos de captación de la imágenes.

La falta de una regulación básica para llevar a cabo este tipo de actos de investigación plantea una serie de dudas que están siendo resueltas de manera dispar entre los diferentes Estados miembros y que pueden perjudicar la validez probatoria de los resultados obtenidos de su aplicación.

---

406. MARTÍNEZ GARCÍA, E., *La Orden Europea de investigación*, editorial Tirant Lo Blanch, p. 55.

Sin esta regulación básica, es previsible que el desigual modo de practicar este tipo de actos de investigación lleve a divergencias en el modo de proteger los derechos promulgados por la ECoHR y por la ChFREU. A su vez, estas divergencias terminarán en conflictos que habrán de ser resueltos a través de la jurisprudencia y que, con toda probabilidad, minarán la eficacia procesal de los frutos de la investigación.

II. LA SEGURIDAD CIBERNÉTICA Y EL DERECHO INTERNACIONAL

El aumento dramático de los ataques cibernéticos que involucran a Estados y actores no estatales constituye una amenaza real para la paz y la seguridad internacionales. En su informe de 2015[407], el Grupo de Expertos Gubernamentales de las Naciones Unidas (en adelante GEG) expresó su inquietud[408] sobre las «tendencias preocupantes» marcadas por un aumento dramático del número de actos maliciosos dirigidos contra, entre otras cosas, la infraestructura vital de los Estados. Este hecho alarmante es compartido por todos los actores del ámbito de la seguridad digital y cibernética, independientemente de si son Estados, organizaciones internacionales o actores privados[409].

Estos ataques no solo amenazan las infraestructuras críticas, sino que también son una fuente importante de tensiones entre los Estados. Todos los días,

---

407. Grupo de Expertos Gubernamentales sobre los Avances en la Información y las Telecomunicaciones en el Contexto de la Seguridad Internacional (2015) Informe del Grupo de Expertos Gubernamentales sobre los Avances en la Información y las Telecomunicaciones en el Contexto de la Seguridad Internacional A/70/174, texto disponible en https://undocs.org/A/70/174.

408. El 27 de diciembre de 2013, la Asamblea General de las Naciones Unidas aprobó por unanimidad la resolución 68/243, en la que se tomaba nota «de los resultados del Grupo de Expertos Gubernamentales de 2012/2013 y se solicitaba al Secretario General la creación de un nuevo Grupo que presentaría un informe a la Asamblea General en 2015. El nuevo Grupo de Expertos Gubernamentales, compuesto por 20 expertos, celebró su primera reunión en Nueva York en julio de 2014 y escogió al Brasil para ocupar la Presidencia. El Grupo celebró su segundo período de sesiones en Ginebra en enero de 2015 y otras dos sesiones más en Nueva York. El Grupo se puso de acuerdo en presentar un informe amplio en junio de 2015 (A/70/174) sobre las normas, reglas o principios de la conducta responsable de los Estados en el ciberespacio, así como medidas de fomentar la confianza, la cooperación internacional y la creación de capacidad que podría tener una aplicación más amplia a todos los Estados. También se ocupa con la interpretación las normas del Derecho Internacional en la utilización de tecnologías de información y comunicaciones». Recuperado de: https://www.un.org/es/ga/about/background.shtml.

409. En febrero de 2017, los participantes en la Conferencia de la OSCE sobre Protección de Infraestructura Crítica enfatizaron aún más «la importancia crucial de proteger este tipo de infraestructura contra los ataques cibernéticos para garantizar la paz y la seguridad internacional». Cyber Security for Critical Infrastructure: Strengthening Confidence Building in the OSCE, Vienna, 15 February 2017, Recuperado de: https://www.osce.org/event/cyber-security-for-critical-infrastructure.

las infraestructuras críticas se vuelven cada vez más dependientes de Internet, y la violación de la seguridad de la red tiene repercusiones significativas en los derechos humanos, especialmente cuando no pueden ejercerse como resultado de la destrucción de las plataformas de servicios sociales por un ataque cibernético. Las autoridades estatales no deberían tratar estos ciberataques con superficialidad, sino deben involucrarse más, porque los estados tienen el deber de proteger a sus ciudadanos tanto en el entorno *offline* como en el entorno *online*.

Solo en unos años, el universo digital se ha convertido en un espacio de confrontación, no solo entre los Estados, sino también entre los Estados y ciertos actores no estatales, cuyas actividades desestabilizadoras son una preocupación importante para la comunidad internacional en su conjunto. El Secretario General de las Naciones Unidas refiere que: «entre los problemas complejos que han surgido se encuentra el creciente uso malicioso de las TIC por parte de extremistas, terroristas y grupos delictivos organizados». El fenómeno es aún más complicado porque algunos Estados tienen vínculos más o menos estrechos con estos grupos no estatales y los utilizan como «intermediarios» o «representantes», para desarrollar actividades maliciosas contra los intereses de otros Estados.

Realmente, en sus orígenes, el ciber espionaje es una acción patrocinada por los estados que representa el origen de otras dos nociones modernas, a saber: la guerra y las armas cibernéticas. Estas nuevas amenazas nacidas en el espacio virtual han sido utilizadas por los estados para obligar a los ciudadanos a renunciar a parte de sus derechos y libertades civiles en el nombre de la seguridad colectiva o personal. Tal como, en los EEUU, el espionaje cibernético por parte de los chinos es un argumento clave utilizado para apoyar la controvertida Ley de Protección e Intercambio de Inteligencia Cibernética (CISPA)[410], una regulación que permitiría a las autoridades acceder a grandes cantidades de datos de usuarios sin una orden judicial o autorización previa.

Además de este fenómeno importante y preocupante para la paz y la seguridad internacional, los actores privados también desempeñan un papel de liderazgo en campo de la seguridad digital. Al respecto, la actividad del sector privado se está desarrollando en prácticamente todas las áreas, desde la prevención de ataques cibernéticos y la seguridad de las infraestructuras digitales hasta las

---

410. El proyecto CISPA fue presentado por Mike Rogers en la Cámara de Representantes en noviembre del año 2011. El objetivo del proyecto de ley es «proporcionar el intercambio de cierta información sobre amenazas cibernéticas entre la comunidad de inteligencia y las entidades privadas de seguridad cibernética, y para otros fines».

medidas de *active cyber defense* (defensa cibernética activa), incluido el uso de técnicas ofensivas como el *hacking back*[411].

Sin embargo, las actividades del sector privado que actúan en el área de la seguridad cibernética plantean varios problemas y controversias, de naturaleza política, ética, técnica y legal. El propósito de este análisis es contribuir a la reflexión sobre estos temas y analizar un aspecto importante que sin duda estará en el centro de las preocupaciones de la comunidad internacional en los próximos años: los papeles de los actores públicos y privados en los mecanismos de protección de la paz y seguridad del espacio digital, en el marco del derecho internacional.

En el año 2013, los miembros del GEG reconocieron la aplicación del derecho internacional, incluida la Carta de las Naciones Unidas, en el ciberespacio. Este reconocimiento fue un hito importante para el GEG, así como para la paz y la seguridad digital. El ciberespacio ya no es una «tierra sin ley», más bien, puede ser regulado por el derecho internacional, como son prácticamente todas las actividades internacionales. Pero la tarea en este campo es infinitamente más compleja. Específicamente, determinar cómo se aplica el derecho internacional en el espacio digital nos lleva inevitablemente al problema de la identificación e interpretación de las reglas existentes, pero también a la cuestión de su relevancia y sus limitaciones en el ciberespacio.

Está claro que existen muy pocos instrumentos legales en el derecho internacional específicamente dedicados a la seguridad cibernética. No solo las convenciones internacionales en este campo son escasas, sino que su impacto también es limitado, ya sea debido al pequeño número de participantes o la naturaleza restringida de su tema[412]. El Convenio de Budapest sobre Ciberdelincuencia es, posiblemente, el más efectivo por el momento[413]. En

---

411. La contra piratería o el *hack-back* implica devolver el ataque a un hacker. Un hacker es alguien que a través de diversos medios técnicos obtiene acceso a un sistema informático sin autorización. Con un *hack-back*, un administrador del sistema identifica al pirata informático cuando ingresa al sistema y envía una respuesta similar. El objetivo es evitar daños en el sistema del administrador, mientras se daña el sistema del atacante con la esperanza de que esto disuada al pirata informático de intentar volver a atacar, en ALBERSHEIM, R. (1999) *The Legal Implications of Corporate Reverse Hacking, Preventive Law Reporter, vol. 18*, p. 8, disponible en: https://heinonline.org/HOL/LandingPage?handle=hein.journals/prevlr18&div=8&id=&page=

412. Por ejemplo, el Convenio de la Unión Africana sobre seguridad cibernética y protección de datos personales de 2014 no ha sido ratificado por ningún estado todavía.

413. El Convenio de Budapest sobre ciberdelincuencia, ratificado por 52 países, es el primer tratado internacional que busca hacer frente a los delitos informáticos y los delitos en Internet mediante la armonización de leyes entre naciones, el aumento de la cooperación entre las naciones firmantes y la mejora de las técnicas de investigación. Ha sido elaborado por el Consejo de Europa en Estrasburgo, con la participación de Canadá, Japón y China como estados observadores.. Recuperado de: https://obtienearchivo.bcn.cl/obtienearchivo?id=repositorio/10221/26882/1/Convenio_de_Budapest_y_Ciberdelincuencia_en_Chile.pdf.

este contexto, se deben aplicar las reglas convencionales y consuetudinarias, a pesar de que no se han diseñado específicamente para regular el ciberespacio. Tal práctica de aplicar reglas a áreas fuera de su ámbito de aplicación original no es inusual en el derecho internacional. Sin embargo, se requiere cierta precaución. El número limitado de normas internacionales vinculantes diseñadas específicamente para la regulación del ciberespacio parece ser una prueba de la renuencia de muchos Estados a actuar decisivamente para el desarrollo de nuevas normas convencionales sobre seguridad cibernética. En cuanto a las soluciones de seguridad cibernética elegidas y las normas de protección relacionadas, también debemos asegurarnos de que estén en línea con las disposiciones internacionales de derechos humanos y no creen una limitación desproporcionada en ellas.

2.1. PRINCIPALES ÁMBITOS DE ACTUACIÓN DE LA ESTRATEGIA DIGITAL DE LA UE

Las tecnologías digitales están cambiando la vida de las personas, desde la forma en que nos comunicamos hasta la manera en que vivimos y trabajamos. La digitalización tiene potencial para ofrecer soluciones a muchos de los retos a los que se enfrentan Europa y los europeos y brinda oportunidades como:

- la creación de empleo,

- la promoción de la educación,

- el aumento de la competitividad y la innovación,

- la lucha contra el cambio climático y la facilitación de la transición ecológica.

A raíz de la pandemia de COVID-19, la digitalización se ha convertido en un elemento clave tanto para la recuperación económica como para la resiliencia de los sectores sanitario y asistencial. La digitalización ha dado a la UE un nuevo impulso para acelerar la transición tecnológica, impulsando la sanidad electrónica y promoviendo tecnologías facilitadoras como la informática en la nube, las tecnologías cuánticas y la informática de alto rendimiento.

Para poder adaptar nuestras sociedades y economías a la era digital, la UE está determinada a crear un espacio digital seguro para los ciudadanos y las empresas que sea inclusivo y accesible para todos. Esto implica posibilitar una transformación digital que salvaguarde los valores de la UE y proteja los derechos fundamentales y la seguridad de los ciudadanos, al tiempo que se refuerza la soberanía digital de Europa.

2.1.1. Itinerario hacia la década digital

El itinerario hacia la década digital es el programa de actuación de la UE para la transformación digital que establece metas e hitos específicos en el ámbito digital que deben alcanzarse de aquí a 2030. El programa pone las capacidades y la educación digitales en primer plano y se articula en torno a cuatro ámbitos: capacidades, empresas, servicios públicos e infraestructuras.

En marzo de 2021, la Comisión presentó la «brújula digital», que establece un planteamiento y unos objetivos para fomentar la digitalización en la UE de aquí a 2030. La estrategia incluye una propuesta de Decisión por la que se establece el programa de actuación Itinerario hacia la Década Digital, que fija el marco de gobernanza para alcanzar los objetivos digitales para 2030. La Decisión pretende reforzar el liderazgo digital de la UE promoviendo políticas digitales integradoras y sostenibles al servicio de los ciudadanos y las empresas. Para ello, establece metas digitales concretas que la UE y sus Estados miembros se proponen alcanzar de aquí al final de la década en cuatro ámbitos de actuación:

- el refuerzo de las capacidades digitales y la educación,

- la seguridad y la sostenibilidad de las infraestructuras digitales,

- la transformación digital de las empresas,

- la digitalización de los servicios públicos.

El programa introduce una nueva forma de gobernanza basada en la cooperación entre los Estados miembros y la Comisión para garantizar que la Unión cumpla conjuntamente sus aspiraciones. La iniciativa permitirá a los países de la UE colaborar estrechamente y poner en común recursos para lograr avances en el ámbito de las capacidades y las tecnologías digitales que los Estados miembros no podrían alcanzar por sí solos. El objetivo último es lograr una transformación digital que empodere a los ciudadanos y a las empresas, en consonancia con los valores de la UE.

En la Decisión se aclaran varias definiciones de los objetivos generales del programa, haciéndose hincapié en el refuerzo de los derechos fundamentales, la transparencia y la seguridad, y en la promoción de las capacidades digitales. Para alcanzar estos objetivos comunes, los Estados miembros trabajarán conjuntamente, evaluando los progresos y adoptando las medidas necesarias.

La Comisión establecerá trayectorias a escala de la UE para cada uno de los objetivos digitales de la Unión, junto con los Estados miembros. Estos, a su vez, elaborarán trayectorias nacionales y hojas de ruta estratégicas para alcanzar estos objetivos hasta su revisión, prevista en 2026. Los avances se supervisarán sobre la base del Índice de la Economía y la Sociedad Digitales y se evaluarán en el informe anual de la Comisión sobre el «estado de la Década Digital».

La Decisión también desarrolla el concepto de los proyectos plurinacionales, que también facilitan la cooperación y las inversiones comunes para contribuir a la consecución de los objetivos. Se trata de proyectos a gran escala que agrupan recursos de la UE, nacionales y privados, para lograr avances que ningún Estado miembro podría conseguir por sí solo.

El programa facilitará las inversiones en ámbitos como la informática de alto rendimiento, la infraestructura y los servicios comunes de datos, la cadena de bloques, los procesadores de baja potencia, el desarrollo paneuropeo de corredores 5G, la asociación en materia de alta tecnología para las capacidades digitales, la infraestructura cuántica segura y la red de centros de ciberseguridad, la administración pública digital, las instalaciones de ensayo y los centros de innovación digital.

La Decisión prevé también un mecanismo de cooperación eficaz entre los Estados miembros y la Comisión para alcanzar los objetivos del programa.

2.1.2. Declaración Europea sobre los derechos y principios digitales

La UE, dentro del ámbito de aplicación de la Brújula Digital, quiere adoptar una Declaración Europea sobre los Derechos y Principios Digitales. La Declaración Europea sobre los Derechos y Principios Digitales para la Década Digital (en lo sucesivo, «Declaración Europea») va a situar a las personas en el centro de la transformación digital, pretende promover principios para la transformación digital de conformidad con el Derecho y los valores europeos compartidos y se propone contribuir a la consecución de los objetivos generales de la presente Decisión. A tal fin, la Comisión y los Estados miembros deben tener en cuenta los principios y derechos digitales establecidos en la Declaración Europea cuando cooperen, con vistas a alcanzar los objetivos generales establecidos en la presente Decisión.

La vía de la UE para la transformación digital de nuestras sociedades y nuestra economía abarca una soberanía digital de índole abierta, el respeto de los derechos fundamentales, el Estado de Derecho y la democracia, la integración, la accesibilidad, la igualdad, la sostenibilidad y el respeto de los derechos y aspiraciones de todas las personas.

El texto recuerda todos los derechos pertinentes en el contexto de la transformación digital y debe servir de referencia a las empresas y otros interesados que elaboren e implanten nuevas tecnologías. La Declaración debe asimismo guiar a los responsables de las políticas cuando reflexionen sobre su concepción de la transformación digital: situar a las personas en el centro de la transformación digital, apoyar la solidaridad y la integración, garantizar la conectividad, la educación, la formación y las capacidades digitales, así como el acceso a los servicios digitales en línea. La declaración hace hincapié en la importancia de la libertad de elección en la interacción con los algoritmos y los sistemas de inteligencia artificial, así como en un entorno digital equitativo. También hace un llamamiento para aumentar la seguridad y la protección en el entorno digital, en particular para los niños y los jóvenes. Los Estados miembros, el Parlamento y la Comisión también se comprometen a apoyar la elaboración y el uso de tecnologías sostenibles.

La aspiración de la UE es ser digitalmente soberana en un mundo abierto e interconectado, reuniendo a ciudadanos emancipados y a empresas innovadoras en una sociedad digital centrada en el ser humano, integradora, próspera y sostenible.

III. LEY DE CIBERRESILIENCIA: LA NUEVA PROPUESTA DE LEY DE LA UE

En los últimos meses, Europa se ha convertido en el núcleo de la creación de políticas de ciberseguridad. Con un ataque de *ransomware* ocurriendo cada once segundos, según datos de la Comisión Europea (CE), esta entidad se ha visto en la necesidad de crear regulaciones que obliguen a los fabricantes a crear productos y ofrecer servicios más seguros.

Los productos consistentes en equipos informáticos (*hardware*) y en programas informáticos (*software*) están sometidos a un número cada vez mayor de ciberataques exitosos, lo que eleva el coste anual estimado de la ciberdelincuencia a 5,5 billones EUR en todo el mundo en 2021. Estos productos se enfrentan a dos problemas principales que acarrean costes adicionales para los usuarios y la sociedad: 1) un bajo nivel de ciberseguridad, que se refleja en vulnerabilidades generalizadas y en la oferta insuficiente e incoherente de actualizaciones de seguridad para hacerles frente, y 2) la insuficiencia de la comprensión de la información y del acceso a ella por parte de los usuarios, lo que les impide elegir productos con las características de ciberseguridad adecuadas o utilizarlos de manera segura. En un entorno conectado, un incidente de ciberseguridad en un producto puede afectar a toda una organización o cadena de suministro y, con frecuencia, propagarse a través de las fronteras del mercado interior en cuestión de minutos. Esto puede dar lugar a graves perturbaciones de las actividades económicas y sociales o incluso convertirse en una amenaza para la vida.

La ciberseguridad de los productos con elementos digitales tiene una importante dimensión transfronteriza, ya que los productos fabricados en un país a menudo se utilizan en todo el mercado interior. Además, es habitual que los incidentes que inicialmente afectan a una única entidad o Estado miembro se expandan en cuestión de minutos a todo el mercado interior.

Si bien la legislación vigente sobre el mercado interior se aplica a determinados productos con elementos digitales, actualmente la mayoría de los productos consistentes en equipos o programas informáticos no están contemplados en ninguna norma de la Unión Europea (UE) que regule su ciberseguridad. En particular, el marco jurídico actual de la UE no aborda la ciberseguridad de los programas informáticos no incorporados, aun cuando los ataques de ciberseguridad se centran cada vez más en las vulnerabilidades de estos productos, lo que genera considerables costes sociales y económicos. Existen numerosos ejemplos de ciberataques reseñables derivados de una seguridad insuficiente de los productos, como el programa de chantaje de tipo gusano *WannaCry*, que explotó una vulnerabilidad de Windows para afectar a 200 000 ordenadores en 150 países en 2017 y causó daños por valor de miles de millones de dólares estadounidenses; el ataque a la cadena de suministro de Kaseya VSA, que utilizó el programa de administración de redes de Kaseya para atacar a más de 1 000 empresas y obligó a una cadena de supermercados a cerrar la totalidad de sus 500 tiendas en Suecia; o los numerosos incidentes relacionados con el pirateo de aplicaciones bancarias para robar dinero a consumidores desprevenidos.

Se identificaron dos objetivos principales para garantizar el correcto funcionamiento del mercado interior: 1) crear condiciones que permitan el desarrollo de productos con elementos digitales seguros, garantizando que los productos consistentes en equipos y programas informáticos se introduzcan en el mercado con menos vulnerabilidades y que los fabricantes se tomen en serio la seguridad a lo largo de todo el ciclo de vida de un producto; y 2) crear condiciones que permitan a los usuarios tener en cuenta la ciberseguridad a la hora de elegir y utilizar productos con elementos digitales. Se establecieron cuatro objetivos específicos: i) garantizar que los fabricantes mejoren la seguridad de los productos con elementos digitales desde la fase de diseño y desarrollo y a lo largo de todo el ciclo de vida; ii) garantizar un marco de ciberseguridad coherente y facilitar su cumplimiento por parte de los productores de equipos y programas informáticos; iii) mejorar la transparencia de las características de seguridad de los productos con elementos digitales; y iv) permitir a las empresas y a los consumidores utilizar productos con elementos digitales de forma segura.

La importante naturaleza transfronteriza de la ciberseguridad y el aumento de los incidentes cuyas repercusiones pueden extenderse a otros países, sectores y productos hacen que los Estados miembros por sí solos no puedan alcanzar eficazmente los objetivos planteados. Habida cuenta de la dimensión mundial de los mercados de los productos con elementos digitales, los Estados miembros hacen frente en su territorio a los mismos riesgos para un mismo producto con elementos digitales. El mosaico de normas nacionales con posibles divergencias que está surgiendo corre el riesgo de poner barreras a un mercado único abierto y competitivo para los productos con elementos digitales. Por lo tanto, se hace necesaria la acción conjunta a escala de la UE para aumentar el nivel de confianza entre los usuarios y el atractivo de los productos con elementos digitales de la UE. La acción conjunta beneficiaría también al mercado interior al proporcionar seguridad jurídica y condiciones de competencia equitativas para los vendedores de productos con elementos digitales, como también se señala en el informe final de la Conferencia sobre el futuro de Europa, en el que los ciudadanos piden reforzar el papel de la Unión en la lucha contra las amenazas a la ciberseguridad.

Por eso, en septiembre del 2022 presentaron un proyecto de ley de ciberresiliencia. La economía mundial cada vez es más dependiente del entorno digital, y los ciberataques a organizaciones e infraestructuras, que son indispensables para su funcionamiento, son cada vez más frecuentes. Según datos de la Comisión Europea (CE), el costo que generan los intentos de perturbar el tráfico en Internet, y las violaciones de seguridad de los datos, suman en total 75 mil millones de euros al año.

Por otro lado, el aumento de los ciberataques en los últimos años, especialmente durante la pandemia de COVID-19, han hecho evidente la importancia de proteger la infraestructura cibernética de hospitales, centros de investigación, productores de energía e instituciones gubernamentales, entre otras.

Como respuesta, muchas empresas privadas deciden funcionar bajo un modelo de ciberseguridad «confianza cero» (*zero trust* en inglés). Este modelo implica la realización de verificaciones periódicas de seguridad, pues asume que los productos y servicios digitales no son fiables.

A esto se suma la guerra entre Rusia y Ucrania que, según el *Washington Post*, se ha relacionado con múltiples ciberataques (principalmente ataques de denegación distribuida de servicios, *ransomware* y *phishing*) que han impulsado a la Comisión Europea a ajustar sus políticas de ciberseguridad.

La Comisión Europea presentó un proyecto de ley de ciberresiliencia o resiliencia cibernética en septiembre del 2022, la cual establece nuevos requisitos de ciberseguridad para productos digitales en todo su ciclo de vida útil. Es la primera ley de esta escala que se propone en la Unión Europea (UE) y está basada en la Estrategia de Ciberseguridad de la UE de 2020 y en la Estrategia de la UE para una Unión de la Seguridad, también de 2020.

Esta nueva ley busca dar solución a dos situaciones, principalmente. En primer lugar, muchas empresas fabrican productos digitales con un bajo nivel de ciberseguridad, y no ofrecen actualizaciones para solucionar las vulnerabilidades. Y, en segundo lugar, la incapacidad de los consumidores de elegir productos más seguros por no poseer información veraz sobre los mismos.

Tomando estas situaciones como base, la nueva ley establece que los fabricantes de productos digitales deben eliminar las vulnerabilidades y facilitar a los consumidores servicios de ayuda técnica, e información actualizada y fidedigna sobre las especificaciones de sus productos. Esto abarca tanto hardware como *software* de productos cableados e inalámbricos.

Algunas de las principales especificaciones de la ley de ciberresiliencia se basan en el nuevo marco para la legislación de productos de la UE, y son las siguientes:

- Regular la introducción de nuevos productos al mercado para asegurar su ciberseguridad.

- Establecer requisitos que deben ser cumplidos por las empresas, en cuanto a diseño y fabricación de productos digitales, así como la realización periódica de actualizaciones de seguridad.

- Notificar a oficiales de seguridad sobre cualquier vulnerabilidad, y que esta sea solucionada bajo ciertas especificaciones.

- Establecer normas sobre la vigilancia del mercado.

- Exigir que los fabricantes y desarrolladores hagan pública la información sobre la ciberseguridad de sus productos y servicios para los consumidores.

La ley aplicará para las empresas que fabrican productos digitales, así como para los distribuidores e importadores. Esto incluye empresas que, aunque no estén establecidas en suelo europeo, mantengan relaciones comerciales con empresas o instituciones europeas.

Están exentos de cumplirla, aquellos fabricantes para los cuales ya existen requisitos de ciberseguridad en los reglamentos de la UE. Algunos ejemplos de ello son los fabricantes de vehículos, la aviación y los fabricantes de dispositivos médicos. Tampoco afectará a instituciones de seguridad nacional, agencias policiales y semejantes.

En caso de no cumplir esta nueva ley, las autoridades de seguridad pueden solicitar que se elimine la vulnerabilidad existente, pueden impedir la salida de un producto al mercado o solicitar que sea retirado del mismo, aplicando multas en cada caso.

3.1. INTERACCIÓN CON LAS DISPOSICIONES EXISTENTES EN LA MISMA POLÍTICA SECTORIAL

El marco de la UE incluye varios actos legislativos horizontales que se aplican a determinados aspectos relativos a la ciberseguridad desde diferentes ángulos (productos, servicios, gestión de crisis y delitos). En 2013 entró en vigor la Directiva relativa a los ataques contra los sistemas de información[414], que armoniza la tipificación penal de una serie de delitos contra los sistemas de información y las sanciones penales aplicables. En agosto de 2016 entró en vigor la Directiva (UE) 2016/1148 sobre la seguridad de las redes y sistemas de información (Directiva SRI)[415], el primer acto legislativo a escala de la UE en materia de ciberseguridad. Su revisión, que dio origen a la Directiva [Directiva XXX/XXXX (SRI 2)], aumenta el nivel común de ambición de la UE. En 2019 entró en vigor el Reglamento sobre la Ciberseguridad de la Unión[416], que tiene por objeto mejorar la seguridad de los productos, servicios y procesos de tecnologías de la información y de las comunicaciones (TIC) mediante la introducción de un marco europeo voluntario de certificación de la ciberseguridad[417].

La ciberseguridad de toda la cadena de suministro solo está garantizada si todos sus componentes son ciberseguros. Sin embargo, la legislación de la UE mencionada anteriormente presenta carencias importantes a este respecto, ya que no establece requisitos obligatorios relativos a la seguridad de los productos con elementos digitales.

Si bien la propuesta de Ley de Ciberresiliencia se aplica a los productos con elementos digitales que se introducen en el mercado, la Directiva [Directiva XXX/XXX (SRI 2)] tiene por objeto garantizar un elevado nivel de ciberseguridad de los servicios prestados por entidades esenciales e importantes. La Directiva [Directiva XXX/XXXX (SRI 2)] exige a los Estados miembros que garanticen que las entidades esenciales e importantes que entren en el ámbito de aplicación de la Directiva, como los proveedores de asistencia sanitaria o de servicios en nube y las entidades de la Administración pública, adoptan medidas de ciberseguridad apropiadas y proporcionadas de tipo técnico, operativo y organizativo. Estas medidas deben, entre otras cosas, garantizar la seguridad en la adquisición, el desarrollo y el mantenimiento de las redes y sistemas de información, incluidas la gestión y la divulgación de las vulnerabilidades. La Directiva [Directiva XXX/XXXX (SRI 2)] exige a la Comisión que, en un plazo de veintiún meses a partir de la fecha de entrada en vigor de la Directiva, adopte

---

414. DIRECTIVA 2013/40/UE del Parlamento Europeo y del Consejo, de 12 de agosto de 2013, relativa a los ataques contra los sistemas de información y por la que se sustituye la Decisión marco 2005/222/JAI del Consejo (DO L 218 de 14.8.2013, p. 8).

415. DIRECTIVA (UE) 2016/1148 del Parlamento Europeo y del Consejo, de 6 de julio de 2016, relativa a las medidas destinadas a garantizar un elevado nivel común de seguridad de las redes y sistemas de información en la Unión (DO L 194 de 19.7.2016, p. 1).

416. REGLAMENTO (UE) 2019/881 del Parlamento Europeo y del Consejo, de 17 de abril de 2019, relativo a ENISA (Agencia de la Unión Europea para la Ciberseguridad) y a la certificación de la ciberseguridad de las tecnologías de la información y la comunicación y por el que se deroga el Reglamento (UE) núm. 526/2013 («Reglamento sobre la Ciberseguridad») (DO L 151 de 7.6.2019, p. 15).

417. El Reglamento sobre la Ciberseguridad permite el desarrollo de esquemas de certificación específicos. Cada esquema incluye referencias a las normas, las especificaciones técnicas y otros requisitos de ciberseguridad pertinentes definidos en el esquema. La decisión de desarrollar una certificación de la ciberseguridad está basada en el riesgo.

actos de ejecución que establezcan los requisitos técnicos y metodológicos de dichas medidas para determinados tipos de entidades, como los proveedores de servicios de computación en nube. Para las demás entidades, la Comisión podrá adoptar un acto de ejecución que establezca los requisitos técnicos y metodológicos, así como requisitos sectoriales. Este marco garantizará que se apliquen especificaciones y medidas técnicas similares a los requisitos esenciales de ciberseguridad de la Ley de Ciberresiliencia en lo que respecta al diseño y el desarrollo de los programas informáticos proporcionados como servicio (*software como* servicio) y la gestión de las vulnerabilidades. De este modo, se podría garantizar un elevado nivel de ciberseguridad en productos como los sistemas de historiales médicos electrónicos, en especial cuando se entregan como *software como* servicio (SaaS) o se desarrollan en instituciones sanitarias (de forma interna), de conformidad con la propuesta de [Reglamento sobre el espacio europeo de datos sanitarios].

3.2. BASE JURÍDICA, SUBSIDIARIEDAD Y PROPORCIONALIDAD

3.2.1. Base jurídica

La base jurídica de la propuesta es el artículo 114 del Tratado de Funcionamiento de la Unión Europea (TFUE), que trata de la adopción de medidas para garantizar el establecimiento y el funcionamiento del mercado interior. El objetivo de la propuesta es armonizar los requisitos de ciberseguridad de los productos con elementos digitales en todos los Estados miembros y eliminar las barreras a la libre circulación de mercancías.

El artículo 114 del TFUE puede servir como base jurídica para evitar la aparición de estas barreras, derivadas de la divergencia entre las diferentes legislaciones y enfoques nacionales en cuanto a la manera de abordar las incertidumbres jurídicas y las carencias en los marcos jurídicos existentes[418]. Además, el Tribunal de Justicia ha reconocido que la aplicación de requisitos técnicos heterogéneos podría justificar la activación del artículo 114 del TFUE[419].

El marco legislativo actual de la UE aplicable a los productos con elementos digitales se basa en el artículo 114 del TFUE y está compuesto por varios actos legislativos relativos a, entre otras cosas, productos específicos y aspectos relacionados con la seguridad, así como por legislación general sobre responsabilidad de los productos. Sin embargo, solo regula determinados aspectos relacionados con la ciberseguridad de los productos digitales tangibles y, en su caso,

---

418. SENTENCIA del Tribunal de Justicia de la Unión Europea (Gran Sala) de 3 de diciembre de 2019, República Checa/Parlamento Europeo y Consejo de la Unión Europea, C-482/17, apartado 35.
419. SENTENCIA del Tribunal de Justicia de la Unión Europea (Gran Sala) de 2 de mayo de 2006, Reino Unido de Gran Bretaña e Irlanda del Norte/Parlamento Europeo y Consejo de la Unión Europea, C-217/04, apartados 62 y 63.

de los programas informáticos incorporados a estos productos. A nivel nacional, los Estados miembros están empezando a adoptar medidas nacionales que exigen a los vendedores de productos digitales la mejora de su ciberseguridad[420]. Al mismo tiempo, la ciberseguridad de los productos digitales tiene una dimensión transfronteriza de particular importancia, ya que los productos fabricados en un país suelen ser utilizados por organizaciones y consumidores en todo el mercado interior. Los incidentes que inicialmente afectan a una única entidad o Estado miembro a menudo se propagan en cuestión de minutos a otras organizaciones, sectores y Estados miembros.

Los diversos actos e iniciativas adoptados hasta la fecha a escala nacional y de la UE abordan solo de manera parcial los problemas detectados, por lo que se corre el riesgo de crear un mosaico legislativo en el mercado interior, aumentar la inseguridad jurídica tanto para los vendedores como para los usuarios de estos productos y añadir una carga innecesaria a las empresas vinculada al cumplimiento de una serie de requisitos para tipos similares de productos.

El Reglamento propuesto armonizaría y racionalizaría el panorama normativo de la UE mediante la introducción de requisitos de ciberseguridad para los productos con elementos digitales y evitaría el solapamiento de requisitos establecidos en diferentes actos legislativos. La adopción de este Reglamento favorecería una mayor seguridad jurídica para los operadores y los usuarios de toda la Unión, así como una mejor armonización del mercado único europeo, y establecería condiciones más viables para los operadores que desearan acceder al mercado de la UE.

3.2.2. Subsidiariedad (en caso de competencia no exclusiva)

La importante naturaleza transfronteriza de la ciberseguridad en general y el aumento de los riesgos e incidentes, cuyas repercusiones pueden extenderse a otros países, sectores y productos, hacen que los Estados miembros por sí solos no puedan alcanzar eficazmente los objetivos de la presente intervención. Los enfoques nacionales para abordar los problemas, en particular los que introducen requisitos obligatorios, generarán una mayor inseguridad jurídica y obstáculos jurídicos adicionales. También podrían impedir a las empresas expandirse sin trabas a otros Estados miembros, privando así a los usuarios de los beneficios de sus productos.

Es por tanto necesaria la acción conjunta a escala de la UE para establecer un elevado nivel de confianza entre los usuarios y aumentar el atractivo de los

---

420. Por ejemplo, en 2019, Finlandia creó un sistema de etiquetado para dispositivos del internet de las cosas, como televisores inteligentes, teléfonos inteligentes o juguetes, sobre la base de las normas del ETSI. Alemania ha introducido recientemente una etiqueta de seguridad del consumidor para encaminadores de banda ancha, televisores inteligentes, cámaras, altavoces, juguetes y robots de limpieza y jardinería.

productos con elementos digitales de la UE. La acción conjunta también beneficiaría al mercado único digital y al mercado interior en general al proporcionar seguridad jurídica y condiciones de competencia equitativas para los fabricantes de productos con elementos digitales.

3.2.3. Proporcionalidad

Por lo que respecta a la proporcionalidad del Reglamento propuesto, las medidas incluidas en las opciones de actuación planteadas no rebasarían los límites estrictamente necesarios para lograr los objetivos generales y específicos y no impondrían costes desproporcionados. Más concretamente, la intervención planteada garantizaría que los productos con elementos digitales estuvieran protegidos a lo largo de todo su ciclo de vida, de forma proporcional a los riesgos presentes, mediante requisitos orientados a objetivos, tecnológicamente neutros, de un alcance razonable y, en general, coherentes con los intereses de las entidades implicadas.

Los requisitos esenciales de ciberseguridad propuestos se basan en normas de uso generalizado, y el proceso de normalización subsecuente tendría en cuenta las especificidades técnicas de los productos. Esto supone que los controles de seguridad se adaptarían cuando un determinado nivel de riesgo así lo requiriera. Además, las normas horizontales previstas solo contemplarían las evaluaciones de terceros para los productos críticos. Esto solo afectaría a una pequeña parte del mercado de los productos con elementos digitales. Las repercusiones en las pymes dependerían de su presencia en el mercado de estas categorías específicas de productos.

En cuanto a la proporcionalidad de los costes de la evaluación de la conformidad, los organismos notificados que llevaran a cabo las evaluaciones de terceros tendrían en cuenta el tamaño de la empresa a la hora de fijar las tasas aplicables. También se establecería un período de transición razonable de veinticuatro meses para preparar la ejecución, a fin de dar tiempo a los mercados pertinentes para que se preparen y, al mismo tiempo, proporcionar directrices claras para las inversiones en I+D. Los costes de cumplimiento para las empresas se verían compensados con creces por los beneficios que les reportaría un nivel de seguridad más elevado de los productos con elementos digitales y, en última instancia, un aumento de la confianza de los usuarios en estos productos.

3.2.4. Derechos fundamentales

Se espera que todas las opciones de actuación mejoren en cierta medida la protección de los derechos y las libertades fundamentales, como la privacidad, la protección de los datos personales, la libertad de empresa y la protección de los bienes y de la dignidad y la integridad de las personas.

Los requisitos horizontales de ciberseguridad contribuirían a la seguridad de los datos personales al proteger la confidencialidad, la integridad y la disponibilidad de información en los productos con elementos digitales. El cumplimiento de estos requisitos facilitaría a su vez el cumplimiento del requisito de seguridad del tratamiento de los datos personales en virtud del Reglamento (UE) 2016/679 (Reglamento general de protección de datos). La propuesta mejoraría la transparencia y la información para los usuarios, en especial aquellos que pudieran estar menos capacitados en materia de ciberseguridad. Los usuarios también estarían mejor informados acerca de los riesgos, las capacidades y las limitaciones de los productos con elementos digitales y, por tanto, mejor preparados para adoptar las medidas preventivas y paliativas necesarias a fin de reducir los riesgos residuales.

IV. DERECHO DE DEFENSA Y PROCESO ANTE LA FISCALÍA EUROPEA

4.1. COOPERACIÓN REFORZADA PARA LA CREACIÓN DE LA FISCALÍA EUROPEA

Con el objetivo compartido de avanzar en la construcción de un espacio de libertad, seguridad y justicia (ELSJ), cuyo origen se remonta al *Corpus iuris* de 1997, el artículo 86 en conjunción con el artículo 325 del Tratado de Funcionamiento de la Unión Europea (TFUE) establecieron de forma explícita el asiento legislativo para crear la Fiscalía Europea, órgano común a los Estados miembros pero independiente de estos, contemplado en inicio para combatir los delitos que perjudiquen los intereses financieros de la Unión y, por tanto, los intereses de la ciudadanía europea en su conjunto.

Tras largos años de negociación, esta iniciativa, que se ha llevado a efecto por el procedimiento de cooperación reforzada, supone la plasmación explícita del principio de subsidiariedad establecido en el artículo 5 del TFUE. Así, la idea misma de una Fiscalía Europea nace ante la constatación de la necesidad de superar las diferencias de los sistemas jurídicos de los Estados miembros para lograr una lucha eficaz contra el fraude sobre el presupuesto de la Unión Europea.

En el ámbito de la lucha contra la corrupción y la criminalidad organizada transnacional, la Unión Europea y sus Estados miembros se enfrentan con frecuencia a casos complejos de fraude que afectan a los intereses colectivos, como, por ejemplo, aquellos que tienen lugar sobre los fondos estructurales de la Unión Europea o fraude del impuesto sobre el valor añadido transfronterizo a gran escala.

La Fiscalía Europea se configura para abordar eficazmente investigaciones financieras complejas de carácter eminentemente supranacional, erigiéndose como un órgano dotado de plena independencia orgánica y funcional, con potestad para elaborar y aprobar su propio reglamento interno, con la máxima capacidad de decisión para adoptar iniciativas propias dentro de su actuación en el proceso penal, no sujeta a órdenes o instrucciones ya provengan de la Unión o de los Estados miembros. Debe además tenerse en cuenta que, para la consecución de sus objetivos, la Fiscalía Europea habrá de mantener relaciones de cooperación con agencias, organismos u órganos de la Unión ya existentes, como EUROPOL. También complementará y absorberá parcialmente las tareas ya desarrolladas por la Oficina Europea de Lucha contra el Fraude y deberá establecer una estrecha relación con EUROJUST basada en la asistencia mutua.

Las funciones de la Fiscalía Europea son las de investigar y, en su caso, acusar a los autores de los delitos contra los intereses financieros de la Unión, ámbito competencial objetivo que implica una remisión expresa desde el punto de vista sustantivo a los delitos establecidos en la Directiva (UE) 2017/1371 del Parlamento Europeo y del Consejo, de 5 de julio de 2017, sobre la lucha contra el fraude que afecta a los intereses financieros de la Unión a través del Derecho penal, la denominada Directiva PIF, así como a los delitos que están indisociablemente vinculados con ellos. La completa transposición de esta Directiva al ordenamiento jurídico español se ha producido mediante Ley Orgánica 1/2019, de 20 de febrero[421], por la que se modifica la Ley Orgánica 10/1995, de 23 de noviembre, del Código Penal, para transponer Directivas de la Unión Europea en los ámbitos financiero y de terrorismo, y abordar cuestiones de índole internacional, reforma que supone la regulación armonizada de estos fraudes, en concordancia con la Ley Orgánica 12/1995, de 12 de diciembre, de Represión del Contrabando.

La aprobación del Reglamento (UE) 2017/1939 del Consejo, de 12 de octubre de 2017[422], por el que se establece una cooperación reforzada para la creación de la Fiscalía Europea, constituye el impulso definitivo a la reforma estructural del proceso penal español.

A la Fiscalía Europea, como órgano con personalidad jurídica propia, se le atribuyen, según señala el considerando 11 del mencionado Reglamento, las funciones de «investigar, procesar y llevar a juicio a los autores de los delitos contra los intereses financieros de la Unión». Aunque el considerando 15 de la citada norma aclara que «el presente Reglamento no afecta a los sistemas nacionales de los Estados miembros en lo que respecta al modo en el que se organizan

---

421. LEY ORGÁNICA 1/2019, de 20 de febrero, por la que se modifica la Ley Orgánica 10/1995, de 23 de noviembre, del Código Penal, para transponer Directivas de la Unión Europea en los ámbitos financiero y de terrorismo, y abordar cuestiones de índole internacional, publicada en BOE núm. 45, de 21 de febrero de 2019, entrada en vigor el 13 de marzo de 2019.

422. REGLAMENTO (UE) 2017/1939 del Consejo, de 12 de octubre de 2017, por el que se establece una cooperación reforzada para la creación de la Fiscalía Europea, publicado en DOUEL núm. 283 de 31 de octubre de 2017.

las investigaciones penales», tal afirmación solo resulta válida, en verdad, en relación con las distintas variantes de modelo acusatorio que coinciden en la necesidad de disociar las tareas heterogéneas de dirigir la investigación del delito y de garantizar los derechos fundamentales de las personas investigadas. Donde ambas funciones siguen estando atribuidas a una misma autoridad pública, como es el caso de España, la implantación de la Fiscalía Europea requiere, inevitablemente, la articulación de un nuevo sistema procesal, de un modelo alternativo al de instrucción judicial que permita que el Fiscal europeo delegado asuma las funciones de investigación y promoción de la acción penal, al tiempo que una autoridad judicial nacional, configurada con el estatus de auténtico tercero imparcial, se encarga de velar por la salvaguardia de los derechos fundamentales.

Por ello, se dictó la Ley Orgánica 9/2021, de 1 de julio, que contiene las normas de aplicación al ordenamiento español del Reglamento (UE) 2017/1939 del Consejo, de 12 de octubre de 2017, por el que se establece una cooperación reforzada para la creación de la Fiscalía Europea, completando sus disposiciones y regulando un procedimiento especial para la investigación por parte de los Fiscales europeos delegados de aquellos delitos cuyo conocimiento les corresponde en virtud de la norma europea.

4.2. EL ENCAJE DE LA FISCALÍA EUROPEA EN ESPAÑA

A pesar de su eficacia directa y la no necesidad de transposición, lo cierto es que la complejidad y la magnitud de los cambios introducidos por el Reglamento (UE) 2017/1939 han requerido la adaptación e implementación de actos específicos en los derechos nacionales de los Estados miembros para dar así debido cumplimiento a sus disposiciones.

En España, la implementación de la Fiscalía Europea ya se adelantaba especialmente compleja debido a la pervivencia de nuestro particular y decimonónico sistema procesal penal. Los poderes que el RegFE confiere a la Fiscalía Europea —en esencia, investigación del delito y formulación de la acusación— pueden considerarse equivalentes a los que, de ordinario, disfrutan las fiscalías nacionales de la mayor parte de los Estados miembros. Este sin embargo no es el caso de nuestro país ya que los fiscales españoles, a excepción de los procesos penales de menores, no dirigen la fase de instrucción.

A nivel interno, desde hace años se viene discutiendo en nuestro país sobre la oportunidad de culminar un cambio de modelo. En este sentido, actualmente se encuentra publicado un Anteproyecto de Ley de Enjuiciamiento Criminal[423] que vuelve a apostar por conferir finalmente al Ministerio Fiscal la dirección de la instrucción. De hecho, la exposición de motivos de dicho anteproyecto menciona la implantación de la Fiscalía Europea en España como una

---

423. Disponible en: https://www.mjusticia.gob.es/es

de las razones principales que empujan a España a este cambio de modelo, incluyendo en su articulado un procedimiento especial para la actuación de la Fiscalía Europea.

A pesar de todo, lo cierto es que este cambio no se ha producido aún y no va a producirse a corto plazo. El nuevo Anteproyecto no parece que vaya a poder aprobarse, al menos de momento, por los cambios de gobierno, lo que sumado a la amplísima *vacatio legis* que el propio texto preliminar establece —6 años—, hacía virtualmente imposible la transición a este nuevo modelo antes de la fecha de inicio de la actividad de la Fiscalía Europea (1 de junio de 2021 pasado). Ello ha obligado al legislador español a tener que promulgar una ley específica para incorporar un procedimiento especial de actuación de la Fiscalía Europea en España: la Ley Orgánica 9/2021 (LO 9/2021)[424].

En el ámbito del procedimiento especial introducido por esta ley, los Fiscales Europeos Delegados españoles, a diferencia de sus homólogos puramente «nacionales», sí que dirigen la investigación penal. Los Jueces Centrales de Instrucción actúan en este procedimiento como jueces de garantías encargados de, entre otras funciones, autorizar las diligencias de investigación restrictivas de derechos fundamentales. Así pues, la necesidad de implementar en tiempo y formas las disposiciones del RegFE ha movido a nuestro legislador a instaurar mediante este procedimiento una suerte de excepción al sistema que impera en el resto de procedimientos penales en España, en el que los Fiscales Europeos Delegados sí asumen simultáneamente la función de investigar y promover el ejercicio de la acción penal, reservando en esta fase al órgano jurisdiccional, reconvertido en juez de garantías, la salvaguardia de los derechos fundamentales de las partes. En este sentido, parece que este procedimiento especial servirá de banco de pruebas a España para evaluar su eventual futura extensión al resto de procedimientos.

4.3. ÁMBITO DE APLICACIÓN

4.3.1. Territorial

Puesto que la Fiscalía Europea es una institución que nace gracias al instrumento de la cooperación reforzada, el ámbito territorial en el que puede actuar, su Reglamento y los actos que adopte se reducen a vincular a los Estados miembros que forman parte de dicha cooperación (artículo 20.4 TUE).

Según el artículo 20.1 apartado 2.º TUE, la finalidad de las cooperaciones reforzadas es «impulsar los objetivos de la Unión, proteger sus intereses y

---

424. LEY ORGÁNICA 9/2021, de 1 de julio, de aplicación del Reglamento (UE) 2017/1939 del Consejo, de 12 de octubre de 2017, por el que se establece una cooperación reforzada para la creación de la Fiscalía Europea (BOE n.º 157, de 2 de julio de 2021). Para un análisis detallado de esta norma, véase (VIDAL FERNÁNDEZ, 2022).

reforzar su proceso de integración», y ciertamente podríamos decir que los objetivos de la Fiscalía Europea van en esa dirección. Ahora bien, el hecho de haber utilizado la cooperación reforzada hace que esos objetivos y esas ventajas que puede brindar la Fiscalía tan solo atañan a los Estados parte de ella, y no a todo el conjunto de la Unión.

Es decir, existen delitos financieros que afectan a toda la Unión, pero la institución europea que puede investigarlos y ejercer directamente la acción penal contra ellos cuenta con un ámbito de aplicación territorialmente restringido, pudiendo actuar solo en los Estados participantes, escapando el resto a su jurisdicción. Esta reflexión se podría resumir diciendo que la Fiscalía debería ser «europea» no solo en el nombre sino también en su actuación.

Por tanto, y sin desviarnos del objeto de análisis de este apartado, el ámbito territorial en el que puede actuar la Fiscalía Europea son los 22 Estados hoy en día miembros, sin perjuicio de que más adelante otros se puedan unir también al tener la cooperación un carácter abierto, como veíamos que se establece en el artículo 328.1 TFUE.

4.3.2. Objetivo

Como sabemos, la Fiscalía se encarga de investigar y ejercer la acción penal ante delitos contra los intereses financieros de la Unión Europea, pero dentro de ciertos límites. El ámbito objetivo en el que la Fiscalía Europea puede actuar se limita a los delitos establecidos en la Directiva PIF (Directiva sobre la lucha contra el fraude que afecta a los intereses financieros de la Unión a través del Derecho penal), así como a los delitos indisociablemente vinculados con ellos. Cualquier ampliación de este ámbito requiere una decisión unánime del Consejo Europeo[425].

Además, en el artículo 4 del Reglamento se expresa que la Fiscalía será responsable de investigar los delitos PIF[426] «y determinados por el presente Reglamento». Esto quiere decir que esos delitos de la Directiva 2017/1371, además, deberán contar con ciertos requisitos o características para que la Fiscalía Europea pueda perseguirlos.

En orden a la efectiva persecución de estos delitos, la FE podrá iniciar una investigación o avocar, para sí, el conocimiento de un caso, *«cuando existan motivos razonables»* para creer *«que se está cometiendo o se ha cometido un delito»* contra los intereses financieros de la UE (Considerandos 13, 48, *ab initio*, y 49 y artículos 25, *ab initio*, y 26.1 RFE). En tal caso, *«el FED del Estado miembro en el que se sitúe el centro de la actividad delictiva»* o, si se hubieran cometido varios delitos conexos, el lugar en el que se hubieran llevado a cabo la mayor

---

425. Considerando (11) Reglamento 2017/1939.
426. Así denominados comúnmente por ser los recogidos en la Directiva PIF.

parte de los delitos, iniciará la investigación (artículo 26.4 RFE). Ello plantea innumerables problemas de competencia territorial, habida cuenta de que el RFE no sólo no ofrece un significado de la expresión «*centro de la actividad delictiva*», sino que, además, utiliza, como criterio subsidiario, «*el Estado miembro en el que se haya cometido la mayor parte de los delitos*», lo cual incrementa la incertidumbre reinante, pues se desconoce qué elemento se debe tomar en consideración para atribuir el conocimiento de un asunto a un concreto FED español, si la cuantía defraudada o el número de hechos delictivos; de hecho, incluso si se lograse adaptar el significado del primero («*centro de la actividad delictiva*») al concepto tradicional «*locus delicti commissi*», esta opción no podría ser considerada una solución definitiva, habida cuenta de que tampoco existe ninguna referencia que permita determinar, si éste acoge la teoría de la actividad, del resultado o de la ubicuidad[427].

Una vez la FE decida ejercer su competencia para iniciar una investigación o avocar un caso para su conocimiento, el Juzgado de Instrucción español, que hubiera resultado competente, no ejercerá la suya, respecto de los mismos hechos (artículo 25.1, *in fine*, RFE), *salvo* que: *a)* el daño causado sea inferior a diez mil euros; y, *b)* el asunto afecte a otros Estados miembros o los funcionarios u otros agentes de la Unión o miembros de las instituciones europeas sean sospechosos de su autoría (artículo 25.2 RFE).

Cuando existan razones fundadas para suponer que el perjuicio ocasionado o que pueda ocasionarse a otra víctima es superior a aquel causado a la UE, la FE sólo podrá ejercer su competencia, si se encuentra en mejores condiciones para investigar o ejercer la acción penal que las autoridades nacionales competentes (artículo 25.4, *in fine*, RFE). A este respecto, se entenderá que «*está en mejores condiciones*», cuando ello implique a una organización delictiva o resulte más eficaz para la persecución de aquellas infracciones que, debido a su carácter específico y su magnitud transnacional, constituyan una grave amenaza para los intereses financieros de la Unión o para el prestigio de sus instituciones y la confianza que los ciudadanos depositan en ellas (Considerando 60 RFE). En cualquier caso, la FE se abstendrá de ejercer su competencia y remitirá el caso sin dilación indebida a las autoridades nacionales competentes, si la sanción máxima, establecida por el CP, para un delito, incluido en su ámbito de actuación,

---

427. Respecto a los problemas que plantea la elección del foro en el RFE, *vid.* WASMEIER, Martin, «9. The Choice of Forum by the European Public Prosecutor», in ERKELENS, Leendert Hendrik, MEIJ, Arjen y PAWLIK, Marta (edits.), *The European Public Prosecutor's Office. An Extended Arm or a Two-Headed Dragon?*, T.M.C. Asser Press, The Hague, 2015, pp. 139-161; ZIMMERMAN, Frank, «Choice of forum and choice of law under the future regulation on the establishment of a European Public Prosecutor's Office», in ASP, Petter (edit.), *The European Public Prosecutor´s Office. Legal and Criminal Policy Perspectives*, Stockholm University Press, Stockholm, 2015; y, PANZAVOLTA, Michele, «Capítulo 4. La elección del foro nacional en los procedimientos de la Fiscalía Europa: ¿Quién resulta competente?», en BACHMAIER WINTER, Lorena (coord.), *La Fiscalía Europea*, Marcial Pons, Madrid, 2018, pp. 97-124.

es igual o inferior a la sanción máxima, prevista para un delito de blanqueo de capitales, cohecho o malversación, salvo que este último haya servido, como instrumento, para la comisión del primero [artículo 25.3, letra *b)*, RFE].

En caso de conflicto de competencias entre la FE y el Ministerio Fiscal (en adelante, «MF») español, la autoridad nacional competente en materia de atribución de la competencia, relativa al ejercicio de la acción penal, decidirá cuál de ellas será competente para dirigir la investigación. A tal fin, nuestro país deberá designar una autoridad nacional competente en materia de atribución de la competencia. Así lo dispone el artículo 25.6 del RFE, cuando establece:

> *«En caso de discrepancia entre la Fiscalía Europea y las autoridades nacionales que ejercen la acción penal sobre la cuestión de determinar si el comportamiento constitutivo de delito está comprendido en el ámbito de aplicación del artículo 22, apartados 2 o 3, o del artículo 25, apartados 2 o 3, las autoridades nacionales competentes en materia de atribución de competencia para el ejercicio de la acción penal a escala nacional decidirán quién será competente para la investigación del caso. Los Estados miembros designarán a la autoridad nacional que decidirá en materia de atribución de competencia».*

Con el inicio de la investigación tendrá lugar la notificación a los interesados, para que puedan intervenir en el proceso. De este modo, cabe preguntarse si, con anterioridad a este trámite, el FED podrá practicar diligencias preliminares, tal y como ocurre con el MF en el proceso penal español. En este sentido, cabe advertir que la práctica diaria ha mostrado, en numerosas ocasiones, que las investigaciones policiales se suelen iniciar antes de que el caso se someta a control por el Juzgado de Instrucción, que resulte competente, por lo que no parece, en principio, que este tradicional *modus operandi* vaya a ser erradicado. Por lo tanto, resulta difícil concebir que el FED español no cuente con un tiempo previo limitado, en el que pueda ordenar el secreto de las actuaciones o solicitar la adopción de medidas cautelares.

Durante la investigación, el FED podrá «ordenar» a la Policía Judicial o «solicitar» al órgano jurisdiccional competente, conforme a la *lex loci*, la práctica de aquellas medidas de investigación, que estime convenientes, para esclarecer los hechos, recopilar elementos o fuentes de prueba, garantizar el correcto desarrollo del proceso y asegurar la ejecución de la resolución que se dicte al final del mismo mediante la práctica de todas aquellas medidas cautelares, que estime necesarias, para preservar la integridad y evitar la pérdida o contaminación de las pruebas —*periculum in mora*— (Considerando 30 y artículos 30.1 RFE, 282, 282 *bis*, párr. 1o, 287, 544.6 *ter* LECRIM, y 547, 548.1, 549.1, 550.1 LOPJ).

La concesión de facultades para adoptar medidas cautelares, tanto personales, como reales, por el FED plantea un importante conflicto con aquellas, que ostenta el MF en el proceso penal español, dado que uno de los presupuestos, que la definen, es su carácter jurisdiccional, por cuanto la misma sólo puede ser adoptada en el marco del proceso penal español, previa autorización judicial (artículos 773.1, párrafo 2.º, LECRIM y 3.5 y 5.2, párrafo 1.º EOMF). Es, por ello, por lo que se afirma, con carácter general, que no será admisible su adopción, por el FED español competente, en el seno de una investigación, salvo dos excepciones: *a)* la detención preventiva (artículos 17.2 CE, 520.1 LECRIM y 5.2 EOMF); y, *b)* la intervención de los efectos del delito (artículo 773.2, párrafo 1.º, *in fine*, LECRIM). Estos efectos del delito podrán haber sido incorporados a las diligencias preliminares, por múltiples motivos, bien, porque la Policía ha procedido a su recogida, de oficio o a instancia del FED, bien, porque la persona que haya interpuesto la denuncia o algún testigo los hayan entregado a éste, o bien, porque el sospechoso o investigado, voluntariamente, o requerido, por el MF, haya decidido entregarlos. En aquellos casos en que las diligencias sean, finalmente, archivadas, por no ser los hechos constitutivos de infracción penal, el propio FED deberá devolver estos efectos a sus legítimos propietarios o poseedores.

Concluida la investigación, el FED, previa autorización de la Sala Permanente competente, podrá archivar el caso (artículos 39 RFE, 773.2, párrafo 1.º, LECRIM y 5.1 EOMF), desistir del ejercicio de la acción penal y remitir las diligencias practicadas al MF (artículos 34 RFE y 773.1, párrafo 1.º, *ab initio*, LECRIM), reconducir la causa a un procedimiento simplificado de ejercicio de la acción penal por acuerdo (artículo 40 RFE) —como pueda ser la conformidad privilegiada o premial (artículos 779.1, párrafo 5.º, LECRIM, en el procedimiento abreviado, y 801 LECRIM, respecto al enjuiciamiento rápido de determinados delitos), la conformidad *a limine*, antes de iniciarse la práctica de la prueba en el acto de juicio oral (artículos 784.3 y 787.1 LECRIM, en el procedimiento abreviado, y 655 y 688 a 700 LECRIM, en el procedimiento ordinario), o el procedimiento por aceptación de Decreto [artículo 803 *bis*, letras *a)* a *j)*, LECRIM], aun cuando entendemos que se trata de un procedimiento difícilmente aplicable, en relación con esta clase de delitos [artículos 22 RFE, 7.3 Directiva PIF y 803 *bis*, letra *a)*, LECRIM]—, o ejercer la acción penal ante el Juzgado de lo Penal de la circunscripción territorial, que resulte competente (artículos 14.3 y 15 LECRIM), mediante la presentación del correspondiente escrito de acusación (artículos 13.1, párr. 2.º y 3.º, y 36.5 RFE). De este modo, el ejercicio de las funciones del FED ante los órganos jurisdiccionales españoles continuará hasta la conclusión del proceso, es decir, hasta que se dicte la resolución definitiva, que determine si el investigado o acusado ha cometido el hecho delictivo en cuestión (Considerando 31 RFE).

A diferencia del resto de funciones, nada contempla el RFE sobre el ejercicio de la acción penal por otro sujeto, que no sea la propia FE. Sin embargo, atribuir la dirección de la investigación al FED, no significa conferirle el monopolio de la acción penal[428]; especialmente, cuando ni el artículo 86 del TFUE limita su ámbito material a las infracciones penales que perjudiquen a los intereses financieros de la Unión (artículo 83.1 TFUE), ni el bien jurídico protegido —*orden público económico europeo*— impide que otras personas puedan verse afectadas por la *conducta delicti*va, y, en consecuencia, ostentar la condición de *perjudicado u ofendido* en el proceso penal. Por esta razón, será necesario que el legislador determine el modo en que deberá articularse el juego de las acusaciones particular y popular, habida cuenta de que las víctimas —es decir, personas que, tras haber participado en el procedimiento de concurrencia competitiva, destinado a la concesión de la subvención, no hayan resultado ser beneficiarias de la misma, debido a la *conducta delicti*va—, no son las únicas que pueden participar en el proceso penal español, cuando se trata de un hecho delictivo de naturaleza pública o carácter colectivo (artículos 125 CE, 19.1 LOPJ, 101 y 270 LECRIM).

Ahora bien, ello no evita que la acción popular pueda convertirse en un *«medio de instrumentalización de la justicia al servicio de intereses ajenos al bien común»*, por lo que su ejercicio deberá quedar limitado a supuestos *taxados*. De hecho, éste fue el principal motivo, por el que el Anteproyecto de la LECRIM de 2011 optó por establecer un control jurisdiccional, que obligaba, a los ciudadanos, que desearan ejercitar la acción popular, a tener que acreditar, en el momento de su personación en el proceso, la relevancia de su actuación para la defensa del interés público. Esta opción lograría restringir su ejercicio a aquellos supuestos en que la protección del interés público no estuviese, suficientemente, garantizada, por el FED o cualquier otro ofendido o perjudicado directo por el delito.

4.4. LOS FISCALES EUROPEOS DELEGADOS

Los Fiscales Europeos Delegados son los verdaderos protagonistas del trabajo operativo de la Fiscalía Europea. Actúan en nombre del órgano europeo en sus respectivos Estados miembros bajo la dirección e instrucciones del Fiscal Europeo que actúe como supervisor y de las Salas Permanentes y son los responsables de investigar, ejercer la acción penal y llevar a juicio ante los Tribunales nacionales los casos que entran dentro de su competencia. Para ello, deben poseer, como mínimo, las mismas competencias que las que se reconocen a los fiscales nacionales en sus respectivos ordenamientos jurídicos[429].

Son designados por los Estados miembros y nombrados por el Colegio a propuesta de la Fiscalía General Europea por un mandato renovable de cinco años. Los candidatos a Fiscal Europeo Delegado deben reunir los siguientes requisitos durante todo su mandato: ser miembros activos del Ministerio Fiscal o de la judicatura del Estado miembro que les ha designado; ofrecer absolutas

---

428. *Cfr.* MORENO CATENA, V., *Fiscalía Europea y Derechos fundamentales*, Tirant lo Blanch, Valencia, 2013, pp. 155-156.

429. Véase art.13 RegFE.

garantías de independencia; y poseer las cualificaciones necesarias y experiencia práctica adecuada en su sistema judicial nacional de origen.

El Colegio puede rechazar a una persona designada si estima que no cumple con los requisitos anteriormente mencionados, en cuyo caso deberá motivar la decisión e indicar específicamente que criterio/s se considera/n no cumplido/s[430].

Cada Estado miembro debe contar con al menos dos Fiscales Europeos Delegados. El número exacto de estos, así como el reparto de su competencia funcional y territorial, se fija de común acuerdo entre la Fiscal General Europea y las autoridades competentes de cada Estado miembro. En la práctica, el número de Fiscales Europeos Delegados actualmente destacados en cada Estado miembro supera ampliamente el mínimo de dos contemplado en el Reglamento[431].

Una de las principales y más polémicas características que introdujo la versión finalmente adoptada del RegFE es la posibilidad de que los Fiscales Europeos Delegados compatibilicen y ejerzan, al mismo tiempo, sus funciones como fiscales nacionales. El RegFE admite esta posibilidad siempre y cuando no sea óbice para el ejercicio de sus obligaciones derivadas del Reglamento. Este sistema de «doble sombrero», que admite una suerte de Fiscales Europeos Delegados a tiempo parcial, causa preocupación por suponer un riesgo evidente a su independencia y una fuente potencial de conflictos de intereses, pues los fiscales acogidos a este régimen se verán, como mínimo, sometidos a las instrucciones de dos diferentes estructuras jerarquizadas —Fiscalia Europea y Fiscalía nacional—. Por esta razón, la Fiscalía Europea recomienda no hacer uso de esta posibilidad y, hasta el momento, ningún Estado miembro ha hecho uso de esta prerrogativa. En cualquier caso, si en el futuro algún Estado decide activar esta posibilidad para uno de sus Fiscales Europeos Delegados, el propio RegFE establece mecanismos de control para prevenir y resolver posibles conflictos de interés[432].

Para reforzar su independencia, existen ciertas especialidades en su régimen de cese y renuncia. En primer lugar, la propia Fiscalía Europea puede cesar a un Fiscal Europeo Delegado en el momento en el que estime que ya no cumple con los requisitos exigidos para el desempeño de su cargo, no pueda desempeñar sus funciones inherentes a su cargo o haya incurrido en una falta grave. Si es un Estado miembro quien pretende cesar o emprender alguna acción disciplinaria contra uno de sus Fiscales Europeos Delegados por razones no relacionadas con el ejercicio de sus responsabilidades derivadas del RegFE, debe

---

430. Véase art. 17 (1) *in fine*. Este supuesto ya se ha producido respecto a varios candidatos presentados por Bulgaria (véanse las decisiones del Colegio 23/2021, 36/2021 y 2/2022).
431. España actualmente cuenta con siete. Italia es en este momento el país que cuenta con más Fiscales Europeos Delegados, con un total de dieciséis.
432. Véase art.13 (3) RegFE *in fine*.

informar previamente de ello a la Fiscal General Europea. Este deber de información no impide, el cese discrecional por parte del Estado miembro en cuestión, pero desde luego sí actúa como medida disuasoria, permitiendo que la Fiscalía Europea conozca y ejerza una suerte de control indirecto sobre los motivos que llevan al cese o al ejercicio de la acción disciplinaria aun cuando estos no estén relacionados con su actividad como representante de la Fiscalía Europea.

En cambio, si un Estado miembro quiere cesar o emprender alguna acción disciplinaria contra uno de sus Fiscales Europeos Delegados por razones que sí están relacionadas con el ejercicio de sus responsabilidades derivadas del RegFE, debe obtener previamente el plácet de la Fiscal General Europea. Si esta se opone, el Estado miembro solicitante puede no obstante elevar la cuestión al Colegio para que sea este órgano quien revise la cuestión y decida de manera definitiva. Así pues, el RegFE limita enormemente la capacidad de actuación de los Estados miembros sobre los Fiscales Europeos Delegados cuando estos ejercen sus responsabilidades derivadas del derecho de la Unión, instaurando un régimen que impide su cese discrecional y que sirve de garantía adicional de independencia.

4.5. CUESTIONES CONTROVERTIDAS SOBRE LA FISCALÍA EUROPEA

La Fiscalía Europea se presenta como un órgano indudablemente comunitario, aunque con estructura descentralizada, enmarcado en un modelo «híbrido» de Derecho Penal Europeo. El carácter «híbrido» del modelo se manifiesta en la supranacionalidad orgánica de la Fiscalía Europea y la «nacionalidad» procesal en el enjuiciamiento y tiene como principal foco de tensión la fase de investigación penal, en que las alternativas se mueven en la disyuntiva entre un control centralizado a nivel comunitario y un control descentralizado a través de los jueces de garantías en cada uno de los Estados miembros.

Planteada en términos absolutos, la solución al control jurisdiccional resulta insatisfactoria. La dimensión comunitaria de la Fiscalía Europea reclama un control jurisdiccional a nivel comunitario de determinadas decisiones en que se manifiesta su proyección trasnacional. Pero el control a nivel comunitario no puede llegar al extremo de proyectarse directamente sobre aplicaciones de puro Derecho de origen nacional, que necesariamente aparece en la ejecución de los actos de investigación y aseguramiento de fuentes de prueba.

El criterio reflejado en el Reglamento (UE) 2017/1939 del Consejo de 12 de octubre de 2017, por el que se establece una cooperación reforzada para la creación de la Fiscalía Europea, permite distinguir tres tipos de actuaciones: las realizadas en aplicación exclusiva de Derecho comunitario, las realizadas en aplicación de Derecho de origen nacional limitado o matizado por normas comunitarias y las realizadas en aplicación exclusiva de Derecho de origen nacional, si bien por reenvío de la normativa comunitaria que rige la Fiscalía Europea.

En relación con la determinación del Estado miembro de enjuiciamiento Derecho, las reglas contenidas en el Reglamento generan un riesgo de *forum shopping*, así como para el ejercicio de la acción pública. Su control jurisdiccional debe entenderse atribuido a los órganos jurisdiccionales nacionales del Estado miembro en que se presente el escrito de acusación, pero con aplicación de la cuestión prejudicial. Habría sido adecuado, frente a ello, centralizarlo en el TJUE u otro órgano comunitario. Otro tanto cabe decir de la determinación del Fiscal Europeo Delegado encargado del caso en fase de investigación.

El control de las decisiones relativas al inicio y conclusión de la investigación habría de haberse encomendado a órganos judiciales de la Unión Europea, por corresponder tales decisiones a la «política criminal» comunitaria de que se pretende que la Fiscalía Europea sea instrumento. Sin embargo, con la excepción del archivo del caso, el resto de decisiones (inicio, acuerdo) únicamente quedan sujetas al control por los órganos jurisdiccionales nacionales.

Por lo que respecta a la realización de actos de investigación, el criterio consistente en el lugar de obtención de la prueba debe reputarse apropiado sobre la base del «área única comunitaria» subyacente en el Reglamento. En relación con ello, es preciso ahondar en la eficacia de la cuestión prejudicial como medio para proporcionar a los órganos jurisdiccionales nacionales criterios de solución de las fricciones que surjan entre el Derecho de origen nacional y el comunitario y que esta intervención se despliegue con un alcance más amplio que el de la compatibilidad con el Reglamento, dado que la Carta de Derechos Fundamentales también forma parte del Derecho comunitario.

En cuanto a la admisibilidad de la prueba, el Reglamento apuesta por el reconocimiento mutuo, lo que no es reprochable pues el control de la normativa nacional tiene lugar por los órganos nacionales respectivos en fase de investigación, en tanto el de la adecuación al Reglamento cuenta con la salvaguarda de la cuestión prejudicial. La imparcialidad no puede convertirse en un medio para rechazar medios de prueba por desacuerdo con la regulación dc origen nacional de otros Estados, sino que habrá de examinarse únicamente a la luz de los derechos fundamentales. Cuestión distinta es el control de los medios de prueba, que sí forma parte de la labor de enjuiciamiento y que, por ende, ha de efectuarse con arreglo al Derecho del Estado de enjuiciamiento.

V. LA INTELIGENCIA ARTIFICIAL EN EUROPA, APLICACIÓN EN DILIGENCIAS PROCESALES EN EL CONTEXTO JURISDICCIONAL TRANSNACIONAL

Todos estos sistemas IA, y otros muchos que seguro vendrán, podrán emplearse como apoyo a la función jurisdiccional, en la investigación y enjuiciamiento de hechos delictivos. Su utilidad es incuestionable, pero a mi juicio no deberían llegar a reemplazar la parte esencial de la tarea que realiza un juez o un tribunal; esto es, la toma de decisiones, ya sean de finalización de la causa —absolución / condena— o intermedias —v.gr.: sobre medidas cautelares, o las relativas a la obtención, admisión y valoración de pruebas—, o en fase de ejecución de condena —v.gr: pertinencia del traslado de presos, calificación en grados penitenciarios, concesión de permisos, etc.—. Todas estas resoluciones han de corresponder, en sentido estricto, al titular o titulares de los órganos jurisdiccionales respectivamente competentes. Además, no se vería satisfecho el requisito de jurisdiccionalidad, intrínseco a este tipo de decisiones, si el órgano competente se limitara a «validar» la propuesta o solución que en el supuesto concreto le pudiera ofrecer el sistema IA[433].

Es destacable también la repercusión que el uso policial y jurisdiccional de estas herramientas puede tener en la efectividad de la cooperación transfronteriza en el contexto normativo y geográfico del «espacio de libertad, seguridad y justicia» de la Unión Europea. Como es sabido, ésta se fundamenta en el reconocimiento mutuo de resoluciones judiciales, y su funcionamiento fluido depende en gran medida de la confianza mutua entre las autoridades implicadas en la cooperación, así como del grado de aproximación previa que exista entre las legislaciones estatales[434].

Podemos hacer referencia a varios supuestos que resultarían ilustrativos de cómo puede afectar la falta de esa suficiente armonización previa en la regulación del uso de sistemas IA, a la eficacia de tal cooperación transfronteriza en el contexto de la Unión Europea. Así, por ejemplo, podría repercutir negativa-

---

433. Ya destacó GASCÓN INCHAUSTI —*vid.* su trabajo «Desafíos para el proceso penal en la era digital: externalización, sumisión pericial e inteligencia artificial», en La justicia digital en España y en la Unión Europea, J. Conde y G. Serrano (Dirs.), Barcelona, 2019, pp. 191 y ss., p. 204— que, debido a la dificultad intrínseca de la toma de decisiones en ciertos escenarios complejos, es comprensible la tendencia humana a tratar de delegar esas decisiones o parte de ellas en un tercero —perito— o bien en una «máquina», que gozaría de una cierta «apariencia de mejor condición», al menos por su apariencia de mayor objetividad, lo que puede conducir a que esos sistemas tengan una repercusión sobre el sentido de la decisión que, si bien no puede decirse que sea «automático», sería desde luego muy determinante. Afirmaba también GASCÓN, op. supra cit. p. 205, que en tales casos se produciría un claro peligro para la efectividad del derecho de defensa, e incluso el riesgo de cierta inversión de la carga probatoria, pues no será sencillo cuestionar en un caso concreto el fundamento científico, metodológico o empírico del sistema de inteligencia artificial y la fiabilidad de sus resultados. Insiste igualmente GIALUZ en que el juez deberá evitar lo que se denomina «*automation complacency*» o «*automation bias*», es decir, la tendencia humana a ignorar o a no buscar información adicional que pueda contradecir la solución generada por el ordenador, que es aceptada como «la correcta».

434. Desde la perspectiva procesal, véase ARANGÜENA / DE HOYOS / RODRÍGUEZ-MEDEL (Dirs.): *Reconocimiento mutuo de resoluciones penales en la Unión Europea*, Cizur Menor, 2015. ARANGÜENA / DE HOYOS (Dirs.): *Garantías procesales de investigados y acusados. Situación actual en el ámbito de la Unión Europea*, Valencia, 2018; ARANGÜENA / DE HOYOS / HERNÁNDEZ: *Procedural Safeguards for Suspects and Accused Persons in Criminal Proceedings*, Springer, 2020, y DE HOYOS SANCHO, M., «El principio de subsidiariedad y la autonomía procesal de los Estados de la Unión Europea», *Revista Jueces para la Democracia, núm. 96*, 2019, pp. 36 y ss.

mente sobre la utilización en un Estado UE de pruebas obtenidas en otro/s Estados miembros haciendo uso de sistemas IA, a través de una orden europea de investigación[435] o de la futura orden europea de entrega y conservación de pruebas electrónicas; o sobre la concesión o denegación de la solicitud de traslado de personas condenadas, cuando la determinación judicial de las posibilidades de reinserción social se pueda fundamentar precisamente en el resultado de un sistema IA —reconocimiento mutuo de sentencias que condenan a penas privativas de libertad[436]—; o sobre la posible sustitución de la prisión provisional por otra medida cautelar menos gravosa para el investigado / acusado, cuando la determinación judicial del riesgo de fuga o de reiteración delictiva se basó en la previsión ofrecida por un sistema IA; o sobre la eficacia transfronteriza de una orden europea de protección de víctimas[437], en los casos en que la previsión del riesgo de revictimización se hubiera basado en el resultado ofrecido por un sistema IA. Incluso tal falta de armonización en el uso de sistemas IA podría incidir en la apreciación del motivo de «vulneración de derechos fundamentales» en el Estado requirente, que podría invocarse como causa de denegación del reconocimiento y ejecución, entre otros instrumentos, de una orden europea de detención y entrega[438].

---

435. Sobre el instrumento, véase el compendio titulado Orden europea de investigación y prueba transfronteriza en la Unión Europea, Dir.: I. GONZÁLEZ CANO, Valencia, 2019, y en particular los trabajos que, en relación con la admisión de la prueba transfronteriza, firman respectivamente en dicha obra, ARMENTA DEU, T., y LARO GONZÁLEZ, M.E., pp. 767 y ss. *Vid.* también, DE HOYOS SANCHO, M., «Orden europea de investigación: avanzando hacia la integración en materia procesal penal», en *Claves de la Justicia Penal*, Editorial S. Barona Vilar, Valencia, 2019, pp. 343 y ss. Más recientemente, LLORENTE SÁNCHEZ-ARJONA, M., *La Orden Europea de Investigación y su incorporación al Derecho español*, Valencia, 2020; ARANGÜENA FANEGO, C., «Orden europea de investigación: régimen de sustitución de la medida solicitada», *InDret, núm. 2*, 2021; DE HOYOS SANCHO, M., «Algunas dificultades en la aplicación práctica de la Orden Europea de Investigación», en *Nuevos postulados de la cooperación judicial en la Unión Europea*, Dir. V. Moreno Catena, Valencia, 2021, pp. 511 y ss.
436. *Vid.* Decisión Marco 2008/909, del Consejo, de 27 de noviembre de 2008, y la transposición en España en el Título III de la Ley 23/2014, de 20 de noviembre, de reconocimiento mutuo de resoluciones penales en la Unión Europea, arts. 63 y ss. Más ampliamente, DE HOYOS SANCHO, M., «El reconocimiento mutuo de resoluciones por la que se impone una pena o medida privativa de libertad», en *Reconocimiento mutuo de resoluciones penales en la Unión Europea*, pp. 107 y ss.
437. *Vid.* Directiva 2011/99/UE y Reglamento UE 606/2013, respectivamente sobre reconocimiento de órdenes de protección dictadas en procesos penales y en materia civil, así como el Título VI de la citada Ley de reconocimiento mutuo de resoluciones penales, arts. 130 y ss. Un estudio de dicho instrumento puede encontrarse en DE HOYOS SANCHO, M., «La orden europea de protección de víctimas: análisis normativo», en *Reconocimiento mutuo de resoluciones penales en la Unión Europea*, pp. 271 y ss.
438. *Vid.* art. 3 de la Ley 23/2014, de 20 de noviembre, de reconocimiento mutuo de resoluciones penales en la Unión Europea. Acerca del instrumento, *vid.* JIMENO BULNES, M., «La orden de detención europea como instrumento procesal en la lucha contra el terrorismo», Unión Europea Aranzadi, núm. 12, 2020.

Además de su posible repercusión sobre la eficacia de la cooperación transfronteriza en materia penal, los instrumentos IA que pueden emplearse en la prevención, investigación y enjuiciamiento de hechos delictivos se califican generalmente como «sistemas de alto riesgo», pues pueden afectar derechos fundamentales de los ciudadanos, como la intimidad, la protección de datos personales, o la no discriminación, e incluso podrían llegar a verse erosionadas las garantías del debido proceso, o la esencia de la tutela judicial efectiva, entre otros.

Será preciso por tanto contar, no tardando, con una regulación nacional lo más detallada posible sobre su posible uso policial y jurisdiccional; pero no bastará sólo con esa normativa interna sobre la materia estableciendo las condiciones de su uso en cada Estado y garantizando los derechos de los respectivos ciudadanos.

La delincuencia organizada más grave y, desde luego, prácticamente todo el cibercrimen, es de carácter transfronterizo, por lo que será necesario, a fin de garantizar la operatividad del reconocimiento mutuo de resoluciones penales en que se basa la cooperación judicial y policial en el contexto UE, que exista previamente una mínima, pero suficiente armonización del uso jurisdiccional y policial de los sistemas IA, destacadamente de esos que se califican de «alto riesgo» por poder afectar derechos y libertades fundamentales.

5.1. LA ARMONIZACIÓN CONTENIDA EN LA PROPUESTA DE REGLAMENTO SOBRE INTELIGENCIA ARTIFICIAL. VALORACIÓN Y CONCLUSIONES

Tras numerosos estudios de grupos de especialistas, de trabajos previos en el contexto del Consejo de Europa, y también en el marco de las propias instituciones de la Unión Europea —entre los más recientes, la Carta Ética europea sobre el uso de IA en los sistemas judiciales y su entorno de 2018[439], Directrices éticas para una IA fiable de abril 2019[440], o el Libro Blanco sobre IA de febrero 2020[441]— se publicó, con fecha 21 de abril 2021, una Propuesta de Reglamento

---

439. Aprobada por la Comisión europea para la eficacia de la justicia —CEPEJ— con fecha de 4 de diciembre de 2018.
440. Documento elaborado un Grupo independiente de expertos de alto nivel sobre IA, por encargo de la Comisión Europea.
441. Un estudio de este instrumento prenormativo puede encontrarse en DE HOYOS SANCHO, M., «El Libro Blanco sobre inteligencia artificial de la Comisión Europea: reflexiones desde las garantías esenciales del proceso penal como sector de riesgo», *Revista Española de Derecho Europeo, núm. 26*, 2020, pp. 9 y ss.

del Parlamento europeo y del Consejo para establecer reglas armonizadas en materia de IA[442].

Según puede leerse en la «Exposición de motivos» de esta Propuesta de Reglamento —Apdo. 2.4: *Choice of the instrument*—, se opta por este instrumento normativo —el Reglamento— porque es necesaria una aplicación uniforme de las nuevas reglas, así como de la definición de IA, la prohibición de ciertas prácticas potencialmente peligrosas y la clasificación de sistemas IA en función del riesgo. La aplicación directa del Reglamento reduce la fragmentación normativa, asegura la libre circulación de bienes y servicios en el mercado interior, y facilita el desarrollo de un mercado único para sistemas IA, que deberán ser legales, seguros y fiables. De otro lado, también expresamente se indica —Apdo. 2.1: *Legal basis*— que la base normativa de esta Propuesta es, en primer término, el art. 114 TFUE, relativo a la adopción de medidas para garantizar el establecimiento y funcionamiento del Mercado Interior; concretamente en relación con la estrategia del Mercado Único digital en la UE. Además, teniendo en cuenta que esta propuesta de Reglamento contiene normas específicas sobre protección de las personas físicas en relación con el tratamiento de sus datos personales, también tiene por fundamento esta norma en lo dispuesto en el art. 16 TFUE, relativo precisamente a la protección de datos de carácter personal.

Debe llamarse la atención sobre el hecho de que ninguno de estos instrumentos aprobados o proyectados en el ámbito de la Unión Europea haga referencia a la importancia que la armonización del uso jurisdiccional y policial de los sistemas IA tiene y tendrá sobre la cooperación transfronteriza en el «espacio de libertad, seguridad y justicia». En todas las «Exposiciones de motivos» o «Considerandos» de esos textos se incluye una alusión directa a la importancia que esta materia tiene para del reforzamiento del Mercado Interior europeo, para la libre circulación de bienes y servicios, o para mejorar la competitividad de las empresas tecnológicas europeas en el mercado global. Nada se dice sobre la notoria trascendencia que el empleo de sistemas IA puede llegar a tener también sobre el reconocimiento mutuo de resoluciones jurisdiccionales, que está en la base de la cooperación transfronteriza penal y también civil, aunque ésta es evidente, según hemos expuesto supra.

Por lo que respecta a la definición de «Sistema de Inteligencia Artificial», el art. 3 de la Propuesta de Reglamento indica que por tal se entenderá «el *software* que se desarrolla empleando una o varias de las técnicas y estrategias que figuran en el Anexo I y que puede, para un conjunto de objetivos definidos por seres humanos, generar información de salida como contenidos, predicciones, recomendaciones o decisiones que influyan en los entornos con los que interactúa».

---

442. Proposal for a Regulation of the European Parliament and of the Council laying down harmonised rules on Artificial Intelligence (Artificial Intelligence Act) and amending certain Union legislative Acts {SEC (2021) 167 final} — {SWD (2021) 84 final} — {SWD(2021) 85 final}.

Tal Anexo I se refiere a estrategias de aprendizaje automático a través de una amplia variedad de métodos, incluido el aprendizaje profundo[443], a estrategias basadas en la lógica y en el conocimiento, así como a estrategias estadísticas, métodos de búsqueda y optimización.

Esta definición contenida en la Propuesta de Reglamento y completada en el Anexo I, que desde luego es compleja[444], pretende abarcar todas las posibles técnicas y estrategias de IA que se conocen hasta hoy. Entendemos además que el legislador europeo ha tratado de que no quede obsoleta en poco tiempo, lo que desde luego no es tarea sencilla en este específico contexto tecnológico. En todo caso, más clara nos parecía la definición expuesta al inicio de este trabajo, esto es, la reflejada en el citado Libro Blanco sobre la inteligencia artificial publicado por la Comisión europea en 2020.

Nos detendremos a continuación en los que, a nuestro juicio, son los contenidos más relevantes de esta Propuesta de Reglamento sobre IA; concretamente en relación con los llamados «sistemas de alto riesgo» que pueden usarse en el contexto de la investigación y enjuiciamiento de hechos delictivos, y en sus correspondientes garantías.

En primer lugar, conviene destacar que el legislador UE ha optado por un marco normativo basado en la clasificación por «niveles de riesgo» de los sis-

---

443. Los algoritmos pueden configurarse para seguir aprendiendo mientras se utilizan y a medida que se van nutriendo de nuevos datos, de tal forma que los sistemas IA identifican patrones no predeterminados y general nuevas relaciones entre esos patrones y los nuevos datos, de forma que pueden seguir haciendo sucesivas predicciones o recomendaciones, en principio no previstas específicamente en la programación inicial del algoritmo. Sobre el llamado «aprendizaje automático» —*Machine learning*— y las utilidades de las máquinas emuladoras de funciones cognitivas humanas, *vid.* las reflexiones de BARONA VILAR, S., *Algoritmización del Derecho y de la Justicia. De la Inteligencia Artificial a la Smart Justice*, Valencia, 2021, pp. 95 y ss., y de MARTIN DIZ, F., «Aplicaciones de inteligencia artificial en procesos penales por delitos relacionados con la corrupción», en *Corrupción: compliance, represión y recuperación de activos*, RODRÍGUEZ GARCÍA, N. y otros (Coords.), Valencia, 2019, pp. 533 y ss. Fuera de España, véase el trabajo de MITCHEL, J. y otros: «Machine learning for determining...», *op. cit.*, pp. 43 y ss.

444. Como explica ORTEGA KLEIN, esta definición, que no es precisamente clara, refleja la complejidad de la materia a regular, la dificultad de sintetizar un concepto lo más neutro posible y que abarque todo lo que puede calificarse como IA, por lo que ha sido necesaria la remisión a un Anexo que, además, tendrá que ser objeto de continuas actualizaciones. *Vid.* «Hacia un régimen europeo de control de la Inteligencia Artificial», Análisis del Real Instituto Elcano, 6 de mayo 2021, pp. 1 y ss., esp. p. 3.

temas IA sobre derechos de los ciudadanos y seguridad de los sistemas, que serían los siguientes: inaceptable, alto, limitado/bajo y mínimo[445].

Se consideran niveles de riesgo «inaceptables» —*vid.* art. 5: prácticas IA que deben estar prohibidas— los que conllevan aquellos sistemas IA que pueden causar daños físicos o psíquicos, manipular la voluntad y el comportamiento humano o, en general, los que suponen *«social scoring»* —puntuación o clasificación social de una persona por los respectivos gobiernos a partir de datos sobre su comportamiento o características personales, si bien se admiten ciertas excepciones, *vid.* art. 5.1.c)—.

También se considera prohibido o generalmente inaceptable el uso de sistemas de identificación biométrica de personas[446] en tiempo real y en lugares accesibles al público, con la finalidad de hacer cumplir la ley —*«real time biometric systems in publicly accessible spaces for the purpose of law enforcement»*[447]—, a menos que —y en esos casos pasarían a ser sistemas permitidos, pero de «alto riesgo»— su uso sea estrictamente necesario para uno de estos objetivos que menciona la propia norma, *vid.* art. 5.1.d): búsqueda dirigida de víctimas, especialmente de niños desaparecidos; prevenir una amenaza específica, importante e inminente para la vida o la seguridad física de personas, o un ataque terrorista; o bien para la detección, localización, identificación y procesamiento de un autor o sospechoso de haber cometido un delito de los

---

445. *Vid.* apdo. 5.2.2. de la Exposición de motivos: los sistemas IA de riesgo bajo o limitado serían aquellos que simplemente conllevan obligaciones específicas de información o transparencia, como por ejemplo cuando se utilizan «robots conversacionales» —*vid.* Exposición de motivos, apdo. 1.1—, en cuyo caso los usuarios tendrían que poder saber que están interactuando con un sistema IA. Serían de riesgo mínimo o nulo la mayoría de las aplicaciones de uso común, como por ejemplo las que nos recomiendan una película o serie en nuestra plataforma de entretenimiento, o las que permiten discriminar emails como spam. Este tipo de cuestiones no son objeto de tratamiento en el Proyecto de Reglamento, precisamente por no presentar riesgos para el usuario, si bien se fomentará y facilitará la elaboración de «Códigos de Conducta» destinados a la aplicación voluntaria de los requisitos de garantía, también en esos ámbitos de bajo riesgo, *vid.* art. 69 de la Propuesta de Reglamento.
446. De imprescindible consulta sobre esta materia el Informe de la Agencia Europea para los Derechos Fundamentales (FRA), publicado en 2020, sobre Facial Recognition Technology: fundamental rights considerations in the context of law enforcement, así como las recomendaciones contenidas en el Study on the use of innovative technologies in the justice field, Informe Final presentado por la Comisión Europea, con fecha de septiembre 2020, esp. pp. 40 y ss. Véase también, aunque escrito en fecha anterior a la publicación de la Propuesta de Reglamento que nos ocupa, el trabajo de ETXEBERRIA GURIDI, J.F., «Inteligencia artificial aplicada a la videovigilancia: tecnologías de reconocimiento facial», *Justicia algorítmica y neuroderecho, una mirada multidisciplinar*, pp. 443 y ss.
447. Por datos biométricos se entiende en la norma —*vid.* art. 3, apdo. 33—, los datos personales resultantes de un procesamiento técnico específico, relacionado con las características físicas, fisiológicas o de comportamiento de una persona, que permiten o confirman la identificación única de esa persona física, tales como imágenes faciales, o datos dactiloscópicos.

mencionados en el art. 2.2 Decisión Marco 2002/584/JHA[448], castigado al menos en el Estado miembro interesado con penas de tres años de privación de libertad, según la legislación del referido Estado.

Además, para que sea admisible el uso de estos sistemas de identificación biométrica, se deberán tener en cuenta los siguientes elementos —art. 5.2—: gravedad y probabilidad de que efectivamente se produzca la situación de riesgo, daños que podrían causarse si no se usara este sistema de identificación, así como las consecuencias que el empleo de estos sistemas pueda tener sobre los derechos y libertades de todas las personas afectadas[449]. Su utilización ha de contar con las necesarias y proporcionadas salvaguardas, y además deben estar bien concretadas sus condiciones de uso; en particular, límites temporales, geográficos y personales.

Por otro lado, debe llamarse la atención sobre el hecho de que la norma que nos ocupa exige de forma expresa —*vid.* art. 5.3— que el uso de estos sistemas de identificación biométrica cuente con una autorización previa por parte de una «autoridad judicial» o por una «autoridad administrativa independiente» del Estado miembro en que se vaya a usar, la cual, en caso de extrema urgencia, podría obtenerse posteriormente.

Según el apartado 8.º de la Exposición de Motivos de esta Propuesta de Reglamento, la noción de «sistema de identificación biométrica remota» ha de entenderse de manera funcional; es decir, se trataría de un sistema IA destinado a la identificación de personas físicas a distancia, mediante la comparación de sus datos biométricos —facciones, modo de caminar, etc.—, captados en un lugar de acceso público, con los contenidos en una base de datos de referencia, y sin que se sepa previamente si la persona estará presente en ese lugar accesible al público donde se localiza el sistema IA, y si podrá ser identificada.

La norma distingue entre identificación biométrica remota que puede realizarse en «tiempo real», de aquella otra que se efectuaría *«ex post»*. En el primer caso, —*vid.* art. 3, apdo. 37—, la captura de datos biométricos, la comparación

---

448. Se trata de los ya conocidos como treinta y dos «eurodelitos», que permiten eludir el control de doble incriminación en relación con la orden europea de detención y entrega, si estuvieran castigados en el Estado miembro emisor con pena o medida de seguridad privativa de libertad de un máximo de al menos tras años, tal y como se definen en el Derecho del Estado miembro emisor. Entre esos delitos se cuentan tipos tan graves como la pertenencia a organización delictiva, el terrorismo, la trata de seres humanos, la explotación sexual de niños, el tráfico de armas, etc., etc.

449. Como bien destaca ETXEBERRIA GURIDI, los sistemas de videovigilancia unidos a las nuevas herramientas IA, no sólo pueden afectar a la protección de datos de carácter personal, sino que los riesgos se extienden también a otras esferas de los derechos y libertades de los ciudadanos. Por ejemplo, el sometimiento a un escrutinio intenso mediante cámaras de un concreto espacio público puede resultar ser un elemento disuasorio para el ejercicio de ciertos derechos en ese espacio, como el derecho de reunión, de manifestación, o incluso la propia libertad de circulación.

con la base de datos y la identificación de la persona ocurren de manera instantánea o casi instantánea; se usarían secuencias de video que se están grabando en ese momento en un lugar de acceso público[450]. En la llamada identificación *«ex post»* —*vid.* art. 3, apdo. 38—, los datos biométricos se han captado previamente, de forma que la comparación e identificación del sujeto se hace posteriormente, con un retraso que ya es «significativo» —*significant delay*—. Las imágenes o secuencias de video se habrían obtenido entonces de cámaras de TV de circuito cerrado o de dispositivos privados.

Por *publicly accesible space* en el que se van a obtener las grabaciones y los datos biométricos, se entiende en el Proyecto de Reglamento IA —*vid.* Exposición de Motivos, apdo. 9— un espacio físico accesible al público, independientemente de si se aplican ciertas condiciones de acceso, o si es de propiedad pública o privada. Aunque para acceder a ese espacio hicieran falta tickets de entrada, o hubiera restricciones por edad, también se consideraría a estos efectos un «espacio de acceso público». Por tanto, las calles, las partes relevantes de edificios gubernamentales, la mayoría de las infraestructuras de tranposrte, cines, teatros, centros comerciales... también son espacios de acceso público en este sentido. No obstante, deberá concretarse *«case-by-case»*, destaca la Propuesta de Reglamento.

De otro lado, en este punto debe tenerse también muy en cuenta lo dispuesto en el Reglamento (UE) 2016/679, sobre protección de datos de personas físicas y libre circulación de esos datos —RGPD—, especialmente lo dispuesto en su art. 9: prohibición de tratamiento de datos personales de carácter biométrico y sus posibles excepciones. En semejantes términos, el art. 10 del Reglamento (UE) 2018/1725, sobre protección de las personas físicas en relación con el tratamiento de datos personales por instituciones, órganos u organismos UE y libre circulación de tales datos, así como el art. 10 de la Directiva (UE) 2016/680, sobre protección de las personas físicas en lo relativo al tratamiento de datos personales en ámbito penal.

Según esta normativa de referencia, se permitirá el tratamiento de los datos biométricos que permitan identificar de manera unívoca a una persona, si lo autoriza el Derecho de la Unión Europea o del Estado miembro, si fuera necesario para proteger intereses vitales del interesado o de otra persona física, por razones de un interés público esencial, o bien si el tratamiento se refiere a datos que el interesado hubiera hecho públicos de forma manifiesta.

Continuando con el análisis de los demás sistemas de «riesgo alto» que se contienen en el Título III de la Propuesta de Reglamento que nos ocupa, arts. 6 y ss., debe destacarse que entre ellos se encuadrarían la mayoría de los que pueden usarse en el orden penal. Esta categoría de sistemas se identificarían

---

450. La calidad de este tipo de imágenes puede no ser muy buena, por lo que aumenta la probabilidad de que se produzcan «falsas coincidencias».

con una serie de criterios genéricos —*Classification rules for high-risk AI systems*, *vid.* art. 6—, si bien se adjunta además un listado de los mismos[451], en el Anexo III.

En relación con la aplicación de sistemas IA a la prevención, investigación y enjuiciamiento de los hechos delictivos, nos interesan ahora particularmente algunos de los mencionados en los apartados 6.º y 8.º del referido Anexo III[452]. El apartado 6.º es el relativo al «Law enforcement»[453], es decir, a las herramientas IA que pueden emplearse por las autoridades competentes para «el cumplimiento de la ley» en términos generales, entre las cuales se mencionan las siguientes: a) los sistemas IA usados por las autoridades para realizar una evaluación del riesgo individual en relación con personas físicas —*individual risk assessments*—, a fin de poder determinar su riesgo de comisión delictiva o de reincidencia, así como el riesgo de ser víctimas potenciales de hechos delictivos; b) el uso de polígrafos y herramientas similares, o de aquellas que detectan el estado emocional de una persona; d) los sistemas IA destinados a ser usados por las autoridades competentes para la evaluación de la fiabilidad de pruebas en el curso de una investigación o enjuiciamiento por hechos delictivos; e) los sistemas IA destinados a ser usados para predecir y prevenir la comisión o repetición de delitos, actuales o potenciales, con base en la elaboración de perfiles de personas físicas, o en la evaluación de rasgos de la personalidad, características o comportamientos delictivos pasados de personas concretas o grupos de personas, f) los sistemas IA destinados a ser usados por las autoridades encargadas de la aplicación de la ley para establecer perfiles de personas —*profiling*— según art. 3.4 Directiva 2016/680, en el curso de detección, investigación o enjuiciamiento de hechos delictivos. g) los sistemas IA usados para el análisis del delito —*crime analytics*— en relación con personas físicas, que permiten a la policía la búsqueda de grandes conjuntos de datos complejos en distintas fuentes o en diferentes formatos, a fin de identificar patrones desconocidos o descubrir relaciones ocultas entre esos datos.

En el apartado 8.º del Anexo III que nos ocupa, encontramos una referencia, calificándolos también como sistemas IA de «alto riesgo», a los que pueden utilizarse en el contexto de la «Administración de justicia y procesos democráticos», que serían aquellos instrumentos destinados a ayudar a la autoridad judicial a investigar e interpretar los hechos y la ley, para la aplicación de ésta a un

---

451. Listado que la Comisión puede ir ampliando, con base en una serie de criterios que también se apuntan en el apdo. 2.º del art. 7.

452. El listado de sistemas IA *«high risk»* en este Anexo III comienza —*vid.* apdo. 1.º— con una referencia a los sistemas de identificación biométrica remota, a pesar de que, según hemos visto, en el articulado de la Propuesta de Reglamento éstos se posicionan como «sistemas prohibidos» o generalmente «inaceptables».

453. *Vid.* definición en art. 3, apdo. (41): «*law enforcement means activities carried out by law enforcement authorities for the prevention, investigation, detection or prosecution of criminal offences or the execution of criminal penalties, including the safeguarding against and the prevention of threats to public security*».

conjunto concreto de hechos. Entendemos que bajo este epígrafe tendrían cabida numerosos instrumentos que pueden ser útiles para la obtención de fuentes de prueba, así como para la valoración de los correspondientes medios probatorios.

El legislador UE ha entendido que todos estos son sistemas de «riesgo alto», pues pueden conllevar peligros para la salud y la seguridad, y en general para los derechos fundamentales de las personas. Para su empleo tendrían que cumplir con una serie de requisitos «horizontales» de fiabilidad, y seguir unos procedimientos de evaluación de ese cumplimiento antes de su posible utilización.

Se distinguen además en la Propuesta de Reglamento los sistemas IA de «alto riesgo», que en términos generales estarían prohibidos, y que para ser empleados tendrían que verificarse previamente por un tercero independiente —v.gr.: sistemas de identificación biométrica remota—, de aquellos otros sistemas también de «alto riesgo», pero para cuyo uso bastaría una «declaración responsable» del proveedor del sistema IA —*Conformity assessment*—, en el sentido de que cumple con los requisitos establecidos; véase lo dispuesto en el art. 1958. Se trataría entonces de una especie de «cumplimiento normativo» —*Compliance tools*—, que se requeriría v.gr. para los sistemas IA que podrían usarse con fines predictivos, tanto por la policía, como en el ámbito jurisdiccional.

Pues bien, llegados a este punto, puesto que los sistemas IA a los que venimos haciendo referencia se emplean y se van a seguir empleando de manera creciente, y puesto que tal uso ha de favorecer la ingente tarea de prevención, investigación y enjuiciamiento de hechos delictivos, es preciso referirnos a la determinante cuestión de las garantías o requisitos que debe reunir la configuración y el uso de estos sistemas IA de «riesgo alto». Estas cuestiones también se abordan en la Propuesta de Reglamento que analizamos; concretamente, en el Capítulo II del Libro III, arts. 8 y ss., y son las que resumimos a continuación:

Risk managemente system, art. 9: habrá de establecerse y documentarse un sistema continuo, regular y actualizado de evaluación y mitigación de riesgos, durante todo el ciclo de vida del sistema IA.

Data and data governance, art. 10: ha de exigirse una alta calidad del conjunto de datos —*high quality data*— que alimentan o con los que se «entrena» el sistema. Se deberá examinar periódicamente el conjunto de datos para evitar desviaciones —*biases*—, sesgos o discriminaciones, identificar posibles «*data gaps*» o «*shortcomings*» —lagunas o defectos— y establecer cómo pueden ser resueltos éstos.

Technical documentation, art. 11: toda la documentación técnica sobre el sistema IA deberá elaborarse antes de que se comercialice o se ponga en servicio, y se mantendrá actualizada. Deberá permitir evaluar su funcionamiento y el cumplimiento de las finalidades previstas.

Record-keeping, art. 12: todos estos sistemas IA han de tener la capacidad de grabar de forma automática los registros, y de asegurar un nivel adecuado de trazabilidad de los resultados alcanzados. Además, deberá poderse identificar a la persona física implicada en la verificación de los resultados.

Transparency and provision of information to users, art. 13: el diseño y funcionamiento de los sistemas IA debe ser lo suficientemente transparente como para permitir a los usuarios interpretar el resultado y emplearlo de forma adecuada. Las instrucciones de uso han de incluir información relevante, concisa, clara y completa, que además sea accesible y comprensible para los usuarios. Deberán explicar las características del sistema IA, sus posibles usos, su nivel de precisión, solidez y ciberseguridad. Habrán de advertir sobre posibles riesgos, tanto en su uso debido como en condiciones de uso indebido, aquellos que sean razonablemente previsibles. También deberán contener información sobre las medidas de supervisión humanas, necesidades de mantenimiento y de actualización del sistema, entre otros extremos relevantes.

Human oversight, art. 14: deberán establecerse medidas de supervisión humana, que puedan prever y minimizar los riesgos del sistema. Destaca en particular la medida contenida en el apartado 4. d) de este artículo, en el que se indica que la persona encargada de la supervisión debe ser capaz de decidir, en cualquier situación, la no utilización del sistema IA, o bien ignorar el «*output*» que éste ofrece.

Accuracy, robustness and cybersecurity, art. 15: este tipo de sistemas IA deben ser diseñados y desarrollados de forma que, a la vista de su específica finalidad, tengan un nivel adecuado de precisión, robustez y ciberseguridad, a lo largo de todo su ciclo de vida útil. Los niveles de precisión del sistema deben estar explicitados en las instrucciones de uso. Además, han de ser sistemas resilientes en caso de que se produzcan errores, fallos o incoherencias en el propio sistema o en el entorno en que operan, en particular por su interacción con personas físicas o con otros sistemas. Si son sistemas IA que continúan su aprendizaje tras su puesta en marcha, debe asegurarse que los ciclos de retroalimentación no lleven a resultados erróneos —*feedback loops*—. Deben ser seguros para prevenir y controlar ataques que pretendan manipular el conjunto de datos de entrenamiento del sistema, o entradas que tuvieran por objeto provocar errores en su funcionamiento.

Es igualmente reseñable el hecho de que el Proyecto de Reglamento añada también una serie de obligaciones que tendrán los usuarios de sistemas IA de «alto riesgo»; por ejemplo, seguir en todo momento las instrucciones de uso, conservar los registros generados automáticamente, respetar toda la normativa vigente sobre protección de datos, entre otros extremos.

Finalizaremos nuestro análisis con algunas valoraciones adicionales y conclusiones sobre el instrumento aquí abordado.

Podemos convenir que esta normativa europea llegará tarde, pues es muy poco probable que entre en vigor antes del año 2023; sin embargo, como se ha expuesto, los sistemas IA ya se están utilizando desde hace mucho tiempo en distintos ámbitos públicos y privados, incluso los calificados de «alto riesgo».

De otro lado, aunque el instrumento normativo elegido es un Reglamento, lo que desde luego favorece el grado de armonización que pretende alcanzarse en la Unión, es indudable que éste necesitará normas nacionales de desarrollo y, además, esta regulación de carácter horizontal y general va a requerir ser complementada por otras normativas sectoriales mucho más específicas.

Por ejemplo, en el ámbito jurisdiccional, que principalmente nos ocupa, será imprescindible aprobar la correspondiente regulación que permita el uso procesal de este tipo de sistemas IA en cuestiones para las que ya se viene empleando dentro y fuera de nuestras fronteras, y en otras muchas utilidades que seguro surgirán: previsión del riesgo de reincidencia delictiva o de fuga, de revictimización, posibilidades de reinserción social, determinación de la futura solvencia económica de una persona, presupuestos y efectos de la identificación biométrica remota, uso de sistemas IA para la obtención de fuentes de prueba, como ayuda en la valoración judicial de medios probatorios en los distintos órdenes jurisdiccionales, posibilidad —o no— de que se adopten decisiones judiciales «automatizadas», en todo o en parte[454], etc., etc.

---

454. *Vid.* el art. 22 del Reglamento 2016/679 —RGPD—, sobre el derecho a no ser objeto de una decisión basada únicamente en el tratamiento automatizado de datos, incluida la elaboración de perfiles, que produzca efectos jurídicos sobre una persona o le afecte significativamente, así como el más reciente art. 14 de la L.O. 7/2021, de 26 de mayo, de protección de datos personales tratados para fines de prevención, detección, investigación y enjuiciamiento de infracciones penales y de ejecución de sanciones penales: Artículo 14. Mecanismo de decisión individual automatizado: «1. Están prohibidas las decisiones basadas únicamente en un tratamiento automatizado, incluida la elaboración de perfiles, que produzcan efectos jurídicos negativos para el interesado o que le afecten significativamente, salvo que se autorice expresamente por una norma con rango de ley o por el Derecho de la Unión Europea. La norma habilitante del tratamiento deberá establecer las medidas adecuadas para salvaguardar los derechos y libertades del interesado, incluyendo el derecho a obtener la intervención humana en el proceso de revisión de la decisión adoptada. 2. Las decisiones a las que se refiere el apartado anterior no se basarán en las categorías especiales de datos personales contempladas en el artículo 13, salvo que se hayan tomado las medidas adecuadas para salvaguardar los derechos y libertades y los intereses legítimos del interesado. 3. Queda prohibida la elaboración de perfiles que dé lugar a una discriminación de las personas físicas sobre la base de categorías especiales de datos personales establecidas en el artículo 13». Véase más ampliamente, GUZMÁN FLUJA, V., «Proceso penal y justicia automatizada», en *Revista General de Derecho Procesal*, núm. 53, 2021, pp. 1 y ss.

Esta regulación sectorial más específica tendrá que adaptar e incorporar todas las garantías que de forma muy genérica se contienen actualmente en la Propuesta de Reglamento IA, y que finalmente encontrarán reflejo en el previsible Reglamento, a las especificidades de su uso en ámbitos más concretos: proceso civil, penal, administrativo, laboral, actuaciones policiales, etc. De otro lado, será preciso avanzar en la llamada Estrategia Europea de Datos, que incluye una gestión responsable de los mismos, cumpliendo además con los llamados «principios FAIR»[455]. Además, habrá que armonizar también los aspectos esenciales relativos a la responsabilidad civil que pudiera derivarse del uso de sistemas IA[456].

Por último, aunque no por ello menos relevante, la necesaria creación del «ecosistema de confianza» en la Unión Europea en materia de Inteligencia Artificial[457], la implantación de un marco jurídico destinado a lograr una IA fiable y respetuosa de los derechos y garantías fundamentales[458], repercutirá también sobre el éxito de la imprescindible cooperación judicial y policial transfronteriza en los supuestos cada vez más frecuentes en que se hayan podido usar sistemas IA, cuestión esta que, según ya se ha indicado, ni siquiera encuentra mención en el Proyecto de Reglamento que analizamos.

---

455. Acrónimo de «Fáciles de encontrar, Accesibles, Interoperables y Reutilizables». Véase el Informe final y Plan de acción del Grupo de expertos en datos FAIR de la Comisión europea: Turning FAIR into reality, https://ec.europa.eu/info/sites/info/files/turning_fair_into_reality_1.pdf.

456. Materia esta desde luego de enorme trascendencia práctica, y que ya se abordó en el Informe sobre el marco de seguridad y responsabilidad civil de la Inteligencia Artificial, el Internet de las cosas y la robótica, adjunto al Libro Blanco sobre IA. Disponible en: https://ec.europa.eu/transparency/regdoc/rep/1/2020/ES/COM-2020-64-F1-ES-MAIN-PART.1.PDF

   En fechas más recientes la DG Justicia de la Comisión europea ha publicado un estudio muy completo de Derecho comparado sobre responsabilidad civil por Inteligencia artificial, que puede consultarse en https://op.europa.eu/es/publication-detail/-/publication/8a32c cc3-0f83-11ec-9151-01aa75ed71a1. Sobre esta cuestión, en nuestro país, *vid.* el trabajo de NÚÑEZ ZORRILLA, M.C., Inteligencia artificial y responsabilidad civil derivada de daños ocasionados por robots autónomos con inteligencia artificial, Madrid, 2019, y con referencia al contexto europeo, de la misma autora: «Los nuevos retos de la UE en la regulación de la responsabilidad civil por los daños causados por la inteligencia artificial», en *Revista Española de Derecho Europeo, núm. 66*, 2018, pp. 9 y ss.

457. Al que ya se refería expresamente el Libro Blanco sobre IA, donde se insistía además en el «enfoque antropocéntrico» como objetivo político en sí mismo, que sirviera de guía para hacer frente a los principales riesgos que hay que salvar cuando se hace uso de los sistemas IA: opacidad en la toma de decisiones, discriminaciones de género u otro tipo, intromisión en la intimidad y posible uso con fines delictivos.

458. Además de todos los que se mencionan expresamente en la Propuesta de Reglamento, habrá que tener siempre presente el respeto al debido proceso o proceso con todas las garantías, los derechos de defensa e igualdad de partes, la presunción de inocencia y la protección de la privacidad.

Esta normativa UE está claramente centrada en la mejora del mercado interior y de la competitividad; en definitiva, en las libertades económicas comunitarias, y no tanto en reforzar el «espacio de libertad, seguridad y justicia», a pesar de que nos parecen objetivos perfectamente compatibles. Confiamos en que, tras este importante esfuerzo regulatorio en la Unión[459], el texto del Reglamento que finalmente se apruebe sí tenga en consideración también este aspecto.

5.2. LA PROTECCIÓN DE DATOS EN LA UE Y SU INCIDENCIA EN EL PROCESO PENAL ESPAÑOL

La rápida evolución tecnológica y la globalización han planteado nuevos retos en el ámbito de la protección de los datos personales, dónde se han visto incrementado de manera significativa la magnitud de la recogida e intercambio de estos datos de carácter personal que vamos dejando cada día.

De forma inconsciente vamos dejando rastro en la red de todo lo que hacemos, ubicaciones, movimientos de dinero, contacto con terceras personas, etc., ya no sólo dentro de las fronteras de un país si no de forma global. Este hecho es especialmente relevante en el tratamiento de datos personales para la realización de actividades de prevención, investigación, detección o enjuiciamiento de infracciones penales o la ejecución de sanciones penales, incluidas la protección y la prevención frente a las amenazas para la seguridad pública en el seno de la Unión y la transferencia de estos datos personales a terceros países y organizaciones internacionales, al tiempo que se garantiza un alto nivel de protección de los datos personales.

Desde el punto de vista de una investigación o proceso penal es posible que se intercambien y recopilen multitud de datos o información que pueden ser personales y sensibles para la persona física, que entonces adquiere la condición de sospechoso, investigado o encausado, rozando en algunos casos los límites que amparan al sujeto ante la vulneración de su derecho de carácter fundamental —la protección de datos de carácter personal—. Especial relevancia cobra este derecho en tanto en cuanto estos datos son susceptibles de ser transmitidos a otro Estado. Sin embargo, esta acción está justificada en términos generales, y atiende a unos fines concretos: la prevención, investigación, detección o enjuiciamiento de infracciones penales o de ejecución de sanciones penales.

---

459. Que bien destaca BARONA VILAR, S., *Algoritmización del Derecho y de la Justicia, op. cit.*, esp. pp. 149 y ss.

Por ello, deben respetarse los derechos y garantías de los procesados en todo caso. En efecto, la Unión Europea se caracteriza por ser la vanguardia internacional y mundial en cuanto la protección del derecho a la protección de datos, que fue objeto de regulación ante el rápido desarrollo tecnológico, especialmente de internet a los efectos de «consolidar e incluso mejorar este elevado nivel de protección a través de la creación de un marco legislativo nuevo, adaptado a la realidad cambiante, al tiempo que sólido, coherente e integral. En definitiva, un entorno normativo para un mundo globalizado y digital». En este contexto, debemos hacer mención a la Directiva 2016/680 del Parlamento Europeo y del Consejo de 27 de abril de 2016, relativa a la protección de las personas físicas en lo que respecta al tratamiento de datos personales por parte de las autoridades competentes para fines de prevención, investigación, detección o enjuiciamiento de infracciones penales o de ejecución de sanciones penales, y a la libre circulación de dichos datos y por la que se deroga la Decisión Marco 2008/977/JAI del Consejo, esta norma supuso la introducción de un nuevo paradigma en orden al tratamiento de los datos personales con fines penales[460].

La Directiva Europea fue transpuesta a nuestra legislación interna, fuera del plazo establecido y la correspondiente sanción por parte de los Tribunales Europeos, a través de la Ley Orgánica 7/2021, de 26 de mayo, de protección de datos personales tratados para fines de prevención, detección, investigación y

---

460. En otro caso, será de aplicación el Reglamento (UE) 2016/679 del Parlamento Europeo y del Consejo de 27 de abril de 2016, relativo a la protección de las personas físicas en lo que respecta al tratamiento de datos personales y a la libre circulación de estos datos y por el que se deroga la Directiva 95/46/CE que trató de armonizar la protección de los derechos y libertades fundamentales de las personas físicas se aplica en los casos en los que un organismo o entidad recopila datos personales con otros fines y proceda a su tratamiento para el cumplimiento de una obligación jurídica a la que esté sujeto, lo que supone una doble vía para la protección de los datos personales de las personas físicas (ALFONSO GALÁN MUÑOZ, «La protección de datos de carácter personal en los tratamientos destinados a la prevención, investigación y represión de delitos: hacia una nueva orientación de la política criminal de la Unión Europea», en *La transmisión de datos personales en el seno de la cooperación judicial penal y policial en la Unión Europea*, dir por IGNACIO COLOMER HERNÁNDEZ (Pamplona: Aranzadi, 2015), pp. 43-44). En este sentido, por ejemplo, las instituciones financieras tienen la obligación de conservar determinados datos personales que ellas mismas tratan y únicamente facilitan dichos datos personales a las autoridades nacionales competentes en casos concretos y de conformidad con el Derecho del Estado miembro (Considerando 7 Directiva (UE) 2016/680 del Parlamento Europeo y del Consejo de 27 de abril de 2016 relativa a la protección de las personas físicas en lo que respecta al tratamiento de datos personales por parte de las autoridades competentes para fines de prevención, investigación, detección o enjuiciamiento de infracciones penales o de ejecución de sanciones penales, y a la libre circulación de dichos datos y por la que se deroga la Decisión Marco 2008/977/JAI del Consejo).

enjuiciamiento de infracciones penales y de ejecución de sanciones penales[461]. De lo dispuesto en la Directiva se desprende la sujeción a una serie de principios en aras de garantizar el derecho a la protección de datos personales de las personas físicas. De esta forma, el art. 4 de la citada directiva que fueron más tarde plasmados en nuestra norma nacional, debe regirse en torno a los siguientes principios:

a) Principio de licitud y lealtad: esto requiere que los datos obtenidos deben ser tratados de manera lícita y leal;

b) Principio finalista: recogidos con fines determinados, explícitos y legítimos, y no ser tratados de forma incompatible con esos fines;

c) Principio de pertinencia: lo que requiere que sean adecuados, pertinentes y no excesivos en relación con los fines para los que son tratados;

d) Principio de exactitud: los datos deben ser exactos y, si fuera necesario, actualizados; se habrán de adoptar todas las medidas razonables para que se supriman o rectifiquen sin dilación los datos personales que sean inexactos con respecto a los fines para los que son tratados;

e) Principio de conservación: esto es, han de conservarse de forma que permita identificar al interesado durante un período no superior al necesario para los fines para los que son tratados;

f) Tratados de tal manera que se garantice una seguridad adecuada de los datos personales, incluida la protección contra el tratamiento no autorizado o ilícito y contra su pérdida, destrucción o daño accidentales, mediante la aplicación de medidas técnicas u organizativas adecuadas.

En lo que se refiere al tratamiento automatizado de datos recopilados por algoritmos, el art. 11 establece que: «los Estados miembros dispondrán la prohibición de las decisiones basadas únicamente en un tratamiento automatizado,

---

461. De la misma forma se plasma este artículo en la Ley española en materia de protección de datos personales en su art. 14 al disponer: «1. Están prohibidas las decisiones basadas únicamente en un tratamiento automatizado, incluida la elaboración de perfiles, que produzcan efectos jurídicos negativos para el interesado o que le afecten significativamente, salvo que se autorice expresamente por una norma con rango de ley o por el Derecho de la Unión Europea. La norma habilitante del tratamiento deberá establecer las medidas adecuadas para salvaguardar los derechos y libertades del interesado, incluyendo el derecho a obtener la intervención humana en el proceso de revisión de la decisión adoptada. 2. Las decisiones a las que se refiere el apartado anterior no se basarán en las categorías especiales de datos personales contempladas en el artículo 13, salvo que se hayan tomado las medidas adecuadas para salvaguardar los derechos y libertades y los intereses legítimos del interesado. 3. Queda prohibida la elaboración de perfiles que dé lugar a una discriminación de las personas físicas sobre la base de categorías especiales de datos personales establecidas en el artículo 13».

incluida la elaboración de perfiles, que produzcan efectos jurídicos negativos para el interesado o le afecten significativamente, salvo que estén autorizadas por el Derecho de la Unión o del Estado miembro a la que esté sujeto el responsable del tratamiento y que establezca medidas adecuadas para salvaguardar los derechos y libertades del interesado, al menos el derecho a obtener la intervención humana por parte del responsable del tratamiento». La propia norma establece una salvedad para la adopción de medidas adecuadas para salvaguardar los derechos y libertades del interesado, incluyendo, al menos, el derecho a obtener el derecho a obtener la intervención humana por parte del responsable del tratamiento de los datos con fines penales[462].

Como vemos, la legislación europea de referencia en materia de protección de datos personales en el proceso penal viene descartando ya la utilización de un sistema de Inteligencia Artificial para un tratamiento masivo de los datos de las personas encausadas y requiere participación humana a la hora de tomar alguna decisión que implique injerencia en los derechos y garantías del encausado o acusado[463].

462. CARRILLO DEL TESO, A. E., «La protección de las personas físicas en la cooperación penal europea tras la directiva (UE) 2016/680» en *Fodertics 7.0. Estudios sobre Derecho Digital*, Dir. por FEDERICO BUENO DE MATA, (Granada: Comares, 2018), p. 19.
463. BUENO DE MATA, F., «Protección de datos, investigación de infracciones penales e inteligencia artificial. novedades y desafíos a nivel nacional y europeo en la era postcovid», en *La ley penal: revista de derecho penal, procesal y penitenciario, 150* (2021) https://dialnet.unirioja.es/servlet/articulo?codigo=8049997

Reflexiones finales

Muchas tareas, hoy en día ya son susceptibles de automatización como búsqueda de jurisprudencia, análisis de documentos o elaboración de borradores de contratos o resoluciones. Ya existen programas informáticos desarrollados que pueden analizar miles de señalamientos y resoluciones y sentencias, extractar la información relevante, interpretarlos y aprender con ellos a través de un sistema aprendizaje automático. También ya se dan en algún país europeo de la UE, sistemas capacitados para analizar las resoluciones de jueces y tribunales con el objetivo de establecer cuál puede ser la estrategia legal, dados los precedentes, más adecuada o cuáles son las probabilidades de ganar un determinado caso, cuánto puede durar un procedimiento en un determinado juzgado o las probabilidades de éxito en una apelación.

La IA está llamada a ser un gran catalizador de la transformación de la actividad y presencia digital de la Administración Pública mejorando la eficacia y la eficiencia de sus procesos, también en nuestra Administración de Justicia.

España hoy en día, está dividida en 431 partidos judiciales, cifra actual muy excesiva, no respondiendo a las necesidades actuales de nuestra Administración de Justicia, con el sistema actual de gestión de notificaciones (LEXNET) y la posibilidad de celebrar actuaciones de forma telemática, debiendo avanzar por el camino de la especialización, por lo que nos lleva a la IA como posible solución, llevando que los algoritmos ayuden a reducir la burocracia y actuando como asistentes del juzgador. Un paso muy importante dado, ha sido la obligación de la tramitación electrónica de los procedimientos judiciales mediante la implantación del sistema LEXNET. En efecto, desde el 1 de enero de 2017 es obligatorio el envío de escritos a Juzgados y Tribunales electrónicamente por medio de este aplicativo conforme al Real Decreto 1065/2015, de 27 de noviembre, sobre comunicaciones electrónicas en la Administración de Justicia en el ámbito territorial del Ministerio de Justicia y por el que se regula el sistema Lexnet.

Actualmente, el Consejo General del Poder Judicial (CGPJ), está trabajando en un proyecto consistente en la elaboración de un conjunto de herramientas de inteligencia artificial que puedan ser aplicadas en algunos procesos de la Justicia en España. Este grupo de trabajo, que funciona bajo la denominación *Tec-*

nología, inteligencia artificial y Administración de Justicia, está trabajando, en la confección de una serie de herramientas que usarán la inteligencia artificial.

En principio, van a investigar la aplicación para la creación de algoritmos y automatización de tareas y decisiones judiciales. Estos expertos han de expresar cómo se puede aplicar esta tecnología a la Administración de Justicia y qué sería lo más necesario para ello. Por ejemplo, con sentencias de divorcios o separación de mutuo acuerdo, las partes rellenan un formulario y el ordenador desarrolla el documento que legaliza la ruptura matrimonial, una separación o divorcio sin necesidad de que intervenga en ningún momento el juez.

El acceso a la inteligencia artificial (IA) puede ser una forma de descargar de trabajo a los jueces y de agilizar los procesos de manera muy importante. Hay que tener en cuenta que la IA puede analizar en segundos lo que un humano tardaría días o semanas en leer y posteriormente en escribir. Esto, en los casos de macroprocesos con miles de folios que llegan, por ejemplo, a la Audiencia Nacional, ayudaría a que el juez pueda saber inmediatamente qué diligencias se han practicado en la investigación y cuáles restan por ser llevadas a cabo.

Asimismo, se podría poner en marcha una oficina judicial automatizada para mejorar el acceso de los ciudadanos a las nuevas tecnologías. Pero estas tecnologías también ayudarán a un mayor control del trabajo de jueces y magistrados.

La propuesta de Reglamento (UE) del Parlamento Europeo y del Consejo por el que se establecen normas armonizadas en materia de inteligencia artificial (Ley de Inteligencia Artificial) y se modifican determinados actos legislativos de la Unión, no establece una prohibición de la utilización de la tecnología en este ámbito decisorio, pero sí lo incluye dentro de aquellas denominadas de alto riesgo, estableciéndose una serie de requisitos a cumplir, en cuanto a datos y su gobernanza, la documentación y el registro, la transparencia y la comunicación de información a los usuarios, la vigilancia humana, la solidez, la precisión y la seguridad, recogidos en el capítulo 2 del Título II.

A nivel regulatorio europeo e internacional, existen multitud de textos no vinculantes jurídicamente, elaborados en el seno de diversas organizaciones internacionales, como a OCDE y la UNESCO, o recomendaciones como en el caso del Consejo de Europa, aunque las iniciativas regulatorias aún están en una fase preparatoria. Se espera que en menos de un año se apruebe la norma que va a suponer un verdadero marco regulatorio para todos los Estados miembros de la Unión Europea, por lo que quedará regulado lo que se llama «actuación judicial automatizada», por lo que se ampliará esas actuaciones automatizadas y definiendo en su caso las materias o casos de uso donde se podrá utilizar la inteligencia artificial.

Desde el punto de vista del ordenamiento jurídico español, la utilización de la inteligencia artificial aplicada a la decisión judicial, está directamente relacionada con los derechos fundamentales reconocidos en el artículo 24 de la Constitución Española, en el sentido de garantía de la tutela judicial efectiva, prohibición de indefensión, Juez ordinario predeterminado por la ley, y al proceso público con todas las garantías. Cuestión distinta es que los jueces se sirvan de esta tecnología no para tomar la decisión o ayudarse en la valoración de la prueba, lo cual debe de ser un proceso completamente humano, sino para auxiliarse o apoyarse a la hora de poder relacionar hechos con mayor facilidad, de realizar comparaciones, buscadores de gran cantidad de datos, etc.

Ya en la Agencia Tributaria se viene usando algoritmos en la lucha contra el fraude fiscal, así como los servicios de Inspección de Trabajo y de la Seguridad Social. También su usan algoritmos en la lucha contra la violencia de género a través del sistema de Seguimiento integral en los casos de violencia de género.

En el Departamento de Justicia y Servicios Penitenciarios de Catalunya de la Generalitat de Catalunya se usa la herramienta algorítmica el «Ris Canvi», capaz de valorar el riesgo de comisión delictiva en base a 43 parámetros del recluso determinando si tienen un alto o bajo riesgo de reincidencia. Otro ejemplo de IA es el aplicado por las comisarías de Policía Nacional «Veri Pol» para detectar denuncias falsas. Todos ellos no deciden solo son una forma de apoyo a los distintos operadores jurídicos y al final como medio de apoyo a la toma de decisiones del juez.

Desde el punto de vista de la óptica constitucional actual cabe señalar que la óptica constitucional, teniendo en cuenta el contenido del artículo 117.3 de la Constitución y el principio de exclusividad jurisdiccional: únicamente jueces y magistrados pueden juzgar y hacer ejecutar lo juzgado. La función jurisdiccional, que no incluye solo el acto de juzgar, sino también el de hacer ejecutar lo juzgado, corresponde en exclusiva a jueces y magistrados por expreso mandato constitucional. Algo muy distinto es el empleo de los sistemas de IA como un apoyo para los operadores jurídicos (especialmente, jueces, magistrados y fiscales) que les asista en determinados procesos y les ayude a formar una opinión formada, sobre un asunto con los resultados de los estudios en los que se haya aplicado la técnica algorítmica, ya sea a nivel estadístico, o a nivel de actividad preventiva.

La eficacia del sistema penal, como herramienta para la persecución de la criminalidad en nuestro país, se ha visto reforzada gracias a estos avances de la sociedad de la información, siendo una auténtica necesidad a la hora de garantizar el Derecho Fundamental a la seguridad de los ciudadanos (art. 17.1 CE).

Así también, se promulgó la Ley 41/2015, de 5 de octubre, de modificación de la LECrim para la agilización de la justicia penal y el fortalecimiento de las garantías procesales. Anteriormente, las medidas de investigación existentes apenas contaban con cobertura legal expresa, repercutiendo negativamente en la investigación y represión de las nuevas formas de criminalidad y también en la necesaria seguridad jurídica.

Por ello, la propuesta sobre el uso de la IA en los ámbitos policial y judicial preparada por el Comité de Libertades Civiles, Justicia e Interior del Parlamento Europeo, señala que «todo instrumento de inteligencia artificial elaborado o utilizado por las fuerzas policiales o la judicatura debe, como mínimo, ser seguro en su uso, estar protegido y ser adecuado para su finalidad, así como respetar los principios de equidad, responsabilidad proactiva, transparencia y aplicabilidad y su despliegue estar sujeto a una estricta prueba de necesidad y proporcionalidad al caso concreto».

Actualmente se utilizan datos electrónicos en el 85 % de las investigaciones penales. De este modo, nos encontramos con la necesidad de regular una situación de gran complejidad, por un lado, por el desconocimiento de estas herramientas que tenemos por parte de los juristas y conocedores del Derecho y, por otro lado, por el desafío que implica su comprobación y utilización como una prueba confiable dentro de un proceso judicial.

De forma concreta, el artículo 741 de la LECrim contempla que el Tribunal, apreciando según su conciencia las pruebas practicadas en juicio, dictará sentencia dentro del término fijado en esta Ley, mientras que el artículo 973 de la LECrim señala que el juez dictará sentencia apreciando según su conciencia, las pruebas practicadas, las razones expuestas por el Ministerio Fiscal y por las demás partes y lo manifestado por los propios acusados. En definitiva, la libre valoración de la prueba implica que la ley no obliga al juez a tener por probados los hechos que surjan de una prueba electrónica, si no que realizará una valoración conforme a las reglas de la sana crítica, es decir, una valoración conforme a las reglas de criterio racional, de forma ajustada a las reglas de la lógica, los principios de la experiencia y los conocimientos científicos. Si ninguna parte formula impugnación de la autenticidad e integridad de la prueba electrónica, el Juez tenderá a considerarla como auténtica y mucho más exacta, de tal forma que la misma deberá ser valorada en relación con el resto de las pruebas válidamente practicadas en el proceso.

En la actualidad todos los Cuerpos Policiales, sean de carácter nacional, así como también los autonómicos cuentan con unidades especializadas, altamente cualificadas en investigación tecnológica, con conocimientos y experiencia para luchar eficazmente contra el uso de las tecnologías de la información y las comunicaciones con fines delictivos. En el Código Penal se introdujeron ciertos tipos penales por primera vez a fin de dar respuesta a aquellos supuestos que quedaban impunes a fin de resolver y solucionar los problemas que existían de falta de tipicidad de algunas conductas y además, como consecuencia de ello, se habían introducido profundas reformas en las disposiciones relativas a ataques informáticos, acoso sexual a menores, pornografía infantil, propiedad intelectual, crímenes de odio, fraudes informáticos y delitos de terrorismo. No obstante, la delincuencia siempre va por delante de la regulación legal y la correspondiente sanción punitiva de las conductas reprobables más en estos casos dada la rapidez del desarrollo tecnológico.

En nuestro sistema procesal penal son muchas las diligencias de investigación tecnológica que emplean la IA como instrumento para su eficacia. Las grabaciones digitalizadas de las conversaciones telemáticas (arts. 588 *ter* a) y siguientes de la LECrim.); las grabaciones y/o imágenes en espacios públicos o cerrados (arts. 588 *quater* a); el empleo de dispositivos de geolocalización (art. 588 *quinquies* b); el registro de dispositivos de almacenamiento masivo (art. 588 *sexies* b) o el registro remoto de ordenadores y otros datos (art. 588 *septies*) son sólo algunas de las posibilidades que, desde la ya repetida LO 13/2015, previa autorización judicial, están al alcance del Ministerio Fiscal y las Fuerzas y Cuerpos de Seguridad del Estado para la investigación del delito.

El Ministerio Fiscal y las Fuerzas y Cuerpos de Seguridad del Estado, hoy por hoy, al amparo de la reforma operada en la LECrim por la LO 13/2015, pueden interesar del Juez de Instrucción diligencias de un gran poder de injerencia en el círculo de derechos fundamentales de cualquier ciudadano. Son esos principios los que han de filtrar la decisión jurisdiccional de intromisión en el espacio de exclusión que todo ciudadano reivindica frente a los poderes públicos. Son principios dogmáticos, recogidos en la Jurisprudencia del Tribunal Constitucional y del Tribunal Supremo, por lo que recuerda el estricto cumplimiento de las exigencias formales a las que ha de ajustarse el órgano jurisdiccional, y las garantías constitucionales que han de operar como fuente legitimante.

¿En qué habrá de basar su desacuerdo el abogado en el momento de formular un recurso? Demostrar que el programador olvidó precedentes jurisprudenciales de incidencia en el caso enjuiciado se prevé como una tarea difícilmente abordable. La necesidad de impulsar una regulación que incorpore una serie de principios que en gran medida se vinculan con tres categorías incipientes:

a)   dignidad algorítmica;

b)   identidad algorítmica,

c)   vulnerabilidad algorítmica.

Todas ellas, se presentan como una derivación y pase de la dignidad de las personas humanas al mundo digital. Pero no nos debe bastar con la proclamación de derechos de nueva generación.

La difusión del uso de sistemas inteligentes transformará la práctica del día a día de los Juzgados y Tribunales, trayendo nuevos temas y cambios que requerirán, además, nuevas modulaciones en el perfil de todos los profesionales que trabajamos por y para el Derecho, que deberá ser capaz de hacer frente al nuevo escenario social y a las nuevas tecnologías, así como el uso de sus conocimientos para construir sistemas informáticos capaces de desarrollar su actividad al procesar datos que sean compatibles con la Ley. Hacer frente a los cambios tecnológicos significa sobre todo operar con equipos interdisciplinares, que aprovechen las habilidades de abogados, jueces, fiscales, LAJs, procuradores y otros operadores jurídicos, junto a los informáticos y otros profesionales relacionados con ellos para construir sistemas inteligentes que tengan efectos positivos y protejan los derechos e intereses legalmente protegidos en juego.

Es posible la resolución de determinados problemas relacionados al acceso a la justicia a través de mecanismos automatizados, por lo que los sistemas que se aplican en el sector privado, pueden trasladarse directamente a la Administración de Justicia, tanto en lo relacionado a la actividad jurisdiccional, y de carácter de servicio público por lo que compone una justicia de calidad, cuando precisan que para actividades centradas en la comunicación, el uso de herramientas informáticas y virtuales puede, encontrar soluciones que lleven a la satisfacción de todos los justiciables implicados.

Pero ahora bien, se deben impulsar por parte de los órganos de gobierno de los jueces es decir, por parte del CGPJ, la creación de agencias independientes que asuman la función de supervisión de los algoritmos utilizados en la Administración de Justicia, siendo muy positivo el establecimiento de algunos requisitos u obligaciones como por ejemplo, la de auditar los algoritmos con la publicación de las conclusiones de esta, respetándose en todo momento el principio de igualdad y articulándose las medidas técnicas, disponibles en cada caso, para evitar las discriminaciones y los sesgos, así como el control del algoritmo por parte de agencias independientes.

Todo ello dado que es indiscutible que la contribución de la inteligencia artificial en el derecho tiene un enorme campo para expandirse y ha llegado para quedarse, sin embargo, hemos de tener en cuenta que este uso al menos, de momento, requerirá de la presencia del ser humano, de su lógica, criterio, sentido común y como no, de su sensibilidad. La inteligencia artificial puede ser un valioso soporte para la labor del juez, mas no su sustituto, en una relación de colaboración y simbiosis que nada más acaba de empezar y por la que habrán de aprender a convivir mutuamente.

Bibliografía

ABEL LLUCH, X.,

«Prueba electrónica», en Abel Lluch, Xavier y Picó I Junoy, Joan (directores), *La prueba electrónica, Colección de Formación Continua Facultad de Derecho ESADE*, J.M. Bosh editor, 2011, pp. 23.

AGUSTINA SANLLEHÍ, J.R.,

«¿Los Tribunales españoles no deben erigirse siempre en custodios de los derechos fundamentales ante una prueba ilícita en origen?», *Revista Aranzadi Doctrinal,* Estudios, n.° 4.°, 2017, pp. 2-3.

GALÁN MUÑOZ, A.,

«La protección de datos de carácter personal en los tratamientos destinados a la prevención, investigación y represión de delitos: hacia una nueva orientación de la política criminal de la Unión Europea», en *La transmisión de datos personales en el seno de la cooperación judicial penal y policial en la Unión Europea*, Aranzadi, 2015, pp. 43-44.

ALONSO-CUEVILLAS SAYROL, A.,

«La prueba del WhatsApp y mensajes remitidos a través de redes sociales», Picó i Junoy, J. (coord.), *La prueba civil: aspectos problemáticos*, Aranzadi, Cataluña, 2017, pp. 255-270.

ARANGÜENA FANEGO, C.,

«Emisión y ejecución en España de órdenes europeas de protección. (Ley de reconocimiento mutuo de resoluciones penales en la unión europea y transposición de la directiva 2011/99/UE)», en *Revista de Derecho Comunitario Europeo, núm. 51*, Madrid, mayo/agosto, 2015, p. 499.

«Orden Europea de Investigación: próxima implementación en España del nuevo instrumento de obtención de prueba penal transfronteriza», *Revista de Derecho Comunitario Europeo, núm. 58*, 2017, pp. 905-939.

ARAYA, A.,

La justicia penal en cuarentena, hacia un sistema basado en la virtualidad, 2020. Disponible en: https://derecho.usmp. edu.pe/sapere/ediciones/edicion_19/sumario/1_Alfredo_Araya_Vega.pdf

ARIZA COLMENAREJO, M.J.,

«La naturaleza jurídica del traductor e intérprete judicial en el proceso penal: entre perito y colaborador judicial» en AA. VV.; *Peritaje y prueba judicial,* Picó i Junoy, Joan (dir.); Barcelona, Bosch, 2017, p. 493.

ARMENTA DEU, T.,

«Regulación legal y valoración probatoria de fuentes de prueba digital (correos electrónicos, WhatsApp, redes sociales): entre la insuficiencia y la incertidumbre». *Revista de Internet, Derecho y Política, Universitat Oberta de Catalunya, núm 27,* septiembre 2018.

La prueba ilícita (un estudio comparado), editorial Marcial Pons, p. 133.

ARROYO FIESTAS, F.J.,

«Comentario al artículo 40 LEC», en *Enjuiciamiento Civil. Comentarios y jurisprudencia,* p. 357.

ASENCIO GALLEGO, J.M.,

«Los delitos informáticos y las medidas de investigación y obtención de pruebas en el convenio de Budapest sobre la ciberdelincuencia», en *Justicia penal y nuevas formas de delincuencia,* Tirant lo Blanch, Valencia, 2017, pp. 56-65.

ASENCIO MELLADO, J.M.,

Prueba Prohibida y Prueba Preconstituida, Madrid: Trivium, 1989, p. 75.

«Prueba ilícita: declaración y efectos», *Revista General de Derecho Procesal, núm. 26,* Iustel, www.iustel.com, 2012, p. 8.

BAIGORRI JALÓN, J.,

From Paris to Nuremberg. The birth of conference interpreting, Amsterdam, John Benjamins Publishing Company, 2014, pp. 247-254.

BALLESTEROS MOFFA, L. A.,

La privacidad electrónica. Internet en el centro de protección, Valencia, Tirant lo Blanch, pp. 34-37, 2005.

BARONA VILAR, S.,

Algoritmización del Derecho y de la Justicia. De la Inteligencia Artificial a la Smart Justice, Valencia, 2021, pp. 95 y ss.

BARRIOS BAUDOR, G.,

La integridad y/o autenticidad de los medíos de prueba digital en el proceso laboral: una aproximación al tema de los correos electrónicos.

BOTICARIO GALAVÍS, M.L.,

«Marco regulador del derecho a ser asistido por intérprete», *Revista de Derecho UNED*, vol. 11, 2012, p. 94.

BRIONES, D.,

Justicia digital en Ecuador, 2020. Disponible en: https://derechoecuador.com/justicia-digital-en-ecuador/

BUENO DE MATA, F.,

«E-Justicia: hacia una nueva forma de entender la justicia», *Revista Internacional de Estudios de Derecho Procesal y Arbitraje*, núm. 1, 2010, pp. 5 y ss.

«La validez de los «screenshots» o «pantallazos» como prueba electrónica a tenor de la jurisprudencia del Tribunal Supremo», en *Los desafíos de la justicia en la era post crisis* (Dir. NEIRA PENA; Coords. BUENO DE MATA, PÉREZ GAIPO), Atelier, Barcelona, 2016, p. 4.

«Comentarios al proyecto de Ley reguladora de uso de las tecnologías de la información y la comunicación en la Administración de Justicia», en *Diario La Ley n.° 7659,* 2011. p. 9.

«Protección de datos, investigación de infracciones penales e inteligencia artificial. novedades y desafíos a nivel nacional y europeo en la era postcovid», en *La ley penal: revista de derecho penal, procesal y penitenciario, 150* (2021) https://dialnet.unirioja.es/servlet/articulo?codigo=8049997.

BUSTOS, G.,

«5 apuntes sobre el valor documental del correo electrónico», portal jurídico de Thomson Reuters, el 12 de septiembre de 2016.

CALDERÓN, S., TORRES, N., PALOMINO, D. A., ORDÓÑEZ, A. C., VILLA-CRÉS, M. S., HERERRA, C. A., & ESTÉVEZ, D. F.,

La administración de Justicia no se detiene gracias a las audiencias telemáticas. 2021. Disponible en: https://www.uide.edu.ec/wp-content/uploads/2021/08/ENSAYO-audiencias-telema%CC%81ticas.pdf

CAMPUZANO TOMÉ, H.,

Vida Privada y Datos Personales, Madrid, Tecnos, 2000.

CARRILLO DEL TESO, Ana E.,

«La protección de las personas físicas en la cooperación penal europea tras la directiva (UE) 2016/680» en *Fodertics 7.0. Estudios sobre Derecho Digital,* Granada: Comares, 2018, p. 19.

CARVAJAL, K. L.,

Las audiencias telemáticas penales como consecuencia del estado de excepción por Covid-19 y la vulneración al principio de inmediación, 2021. Disponible en: http://dspace. unach.edu.ec/bitstream/51000/7942/1/5.- TESIS%20Karen %20Lizbeth%20 Cravajal-ING-COM.pdf

CARMONA BERMEJO, J.,

«Instituciones de apoyo a la Cooperación: Red Judicial Europea, EUROJUST, EUROPOL, Interpol, Magistrados de Enlace, IberRed», en Arnáiz Serrano, A. (Coord.), *Cooperación Judicial Penal en Europa,* ed. UC3M, 2013, pp. 943-998.

CASACUBERTA NOLLA, F. Y PERIS ABRIL, A.,

«Traducción automática neuronal», *Revista Tradumática,* vol. 15, 2017, p. 66.

CASANOVA MARTÍ, R.,

Las intervenciones telefónicas en el proceso penal, España: Bosch Editor, 2014, pp. 282-284.

CASTELLANO PERE, S.,

«Inteligencia Artificial y Valoración de la prueba: las garantías jurídico constitucionales del órgano de control», en *Revista de Derecho Themis, 79,* 2021.

CASTRO DURÁN, E.,

«La prueba electrónica en el proceso civil». *Diario la Ley, N.º 9964,* de 2 de diciembre de 2021, Editorial Wolters Kluwer.

CERDÁ MESEGUER, J.I.,

«La modernización de la justicia en España: objetivos pendientes y retos futuros», *Revista d'estudis autonòmics i federals*, vol. 35, 2022, p. 344.

CERRILLO MARTÍNEZ, A.,

«Cooperación entre Administraciones públicas para el impulso de la administración electrónica» en *La Ley de Administración Electrónica. Comentarios a la Ley 11/2007, de 22 de junio, de Acceso Electrónico de los Ciudadanos a los Servicios Públicos*, Aranzadi, Thomson Reuters. Cizur Menor (Navarra), 2010. p. 760.

COTINO HUESO, L.,

«Cuando la relación electrónica con la Administración es una obligación y no un derecho», en *Hacia una Justicia 2.0*, Actas del XX Congreso Iberoamericano de Derecho e Informática. Volumen II. BUENO DE MATA, F. (Dir.), Ed. Ratio legis, Salamanca, 2016. pp. 65-78.

CUATRECASAS, EU.,

«Reglas jurídicas para el Metaverso», disponible en: https://www.cuatrecasas.com/es/latam/articulo/eu-reglas-juridicas-para-el-metaverso

DELGADO MARTÍN, J.,

«Investigación del entorno virtual: el registro de dispositivos digitales tras la reforma por LO 13/2015», *Diario La Ley*, núm. 8693, Sección Doctrina, 2 de febrero de 2016, Editorial Wolters Kluwer, p. 1.

«La prueba digital. Concepto, clases, aportación al proceso y valoración»; Diario la Ley, N.º 6, Editorial Wolters Kluwer, Sección Ciberderecho, 11 de abril de 2017.

Investigación tecnológica y prueba digital en todas las jurisdicciones, editorial Wolters Kluwers, 2.ª edición, 2018, pp. 181, 184.

Judicial-Tech, el proceso digital y la transformación tecnológica de la justicia: Obtención, tratamiento y protección de datos en la justicia, editorial Wolters Kluwer, Madrid, 2020, p. 55.

DE HOYOS SANCHO, M.,

«Orden europea de investigación: avanzando hacia la integración en materia procesal penal», en *Claves de la Justicia Penal*, Ed. S. Barona Vilar, Valencia, 2019, pp. 343 y ss.

«El principio de subsidiariedad y la autonomía procesal de los Estados de la Unión Europea», *Revista Jueces para la Democracia, núm. 96*, 2019, pp. 36 y ss.

«El Libro Blanco sobre inteligencia artificial de la Comisión Europea: reflexiones desde las garantías esenciales del proceso penal como sector de riesgo», *Revista Española de Derecho Europeo, núm. 26*, 2020, pp. 9 y ss.

«Algunas dificultades en la aplicación práctica de la Orden Europea de Investigación», en *Nuevos postulados de la cooperación judicial en la Unión Europea*, Dir. V. Moreno Catena, Valencia, 2021, pp. 511 y ss.

«El reconocimiento mutuo de resoluciones por la que se impone una pena o medida privativa de libertad», en *Reconocimiento mutuo de resoluciones penales en la Unión Europea*, pp. 107 y ss.

DE LAS HERAS CABA, M.,

«La figura del traductor en las normas procesales españolas. Análisis de los órdenes jurisdiccionales civil, penal, contencioso-administrativo y social», *Revista Internacional de Doctrina y Jurisprudencia*, vol. 13, 2016, p. 13.

DE PRADA RODRÍGUEZ, M.,

La prueba digital: Una realidad en el proceso civil. Nuevos horizontes del derecho procesal, pp. 341-357, Editorial Bosch, 2016.

DE URBANO CASTRILLO, E.,

«La investigación tecnológica del delito», en VVAA., *Los nuevos medios de investigación en el proceso penal. Especial referencia a la tecnovigilancia*, Cuadernos de Derecho Judicial, 2007-II, CGPJ, Madrid.

La valoración de la prueba electrónica, Tirant Lo Blanch, 2009, p. 29.

DE URBANO CASTRILLO, E.; MAGRO SERVET, V.,

La Prueba Tecnológica en la Ley de Enjuiciamiento Civil, Ed. Thomson Aranzadi, 2003.

DÍAZ GARCÍA, A.L.,

«El intérprete a distancia: videoconferencia» en Valero Garcés, C., *Traducción e Interpretación en los Servicios Públicos en un mundo INTERcoNEcTado,* Alcalá, Editorial Universidad de Alcalá, 2011, pp. 279.

DÍAZ MARTÍNEZ, M.,

«El factor criminógeno de las TICS», en *El proceso penal en la sociedad de la información* (Coord. PÉREZ GIL), La Ley, 2012, pp. 537-538.

ECIJA,

«Metaverso: Una primera aproximación jurídica y algunas cuestiones por resolver», *Guía Legal Metaverso*, 2022.

ETXEBERRIA GURIDI, J.F.,

«Inteligencia artificial aplicada a la videovigilancia: tecnologías de reconocimiento facial», *Justicia algorítmica y neuroderecho, una mirada multidisciplinar,* pp. 443 y ss.

FAYYAD, U., PIATETSKY-SHAPIRO, G., Y SMYTH, P.,

«From Data Mining to Knowledge Discovery in Databases», en *AI Magazine* 17: Fall 1996, pp. 37-54.

FIGUEROA NAVARRO, C.,

La cadena de custodia en el proceso penal, EDISOFER, 2015.

FRÍGOLS I BRINES, E.,

«La protección constitucional de los datos de las comunicaciones: delimitación de los ámbitos de protección del secreto de las comunicaciones y del derecho a la intimidad a la luz del uso de las nuevas tecnologías», en *La protección jurídica de la intimidad* (Dir. BOIX REIG; Coord. JAREÑO LEAL), editorial Iustel, Madrid, 2010, pp. 66, 87.

FUENTES SORIANO, O.,

«Las comunicaciones telemáticas: aportación y valoración de la prueba», en *El proceso penal. Cuestiones fundamentales* (Coord. FUENTES SORIANO), editorial Tirant Lo Blanch, Valencia, 2017, p. 279.

GALÁN MUÑOZ, A.,

«La Internacionalización de la represión y la persecución de la criminalidad informática: un nuevo campo de batalla en la guerra entre prevención y garantías penales», en *Revista Penal*, núm. 24, Julio 2009, p. 100.

Libertad de expresión y responsabilidad penal por los contenidos ajenos a Internet, Valencia, editorial Tirant lo Blanch, 2010.

GALANES SANTOS, I.,

«La acreditación de traductores y/o intérpretes jurados en España: novedades, contrastes e incoherencias», *Sendebar, vol. 21*, 2010, p. 253.

GAMERO CASADO, E.,

«Interoperabilidad y Administración Electrónica: Conéctense, por favor» en *Revista de Administración Pública*, ISSN:0034-7639, núm. 179, Madrid, mayo-agosto 2009, pp. 291-332.

«El objeto de la Ley 18/2011 y su posición entre las normas relativas a las tecnologías de la información», en *Las tecnologías de la información y la comunicación en la administración de justicia: análisis sistemático de la Ley 18/2011, de 5 de julio,* editorial Thomson Reuters Aranzadi, 2012, pp. 50-53.

«El ámbito de aplicación de la Ley 18/2011. El deber de relacionarse por medios electrónicos con la Administración de Justicia» en *Las tecnologías de la información y la comunicación en la administración de justicia: análisis sistemático de la Ley 18/2011, de 5 de julio,* editorial Thomson Reuters Aranzadi, 2012, p. 171.

GARCÍA COSTA, F.M.,

«Perfiles constitucionales de la justicia electrónica», *Modernización digital e innovación en la Administración de Justicia* (coord. Gómez Manresa, M. F., y Fernández Salmerón, M.), Editorial Thomson Reuters Aranzadi, Cizur Menor, 2019, pp. 29 y ss.

GARCÍA TORRES, M.L.,

«La tramitación electrónica de los procedimientos judiciales, según Ley 18/2011, de 5 de julio reguladora del uso de las tecnologías de la información y la comunicación en la administración de justicia. Especial referencia al proceso civil», Revista Internacional de Estudios de Derecho Procesal y Arbitraje, www.riedpa.com, n. 3-2011. Disponible en: http://www.riedpa.com/COMU/documentos/RIEDPA31102.pdf

GAVILANES, B. A.,

Aplicación de las tecnologías de la información y comunicación frente al principio constitucional de contradicción en el proceso penal ecuatoriano, 2017, Disponible en: http://repositorio. ucsg.edu.ec/bitstream/3317/5934/1/T-UCSG-POS-MDC-27.pdf

GIMENO SENDRA, V.,

«Las intervenciones electrónicas y la policía judicial», en *Diario la Ley n.º 7298,* 2009.

«La prueba preconstituida de la Policía Judicial», *Revista catalana de seguretat pública*, 2010, núm. 22, pp. 36-67.

«La prueba preconstituida de la policía judicial», en VVAA., *Problemas actuales de la justicia penal (Dir.,* GONZÁLEZ-CUELLAR SERRANO, N.), Colex, Madrid, 2013, p. 203.

Derecho procesal penal, segunda edición, Editorial Aranzadi, Cizur Menor, 2015, pp. 802-803.

Derecho procesal civil I. El proceso de declaración. Parte General, editorial ediciones jurídicas castillo de luna, 2017, p. 526.

GOICOCHEA, V.,

La psicología del testimonio y los mitos en la virtualidad, 2021. Disponible en: https://idealex.press/psicologia-del-testimonio-y-los-mitos-en-la-virtualidad/

GÓMEZ DE LIAÑO FONSECA-HERRERO, M.,

«La prohibición constitucional dcl uso de cámaras ocultas en el marco del denominado periodismo de investigación», *Derecom*, núm. 10, Nueva Época, 2012, pp. 10-11.

GONZÁLEZ, A.,

«Ética, metaverso y el mundo híbrido» *Revista digital: Canales TI*, 2022, México. Disponible en: https://itcomunicacion.com.mx/etica-metaverso-y-el-mundo-hibrido/

GONZÁLEZ DENNYS, A.,

Infinity sobrepasa los 4 mil millones de dólares en ventas históricas NFT, mientras que la primera versión de Origin llegará en marzo Disponible en: https://www.criptotendencias.com/juegos/axie-infinity-sobrepasa-4-mil-millones

de-dolares-en-ventas-historicas-nft-mientras-que-la-primera-version-de origin-lle-gara-en-marzo/

GONZÁLEZ GONZÁLEZ, C.,

«Valor probatorio de los correos electrónicos», *Revista Aranzadi Doctrinal, núm 10/2019.*

GUDÍN RODRÍGUEZ-MAGARIÑOS, F.,

«Legalidad de los mecanismos de barrido policial que permiten obtener los números IMEI/IMSI de las tarjetas de telefonía móvil», *Revista General de Derecho Procesal*, núm. 18, Iustel, www.iustel.com, 2009, p. 11.

GUERRERO PICÓ, M.C.,

El impacto de Internet en el Derecho Fundamental a la Protección de Datos de Carácter Personal, Thomson Civitas-Aranzadi, Cizur Menor, 2006.

GUIMERA, R.,

«La Orden Europea de Investigación: ¿nuevo instrumento para obtención de pruebas o una fuente más de conflictos entre países de la Unión Europea?», en el blog https://blog.sepin.es/2018/07/orden-europea-investigacion/

GUTIÉRREZ SANZ, M. R.,

La cadena de custodia en el proceso penal español, Aranzadi, 2016.

GUZMÁN FLUJA, V.C.,

Anticipación y preconstitución de la prueba en el proceso penal, editorial Tirant lo Blanch, 2006, p. 257.

«Proceso penal y justicia automatizada», en *Revista General de Derecho Procesal*, núm. 53, 2021, pp. 1 y ss.

HIRAM, M.,

«Un joven vendió una colección de *selfies* NFT por 1 millón de dólares», disponible en: https://www.safeshopping.news/2022/01/18/selfies-coleccion-nft-open-sea-1-millon-dolares/

JAMARDO LORENZO, A.,

«La preconstitución de la prueba en el proceso penal», *Diario La Ley,* núm. 8906, 23 de enero de 2017.

JIMENO BULNES, M.,

«Emergencia judicial ante la crisis sanitaria originada por el COVID-19», *Rights Internacional Spain*, Blog, 11 mayo de 2020.

JIMÉNEZ SERRANO, O.,

«Foto fija de la interpretación simultánea remota al inicio del 2020», *Revista tradumática. Tecnologies de la traducció*, vol. 17, 2019, pp. 63-65.

JUNCO, J., HERNÁNDEZ, G., & POVEDA, E. R.,

Recomendaciones para la *praxis* pericial/evaluación psicológica en el campo de la Psicología Jurídica y Forense en tiempos de pandemia. *Asociación Latinoamericana de Psicología Jurídica y Forense*, pp. 1-37, 2020. Disponible en: https://psicologiajuridica.org/archives/8560

KAPLAN, A. y HAENLEIN, M.,

«Siri in my hand, who´s the fairest in the land?», *On the interpretations, ilustrations and implications of Artificial Inteligence*, 2018.

KEMP, S.,

«Digital 2021. Global overview report». *Nueva York: We are social Hootsuite*, 2021. https://bit.ly/2NM5VvL

LLORIA GARCÍA, P.,

«El secreto de las comunicaciones: su interpretación en el ámbito de los delitos cometidos a través de Internet. Algunas consideraciones», en *La protección jurídica de la intimidad* (Dir. BOIX REIG; Coord. JAREÑO LEAL), Iustel, Madrid, 2010, p. 198.

LOBATO PATRICIO, J.I.,

«La traducción jurídica, judicial y jurada: vías de comunicación con las administraciones» en *Entreculturas*, 2009, vol. 1, pp. 191.

LÓPEZ PICÓ, R.,

«La prueba electrónica en el proceso penal: el correo electrónico y el WhatsApp», *La Ley Penal, núm 140, septiembre-octubre 2019*.

LUCENA CID, I.V.,

«La protección de la intimidad en la era tecnológica: hacia una reconceptualización», *Revista internacional de pensamiento político,* I época, volumen 7, 2012, p. 135.

LUÑO, A. E., «El derecho ante las nuevas tecnologías», *Revista El Notario del Siglo XXI, 10* (41), pp. 1-9, 2020. Disponible en: https://www.elnotario. es/index.php/hemeroteca/revista-41/548-el-derecho-ante-las-nuevas-tecnologias-0-8050094412686392

MAGRO SERVET, V.,

«Perceptividad de la práctica de la prueba preconstituida con víctimas en el proceso penal», *La Ley penal*, 2012, núm. 92, pp. 5-12.

«Hacia el uso habitual de la videoconferencia en las vistas judiciales. Aprovechando las enseñanzas del Coronavirus», en *Diario La Ley*, n.º 9646, 2020, pp. 9-10.

«¿Cómo aportar la prueba digital en el proceso penal?» *Diario la Ley, N.º 9824, de 7 de abril de 2021*, Editorial Wolters Kluwer.

MARCHENA GÓMEZ, M.,

«Dimensión jurídico-penal del correo electrónico», *Estudios Jurídicos, Ministerio de Justicia, N.º 2007.*

MARTÍN DIZ, F.,

«Aplicaciones de inteligencia artificial en procesos penales por delitos relacionados con la corrupción», en *Corrupción: compliance, represión y recuperación de activos*, Valencia, 2019, pp. 533 y ss.

«Justicia digital post-covid19: el desafío de las soluciones extrajudiciales electrónicas de litigios y la inteligencia artificial», *Revista de Estudios Jurídicos y Criminológicos*, ISSN-e: 2660-7964, número 2, Universidad de Cádiz, 2020, pp. 41-74.

MARTÍNEZ GARCÍA, E.,

La Orden Europea de investigación, editorial Tirant Lo Blanch, p. 55.

MARTÍNEZ GUTIÉRREZ, R.,

Administración pública electrónica. En Civitas Thomson Reuters, Cizur Menor (Navarra), 2009. pp. 275 y ss.

«Régimen jurídico del intercambio electrónico de datos, documentos y certificaciones entre Administraciones» en *Revista de Administración Pública*, ISSN:0034-7639, núm. 183, Madrid, septiembre-diciembre 2010, pp. 359 a 391.

«La interoperabilidad en la Administración de Justicia» en *Las Tecnologías de la Información y la Comunicación en la Administración de Justicia. Análisis sistemático de la Ley 18/2011, de 5 de julio*, Editorial Aranzadi-Thomson Reuters, Cizur Menor (Navarra), 2012, p. 302.

MARTÍNEZ MOYA, J.,

«El correo electrónico como medio probatorio: su naturaleza de prueba documental a los efectos de los recursos de casación y suplicación», en *revista de jurisprudencia laboral n.º 9*, 2020.

MENDIZÁBAL, P.,

«Próximo reto de la privacidad y la protección de datos: el metaverso». Disponible en: https://www.legaltoday.com/opinion/blogs/nuevas-tecnolo-gias-blogs/blog-prodat/proximo-reto-de-la-privacidad-y-la-proteccion-de-datos-el-meta-verso-2022-01-13/

MILLAN, V.,

«Breve historia del metaverso antes de Meta: de "Snow Crash" a "Second Life"», en *hipertextual*, México, 2021. Disponible en: https://hipertextual.com/2021/11/historia-metaverso.

MIRA ROS, C.,

El expediente judicial electrónico, Ed. Dykinson, S.L., Madrid, 2010.

MIRA J. y DELGADO A.E.,

«Perspectiva Histórica Conceptual», en *Aspectos básicos de la Inteligencia Artificial,* Sanz y Torres, Madrid, 1995.

MOLINS GARCÍA-ATANCE, J.,

El recurso de suplicación. La revisión de hechos probados, Editorial Thomson-Aranzadi, 2005.

La técnica del recurso de suplicación, editorial Thomson-Reuter, 2019.

MONTERO AROCA, J.,

La prueba en el proceso civil, editorial Civitas, 2012, pp. 556-559.

Derecho Jurisdiccional II, Proceso Civil, Editorial Tirant lo Blanch. 25.ª edición, 2017, pp. 234 y ss.

MORA, W. A.,

Las incidencias de la práctica de la virtualidad en el proceso penal garantista, 2021. Disponible en: https://repository.eafit.edu. co/bitstream/handle/10784/29917/WilmarAlejandro_MoraRedondo_2021.pdf?sequence=2&isAllowed =y

MORATTO, S.,

«El principio de igualdad de armas: Un análisis conceptual», *Revista Derecho Penal y Criminología, 41* (110), pp. 177-202, 2021. Disponible en: https://revistas.uexternado. edu.co/index.php/derpen/article/download/7184/9823

MORENO CATENA, V.,

Fiscalía Europea y Derechos fundamentales, Tirant lo Blanch, Valencia, 2013, pp. 155-156.

MORENO CATENA, V., CORTÉS DOMÍNGUEZ, V:

Derecho procesal penal, Tirant Lo Blanch, Valencia, 2017, p. 417.

MUÑOZ SABATÉ, L.,

«La prueba», en *Curso superior de probática judicial. Cómo probar los hechos en el proceso*, 1.ª edición, Editorial LA LEY, Madrid, septiembre 2013.

NISA ÁVILA, J.,

«El Metaverso: conceptualización jurídica, retos legales y deficiencias normativas», *LEFEBVRE, núm. 1*, 2021.

NISSENBAUM, H.,

Privacy in Context, Technology, and the Integrity of Social Life, 2010, p. 24.

ORTEGA GIMÉNEZ, A.; HEREDIA SÁNCHEZ, L.S.,

«Los archivos históricos y la protección de datos de carácter personal», *Canelobre: Revista del Instituto Alicantino de Cultura «Juan Gil-Albert»* (ejemplar dedicado al cuidado de la memoria. Archivos de la provincia de Alicante), *núm. 58*, 2011; p. 1.

PAJARÍN CANALES, A.,

«La percepción del papel del intérprete ante los tribunales por parte de los juristas: análisis de expectativas y utilización de las TIC para su formación y concienciación» en Valero Garcés, C., *Traducción e Interpretación en los Servicios Públicos en un mundo INTERcoNEcTado*, Alcalá, Editorial Universidad de Alcalá, 2011, p. 116.

PASCUAL, M.,

«El metaverso tiene un gran reto y Facebook no está lista para afrontarlo», disponible en: https://elpais.com/tecnologia/2021-11-03/microsoft-se-apunta-al-metaverso-y-lanza-avatares-para-las-videollamadas-de-teams.html

PELÁEZ, D. F.,

El uso de las TICS «videoconferencia» en la audiencia de juzgamiento del procesado, 2015. Disponible en: https://repositorio.uide.edu.ec/bitstream/37000/1672/1/T-UIDE-0632. pdf

PERALES CAÑETE, R.,

«Exiftool: ¿Los metadatos sirven de algo?», en *La prueba electrónica. Validez y eficacia procesal,* Juristas con futuro, 2016, p. 110.

PÉREZ GIL, J.,

«Investigación penal y nuevas tecnologías: algunos de los retos pendientes», *Revista Jurídica de Castilla y León, núm. 7,* 2005, p. 227.

PÉREZ LUÑO, A. E.,

Derechos Humanos, Estado de Derecho y Constitución, Madrid: Tecnos, p. 327.

PICÓ I JUNOY, J.,

Nociones preliminares de Derecho Procesal Civil (Coord. NIEVA FENOLL, J. y BUJOSA VADELL, L.), Atelier, Barcelona, 2015, pp. 71-72.

PIERINI, A., LORENCES, V., TORNABENE, M. I.,

Hábeas data, Buenos Aires, Editorial Universidad, 1999.

PINTO PALACIOS, F., y PUJOL CAPILLA, P.,

«La prueba en la era digital», *La Ley Actualidad*, Madrid, 2017.

PLANCHADELL GARGALLO, A.,

La prueba prohibida: evolución jurisprudencial, comentario a las sentencias que marcan el camino, editorial Aranzadi, 2014, p. 47.

POLANSKY, J.,

Garantías constitucionales del procedimiento penal en el entorno digital, Buenos Aires, Hammurabi, 2020, p. 170.

PONCE GONZÁLEZ, S.,

«La traducción en el ámbito de la cooperación jurídica internacional», *Rev. Boliv. de Derecho*, vol. 28, 2019, pp. 345.

PORTILLO CABRERA, E. Y GUERRERO GÓMEZ, J.A.,

«La interpretación flexible del deber de acompañar al proceso la traducción de los documentos redactados en lengua no oficial», Revista Aranzadi Doctrinal, 2018, vol. 6 (BIB 2018, 9292), p. 2.

PRADO, G.,

La cadena de custodia de la prueba en el proceso penal, Editorial Marcial Pons, segunda edición, 2022, pp. 239-294.

PRENSKY, M.,

«Digital Natives, Digital Immigrants», *On the Horizon*, MCB University Press, Vol. 9, núm. 5, October 2001, que puede consultarse en http://www.marc-prensky.com/writing/Prensky%20-%20Digital%20Natives,%20Digital%20Immigrants%20-%20Part1.pdf

PRODAT:

«Gafas inteligentes, Metaverso y protección de datos: así se manifiestan algunas autoridades europeas al respecto», disponible en: https://www.prodat.es/blog/gafas-inteligentes-metaverso-y-proteccion-de-datos/

REYES LÓPEZ, J.I.,

«Los dispositivos técnicos de geolocalización. Régimen jurídico a partir de la L.O. 13/2015», en la *Revista Aranzadi Doctrinal n.º 4,* 2016, p. 4.

REYNAIL QUERAL, N.,

«Las cuestiones prejudiciales en el proceso civil», en *Instituciones del Nuevo Proceso Civil. Comentarios sistemáticos a la Ley 1/2000, vol. I*, editorial dijusa, Barcelona, 2000, p. 274.

RHEINGOLD, H.,

Multitudes inteligentes. La próxima revolución social, Barcelona: Gedisa, 2004.

RICHARD GONZÁLEZ, M.,

«Valor como prueba de los mensajes y comunicaciones electrónicas en los procesos de f amilia», *Problemática actual de los procesos de familia. Especial atención a la prueba*, editorial Bosch, 2018, pp. 228 y ss.

RIVES SEVA, A.P.,

«Tratamiento procesal de la prueba ilícita», dentro de la obra *La prueba en el proceso penal. Doctrina de la Sala Segunda del Tribunal Supremo,* editorial Thomson Reuters Aranzadi, 6.ª edición, pp. 319-320.

RODRÍGUEZ FERNÁNDEZ, R.,

«Prueba preconstituida y prueba anticipada. Análisis jurisprudencial», *Diario la Ley*, 2015, núm. 8487, pp. 1-27.

RODRÍGUEZ, K.,

«Mundos virtuales, personas reales: los derechos humanos en el metaverso» Disponible en: https://www.eff.org/es/deeplinks/2021/12/vir-tual-worlds-real-people-human-rights-metaverse.

RODRÍGUEZ LAINZ, J.L.,

«La intervención de comunicaciones en la Directiva 2014/41/CE (LA LEY 6702/2014), relativa a la orden europea de investigación en materia penal», Artículo Monográfico. mayo 2015 SP/DOCT/19127.

«Intervención judicial de comunicaciones vs. registro remoto sobre equipos informáticos: los puntos de fricción». Diario La Ley, N.º 8896, Sección Doctrina, 9 de enero de 2017, Wolters Kluwer.

RODRÍGUEZ-MEDEL NIETO, C.,

Obtención y admisibilidad en España de la prueba penal transfronteriza. De las comisiones rogatorias a la orden europea de investigación, ed. Universidad Complutense de Madrid, 2017, p. 150.

RODRÍGUEZ RAMOS, L.,

«¿*In dubio* pro reu aut *in dubio* contra opulentibus? (comentario a la STS 116/2017 de 23 de febrero sobre la prueba ilícita)», *Diario La Ley, n.º 8974*, p. 6.

ROJAS ROSCO, R.,

«La prueba digital en el ámbito laboral ¿son válidos los pantallazos?», en *La prueba electrónica. Validez y eficacia probatoria,* colección desafíos legales, juristas con futuro, p. 95.

ROSENBERG, L.,

La carga de la prueba, editorial B de f, Buenos Aires, 2019, p. 16.

SABATER, M. C.,

«Vidas de Cristal. Análisis del derecho a la Intimidad en la sociedad de la información», en *Intersticios, Revista Sociológica de Pensamiento Crítico*, Vol. 2 (1), 2008.

SANJURJO RÍOS, E. I.,

Proceso penal y volatilidad/mutabilidad de las fuentes de pruebas electrónicas: sobre la conveniencia y el modo de asegurarlas eficazmente. Exclusiones probatorias en el entorno de la investigación y prueba electrónica, pp. 195-224, Editorial Reus, 2020.

SANZ LARRUGA, F.J. Y SALGADO SEGUÍN, V.,

«El expediente judicial electrónico: documentos, copias y archivos», en *Las Tecnologías de la Información y la Comunicación en la Administración de Justicia. Análisis sistemático de la Ley 18/2011, de 5 de julio*, Editorial Aranzadi-Thomson Reuters, Cizur Menor (Navarra), 2012, p. 564.

SEOANE SPIEGELBERG, J.L., VV.AA.,

Derecho Procesal Civil. Tomo 1, Andavira, Santiago de Compostela (A Coruña), 2013.

SOLOVE, D. J.,

«Digital Dossiers and the Dissipation of Fourth Amendment Privacy», en Southern *Californian Law Review*, *75*, pp. 1083-1167, 2002.

Understanding Privacy, Cambridge, MA: Harvard University Press 2008.

TARUFFO, M.,

Simplemente la verdad. El juez y la construcción de los hechos, editorial Marcial Pons, 2010, p. 245.

«Inferences in judicial decisions about facts», *Revista Ítalo-Española de Derecho Procesal*, Vol. 1, 2018,

THOMPSON, J. B.,

«Los límites cambiantes de la vida pública y privada», en *Comunicación y sociedad n.º 15*, 2011, p. 33.

TINOCO PASTRANA, A.,

«Las medidas de investigación tecnológica en la orden europea de investigación. La Ley Penal, núm. 132, mayo-junio 2018, Wolters Kluwer.

TIWARI ANIRUDH.,

Los NFT encontraron una verdadera utilidad con la llegada del Metaverso en 2021. Disponible en: https://es.cointelegraph.com/news/nfts-find-true-utility-with-the-advent-of-the-metaverse-in-2021

UICICH, R. D.,

Los Bancos de Datos y el Derecho a la Intimidad, Buenos Aires, Ad-Hoc, 1999 p. 154.

VALDECANTOS FLORES, M.,

«El derecho a la prueba y la prueba electrónica en el proceso civil». *Práctica de Tribunales, núm. 130, enero-febrero 2018*, Editorial Wolters Kluwer.

VALERO CANALES, A.L.,

«La práctica de la prueba electrónica. Metodología», en *Práctica de tribunales: revista de derecho procesal civil y mercantil n.º 130*, 2018, p. 9.

VALERO TORRIJOS, J.,

El régimen jurídico de la e-Administración. El uso de medios informáticos y telemáticos en el procedimiento administrativo común. Ed. Comares, 2.ª edición. Granada 2007.

«Derecho, Innovación y Administración Electrónica», en *Revista de administración pública n.º 193*, 2014, pp. 232 y 233.

VARGAS SIERRA, C.,

«La estación del traductor en la era de la inteligencia artificial. Hacia la traducción asistida por conocimiento», *Pragmalingüística*, vol. 28, 2020, p. 167.

VELASCO NÚÑEZ, E.,

«Investigación procesal penal de redes, terminales, dispositivos informáticos, imágenes, GPS, balizas, etc., la prueba tecnológica», *Diario La Ley*, nº *8183*, de 4 de noviembre de 2013, p. 11.

Delitos tecnológicos, 2016, Madrid, p. 676.

VIDAL FERNÁNDEZ, B.,

«Interpretación y aplicación del derecho a la traducción de documentos esenciales por los tribunales penales en España», *Revista de Estudios Europeos*, 2019, vol. 1, pp. 93.

VILASAU SOLANA, M.,

«Derecho de intimidad y protección de datos personales», en *Derecho y Nuevas Tecnologías*, Barcelona, Editorial UOC, pp. 95-96.

VIVES ANTÓN, T.,

«El proceso penal de la presunción de inocencia», en M. F. PALMA (coord.) Jornadas de Direito Processual Penal e Direitos Fundamentais. Coimbra: Almedina, 2004, p. 37.

Índice normativo y otras fuentes bibliográficas

CONSTITUCIÓN ESPAÑOLA. Boletín Oficial del Estado, núm. 311, de 29 de diciembre de 1978.

LEY ORGÁNICA 6/1985, de 1 de julio, del Poder Judicial. Publicado en BOE de 2 de julio de 1985. Vigente desde 3 de julio de 1985.

LEY ORGÁNICA 5/1995, de 22 de mayo, del Tribunal del Jurado. Publicado en BOE de 23 de mayo de 1995. Vigencia desde 23 de noviembre de 1995.

LEY ORGÁNICA 10/1995, de 23 de noviembre, del Código Penal. Publicado en BOE núm. 281, de 24 de noviembre de 1995. Vigencia desde 24 de mayo de 1996.

LEY ORGÁNICA 5/2000, de 12 de enero, reguladora de la responsabilidad penal de los menores. Publicado en BOE núm. 11 de 13 de enero de 2000. Vigencia desde 13 de enero de 2001.

LEY ORGÁNICA 1/2019, de 20 de febrero, por la que se modifica la Ley Orgánica 10/1995, de 23 de noviembre, del Código Penal, para transponer Directivas de la Unión Europea en los ámbitos financiero y de terrorismo, y abordar cuestiones de índole internacional, publicada en BOE núm. 45, de 21 de febrero de 2019, entrada en vigor el 13 de marzo de 2019.

LEY ORGÁNICA 7/2021, de 26 de mayo, de protección de datos personales tratados para fines de prevención, detección, investigación y enjuiciamiento de infracciones penales y de ejecución de sanciones penales. BOE núm. 126 de 27 de mayo de 2021, entrada en vigor el 16 de junio de 2021.

LEY ORGÁNICA 9/2021, de 1 de julio, de aplicación del Reglamento (UE) 2017/1939 del Consejo, de 12 de octubre de 2017, por el que se establece una cooperación reforzada para la creación de la Fiscalía Europea (BOE n.º 157, de 2 de julio de 2021).

LEY 1/2000, de 7 de enero, de Enjuiciamiento Civil. Publicado en BOE núm. 7 de 8 de enero de 2000. Vigencia desde 8 de enero de 2001.

LEY 25/2007, de 18 de octubre, de conservación de datos relativos a las comunicaciones electrónicas y a las redes públicas de comunicaciones, BOE núm. 251 de 19 de octubre de 2007, vigencia desde 8 de noviembre de 2007.

LEY 18/2011, de 5 de julio, reguladora del uso de las tecnologías de la información y la comunicación en la Administración de Justicia. Publicada en BOE núm. 160, de 6 de julio de 2011. Vigencia desde 7 de julio de 2011.

LEY 2/2014, de 25 de marzo de la Acción y del Servicio Exterior del Estado. Publicada en BOE núm. 74 de 26 de marzo de 2014. Vigencia desde 27 de marzo de 2014.

LEY 23/2014, de 20 de noviembre, de reconocimiento de resoluciones penales en la Unión Europea. BOE de 21 de noviembre de 2014.

LEY 39/2015, de 1 de octubre del Procedimiento Administrativo Común de las Administraciones Públicas, publicado en BOE de 2 de octubre de 2015, en vigor desde el 20 de octubre de 2022.

LEY 6/2020, de 11 de noviembre, reguladora de determinados aspectos de los servicios electrónicos de confianza. Publicado en BOE núm.298 de 12 de noviembre de 2020, vigencia desde 13 de noviembre de 2020.

REAL DECRETO 4/2010, de 8 de enero, por el que se regula el Esquema Nacional de Interoperabilidad en el ámbito de la Administración Electrónica, publicado en BOE de 29 de enero de 2010, en vigor desde el 30 de enero de 2010.

REAL DECRETO de 14 de septiembre de 1882, aprobatorio de la Ley de Enjuiciamiento Criminal. Publicado en GACETA de 17 de septiembre de 1882. Vigencia desde 7 de octubre de 1882. Revisión vigente desde 25 de junio de 2021.

CONVENIO de Budapest sobre Ciberdelincuencia, hecho en Budapest el 23 de noviembre de 2001. Instrumento de Ratificación por España en BOE núm. 226, de 17 de septiembre de 2010.

DIRECTIVA 2010/64/UE del Parlamento Europeo y del Consejo, de 20 de octubre de 2010, relativa al derecho a interpretación y a traducción en los procesos penales. DOUE núm. 280, de 26 de octubre de 2010, pp. 1 a 7.

DIRECTIVA 2011/99/UE del Parlamento Europeo y del Consejo, de 13 de diciembre de 2011, sobre la orden europea de protección. DOUE núm. 338, de 21 de diciembre de 2011, pp. 2 a 18. DOUE-L-2011-82662.

DIRECTIVA 2013/40/UE del Parlamento Europeo y del Consejo, de 12 de agosto de 2013, relativa a los ataques contra los sistemas de información y por la que se sustituye la Decisión marco 2005/222/JAI del Consejo (DO L 218 de 14.8.2013, p. 8).

DIRECTIVA 2014/41/UE del Parlamento Europeo y del Consejo, de 3 de abril de 2014, relativo a la orden europea de investigación en materia penal. Publicada en DOUEL núm.130 de 1 de mayo de 2014. En vigor desde el 21 de mayo de 2014.

DIRECTIVA (UE) 2016/680 del Parlamento Europeo y del Consejo, de 27 de abril de 2016, relativa a la protección de las personas físicas en lo que respecta al tratamiento de datos personales por parte de las autoridades competentes para fines de prevención, investigación, detección o enjuiciamiento de infracciones penales o de ejecución de sanciones penales, y a la libre circulación de dichos datos y por la que se deroga la Decisión Marco 2008/977/JAI del Consejo.

DIRECTIVA (UE) 2016/1148 del Parlamento Europeo y del Consejo, de 6 de julio de 2016, relativa a las medidas destinadas a garantizar un elevado nivel común de seguridad de las redes y sistemas de información en la Unión (DO L 194 de 19.7.2016, p. 1).

DIARIO OFICIAL de la Unión Europea L105, de 27.04.1996, pp. 7-21.

DIARIO OFICIAL de la Unión Europea L191, de 7.7.1998, p. 4.

DIARIO OFICIAL de la Unión Europea 348, de 24.12.2008, p. 130.

DIARIO OFICIAL de la Unión Europea L324/2, de 21.12.2000.

OFICINA de Información Diplomática Suiza, Confederación suiza Disponible en el sitio web https://www.exteriores.gob.es/Documents/FichasPais/SUIZA_FICHA%20PAIS.pdf

REAL DECRETO 1065/2015, de 27 de noviembre, sobre comunicaciones electrónicas en la Administración de Justicia en el ámbito territorial del Ministerio de Justicia y por el que se regula el sistema LexNET.

REGLAMENTO (UE) n.º 606/2013 del Parlamento Europeo y del Consejo, de 12 de junio de 2013, relativo al reconocimiento mutuo de medidas de protección en materia civil. Publicado en DOUEL núm. 181 de 29 de junio de 2013. Vigencia desde 19 de julio 2013.

REGLAMENTO (UE) n.º 910/2014 del Parlamento Europeo y del Consejo, de 23 de julio de 2014, relativo a la identificación electrónica y los servicios de confianza para las transacciones electrónicas en el mercado interior y por la que se deroga la Directiva 1999/93/CE. Publicado en DOUEL número 257 de 28 de agosto de 2014, vigencia desde 17 de septiembre de 2014.

REGLAMENTO (UE) 2016/679 del Parlamento Europeo y del Consejo, de 27 de abril de 2016, relativo a la protección de las personas físicas en lo que respecta al tratamiento de datos personales y a la libre circulación de estos datos y por el que se deroga la Directiva 95/46/CE (Reglamento general de protección de datos).

REGLAMENTO (UE) 2016/1191 del Parlamento Europeo y del Consejo, de 6 de julio de 2016, por el que se facilita la libre circulación de los ciudadanos simplificando los requisitos de presentación de determinados documentos públicos en la Unión Europea y por el que se modifica el Reglamento (UE) nº 1024/2012 (DO L 200 de 26.7.2016, p. 1).

REGLAMENTO (UE) 2017/1939 del Consejo, de 12 de octubre de 2017, por el que se establece una cooperación reforzada para la creación de la Fiscalía Europea, publicado en DOUEL núm. 283 de 31 de octubre de 2017.

REGLAMENTO (UE) 2019/881 del Parlamento Europeo y del Consejo, de 17 de abril de 2019, relativo a ENISA (Agencia de la Unión Europea para la Ciberseguridad) y a la certificación de la ciberseguridad de las tecnologías de la información y la comunicación y por el que se deroga el Reglamento (UE) núm. 526/2013 («Reglamento sobre la Ciberseguridad») (DO L 151 de 7.6.2019, p. 15).

Anexo jurisprudencial

Tribunal Constitucional

STC 11/1981, de 8 de abril de 1981.

STC 5/1984, de 24 de enero de 1984.

STC 110/1984, de 21 de diciembre de 1984.

STC 114/1984, de 29 de noviembre de 1984.

STC 74/1987, de 25 de mayo de 1987.

STC 71/1988, de 19 de abril de 1988.

STC 122/1989, de 6 de julio de 1989.

STC 188/1991, de 3 de octubre de 1991.

STC 254/1993, de 20 de julio de 1993.

STC 181/1994, de 20 de junio de 1994.

STC 41/1998, de 24 de febrero de 1998.

STC 220/1998, de 16 de noviembre de 1998.

STC 292/2000, de 30 de noviembre de 2000.

STC 119/2001, de 24 de mayo de 2001.

STC 124/2001, de 4 de junio de 2001.

STC 70/2002, de 3 de abril de 2002.

STC 123/2002, de 20 de mayo de 2002.

STC 205/2002, de 11 de noviembre de 2002.

STC 56/2003, de 29 de marzo de 2003.

STC 229/2003, de 18 de septiembre de 2003.

STC 7/2004, de 9 de febrero de 2004.

STC 26/2006, de 30 de enero de 2006.

STC 230/2007, de 10 de diciembre de 2007.

STC 111/2008, de 22 de septiembre de 2008.

STC 182/2008, de 22 de diciembre de 2008.

STC 34/2009, de 9 de febrero de 2009.

STC 109/2009, de 11 de mayo de 2009.

STC 219/2009, de 21 de diciembre de 2009.

STC 70/2010, de 18 de octubre de 2010.

STC 126/2011, de 18 de julio de 2011.

STC 173/2011, de 7 de noviembre de 2011.

STC 115/2013, de 9 de mayo de 2013.

STC 2/2015, de 19 de enero de 2015.

STC 55/2015, de 16 de marzo de 2015.

Tribunal Supremo

STS, Sala Segunda de 27 de octubre de 1998. Núm. 1259/1998.

STS, Sala Segunda, de 3 de marzo de 2000. Núm. 340/2000.

STS, Sala Segunda, de 18 de mayo de 2001. Núm. 947/2001.

STS, Sala Segunda de 13 de diciembre de 2001. Núm. 2084/2001.

STS, Sala Segunda, de 23 de septiembre de 2002. Núm. 1546/2002.

STS, Sala Segunda, de 25 de septiembre de 2002. Núm. 1521/2002.

STS, Sala Segunda, de 31 de mayo de 2006. Núm. 556/2006.

STS, Sala Segunda, de 20 de julio de 2006. Núm. 829/2006.

STS, Sala Segunda de 21 de julio de 2006. Núm. 769/2006.

STS, Sala Segunda, de 8 de abril de 2008. Núm. 156/2008.

STS, Sala Segunda de 9 de mayo de 2008. Núm. 236/2008.

STS, Sala Segunda de 20 de mayo de 2008. Núm. 249/2008.

STS, Sala Segunda de 28 de mayo de 2008. Núm. 292/2008.

STS, Sala Segunda de 22 de mayo de 2009. Núm. 480/2009.

STS, Sala Segunda de 4 de noviembre de 2009. Núm. 1066/2009.

STS, Sala Segunda de 4 de julio de 2010. Núm. 680/2010.

STS, Sala Segunda, de 6 de mayo de 2011. Núm. 362/2011.

STS, Sala Segunda, de 23 de junio de 2011. Núm. 629/2011.

STS, Sala Segunda de 25 de octubre de 2011. Núm. 1097/2011.

STS, Sala Segunda de 5 de diciembre de 2012. Núm. 974/2012.

STS, Sala Segunda, de 23 de enero de 2013. Núm. 48/2013.

STS, Sala Segunda, de 17 de abril de 2013. Núm. 342/2013.

STS, Sala Segunda de 26 de junio de 2013. Núm. 569/2013.

STS, Sala Segunda, de 7 de octubre de 2013. Núm. 777/2013.

STS, Sala Segunda de 30 de enero de 2014. Núm. 16/2014.

STS, Sala Segunda, de 18 de julio de 2014. Núm. 587/2014.

STS, Sala Segunda de 26 de diciembre de 2014. Núm. 899/2014.

STS, Sala Segunda, de 17 de marzo de 2015. Núm. 161/2015.

STS, Sala Segunda de 19 de mayo de 2015. Núm. 300/2015.

STS, Sala Segunda de 26 de enero de 2016. Núm. 18/2016.

STS, Sala Segunda, de 16 de febrero de 2016. Núm. 735/2016.

STS, Sala Segunda, de 10 de marzo de 2016. Núm. 204/2016.

STS, Sala Segunda, de 6 de abril de 2016. Núm. 277/2016.

STS, Sala Segunda de 19 de abril de 2017. Núm. 1487/2017.

STS, Sala Segunda de 29 de junio de 2017. Núm. 489/2017.

STS, Sala Segunda de 28 de mayo de 2019. Núm. 266/2019.

STS, Sala Segunda de 31 de mayo de 2019. Núm. 291/2019.

STS, Sala Segunda, de 20 de junio de 2019. Núm. 326/2019.

STS, Sala Segunda de 4 de julio de 2019. Núm. 348/2019.

STS, Sala Segunda de 10 de julio de 2019. Núm. 355/2019.

STS, Sala Segunda de 15 de junio de 2022. Núm. 597/2022.

STS, Sala Primera de 24 de marzo de 2008. Núm. 239/2008.

STS, Sala Primera de 26 de febrero de 2014. Núm. 96/2014.

STS, Sala de lo Social de 23 de julio de 2020. Núm. 706/2020.

STS, Sala de lo Social de 30 junio de 2008. Núm. 1385/2007.

Audiencia Nacional

SAN, Sala de lo Penal núm. 23/2019, número de recurso 5/2016. Ponente Sra. María Fernanda García Pérez.

Audiencias Provinciales

SAP Barcelona, Sección 20.ª, de 17 de enero de 2007.

Tribunal Superior de Justicia

STSJ de las Islas Baleares, Sala de lo Social, de 19 de enero de 2017. Número de resolución 17/2017.

STSJ de Madrid, Sala de lo Contencioso-Administrativo, de 13 de marzo de 2019. Número de resolución 187/2019.

Tribunal de Justicia de la Unión Europea

SENTENCIA del Tribunal de Justicia de la Unión Europea de 15 de octubre de 2015. N.º de asunto C-216/14. Roj TJCE 2019, 267. Caso Amtsgericht Laufen contra Gavril Covaci. Ponente Sr. A. Tizzano.

SENTENCIA del Tribunal de Justicia de la Unión Europea de 12 de octubre de 2017. N.º de asunto C-278/16. Roj TJCE 2017, 202. Caso Landgericht Aachen contra Frank Sleutjes. Ponente Sr. A. Tizzano.

SENTENCIA del Tribunal de Justicia de la Unión Europea (Gran Sala) de 3 de diciembre de 2019, República Checa/Parlamento Europeo y Consejo de la Unión Europea, C-482/17, apartado 35.

SENTENCIA del Tribunal de Justicia de la Unión Europea (Gran Sala) de 2 de mayo de 2006, Reino Unido de Gran Bretaña e Irlanda del Norte/Parlamento Europeo y Consejo de la Unión Europea, C-217/04, apartados 62 y 63.

Tribunal Europeo de Derechos Humanos

SENTENCIA del ECHR, del 16 de febrero de 2000, núm. 28901/95, caso *Rowe* y *Davis*.

SENTENCIA del ECHR, del 28 de noviembre de 2017, núm. 50142/13, caso *Rastoder*.

SENTENCIA del ECHR, del 12 de julio de 1988, núm. 10862/84, caso *Schenk*.